中央党校（国家行政学院）
离退休人员科研成果资助出版项目

文化研究与思想评论集

周炳成 著

人民东方出版传媒
People's Oriental Publishing & Media
东方出版社
The Oriental Press

图书在版编目（CIP）数据

文化研究与思想评论集 / 周炳成著.--北京：东
方出版社，2023.7
ISBN 978-7-5207-3205-5

Ⅰ.①文…　Ⅱ.①周…　Ⅲ.①文化研究－中国－文集
Ⅳ.① G0-53

中国版本图书馆 CIP 数据核字（2022）第 228000 号

文化研究与思想评论集
（WENHUA YANJIU YU SIXIANG PINGLUN JI）

责任编辑：张晓雪　李小娜
出　　版：东方出版社
发　　行：人民东方出版传媒有限公司
地　　址：北京市东城区朝阳门内大街 166 号
邮　　编：100010
印　　刷：北京铭传印刷有限公司
版　　次：2023 年 7 月第 1 版
印　　次：2023 年 7 月北京第 1 次印刷
开　　本：787 毫米 ×1092 毫米　1/16
印　　张：33
字　　数：415 千字
书　　号：ISBN 978-7-5207-3205-5
定　　价：119.00 元
发行电话：(010) 85924640

自　序

在这部论文集出版之际，我最想说的一句话便是，感谢邓小平同志，感谢他在 1977 年作出的关于恢复高考制度的历史决策，这个历史决策是改革开放的先声，是预示着春天到来的惊雷；正是这个决策，使得数十万 77、78 级大学生通过公平竞争走进大学校园，开始新的人生。我就是其中的一分子。

一

我出生在苏南的一个县城，1961 年起就读于江苏省丹阳中学（简称省丹中）。省丹中是苏南名校，民国时期为国立社会教育学院附中。校园座落于县城夫子庙的原址上，校园内环境优美，大成殿、笔架山、砚池点缀其间，弥漫着浓郁的传统文化氛围。我在这里读了初中，又以全县总分第一名的成绩升入高中。省丹中在当地地位很高，它的主要领导是按副县级干部配备的。这里还聚集了一批优秀的教师，他们中多数是师范院校的优秀毕业生，也有少数是因为在反右派运动中被戴了帽子而从高校下放到此的。这些老师不仅注重知识的传授，而且注重学生道德品质的培养和熏陶。回忆中学生活，当年教导主任在礼堂作《红岩》读书报告的朗朗话语声，至今在耳畔回响。初中时班主任组织大家阅读的《雷锋日记》，我保存至今。高中阶段班主任组织同学们业余时间当掏粪工，后来我和同学把它编成话剧搬上舞台，这段经历让大家深刻懂得了劳动之艰辛，懂得了要尊重劳动人民。正因为省丹中注重立德树人，培养学生德、智、体全面发展，它的高考录取率很高，按照当时学校和个人的情况，我考上大学应当是有把握的。但"文革"的到来，让我的大学梦完全破灭了。

1968年8月，我到本县农村当插队知青。一年后，大队党支部让我担任生产队长，在队长任上，我得到农民兄弟的帮助和指导，加上几本"文革"前出版的农业科技书的学习，我在探索选用良种、开辟肥源上下功夫，任职后的第一年，队里的粮食获得大丰收。公社党委书记闻讯后专门到地头来看我，给我鼓励。1970年，我当选为地区（行署）知青先进代表大会代表。1970年12月，我被招到县钢铁厂工作，先后任工人、车间文书、厂工会干事等，直至1978年10月入读中国人民大学。在农村、工厂的十年，就知识文化的学习而言，我收益很少，但是这丰富了我的人生经历，帮助我了解中国的基层社会，懂得工人、农民的所思、所欲、所盼；实践还让我悟出一些哲学道理，为日后学习理论和从事理论工作提供了很大帮助。

农村、工厂的工作实践使我初步体悟到一切从实际出发和坚持生产力标准的道理。在农村任职生产队长期间，有件事对我教育很深。计划经济体制下，公社通过行政手段直接指挥农业生产。有一年初春下大雪，公社领导通过广播布置生产队冒雪给冬小麦施化肥。有老农提醒我，春天的雪边下边化，施下的化肥很快会随雪水流失。我左右权衡，采取了个折衷的办法，将含氮量低的地方产化肥施了下去，含氮量高的日本化肥留下。后来的实践证明，施下的化肥确实打了水漂。这件事使我明白了一个道理，即从事农业生产要看天、看地、看实情，不能盲从行政命令。后来到北京读大学，参加"实践是检验真理的唯一标准"大讨论，再后来又读到陈云同志"不唯上、不唯书、只唯实"的语录，联系在农村的经历，我更加深了对实事求是，一切从实际出发的理解。我在县钢铁厂工作时，当时的厂子是全国小钢铁的典范，厂里两位主要领导都是资历很深的老同志，他们自觉抵制"四人帮"批所谓"唯生产力论"、搞空头政治那一套，给我很深的教育。在极"左"思潮最猖獗的时候，有位技术人员从恩格斯的《卡尔·马克思》中找到那段很著名的话："历史破天荒第一次被置于它的真正基础上；一个很明显的而以前完全被人忽略的事实，即人们首先必须吃、喝、住、穿，就是说首先必须劳动，然后才能争取统治，从事政治、宗教和哲学等等，——这一很明显的事实在历史上的应有之义此时终于获得了承认。"（《马克思恩格斯选集》第3卷，人民出版社1995年版，第335—336页）这位技术人员在厂内各部门到处背诵这段语录，厂领导也宣传这段语录，马克思、恩格斯的思想成为反对以政治运动取代生产劳动的有力武器。1975年，邓小平主持治理整顿，火车正点了，工厂正常生产了，干部职工衷心拥护。1976年，邓小平再次被打倒，邓小平的职务虽然被撤消了，但他在干部群众中的崇高地位却无人可撼动。厂里一位主要领导私下对我们年轻人说，邓小平早晚还要复出，江青一伙早晚要被打倒，这一天我们可能看不到，但你们肯定可以看到。他的预言很快被证实，只是时间比他想的来得更早些。对于治理整顿期间邓小平领导下的一些同志，虽然他们也再次被打倒，但群众依然盼望他们复出，"人民铁路万里长，还是万里当部长"，这是当年在群众中广为流传的口头禅，联系后来的历史，我深切体会到，领导人命运的最终决定因素还是人心的向背。

基层的工作经历还让我认识到计划经济体制是发展生产力、改善人民生活的羁绊。我在农村当生产队长时，经历了这样一件事。村里种桑养蚕，按照当时的派购制度，包括蚕茧在内的一百多种农副产品，除了按政策规定留下队里必需的消费以外，其余都要卖给国家指定的商业部门。有一年队里养蚕的桑叶富裕，我做主把多余的桑叶卖给了邻队。公社听到反映后，在全社干部大会上对此进行批评，强调桑叶虽然不是蚕茧，但也不允许自由买卖。说实在的，我当时对派购制度的内容了解并不全面，更上升不到对计划经济体制弊端的认识，我只是感到，作为一队之长，有责任让队里群众年底多分点钱、多分点粮，但实际工作中受到的束缚太多了。到工厂工作后，对于计划经济体制的弊端有了更深切的感受。一个生产钢铁的工厂，使用自产钢铁搞基建也要报批，建一个厕所也要报批，企业是政府的附庸，没有自主权。我在车间当文书时，为了提高效率，对每个班的工作量统计核算，张榜公布，组织劳动竞赛，工人们对此反感，我当时不理解。到北京后学了一点市场经济的知识，后来又学习了《邓小平文选》，我才明白其中的道理。邓小平说："不讲多劳多得，不重视物质利益，对少数先进分子可以，对广大群众不行，一段时间可以，长期不行。"（《邓小平文选》第2卷，人民出版社1994年版，第146页）我组织的竞赛中，工作量有多少之分，但薪酬的发放却实行平均主义。这种脱离"多劳多得，少劳少得"按劳分配机制的经济核算和劳动竞赛，自然难以被普通工人群众接受，甚至会被工人视为"管、卡、压"，根本无法调动积极性。

1970年，根据毛主席"大学还是要办的"指示，北京大学、清华大学等高校开始招收工农兵学员。1971 年以后，全国高校普遍恢复招收新生。我能获得上大学的机会吗？我心揣期望。可是现实却很无情。虽然报上说招生程序是"自愿报名，群众推荐，领导批准，学校复审"，可厂里几次推荐职工上大学，都没有搞什么报名、推荐的程序，工人们只是在知道某某同志被推荐上大学的时候，才知道原来还有这么回事。看到如此情况，我这个家庭出身不好的人，自然缺少去争取的勇气。到了高考制度恢复，所有人可以公平地走进考场时，我的大学梦才得以实现。

二

高考时我填的第一志愿是省内的一所大学，第二志愿才是中国人民大学，但是最后接到的录取通知书却是人大的，当时还纳闷，到了北京才知道，高分的考生被全国重点大学优先录取的情况很普遍。刚复校的中国人民大学的校园设施用"简陋"两字来形容最为恰当，校舍大部分被部队占着，上课的教室多数是旧的砖瓦平房，冬天没有暖气，大家只能生火取暖。学校发给每个同学一个马扎，用来在室外读书、开会和举办活动用。每间宿舍十平米出头，住上八个人。食堂非常挤，不少同学端着饭碗在食堂外吃。在这样艰苦的条件下，大家的精神状态却非常好。我记得甘肃有个高考"状元县"，当地有句名言叫做"三苦"：教师苦教，学生苦学，家长苦供。借用"三苦"来形容当时的人大，"家长苦供"不好说，但"教师苦教，学生苦学"，却是实实在在的。

先说"教师苦教"。十年"文革"期间，文科的教材建设中断，教学没有教科书，老师们自编讲义，有时讲义发到每位同学手上时，油印的墨迹还未干；老师们仓促上阵，缺乏备课时间，一门课由一人授课改为多人"接龙"授课；没有足够的教室，马克思主义哲学、中共党史、马克思主义政治经济学等公共课，便上大课，八百人大教室成为各系同学经常见面的地方。

同学们苦学的劲头非常大，大家都感到"文革"十年把自己的青春年华耽误了，一定要争分夺秒地把被耽误的时间抢回来，每个人都担心读书时间少，个别同学逃课并不是出去玩，而是想利用更多的时间来自学。图书馆阅览室座位极其紧张，同学们要很早去占座位。教室由于夜里不锁门、不熄灯，成为图书馆关闭后的夜读场所，很多同学经常在此读书到深夜。苦学不等于死学，《论语》上说，"学而不思则罔，思而不学则殆"，讲的就是要把学习和思考结合起来。有了个人的独立思考，必然就会有同学之间的争论。那是一个历史大转折的年代，社会的政治生活、经济生活、文化生活，像万花筒似地变化，同学们边读书边围绕热点问题展开争论，这种争论更多地发生在晚自修之后的宿舍里，有时候熄灯了，黑暗中的争论仍在继续，直到隔壁宿舍抗议了才告"休战"。

人大的课程设置有自己的特点，非常重视马克思主义基本理论课和外语课，这同成仿吾任校长有很大关系，他本人就是马克思主义理论家、教育家、翻译家。同学们戏称人大是第二中央党校、第二外语学院。中文系除了要上马克思主义基础理论课外，还在专业课程设置中设立了一门马克思列宁主义文艺理论课（简称马列文论）。

学校的马克思主义理论教学方面很重视原著阅读，中共党史课以讲毛泽东的经典著作为主，马列文论课着重经典著作选读。教学中老师很重视理论联系实际。我记得，上政治经济学课的时候已经是十一届三中全会召开以后，讲到计划经济体制的弊端时，老师点名我回答问题，我站起来讲了入学前所在工厂的例子，老师很欣赏。结合马列文论课教学，我以巴金小说《家》中的主人公为例，对人性的共同性和阶级性的关系作了分析，批判了极"左"思潮下对人性共同性的否定，说明"鸟之将亡，其鸣也哀；人之将死，其言也善"是有道理的，任课老师对我的文章进行了指导，还在课堂上表扬我作的分析。

学校的教学中非常注重练笔，提高写作能力。系里开了一门文学评论写作课，在任课老师的指导下，我在《诗刊》上发表了一篇诗歌评论，虽然只有一页纸，但作为本科期间正式发表的第一篇文章，对我说来还是弥足珍贵的。本科毕业前我又写了一篇中国现代文学方面的论文，经老师推荐在《文学评论》丛刊上发表，《文学评论》是文学学科的权威期刊，副主编王欣同志就稿件的采用给我写了一封信，这封信我至今保存着。他还在给推荐老师的复信中说，一个本科学生能写出这样的论文很难得。本科期间写的这两篇文章，我收入了论文集。除教学练笔外，我还业余兼任《中国人民大学》报的副刊"春笋"的编辑。除了编稿之外，"春笋"也成为我习作的园地。我在这块园地上收获的成果中选择了两篇收入论文集。

三

1985 年研究生毕业后，我到中央党校理论研究室《理论动态》编辑部工作。《理论动态》是 1977 年胡耀邦同志在中央党校工作期间创办的一个内部刊物。它是真理标准大讨论的开篇者，《实践是检验真理的唯一标准》一文，就是在《理论动态》首先发表，第二天在《光明日报》公开发表的。在我来中央党校工作的第一天，理论研究室负责人王聚武同志与我谈了话。《理论动态》主编沈宝祥同志向我详细介绍了《理论动态》的情况，他给我看了胡耀邦同志给编辑部写的一封信，信的内容是希望《理论动态》关注文艺问题，正是根据这封信的要求，中央党校 1982 年从中国人民大学中文系调进了一位毕业研究生，后来这位同志因工作需要调离，我入职后接替了他的工作。

从《理论动态》起步，我一直在中央党校从事报刊编辑工作，从普通编辑干起，先后担任过中央党校主办的《中国党政干部论坛》《理论动态》《中共中央党校学报》三个刊物的主编，担任过中央党校主办的《学习时报》社社长。2007 年从《学习时报》社长岗位上卸任后，我到中央党校主管的中国马克思主义研究基金会任副理事长，主持日常工作，兼任基金会会刊《理论视野》社长、主编。2011 年我卸任基金会副理事长、《理论视野》社长后，任《理论视野》主编，直至 2018 年底。

在中央党校三十多年的编辑工作生涯中，我印象最深、获益最大的还是最初在《理论动态》编辑部工作的那几年。《理论动态》编辑部既是一个编辑部门，又是一个理论研究机构。编辑部人员的学科门类齐全、专业素质高、写作能力强。更可贵的是，编辑部是一个"君子"聚集的地方，有民主平等的好风气。同事之间，彼此不称职务，只称"老某""小某"；讨论工作或理论问题时，大家畅所欲言，各抒己见，会上可以争得面红耳赤，会后照样一团和气，真所谓"君子和而不同"。《理论动态》的名牌栏目是"本刊评论"。"本刊评论"紧扣思想理论界的热点和领导干部思想上、理论上的疑点难点，发表有独到见解的评论，它的转载率很高，很多文章被《人民日报》《光明日报》等中央级报刊转载。"本刊评论"基本由编辑部同志撰写。从选题的讨论策划开始，到作者撰稿，集体讨论修改，文章的撰写过程是一个集体参与、相互交锋、共同切磋的过程。参与此过程的每一位同志，特别是年轻同志，都获益匪浅。由于专业方面的原因，由我执笔的"本刊评论"很少。《满腔热情地扶植改革文学》是其中有代表性的一篇。此文发表前经沈宝祥主编作了大的修改，发表后产生了很好的社会影响。此次论文集报审过程中，专家在审批意见中专门肯定了这篇文章。虽然我在《理论动态》编辑部执笔的"本刊评论"数目不多，但在参加评论写作过程中学到的东西却不少，它为我日后的工作打下了基础。后来我能在校内的《学习时报》《中国党政干部论坛》以及校外的《人民日报》《光明日报》《瞭望》等报刊发表多篇思想评论，同这段时间打下的基础有关。也正是在《理论动态》编辑部工作期间，在老同志的帮助和引导下，我开始研究科学社会主义和党的建设等方面的理论，并围绕中国特色社会主义理论问题撰写了一些论文。这些论文收入了论文集。

四

这部论文集由四个部分组成：第一部分收入了有关文化和文学研究的论文及文学评论。我研究生毕业于中国现代文学专业，文学研究是我的老本行。由文学拓展至文化，这是文学研究界诸多同行这些年走过的共同路径。我的文化研究主要结合从事的报刊出版工作，探讨市场经济条件下文化发展的理念、路径、方法，强调要破除计划经济体制下的旧观念，确立与社会主义市场经济体制相适应的新的文化发展观，并对文化事业与文化产业、社会效益与经济效益等问题作较深入的阐述。第二部分收入有关中国特色社会主义理论和实践研究方面的论文，关于社会主义初级阶段的研究是其中的重点。第三部分是发表于中央党校主办、主管的《学习时报》《中国党政干部论坛》《理论视野》上的评论，大多属于"本报评论""本刊评论"，部分评论因为涉及重大问题，反映社会关切，被各家报刊转载。这部分文章中，还有发表于《人民日报》《光明日报》《瞭望》等中央报刊上的评论。第四部分是调查报告。收入笔者撰写的对国内某些地区的调查研究成果，以及随中国记协组织的中国新闻代表团出访国外的考察成果。

非常感谢中央党校（国家行政学院）为离退休同志设立的这个科研成果资助出版项目，非常感谢退离休干部局和东方出版社为出版老同志著作所提供的巨大帮助。本书责任编辑李小娜女士为论文集的出版周密考虑，多次提出详细的修改意见，作为编辑同行，笔者对她的敬业精神和辛勤劳动表示由衷敬意和谢意。我们这批著作的编辑出版，正处全民同心抗击新冠肺炎疫情、共渡时艰的过程中，这为出版工作平添诸多困难，但也留下许多难以忘怀的记忆。尤其令我刻骨铭心的是，疫情期间，理论研究室、《理论动态》编辑部的老领导、老同事王聚武、刘鹏等相继去世，他们中有的曾对我耳提面命，有的帮我修改过收入本论文集中的文章，在论文集出版之际，也向天堂里的他们道一声感谢，祈愿他们天堂快乐。

2023 年 2 月于京郊大有北里

目 录

第二部分 —— 中国特色社会主义研究

第三部分——思想评论

第四部分——调研报告

第一部分

文化与文学研究

文化更加繁荣的关键：确立新的文化发展观

党的十六大报告用六个"更加"即"经济更加发展、民主更加健全、科教更加进步、文化更加繁荣、社会更加和谐、人民生活更加殷实"来描述全面小康社会的图景。本文专就"文化更加繁荣"问题作些探讨。

一

在全面建设小康社会的进程中，如何使文化更加繁荣？笔者认为，关键在于确立新的文化发展观，并在其指导下深化文化体制改革，解放文化生产力。正如中央领导同志最近所指出的，"要从计划经济体制下形成的传统文化发展观中解放出来，树立与社会主义市场经济体制相适应的新的文化发展观"。

二十多年来我国文化发展的初步繁荣，是广大干部群众尤其是文化工作者从传统文化发展观中逐步解放出来，不断推进文化体制改革的结果，要实现全面小康社会中文化更加繁荣的目标，必须继续抓住这个关键。

改革开放以前，同高度集权的计划经济体制相适应，我们形成了一套传统的文化发展观。其主要内容包括：否认文化产品的商品属性，否认文化行业的产业属性，把文化生产单位作为政府行政部门隶属的事业单位，把自上而下指令性的计划当作文化发展的基本途径，把高度集权的行政的力量当作文化发展的动力。传统的文化发展观和计划经济体制，导致文化产品短缺，难以满足人民群众的文化需求，发展到极端，便是"文化大革命"期间的"八亿人民看八个戏"。

改革开放以来，随着社会主义市场经济体制的建立，我们的文化发展观也逐步发生了变化。今天，大家都认识到，在市场经济条件下，文化产品和服务不仅具有意识形态属性，而且具有商品属性，文化市场是整个市场体系中不可分割的一部分；文化建设可划分为文化事业与文化产业两部分，发展文化产业是市场经济条件下繁荣社会主义文化、满足人民群众精神文化需求的重要途径；属于文化产业的文化生产单位应转制改企，并按照现代企业制度的要求实行政企分开，成为独立的市场经营主体。文化发展观的演变和文化体制改革的逐步推进，促进了我国文化建设的繁荣。可以说，新中国成立以来，无论是在文化市场和文化产品的繁荣方面，还是在人民群众文化需求的丰富多彩方面，没有任何时期能同现在比拟。

但是，我们还必须看到，同经济体制改革的深度和广度相比，我国文化体制的改革还大大滞后；同社会主义市场经济发展的要求相比，我们的文化发展观还很不适应。我们一些同志仍习惯用计划经济的眼光来看待和界定文化生产单位的性质，习惯用自上而下的计划管理的办法来指挥义化生产。在报刊出版行业，依然是单一的事业体制，出版单位无法成为市场主体，严重依赖政府部门。在经营方面，借用行政权力搞摊派发行；在用人制度上"大锅饭，铁饭碗"，人员不能根据单位需要合理流动；在融资方面，无论是直接融资还是间接融资都实现不了。在文艺演出领域，各级行政性评奖成为最高指挥棒，获奖数目多少成为艺术表演团体生产业绩的主要标志。有些地方把"文件戏"当作剧目推销的重要手段，受到群众的抵制。上述情况造成的结果，就是在文化生产领域内出现了这样一种现象：一方面，政府投资的文化产品观众很少，另一方面，广大群众反映没有好的作品可看。与此同时，国外文化产品在国内市场掀起一个又一个高潮。国内文化生产与受众需求间的矛盾日益凸显。要解决这一矛盾，就必须在文化发展观上有新的突破。

另外，我国城乡居民的文化需求也开始进入旺盛期。随着消费结构由生存性消费向享受性消费和发展性消费演进，由"吃、穿、用"为主的消费向"住、行、服务"为主的消费升级，属于享受性、发展性消费和相当部分内容属于服务性消费的文化消费的支出大幅度增加。据有关部门测算，到 2005 年，我国潜在的文化消费能力将达到 5500 亿元；而到 2020 年，实现全面建设小康社会的目标，人均 GDP 达到 3500 美元的时候，居民的文化需求将达到更高水平。这就需要我们以更加繁荣的文化来与之适应。而确立新的文化发展观及深化文化体制改革，则是创造更加繁荣的文化的关键之所在。

二

确立新的发展观，必须解放思想，实事求是，与时俱进，真正把市场机制、市场方法当作发展文化的主要方法，把发展文化产业当作繁荣文化的重要途径，实现各个方面的思想转变。

　　具体而言，要实现四个方面的转变：

　　第一，在文化产品性质的认识上，从重视意识形态属性、轻视商品属性转为对两种属性共同重视，不可偏废。

　　对于文化产品的商品属性的认识，我们经历了一个复杂的过程。在过去长期的计划经济时代，各种文化产品从表面上看，虽然都有一定的市场价格，都要掏钱买，但从本质上说，它们并不是真正意义上的商品。因为计划经济体制下的市场并不是按市场机制运作的市场，文化产品的生产单位也不是真正的商品生产者，文化产品的价格既不反映产品中内含的价值量，也不反映供求关系。改革开放以后，随着市场化取向改革的开展，文化产品的商品属性开始显露出来。因为既然物质生产是商品生产，那么与物质生产紧密联系的精神生产就不可避免地具备商品生产的特征。首先，精神生产所需要的物质性的生产资料如机器、设备等，采用商品形式，需要计算价值。这就使得文化产品也要计算消耗掉的物质形态的精神生产资料的价值。其次，脑力劳动和体力劳动相交换，也要按等价交换的原则进行。文化产品也就需要计算消耗掉的脑力劳动。但即使在这种情况下，有的同志还强调，由于文化产品作用于人的精神，"它在本质上已不是商品"。后来，随着改革的深入，人们在文化产品是商品的问题上达成了共识。但围绕着文化能不能当作产业来搞又发生了争论。眼下，这些争论似有定论，但一些同志还是只把文化产品当作单纯的意识形态和宣传工具。

　　文化产品的意识形态属性是毋庸置疑的。文化产品不仅要满足人民群众的精神文化需求，而且要发挥宣传、教育、灌输的功能，以先进文化来提高群众的思想道德素质，培养有理想、有道德、有文化、有纪律的社会主义公民。但是在市场经济条件下，文化产品的意识形态属性通常是通过商品属性的实现而实现的，很简单的道理，一本书、一部电影，如果没人买，不进行消费，再好的宣传教育意义也发挥不出来。

文化产品既然作为商品在市场上运转，就必定要遵守市场经济的规律，必定要受到市场机制的制约。市场机制包括供求机制、价格机制和竞争机制。文化产品的生产，要在坚持把社会效益摆在首位的前提下，下功夫不断地研究市场供求状况的变化，不断地琢磨读者观众的阅读趣味、观赏趣味的变化，努力生产适应市场需求的产品，通过生产—出售—赢利—扩大再生产的方式实现发展，才有条件以较高的比较利益吸引资源投入而迅速增长。而只有把文化产品的生产规模做大了，它所担负的宣传教育功能才能更好地发挥出来。所以商品属性和意识形态属性二者相互联系，不可偏废。

第二，在文化生产单位属性的认定上，从把文化生产单位当作清一色的"事业"，转为把文化生产单位分为"产业"和"事业"，并把多数单位纳入"产业"的范围。

党的十六大报告提出，发展文化产业是市场经济条件下繁荣社会主义文化、满足人民群众精神文化需求的重要途径。要发展文化产业，首先要塑造出作为产业主体的文化产业单位。但就目前文化生产单位的情况来看，哪些属于产业，哪些属于事业，并不是很清楚。据全国政协委员邓成城介绍，甘肃省有7000多个文化单位，除少量娱乐、网络服务、音像制品为自主经营外，绝大多数单位还很难区分其属于文化事业还是文化产业。[①] 这种情况有一定代表性。在产业主体都还不明确的情况下，如何发展文化产业，如何把它作为繁荣社会主义文化

---

① 王比学:《政协委员关注文化产业发展》,《人民日报》2003年8月11日。

的重要途径呢？所以，正确划分文化产业和文化事业，实在是一件很紧迫的事。

在计划经济体制下，从事文化产品生产的单位都是"事业"性质，政府用行政管理的方法进行人财物等各方面的管理。在建立社会主义市场经济的过程中，通过对新的历史条件下文化发展规律的探索，同时也借鉴市场经济发达国家的经验，我们认识到，文化可以分为经营性的和非经营性的两类。非经营性的文化包括公益性的和原创性的文化，如义务教育，群众文化，图书馆、博物馆、文化馆、革命历史纪念馆，学术研究及其出版物，文化遗产和优秀民间艺术保护等，它们属于社会公共品，应由政府投资提供；经营性文化的范围非常广泛，凡是能够进入市场消费的都在其列，主要有出版业、演出业、影视业、娱乐业、网络业等，它们属于私人物品，应由个人从市场购买。由文化的不同分类所决定，从事不同文化产品的生产和经营的行业，可分为文化产业和文化事业。前者按照市场需求组织文化产品和服务的生产，从市场中获得利润或补偿。后者以满足人民群众最基本的文化利益为目的，资金由财政提供。我们应该按照十六大报告的精神，做好文化产业和文化事业的分类工作。

一方面，把该属于文化产业的尽快明确起来。例如报刊业，对它的属性至今未有定论。回顾历史，中华人民共和国成立初期，国家曾明确规定报刊社是企业。20 世纪 50 年代中期以后改为事业单位，和行政机关大同小异。改革开放以后 80 年代初说是"事业单位，企业化管理"，但不让说是产业。前几年又说可以提产业，但不能提产业化。这些不断变化的提法，说明我们对于报刊业属性的认识还处于摇摆之中。

笔者认为，根据世界各国通例，报刊业无疑应属于产业。中国的报刊社就应是从事信息服务业的国有企业。因为，判断产业与非产业的标准，就看一个行业的各生产单位之间是否具有市场交换关系，以及行业是否达到一定的规模。以此来判断，我国的报刊业完全具备成为产业的条件。这些年来许多报刊社已取消财政经费，实行自收自支。有许多报刊社成为当地纳税大户。广告收入上亿元的报纸已不是凤毛麟角，最多的达到 10 多亿元。像这样的单位，我们把它归入"事业"的范围，而不承认它的产业属性，不承认它是企业，恐不妥当。而所谓"事业单位，企业化管理"的说法，从理论上说是矛盾的。因为，"事业单位是受国家机关领导，不实行经济核算的部门或单位，所需经费由国家支出"。而"企业化管理"最核心的内容恰恰是要搞经济核算。从实践上来说，正是因为报刊社是事业单位这一属性没有改变，在行政归口管理的体制下，报刊只生不死，优胜劣汰、结构调整难；条块分割，资产重组、做大规模难；层层审批，自主经营难。

报刊业只是一个例子，类似情况在演出业等其他文化行业方面也都存在。把一切应当作为产业发展的行业从"事业单位"的樊篱中解脱出来，赋予它们应有的属性，从而把文化产业的主力军组织起来，是发展文化产业的关键之举。

另一方面，要防止把文化产业的范围任意扩大，搞所谓"文化产业化"。文化产业是按照市场机制运作的，市场机制是以利益为动力的，市场不会青睐文化公益事业，因为它不会给投资者带来丰厚利润。这就是经济学上讲的"市场缺陷"。"市场缺陷"必须由政府来弥补。而我们也有些同志对此缺乏清醒认识，在"文化产业化"的口号下，把所有的文化生产单位一股脑地纳入文化产业的范围之内。例如一些县乡一级的文化馆（站），它们在财政供给"断奶"的危机下，要么难以为继，要么完全市场化、商业化，丧失了作为社会公益事业的功能。我们一定要端正认识，采取正确的政策措施，从设施、队伍、活动内容、活动方式等各个方面，加大文化公益事业的建设力度、改革力度和创新力度，以保障基层群众享受文化生活的基本权利，满足他们日益增长的文化需求。

第三，在意识形态与市场经济的关系上，要从意识形态与市场经济相对立的观念，转变为意识形态与市场经济相结合的观念。

在报刊社等单位的产业属性认定上之所以有争论，主要原因是这些单位具有较强的意识形态性质。有的同志担心，一旦这些单位成了企业，按照现代企业制度自主生产经营，它们会刻意标新立异，甚至搞低级庸俗的东西，以迎合某些读者需求，从而放弃科学理论的指导，背离正确的舆论导向。这里所涉及的问题的实质，还是意识形态同市场的关系问题。

文化作为人的精神活动及其产物，它包含知识和价值观念两个系统。价值观念从一定意义上说就是意识形态，它是由一定社会的经济关系和政治关系所决定的，是有阶级性的。把文化分为两个系统，这是理论上的分析，在实际生活中，它们是互相交织，通过文化产品作为载体来表现的。

今天，社会主义市场经济已经成为我国社会经济运行方式和经济社会生活的日常状态，市场的触角延伸到经济社会生活的每一个角落，绝大多数文化产品都成为商品。意识形态同市场经济已经结合而且其程度将越来越密切，这种发展趋势是不可抑制的。那么，意识形态同市场的结合会不会造成主流意识形态地位的削弱呢？从根本上说，以马克思主义为指导的主流意识形态是社会主义的生产关系和社会主义的民主政治的反映，它是代表和维护最广大人民群众的根本利益的。社会主义市场经济的主体是人民群众，市场的需求就是广大人民群众的需求。人民群众的需求包括两个方面：首先是对于维护自身根本利益的社会主义思想体系的需求，其次是对于个人文化发展的精神食粮的需求。所以，主流意识形态同市场需求之间根本上是一致的，用经营者的话来说，表现主流意识形态的文化产品是有"卖点"的，是能够实现社会效益与经营效益的有机统一的，所以二者的结合不应当导致主流意识形态地位的削弱。当前，之所以会出现一些体现主流意识形态的作品遭冷落的情况，其主要原因是这些作品的内容和形式缺乏创新。与时俱进是马克思主义的理论品格，以马克思主义为指导的主流意识形态应当随着时代的发展不断增添新的内容。在形式方面，也应该根据在改革开放条件下人民群众不断变化着的欣赏口味努力创新。只要真正贯彻"贴近生活、贴近群众、贴近实际"的原则，在内容和形式上努力创新，表现主流意识形态的文化产品就会越来越具备竞争力。

当然，我们应该看到，随着我国社会经济生活中"四个多样化"的演进，意识形态领域内不可避免地也要出现多样化的态势，对于经济全球化日益深入的参与，又使得资本主义意识形态有更多渗透进来的机会，再加上旧有的封建主义残余不时沉渣泛起，这些都加剧了社会主义的主流意识形态与非主流意识形态之间的竞争。由人性的复杂性所决定，人的文化需求中不可避免地包含本能的、低级的需求。在如此复杂的情况下，如果我们放任自流，任凭市场法则去左右，社会主义意识形态的主导地位就会受到威胁。因此，在意识形态和市场经济相结合的过程中，我们必须通过制定政策、加强管理等方法来对主流意识形态予以扶持。

首先，应当明确一个指导原则，无论文化事业还是文化产业，都必须把社会效益摆在首位，力求社会效益与经济效益的统一，在二者发生矛盾的时候，应使经济效益服从于社会效益。

其次，对于文化产业单位要作进一步的分类。按照公共物品和私人物品的区别，把文化分为经营性的和非经营性的，这是市场经济的通则，物质产品和精神产品都一样。对经营性的文化产业作出分类，这是精神产品的特殊要求。按照意识形态性质的轻重，可把文化产业分为营利性的和非营利性的两种。非营利性的包括作为党和政府喉舌，同主流意识形态紧密联系的新闻媒体，代表国家和民族水平的艺术院团等。同营利性的文化产业以生产—出售—赢利—扩大再生产的方式运转不同，非营利性的文化产业以生产—免费或低价出售—财政补偿—再生产的方式运转，以保证其以传播党和政府的声音，代表国家和民族的艺术水平为目的。

再次，要坚持对外资进入文化领域的政策限制，不允许它们在意识形态性质较强的行业投资。

最后，要通过加强政府监管来解决精神产品生产这个特殊领域中见利忘义的问题。

第四，在管理方式的认识上，由过去的自上而下的行政管理为主，转变为法律管理和经济管理为主。

过去，文化产品的生产和经营单位同主管、主办单位之间是一种行政隶属关系，主管、主办单位用行政方法直接管理文化产品生产和经营单位的具体生产和经营活动，上级党委和政府的职能部门又直接对主管、主办单位发号施令，从上至下形成一套行政管理体系。

随着管办分离的改革的实行，以及法人制度的建立，文化产品生产和经营单位同原主管、主办单位的关系发生了根本的变化。文化主管单位不能再把文化产品生产和经营单位视为自己的附属物，而应当尊重它们的独立法人地位，支持它们依法自主经营、自负盈亏、自我约束、自我发展；不能再把行政手段当作管理的主要手段，而应当认真研究双方在经济上的责权利关系，以出资人的身份参与对文化产品生产和经营单位的管理。

党委和政府的职能部门要转变职能，把工作重点由具体文化生产和经营活动的管理转移到社会监管上来，改变重审批、轻监管，重权力、轻责任，重末端管理、轻过程管理的状况。要加强和完善文化生产的宏观调控机制，逐步由运用法律、法规和宣传纪律来调控，转变到依靠法律、法规调控的轨道上来。

（原载《中共浙江省委党校学报》2003 年第 5 期，收入文集时有修改）

二十年来群众文化需求的变化特征及规律

十一届三中全会以后，我们党重新明确了我国现阶段社会主要矛盾是人民日益增长的物质文化需要同落后的社会生产之间的矛盾，把满足人民的文化需要摆到了主要矛盾的地位。党的十二届六中全会作出的《中共中央关于社会主义精神文明建设指导方针的决议》指出，加强精神文明建设，要把注意力集中到几个重要方面上来，其中一个重要方面，就是"满足人民的文化和精神需要"。党的十四届六中全会作出的《中共中央关于加强社会主义精神文明建设若干重要问题的决议》又指出，发展文化事业，"满足人民群众日益增长的精神文化需求"。因此，研究改革开放二十年来城乡居民精神文化的变化状况、特点和规律，找出当前存在的问题，提出更好地解决问题的思路和对策，是一个重要的课题。

一

所谓精神文化需求，即对文化产品及服务的需求，是指消费者在某一时期内和一定条件下，愿意而且能够购买的文化产品及服务的量。形成文化需求有两个条件：第一，消费者有购买愿望；第二，消费者有支付能力。第一个条件产生于人的求知、求美、求乐的文化需要，第二个条件则取决于人的经济能力。改革开放以来，我国居民文化需求的变化呈现出如下特征：

特征之一：随着人民收入的不断提高，精神文化需求也逐步上升，尤其是基本解决温饱问题以后，精神文化需求的增长速度明显超过物质需求的增长速度。

从国家统计局公布的改革开放以来城乡居民收入和消费支出构成的资料可以看出：

第一，居民文化消费支出与其收入水平呈正相关关系。1979—1996年，我国农村居民人均年收入由160.17元增长到1926元，增长的倍数为11倍多；同期，人均文化教育娱乐用品及服务的支出由几元钱①增长到132.46元，增长倍数为20—30倍。1981—1996年，城镇居民人均年收入由500.4元增长到4377.2元，增长倍数为7.7倍；同期，人均文化教育娱乐用品及服务的支出由35.76元增长到374.95元，增长倍数为9.5倍。数字的变化显示，改革开放以来，城乡居民的精神文化需求随着人均收入的增长而增长，而且增长速度快于人均收入的增长速度。

第二，居民生活基本实现温饱以后，精神文化需求的增长速度快于物质需求的增长速度。当居民生活处于贫困状态时，文化消费水平很低，文化消费占整个消费的比重也在很低的水平上徘徊（农村在1%—2%）。1985年前后，全国大部分地区基本摆脱贫困，实现温

---

① 国家统计局公布的20世纪70年代末80年代初的有关资料没有专门的文化消费支出，与文化有关的只有文化、生活服务支出，1979年为3.70元，1980年为4.26元，1981年为4.64元。

饱后，[①] 1985—1996 年，农村居民文化教育娱乐用品及服务支出占全部生活费支出的比重以年增 0.4%—1% 的速度逐年上升；文化消费的平均年增长速度为 24.4%，物质消费的平均年增长速度为 15.4%，这意味着文化需求的年增速要比物质需求快 9 个百分点。

居民收入水平达到基本解决温饱以后，对精神文化需求的增长速度快于物质需求的增长速度，这是一种规律性的现象。其形成原因在于，首先，在实现了温饱的条件下，文化产品的需求收入弹性高于物质产品。[②] 同一种产品在不同的收入水平区间，其需求收入弹性是不同的：属于生存资料的物质产品（尤其是食品）的需求收入弹性在贫困状态下大，在温饱以及小康状态下小；属于享受资料和发展资料的文化产品的需求收入弹性在贫困状态下小，在温饱以及小康状态下大。也就是说，在贫困状态下，居民收入每增长 1% 所引起的物质需求的增长率要高于文化产品；实现温饱以后，情况正相反。其次，居民闲暇时间不断增长。农村实行家庭联产承包责任制以后，农业生产的劳动生产率大大提高，由此带来的是农民闲暇时间的增多。城镇实行每周 5 天工作制后，职工的法定年工时量由 2248 小时减少至 2032 小时，这意味着闲暇时间增多。随着城乡居民闲暇时间的增多，人们对文化艺术、娱乐、旅游、教育等文化消费的需求大大增加，也推动文化需求增长速度高于物质需求。上述两方面的原因，都与社会生产率的提高有关。社会生产率的提高，是引起相关文化需求增长的一个总原因。

---

① 1987 年党的十三大报告正式宣布："十亿人口的绝大多数过上了温饱生活，部分地区开始向小康生活前进。还有部分地区，温饱问题尚未完全解决，但也有了改善。"但据新闻媒介披露的有关资料，按居民人均收入测定，1985 年前后全国多数地区已解决了温饱问题。
② 所谓需求收入弹性，是测定产品需求量对消费者收入水平变化的反映程度的一个尺度，它是指收入水平每变动 1% 所引起的产品需求量变化的百分率。

特征之二：居民文化需求的结构发生重大变化。从品种上看，由单一转为多样化；从层次上看，由基本文化需求转向享受文化需求和发展文化需求；从类型上看，由知识型需求为主转向知识型需求、娱乐型需求和闲暇型需求并举；等等。

首先，从类型上看，改革开放之初，知识型需求占主导地位。消费者享用教育服务、文艺服务，以及购买报刊书籍等实物产品，主要是为了接受政治教育，学习文化知识，提高政治觉悟和知识水平。随着市场经济的发展和生活节奏的加快，人们的消费观念逐渐发生变化，娱乐型文化需求迅速上升。人们在紧张的工作之后，希望在文化消费中能少动点脑筋，多一点轻松和享受，以使自己的精力迅速得到恢复。因此，社会各阶层，尤其是工人、农民，对娱乐型文化服务和产品都特别喜爱，把它们当作自己的主要需求。20 世纪 90 年代以来，由于居民收入增长速度较快和每周 5 天工作制带来的闲暇时间增加，以旅游观光为主要内容的闲暇型文化也有较大增长。这样就形成了知识型需求、娱乐型需求、闲暇型需求三者并举，娱乐型需求为主的局面。

其次，从品种和种类上看，80 年代初，人们的文化需求仅限于看书读报、看电影等几种形式。近二十年来，由于科技的发展所带动的信息产业产品结构的变化，引起文化需求的品种发生了难以想象的巨大变化，多样化成为重要特征。电视机的普及、图像记录技术的进步、音像出版物增加使消费热点一浪高过一浪。在对外开放的条件下，国外各种文化消费形式也通过多种媒介传进来，影响着大众的文化消费心理，大大拓展了文化需求领域。

最后，从层次上看，文化需求由低向高逐渐攀升。按满足人们需求的程度和层次来划分，可以把文化需求分为基本文化需求、享受文化需求、发展文化需求。基本文化需求主要是对一些低层次的文化产品和服务的需求，人们即使在贫困的条件下，也有这样的需求。享受文化需求主要是指享用较高层次的文化产品和服务。这些产品和服务，能给人们带来极大的愉悦和享受，有利于较快地恢复劳动力的再生产。发展文化需求主要内容是接受较高层次的教育和科技咨询，阅读理论性、知识性较强的书籍，学电脑，欣赏高雅音乐等。通过对这些需求的满足，可以提高人的精神素质，促进人的全面发展。

文化需求的结构变化可以从其他不同角度作总结，例如，从参与方式上看，从旁观被动型向参与主动型转变；从参与文化活动的组织形式上看，集体文化消费下降，家庭文化消费和社会公众文化消费上升等。

特征之三：在建立社会主义市场经济体制过程中，文化需求的实现途径也在发生转换，通过市场实现的文化需求的比重逐步增大，通过政府财政支出实现的文化需求的比重逐步减少。

改革开放之初，相当一部分文化产品及服务被看作公共产品，由政府提供，这部分产品及服务的消费被看成是福利性的。生产这些产品和服务的单位被看作"事业单位"，发展靠政府拨款。随着市场取向改革的深入，人们逐步认识到，那些被看作纯粹公共产品的文化产品及服务兼有公共产品和私用产品的双重属性，福利性消费的成分在减弱，商品化的成分在增长，文化生产的产业化步伐也在加快，由此带来的是居民文化需求中通过市场实现的比重逐步上升。

二

当前，居民的文化需求中也存在着不少问题，它们主要是：

第一，在城乡居民消费总需求中，文化需求所占比重仍然较低，文化需求的结构也不尽合理。

虽然改革开放以来城乡居民精神文化消费的比重逐年上升，但总体水平依然较低。1997年城乡居民文化教育娱乐用品及服务支出占全部生活费支出的比例为10.7%，农村居民为9.2%。对照国家制定的《全国城镇小康生活水平的基本标准》，文化教育娱乐支出比重是实现程度最低的两项指标之一，与小康标准差距较大；从文化消费结构上看，城乡居民娱乐型文化消费比重较大，知识型文化消费比重低，如城镇居民的消费支出中，文化娱乐用品支出比书报杂志的支出高5—8倍，在农村居民的消费中，文化娱乐用品的支出也高4—6倍。这样的文化消费需求结构，显然不利于人的素质的全面提高，也不利于经济的发展。

第二，在经济收入不同的地区之间、文化程度不同的人群之间，文化需求的差距相当之大。由于中国地域广大，改革开放以来，虽然收入水平都在提高，但城乡之间、东西部之间，收入差距有扩大的趋势。居民收入发展的不平衡性，反映到文化需求上，就会出现需求发展的不平衡性。在城市，尤其是大城市，居民的文化需求量和档次、质量的要求都达到相当高的程度。从居民文化需求的层次上看，基本上都属于享受文化需求和发展文化需求。而在农村，居民的文化需求量和档次都还较低，大部分农民的文化需求停留在基本文化需求的水平上。再从地区对比来看，在东部沿海地区，一些已经进入小康阶段的城镇、农村，居民的文化需求日趋高涨，少数正在接近或达到富裕阶段的地区，文化需求形式更是高档次、多样化，像交响乐这样高雅的演出已经进入乡镇。而在中西部贫困地区，居民文化生活贫乏单调，文化需求差距也很明显。

除了不同地区居民文化需求差距较大外，不同文化程度的人群之间，文化需求的差距也较大。北京市海淀区对工人，干部，科教文体卫工作者，三资、驻华机构工作人员，个体经营者及其他等 6 个职业、170 名居民的调查结果显示，文化程度与文化消费基本成正比，文化程度越高，文化消费也越高。从职业角度看，文化含量较高的职业文化消费相应较高，如三资、驻华机构工作人员和科教文体卫工作者大都受过高等教育，其职业需要的文化水平也相对较高，文化消费与收入比分别居第一、第二位。文化含量较低的个体经营者，虽然收入高居榜首，但文化消费与收入比却最低。[①] 上述调查结果是具有普遍性的。它说明，在居民收入达到一定水平以后，文化程度对于文化需求的作用强于经济收入。

第三，不良文化需求有蔓延的势头。由于长期经济文化落后，我国居民特别是农村居民早就存在着迷信、赌博等不良文化需求。打开国门以后，国外的色情、赌博等不良文化消费方式传播进来，更刺激了原有的不良文化需求。文化产业化、大众化进程中，由于引导不力，也出现了粗俗化的偏差。粗俗化重感官刺激，轻理性修养，使人的精神追求更多地表现出幼稚化、原始化的倾向。这几方面的因素作用，使得不良文化需求成为现代文明发展过程中的一股浊流，严重地影响着居民的精神品质，降低了国民的文化品位。

三

当前，我们要因势利导，采取措施，努力克服和解决当前存在的问

---

① 北京市社会科学院、北京市计划委员会编:《北京文化产业研究》，北京出版社 1999 年版，第 262、271 页。

题，促进居民文化需求合理增长和文化需求结构的科学、合理，促进健康的文化消费风气的形成。

第一，加强对居民精神文化需求的舆论引导。居民的文化需求结构，从根本上说是由社会生产力水平和居民收入水平决定的。社会生产力和人民生活水平每上一个台阶，必将对居民的文化需求产生巨大的影响。但我们还必须看到，影响居民的文化需求和文化需求结构的因素又是多元的，其中，居民的消费观念和心理起着重要作用。因此，我们必须充分利用各种宣传工具和手段，加强对人们尤其是青少年进行文化消费需求知识的宣传教育，使人们懂得加大消费中文化含量的重要意义，懂得文化消费的内容应该同提高人自身的思想道德和科学文化素质相一致，逐渐改变人们不正确的消费思想，使之走上正确的文化消费轨道。决不能听任那种重物质、轻精神的消费观念的传播，听任非理性的粗俗化的文化消费倾向蔓延，那样就会阻滞文化需求量的合理增长，破坏文化需求结构的科学、合理与健康。

第二，调整文化生产部门的产业结构和产品结构。文化需求水平的提高和文化需求结构的科学合理，还直接受到文化生产部门的产业结构的制约。消费引导生产，生产决定消费。文化生产部门的产业结构和产品结构越合理，供给的文化产品及服务越丰富多彩，人们享用的文化消费品就越多，就能为建立科学合理的文化消费需求结构创造有利的物质基础。因此，在社会生产力发展的前提下，一定要正确调整现有文化产业和产品结构，使生产与人们的文化消费需求更好地挂起钩来。

当前，在我国居民的文化消费结构中，娱乐型消费和知识型消费比例失调，一个重要原因，是教育产业薄弱。因此，调整文化产业结构，最突出的是要强化教育产业。教育产业薄弱的直接原因是办学资金不足。解决的办法，一是增加政府投入，二是提高非义务教育的产业化程度，引导居民投资。由国家、社会、个人三者合理分担教育成本，扩大非义务教育学生收费比例，引导居民向教育投资，解决教育经费严重短缺问题，实现教育供求平衡。

调整文化产业的产品结构，主要是改变各个产业领域中面向农村居民的产品及服务短缺、面向城市居民的产品和服务过剩，面向工薪阶层和低收入者的产品及服务短缺、面向高收入者的产品及服务过剩的局面。这种局面，是由市场机制的自发作用形成的。解决的办法应是国家运用财政、税收、金融等经济手段和其他行政手段，进行有效的调控。各级政府要加大对国办农村文化事业的投入，促进农村三级文化网络的形成，并通过"文化下乡""文化扶贫"等措施，努力改变边远农村文化生活落后的状况，使农民的基本文化需求得到满足。在城市，要通过差别税率等有效手段，促进多层次、多品种的文化供给体系的形成。

调整文化产业的产品结构，还要坚持社会主义精神文明标准，弘扬主旋律，提倡多样化，尽可能地减少乃至停止思想内容不健康的文化产品及服务的生产。这就要求文化产业部门要树立正确的经营目标，坚持把社会效益摆在首位，努力实现社会效益和经济效益的有机统一，把大量优秀的文化产品供应给人民群众，以此来满足和引导居民日趋高涨的文化需求，使之沿着健康的方向发展。

第三，搞好文化市场建设。当前，我国居民的文化需求大多数都是通过市场来实现的，因此，市场机制的完善，市场管理的规范化、有序化，也直接影响着文化需求量和文化需求结构的变化。

一方面，要努力促进合理的文化消费品价格体系的形成。在人们收入一定的情况下，是否能形成合理的文化消费量和文化消费结构，与文化消费品的价格及相互间的比价是否合理有着直接的关系。为什么在城乡居民的消费开支中，文化娱乐用品的支出比书报杂志支出高 5 倍左右？很重要的原因是书报杂志涨价过快。因此，文化产业部门和政府有关部门必须从全局来考虑，采取措施，降低文化消费品特别是大众文化消费品的价格，以提高大众的文化消费，同时还要尽量缩小各种消费品价格之间的比价，使人们有能力享用知识型、娱乐型、闲暇型等各种类型的文化消费品，从而形成较合理的文化消费结构。

另一方面，加强法规建设，加大执法力度，使文化市场规范化、有序化。经过近二十年的发展，我国文化市场的规模已相当庞大，但从发展的成熟程度上看，却仍处于良性趋势与不良现象并存的起步阶段。在市场日趋繁荣的同时，出版物市场的盗版盗印和制黄贩黄，演出市场的庸俗表演，艺术品市场的无序运作……种种不良现象屡禁不止。这些无序化的行为，污染了消费者的心灵，败坏了健康的消费风气，有的还直接损害了消费者的利益，从而抑制了消费者扩大文化消费需求的愿望。因此，加大文化市场的执法建设极为重要。

（原载《实事求是》1999 年第 1 期，"全国党校纪念党的十一届三中全会 20 周年理论研讨会"入选论文，获中央党校 1999—2000 年度优秀科研成果二等奖）

我国跨世纪文化建设面临的重要课题

    20 世纪末，人民生活正在实现由温饱向小康的转化，21 世纪前十年，将进一步由小康提高到更加宽裕的小康水平，与此相适应，人民群众的文化需要大幅度增长，大力发展文化生产，以满足人民群众的需要，是当前的紧迫任务。

一

    在社会主义初级阶段，我国社会的主要矛盾是落后的社会生产同人民群众日益增长的物质文化需要之间的矛盾。为解决这个矛盾，需要从两个方面努力：大力发展物质生产力，以满足人民群众的物质需要；在此基础上，发展文化生产，以满足人民的文化需要。人民群众的物质需要和文化需要作为两种基本的需要，是紧密联系、相互促进的。物质需要处于第一位，精神需要则随着物质需要满足程度的提高而提高。当人民的物质生活处于贫困状态时，文化需要是相当低的。当人民群众解决了温饱以后，文化需要随之增长。而当人民的物质生活水平接近或达到小康水平时，文化需要则显著增长，其特征为：第一，居民的文化消费支出达到一定水平。据统计，1995 年城镇居民人均文化消费支出为 321.71 元，农村居民为 102.39 元，同 80 年代末"温饱型"时代相比，有了较大幅度提高。专家们预测，到 2010 年实现更加宽裕的小康水平时，人民群众的文化消费将比现在又有成倍的增长。第二，居民从事文化活动的时间大大增加。随着双休日制度的实行，城镇职工和乡镇企业职工的闲暇时间增多，业余学习、文化娱乐、外出旅游等活动也逐渐增加。第三，群众对于文化生活的种类和质量的要求越来越高。当前，群众的文化生活情趣越来越广泛，选择性越来越强。在大众文化领域，新的文化消费热点不断出现，由盛至衰的周期也越来越短。高雅文化出现长盛不衰的势头。上述情况表明，当前群众的文化需要已经对文化生产提出新的更高要求。改革开放以来，我国文化建设有了巨大的发展，但没有从总体上改变落后状况，这就使文化生产与需要之间的矛盾表现得十分尖锐。

文化生产的整体水平不高。单从数量的角度来看，无论是文化产品，还是文化服务，不少领域的规模都达到了相当程度。但由于我们的文化生产是粗放型而非集约型的，就造成了文化产品的质量和效益不高，结构不合理。以出版业为例，我国年出新书 10 万种，居世界第一，但受读者欢迎的图书的再版率却相当低。1996 年再版图书只有 4 万种，相当于日本的 1/5、德国的 1/7。从出版物的结构来看，纸介质出版物过剩，多媒体出版物尤其是故事片 VCD 不足；以言情武打、宫廷秘闻为题材的出版物过滥，高品位高层次的出版物较少。出版界的情况很有代表性。影视创作、文学艺术、剧团演出等方面的情况也相类似。一般性产品的市场饱和同受到群众欢迎的精品力作的匮乏二者并存。

文化设施建设落后。在不少大城市，当一批批现代化的写字楼、宾馆、商业大厦拔地而起的时候，公共文化设施却没有得到相应发展。博物馆、图书馆、文化馆等建筑陈旧，设施落后，影剧院、剧场的数量呈下滑趋势；在农村，不少地方的文化馆、文化站还是20世纪五六十年代的老房子，一些乡镇的文化站被撤销，或处在风雨飘摇之中。

文化生产在地区发展上的不平衡。城市特别是大城市文化的初步现代化同广大农村文化的落后状况同时并存；沿海及内地经济发达地区文化的繁荣同广大欠发达地区文化的萧条同时并存。西部地区的一些农民形容他们的文化生活贫乏状况为"夜里看星星，白天看牛羊"。

文化生产者的整体素质不适应要求。我们还没有建立起一支具有世界一流水平的出版家、文艺家、理论家、新闻工作者队伍。文化生产者在坚持"二为"方向、学习和掌握市场经济条件下发展文化生产的规律、提高自身的业务素质等方面，都有相当大的差距。

上述状况表明，改变文化生产的落后状况，适应人民群众日益增长的需求，任务极为紧迫。

二

在市场经济条件下，文化发展的途径和方法较计划经济时代发生了巨大的变化。文化产业的兴起，标志着这种变化达到新的阶段。在新形势下，如何处理好发展文化产业与发展文化事业的关系，保证文化建设健康有序地进行，是又一个重要课题。

发展文化生产，满足人民需求，存在途径和方法问题。随着社会主义市场经济体制的逐步建立，市场机制已经由物质生产领域扩展到文化生产领域，大部分文化产品的生产或文化服务的提供由行政行为变为经营行为，而当前文化产业的兴起则意味着市场机制的作用进一步扩大，这是社会主义经济的深入发展所带来的必然结果。

所谓文化产业，是指运用企业化、商品化方式提供文化产品和服务的生产单位和组织，它们占全部文化生产单位和组织的相当一部分。在当前强调发展文化产业是一件势在必行的事。首先，发展文化产业是发展精神生产力，满足广大群众日益增长的精神文化需要的重要途径。文化产业采用企业化的方法进行产品的生产和传播，它告别了传统的个体化、手工化、小生产化的文化生产模式，表现出集约化、科技化和大批量的特点。这种生产方法是以庞大的市场需求为前提的。目前，我国文化市场迅速发展壮大，人民对精神文化消费的渴望越来越迫切，对数量和品种的要求越来越多，对质量和品位的要求越来越高，这就形成了一个庞大的文化消费群体。在这样的情况下，不大力发展文化产业，就难以满足人民群众的精神文化需求。其次，文化产业的发展适应了转变经济增长方式的需要。报刊出版业等文化生产部门同物质生产部门一样，同样面临着增强规模经营能力，提高集约化程度，克服过滥过散现象的任务。在这些部门实现产业化是实现转变经济增长方式的基本途径。最后，发展文化产业有利于扩大开放，更好地吸取世界文明的优秀成果。文化产业的一个重要特征便是信息化。文化产业的发展，将大大有利于我国同世界各国的信息沟通，及时捕捉到最新科技文化成果，加快我国现代化进程，提高全民的科学文化素质。在世纪之交，发展文化产业是关系加强社会主义精神文明建设，满足人们精神文化需要的大事。现在应当乘势而上，加快发展的步伐。

在发展文化产业问题上，有两个认识上的误区。一是把文化产业与物质生产产业相等同。有人把文化产业简单地看作"经济建设的一个方面"，认为它也应当把经济效益摆在首位，这是片面的。同汽车、建筑等物质生产产业不同，文化产业是一种特殊的产业。在社会主义市场经济条件下，它既要遵循物质生产规律，又要遵循精神生产规律；既要追求经济效益，更要把社会效益摆在首位。另一个误区是把发展文化产业与实行"文化产业化"相混淆。在市场经济体制下，所有的文化生产单位和组织都面临市场的挑战，但由于不同单位承担的社会功能不同，对待市场的态度和进入市场的状态也就不同。多数文化生产单位能够进入市场，就有条件发展文化产业。少数文化生产单位则不能进入市场，只能办成名副其实的"文化事业"。文化产业得按市场经济的法则来办，在坚持把社会效益摆在首位的前提下，追求经济效益的最大化，在管理上以经济手段为主，法律手段和必要的行政手段为辅；文化事业则以社会效益为唯一目标，不讲经济利润，在管理上以行政手段为主。"文化产业化论"者主张对全部生产单位和组织进行企业化、商品化改造，使之完全市场化。所谓"化"者，彻头彻尾、彻里彻外之谓也。这就混淆了两种不同性质的文化单位的区别，其后果是：一方面，模糊了文化产业的发展范围，使我们找不准着力点；另一方面，把本该作为事业来办的单位当作产业来办，从而导致公益性文化事业萎缩。

走出两个认识上的误区，保证文化产业和整个文化建设的健康发展，无疑是当前的重要课题。

三

在对外开放不断扩大的情况下，如何保持文化的独立性，这是世纪之交文化建设的战略性课题。

　　世纪之交，全球范围内各种思想文化思潮相互激荡，信息技术革命又推动思想文化思潮的激荡，全球文化大融汇、大撞击的态势，给正在扩大对外开放的中国提供了机遇，使得我们可以更好地吸收世界各国、各民族的优秀文化成果，更新本民族的文化构成，使中华文化进一步焕发生机与活力。但另一方面，这也向我们民族文化的独立性提出了严峻的挑战。因为，在这场全球文化的融汇和竞争中，以美国文化为代表的西方文化和以中国文化为代表的东方文化处在不平等的地位上。西方文化凭借着经济实力、传播手段的优势及文化自身的某些长处处于占上风的地位，对东方文化采取咄咄逼人的进攻性姿态。美国提出建设国际信息高速公路时，曾公开表示其目的为"促进民主的原则，限制极权型主义政权形式的蔓延"，让世界上的公民"有机会获得同样的信息和同样的准则，从而使世界具有更大意义上的共同性"。面对西方文化的侵略性进攻，江泽民主席不久前告诫全国人民："国家要独立，不仅政治上、经济上要独立，思想文化上也要独立。"[1]这确实提出了世纪之交一个具有战略意义的重大课题。

　　保持文化独立，具有两方面的含义：第一，保持我国文化的社会主义性质。这就要坚持马克思主义、毛泽东思想和邓小平建设有中国特色社会主义理论在文化领域中的指导地位，坚持"为人民服务，为社会主义服务"的性质和方向。第二，保持文化的民族特色。这就要坚持中华民族的优秀文化传统，努力以鲜明的中国风格、中国气派，堂堂正正地屹立于世界文化之林。

　　在对外开放不断扩大的形势下，保持文化独立具有相当大的难度。

---

① 江泽民：《发展和繁荣社会主义文艺》，见中共中央文献研究室编：《十四大以来重要文献选编》（下），人民出版社 1999 年版，第 2475 页。

总的来说，需要处理好以下几种关系：

一是吸收与抵制的关系。文化独立不是文化孤立。要使中华文化在同世界各民族文化并驾齐驱中保持独立的个性，就得不断增强自己的实力。因为，一个不发达的文化是难以在竞争中取胜的，一个肌体不强化的文化，也是难于防御敌对文化入侵的。要强大自己的实力，一个重要途径就是要吐故纳新，善于学习，要"积极吸收人类所创造的一切优秀文化成果，把它熔铸于有中国特色社会主义的文化之中"①。

但是，学习和吸取并不是兼收并蓄，把所有外来文化一股脑儿接收进来，而是有吸取、有抵制。这就要求文化工作者和广大群众具有较强的分析力和鉴别力，当外来思潮纷至沓来的时候，能够"区分先进和落后、科学和腐朽、有益和有害，积极吸收先进、科学、有益的东西，坚决抵制落后、腐朽、有害的东西"②。

二是立足中国的现实与走向世界的关系。在对外开放的年代，中国的文化产品理应走向世界，在各类竞赛中占有一席之地。但走向世界并不等于远离中国的现实，甚至迎合某些西方文化大国的趣味，跟在别人后面亦步亦趋。我们的文化，首先应当是立足中国现实的大地，为十多亿中国人民所喜爱的。正如江泽民同志所说："根植中国社会主义现代化建设的实践，反映中国人民创造自己新生活的过程和中华民族自强不息的精神，是中国社会主义文艺的立身之本。"我们应当牢牢立足这个立身之本，紧紧依靠这个立身之本，并决心以此去争取世界观众。

三是文化市场的开放与限制的关系。随着我国市场对外开放程度不

---

① 江泽民：《在庆祝中国共产党成立七十周年大会上的讲话》，人民出版社1991年版，第23页。
② 江泽民：《发展和繁荣社会主义文艺》，见中共中央文献研究室编：《十四大以来重要文献选编》（下），人民出版社1999年版，第2152页。

断扩大，文化市场也应当加大开放的步伐。但同时要看到，文化市场同一般物质产品市场不同，它不能全方位地对外开放。譬如，我们不能让各种内容的外国影视书刊没有任何限制地进入中国大陆，也不能允许外资参与广播电视台、演出团体、报刊出版社等文化单位的建设，更不能允许内外勾结，制黄贩黄。区分不同的领域，有的开放，有的限制；区分产品的不同的思想内容，有的引进，有的拒斥，一切为了有利于有中国特色社会主义新文化的建设，这就是我们的基本立场。

（原载《中国党政干部论坛》1997 年第 10 期）

文化产业与文化事业

　　在谈到文化产业问题时，笔者认为有必要对两个不同的提法加以区分，一个是"发展文化产业"，另一个是"文化产业化"。所谓文化产业，是指运用企业化、商品化方式提供精神产品和文化服务的生产单位和组织，它们是全部文化生产单位和组织的一部分。发展文化产业，就是指对这一部分要充分重视，加快发展。而"文化产业化"则是指对全部文化生产单位和组织进行企业化、商品化改造，使之完全市场化。可见，"发展文化产业"与"文化产业化"是两个内涵不同的提法。一些论者在阐述文化产业问题时，时常把两个提法相混淆，这是不妥当的。

　　在当前，发展文化产业是一件势在必行的事。

　　首先，在市场经济条件下，发展文化产业是发展精神生产力，满足广大群众日益增长的精神文化需要的重要途径。文化产业采用企业化的方法进行产品的生产和传播，告别了传统的个体化、手工化、小生产化的文化生产模式，表现出集约化、科技化和批量化的特点。这种生产方法，必然是以庞大的市场需求为前提的。如果没有足够多的消费群体作为前提条件，建立和发展文化产业就将成为一句空话。我国在建立社会主义市场经济体制过程中，正在形成日臻完备的市场体系。物质产品的市场化，也极大刺激了文化产品的商业化，文化市场迅速发展壮大。同时，随着物质生活的不断丰裕，人们"富而思文，富而思乐"，对精神文化消费的渴望愈来愈迫切，对数量和品种的要求越来越多，对质量和品位的要求越来越高，这就形成了一个庞大的文化消费群体。在这样的情况下，不大力发展文化产业就难以满足人民群众的精神文化需求。我国目前正处于社会主义初级阶段，这个阶段的主要矛盾是落后的社会生产力同人民群众日益增长的物质文化需求之间的矛盾。为了解决这个矛盾，既要大力发展物质生产力，也要大力发展精神生产力。而发展文化产业，则是推动精神生产力迅速提高的一项重要措施。时不我待，这一工作必须抓紧进行。

其次，文化产业是经济发展特别是城市经济发展中的一个新的增长点。在现代市场经济条件下，文化和经济的关系越来越密切。在一些市场经济发达的国家，文化产业已成为国民经济中的支柱产业，为国家带来丰厚的收益。在我国上海、广州、深圳等大城市，一些文化产业的发展也产生了可观的经济收益。我国有着丰富的文化资源，进一步发掘和利用这些资源，大力发展文化产业，使之成为新的经济增长点，是加快经济发展特别是城市经济发展的迫切需求。

最后，发展文化产业有利于扩大开放，更好地吸取世界文明的优秀成果。文化产业的一个重要特征便是信息化。文化产业的发展，将大大有利于我国同世界各国的信息沟通，及时捕捉到最新的科技文化成果，加快我国现代化进程。

从以上分析可看出，发展文化产业确实是一件关系经济和社会发展，关系两个文明建设的大事，必须给予足够的重视。对此，有相当一部分领导已经认识到了。近年来，特别是 1996 年党的十四届六中全会以来，北京、上海、江苏等省市都纷纷作出了加快本地文化发展的决定，加大了扶植文化产业的力度。现在应当乘势而上，进一步克服忽视文化产业的种种观念，真正把文化产业的发展摆到重要位置上来。

但是，强调发展文化产业，并不等于说要搞"文化产业化"。在市场经济体制下，所有的文化生产单位和组织都面临着市场的挑战，但由于不同的单位承担的社会功能不同，对待市场的态度和进入市场的状态也就不同。多数文化生产单位能够进入市场，有条件发展文化产业。少数文化生产单位则不能进入市场，只能办成名副其实的"文化事业"。文化产业就得按市场经济的法则来办，在不损害社会效益的前提下，以取得经济效益的最大化为目标，在管理上以经济手段为主，法律手段和必要的行政手段为辅；文化事业则以社会效益为第一目标，在管理上以行政手段为主。

在当前的情况下，区分"文化产业"和"文化事业"十分必要。一方面，它可以使我们明确文化产业的发展范围，找准着力点；另一方面，又可以避免"文化产业化"的偏向，防止把本该作为"事业"来办的单位当作"产业"来办，从而导致公益性文化事业的萎缩。前不久，笔者到荣获全国文化先进区县称号的重庆市沙坪坝区参观考察，这里的文化产业搞得红红火火，群众性的文化活动也开展得蓬蓬勃勃，连年有优秀的业余演出剧目在全国或省内的评比中获奖。区文化馆的负责同志在介绍他们取得成绩的原因时说，一条重要经验，就是认真研究"文化产业"和"文化事业"的不同性质，严格区别二者界限，正确处理二者关系。对于文化产业的经营，就是要在遵纪守法的前提下，讲究投入产出比，追求利润的最大化；对于公益性的文化事业，就必须把公益效益当作唯一目标。同时，注意摆正二者关系，坚持把文化事业当作主业，做到以副养主，使群众性文化活动得到雄厚的资金保证。沙坪坝区的经验对文化部门的各级领导都有启示意义。

（原载《中国文化报》1997 年 9 月 6 日）

从北京亚运会看社会主义新文化建设

自从古希腊人在奥林匹亚创办奥运会起，大型综合性运动会就超越了体育自身的疆域，与文学艺术等联姻，成为广义的文化盛会。北京亚运会的文化氛围也是空前热烈的。从文化的区域性看，东方文化、西方文化，以及各个民族文化，都有所表现；从文化的形态看，除体育展示出丰富多彩的内容外，思想道德、科学技术、文学艺术、文物古迹和民风民俗等都有充分表演，仅亚运会艺术节就奉献出数十台富有亚洲各民族风情的文艺节目，举办了数十个文化展览。亚运会的丰富文化内涵使它成为研究文化问题的极好课堂，人们从中可以得到如何对待中国传统文化，如何看待中外文化关系的正确答案，也获得了建设有中国特色的社会主义新文化的重要启示。

一

北京亚运会的文化氛围昭示我们，社会主义新文化的建设必须植根于民族优秀文化的土壤之中，民族虚无主义和历史虚无主义是站不住脚的。

　　在北京亚运会的文化氛围中，最引人注目的是中华民族优秀文化传统的展示。亚运会的"中国风情"不仅令海外华人为之自豪和骄傲，同时也廓清了我们自身在对待民族文化传统上的一些思想迷雾。

　　首先要讨论的问题是，中国传统文化是不是"已经完全不适应于现代生活的秩序"，以爱国主义为核心的民族精神还能不能成为维系迈入现代化进程的中国人民的心理纽带。

　　热爱祖国，酷爱自由，自力更生，英勇奋斗，刻苦耐劳，不屈不挠，这是我们民族的精神和魂魄，也是中国传统文化的精髓。在过去漫长的历史岁月里，就是依靠它，我们的民族才闯过种种艰难曲折，一次又一次衰而复兴，蹶而复振，自立于世界民族之林。可是在前两年的"文化热"中，否定爱国主义传统一度成为时髦。有人认为，中国有了爱国主义反而阻碍了社会的进步和发展，因而必须抛弃"中国的爱国主义传统"，才能走向现代化。有人甚至提出，爱国主义是一切反动落后政权的最后堡垒。这不能不使一些人产生疑虑：爱国主义还能不能一如既往地发挥凝聚民心、振奋民气的重大作用？北京亚运会对此作出了很好的回答。在亚运会的筹备和进行过程中，爱国主义是贯穿始终的主旋律。筹备期间，党和政府向全国人民提出"亚运为国添光彩""我为亚运作贡献"的口号，向中国运动员提出"爱国、奉献、团结、拼搏"的要求；亚运会开幕前夕，举行了一亿七千万人参加的"亚运之光"火炬传递活动，还号召全国人民"当好东道主，热情迎嘉宾"。这些口号和活动的出发点就在于要把亚运会当作发扬爱国主义精神的"载体"，通过它来振奋民族精神，增强民族的凝聚力，这一目的显然实现了。全国亿万人民，尽管民族不同，信仰各异，对于国事的看法也有差异，但围绕亚运会，大家一下子有了共同的语言，亚运会就像一块磁石，吸引了大家的心。从白发老人到年幼的红领巾，从最高层领导到普通老百姓，大家都不把亚运会看成仅仅是政府的事、组委会的事，而看成是自己的事，把自己的工作同亚运会挂起钩来，同国家形象、国家荣誉联系起来。一位参加开幕式背景表演的中学生说，举起牌子我们对场内是什么样的都不知道，我们每个人举的或者就是一块颜色，或者就是一条线，但一万多人加在一起就是绚烂的画面，就是中国。这位普通中学生说出了参加开幕式表演的全体演员的心声，也说出了全国亿万人民的心声。如果没有爱国主义精神作支撑，就不可能出现开幕式那种万众一心的壮观场面，不可能取得现代化的大型综合性国际运动会的空前成功。这一事实证明，爱国主义是推动现代化的强大力量。

与爱国主义融为一体的，还有自力更生、艰苦创业精神。这一精神，已被党的十三大写进了党的基本路线，成为实现四个现代化的方针。亚运会以现代体育事业的恢宏气魄，显示了自力更生、艰苦创业精神的伟力所在。亚运赛场内外，到处有中华民族创造的奇迹。世界一流的体育场馆是中国建筑工人自己建造的，其建筑材料的国产化率达到95% 以上；比赛需要的体育器材中，中国生产的占 71% 以上，比近几届奥运会东道国提供的都要多；此外，还有世界第二十个兴奋剂检测中心、先进的电子服务系统等，这些书写着"中国"大字的建设成果，使一些曾经怀疑过我们力量的外国朋友也为之惊讶。它再一次说明，中国人民有能力解决社会主义现代化建设中的任何重大问题，那种妄自菲薄、悲观失望的情绪是完全没有必要的。

对待民族文化传统的第二个问题是，在我们悠久的历史文化中，有没有能同世界优秀文化相媲美、相竞争的精华？中华文化还有没有生命力？那种认为中国几千年的历史只有"愚昧和落后"，中华民族的文化"已经夭亡了","孕育不了新的文化",是只能走向"自杀"的"黄土文化"的言论是否站得住脚？北京亚运会的实践证明，这种言论是荒谬的。亚运会上，中华民族的文艺歌舞展现魅力，腰鼓舞、荷花舞、孔雀舞永久地留在世界亿万电视观众心中。中华饮食文化无与伦比，"吃在北京，吃在中国"获得巨大声誉。历史悠久的礼仪文化显露风采，中国运动员文明礼貌，端庄大方，赢得好评；活跃于赛场的精神文明啦啦队为大赛增添了友好、公正、祥和的气氛；"礼仪小姐"以鲜明的民族服装、典雅的民族气质引人注目，记者称她们步履之中，顾盼之间，走出了东方文明的韵律，把嘉宾带入典雅的东方意境之中。中国是体育的发祥地之一，中华民族的体育文化也得到充分表演，太极拳和武术在开幕式上相继出场，精彩的表演令海外舆论为之叫绝。有家海外报纸议论说，这场表演"的确令人眼睛亮了"。"眼睛亮了"的意思是重新发现了中国文化的无比魅力。亚运会上，中华武术首次列为正式比赛项目，不同肤色的运动员参加了六个项目的角逐，还正式成立了国际武术联合会。这些都表明，作为竞技项目的武术，正在走向世界。亚运会上中国传统文化的成功展示告诉人们，我们民族的优秀文化能够为世界各国人民所喜爱和接受，也能够在同世界各民族文化的竞争中显示自己的生命力。

综上所述，我们可以认识到，中国传统文化并非"完全不适应于现代生活的秩序"，在传统文化中，存在着推动现代化前进的积极因素，包含着足以同世界优秀文化相媲美的文化精华，它毫无疑义地应当成为社会主义新文化建设的重要来源。社会主义新文化只有扎根于民族文化的深厚土壤中，并适应现代化要求创新性发展，才能建立起真正有依托的、现实的、有活力的新文化体系，成为推动现代化经济建设和民主政治的积极力量。

二

北京亚运会启示我们，必须以改革的精神建设新时代的新文化，"变则通，通则久"，这是文化发展的规律。

在继承民族文化传统的基础上建设社会主义新文化，并不等于固守"国粹"，不思变革。从历史的观点看，文化的发展是一个不以人们的意志为转移的客观历史进程，而推动发展的力量则是改革。就如鲁迅所说的，文化的改革"如长江大河的流行，无法遏止，假使能够遏止，那就成为死水，纵不干涸，也必腐败的"。

讲文化需要改革，首先意味着要用马克思主义的立场、观点、方法分析研究传统文化，剔除其封建性的糟粕。同世界上任何民族的文化一样，中华民族的传统文化也具有两重性，革新进取是一方面，保守稳定是另一方面，特别是中国长期处于自给自足的自然经济状态，由此带来的封建文化的狭隘性和保守性，曾经是导致我国社会长期停滞的思想根源之一。这种狭隘性和保守性的种种表现，例如夜郎自大、故步自封、因循守旧、不思进取、宗法观念、家长作风、封建迷信、男尊女卑等，在现实生活中都还时有所见。北京亚运会的组织者、建设者和中国运动员以改革开放、博采众长的宏伟气魄冲击了封闭保守的陈规陋习，以奋力拼搏、争创一流的豪迈姿态，打破了因循守旧、不求进取的思想樊篱，这些都将影响我们整个民族的精神风貌。

除了剔除封建性糟粕外，还要在继承民主性精华的过程中融入社会主义的思想因素。亚运会期间，我们在发扬爱国主义传统的同时，大力宣传和发扬了社会主义集体主义精神。在中国体育代表团内，"人梯"精神广为传扬。曾在重大国际比赛中夺得二十多枚金牌的著名柔道运动员高凤莲，为了给新手提供大赛机会，放弃了亚运会的报名资格，还主动担任陪练员。当有人问她为什么这样做时，她说，过去二十多位教练员、陪练员帮助我，使我夺得世界冠军。如今我也愿意当结结实实的人梯，让新手踩在我肩上去夺世界冠军。高凤莲的"人梯"精神就是社会主义集体主义、无私奉献精神，它是对新中国运动员优良传统的一种继承，又将进一步发扬光大，成为我们民族精神素质中不可缺少的组成部分。

讲文化需要改革，还意味着要把民族性和时代性结合起来，在对传统文化取精用宏基础上独树一帜，展示出适应时代要求的新景观。这一特征，在大型团体操《相聚在北京》中得到淋漓尽致的表现，在其他场合，也时有所见。就拿国家奥林匹克体育中心的建设来说吧，它的整体布局中所体现的刚健豪迈的气势，代表着中国传统艺术美学的追求，但外观上以轻盈开朗、富有朝气的白色为主色，就和现代体育的性质相契合。游泳馆和综合体育馆采用斜拉索桥梁工艺，它们的大屋顶使人联想到故宫的大殿，然而那条条钢索，又表现出现代工业社会的一种力度。田径场的顶棚整体成蚌壳状，但在局部，却又有中国传统的斗拱、飞檐形态巧妙地融汇其中。这一切，都显示出国家奥林匹克体育中心既是中国的，又是现代的。正如担任设计任务的一位建筑师所说，我们"把源远流长的民族文化风格作为形象构思的起点"，又"不是停留于对辉煌的、但已消逝的过去的眷念，而是充满激情地面向时代，面向世界，面向未来"，这道出了文化发展的真谛。

三

北京亚运会还启示我们，对外开放，面向世界是建设社会主义新文化的必要条件。

我们的社会主义新文化建设，是在对外开放的条件下进行的，国际日益频繁的文化交流，为我们的文化建设注入了新的活力，也提出了如何正确处理中外文化关系的严肃课题。在这个问题上，有两种态度是错误的，一种是拒绝学习西方文化，或者沿袭"中体西用"的建构原则，把学习严格限制在船坚炮利、声光电气的科学技术层面上；另一种是主张全方位开放，实行"全盘西化"。北京亚运会排斥这两种错误态度，为我们树立了正确吸取西方文化的范本。

当代国际文化交流的广泛性，在体育方面表现得尤为明显，这是同体育的开放性特征相联系的。体育不像别的许多文化那样，因受到国家、民族、宗教等因素的阻碍而形成分散的文化圈。体育有自己的共同规则、共同的体育语言，进行真正的公平竞争，因而也很容易打破国家、民族、宗教的界限走到一起来。现代科技的加入，使体育的"公平竞争"更为完善，现代体育也越来越向国际化的方向发展。大型综合性国际体育运动会集中着洲际以至国际各国的体育好手，使用符合国际体育标准的器材，在这样的情况下，任何一个想获得成功的东道主，都必须具有足够的开放意识，具有放眼世界、大胆学习的气魄和眼光。北京亚运会在举办过程中，无论是大会宗旨的确定，还是体育大舞台的搭建，无论是运动员赛前的科学训练和赛时的技术战术发挥，还是大会高效严密的组织管理，无一不包含着学习世界先进文化的成果。在当今世界上，奥林匹克精神已为各国人民广泛接受，它作为人类文明的精华，体现着人类努力完善自身，不断挖掘机能潜力的追求精神。在北京亚运会上，奥林匹克精神得到大力宣传和发扬。我们为大会制定的"团结、友谊、进步"的宗旨是奥林匹克精神的具体化。奥林匹克精神的两句著名口号，一句是"更高、更快、更强"，出现在开幕式的背景台上，另一句是"参与重于取胜"，也被报刊舆论广为宣传。我们这样做，并不仅仅是为了完成一个洲际运动会东道主的职责，而且还为了吸取奥林匹克精神以丰富和发展我国社会主义的道德建设。实践证明，这样做的效果是好的。这一事实也激励我们要更加放开手脚，大胆吸取外国先进文化，就如《中共中央关于社会主义精神文明指导方针的决议》中所提出的那样："必须下大决心用大力气，把当代世界各国包括资本主义发达国家的先进的科学技术、具有普遍适用性的经济行政管理经验和其他有益文化学到手，并在实践中加以检验和发展。不这样做就是愚昧，就不能实现现代化。对外开放作为一项不可动摇的基本国策，不仅适用于物质文明建设，而且适用于精神文明建设。"

袁伟民同志在介绍北京亚运会情况的报告中说，一个没有自信心的民族是没有希望的，一个没有忧患意识的民族也是没有希望的。这道出了全体中国运动员的肺腑之言。在北京亚运会上，我们的现代化的科学训练能结出硕果，夺得金牌大丰收，同"忧患意识"的推动是分不开的。亚运会结束后，中国运动员没有陶醉在胜利的喜悦中，而是清醒地看到183枚金牌中多数金牌的"含金量"还不足，能与世界先进水平相匹敌的项目还太少，1992年巴塞罗那奥运会已经提出了严峻的挑战，他们决心以更大的艰辛和努力，去学习国外先进经验，搞好科学训练，以优异成绩迎接新的考验。中国运动员的"忧患意识"是值得全体人民吸取的。我们只有对自己国家目前的经济文化落后面貌保持清醒的认识，才能鼓起奋发学习、迎头赶上的勇气，敢于到国际竞赛舞台上争荣誉、拿金牌。

亚运会期间，中国体育代表团组织运动员学习马克思主义哲学，学习《孙子兵法》和《三十六计》，使大家用辩证法来武装头脑，学会如何对待胜负，如何扩大战果，如何处理比赛中遇到的意外情况，这对于稳定运动员心理，增强赛场竞争能力起了很好的作用，也成为外国运动员钦羡不已而又难于学习的取胜"秘诀"。亚运会的成功经验昭示我们，只要开动机器，运用脑髓，"外之既不后于世界之思潮，内之仍弗失固有之血脉"，中华民族就一定能巍然屹立于世界民族之林，建立起第一流的社会主义物质文明和精神文明。

（原载《亚运精神永驻中华——北京亚运与振兴中华理论研讨会论文集》，北京出版社 1991 年版）

北京亚运会的文化启示

北京亚运会是亚洲体育健儿团结友谊的盛会，也是中国人民振奋民族精神，弘扬民族优秀文化的盛会。有媒体盛赞亚运圣火照耀出源远流长的中华文化的光辉，亚运盛会展现了体育史上新创的中国风情。这个评论是恰如其分的。但是另一方面，北京亚运会的"中国风情"又不是孤立的、保守的，它是和现代体育事业的宏大气魄，与奥林匹克精神交相辉映的。毫不夸张地说，北京亚运会是发扬民族优秀文化传统和学习国外先进文化的统一，是自力更生的恢宏精神和对外开放的博大气魄的融合，它在文化意义上给我们的启示是深刻的。

北京亚运会的文化氛围昭示我们，中华民族的优秀文化是具有蓬勃生命力的，它能够被世界各国人民喜爱和接受。中国是文明古国，中国文化中许多宝贵的东西，例如"自强不息"的刚健精神，讲究文明礼仪等，在这次亚运会上都有体现。中国又是体育的发祥地之一，中华体育在漫长的发展过程中，创造了自己的精华和特色。中国传统体育项目如武术和气功等具有浓郁的伦理道德色彩和教育作用，充分体现体育的文化价值，因而越来越被外国朋友所喜爱。在北京亚运会上，中华武术大放异彩。太极拳和武术在开幕式上相继出场，精彩的表演令海外舆论为之叫绝。有家海外报纸议论说，这场表演"的确令人眼睛亮了"。"眼睛亮了"的意思是重新发现了中国文化的无比魅力。亚运会上，中华武术首次列为正式比赛项目，不同肤色的运动员参加了 6 个项目的角逐。亚运会期间，正式成立了国际武术联合会。这些都表明，作为竞技项目的武术，正在走向世界。中国武术在亚运会上的成功，从一个方面证明，中华民族的优秀文化能够为世界各国人民所接受，也能够在同世界各民族文化的竞争中显示自己的生命力。

当然，我们说的弘扬民族优秀文化，并不等于搞完全的"国粹"堆积，还必须展示适应时代要求的新风貌，"变则通，通则久"，这才是文化发展的规律。亚运会的文化信息包罗万象，从体育文化自身看，有体育项目、体育精神、体育建筑等；从广义文化看，还包括亚运艺术节的文艺演出、文化展览以及灯会、庙会。其中固然不乏显示着深厚文化内涵的"国粹"，但更多的却是对传统文化取精用宏基础上独树一帜的新景观。就拿国家奥林匹克体育中心的建筑来说，它的整体布局所体现的刚健豪迈的气势，代表着中国传统艺术美学的追求，但外观上以轻盈开朗，富有朝气的白色为主色，就和现代体育的性质相契合。所以国家奥林匹克体育中心既是中国传统的，又是现代的。类似的例子可以找出许多，它们都说明，我们必须以运动、变革的精神来继承民族文化传统。这不仅是说要按照现代化的要求去剔除民族文化中的糟粕，而且意味着要对传统文化的精华进行总结、继承，并赋予时代的新内容，只有这样，具有中国特色的社会主义新文化才能建立起来。

在各个种类的文化中，体育文化是最具开放性的一种。它不像别的许多文化一样，因受到国家、民族、宗教等因素的阻碍而形成分散的文化圈。体育有自己的共同的规则、共同的语言，进行真正的公平竞争，因此运动员很容易打破国家、民族的界限走到一起来。现代科技的加入，使体育的"公平竞争"更加完善，现代体育也越来越向国家化的方向发展。大型综合性国际体育运动会集中着洲际以至国际各国的体育好手，使用符合国际体育标准的器材，在这样的情况下，任何一个想获取成功的东道主，都不可能不具有放眼世界、博采众长的开放意识，不可能不具有"拿来主义"的气魄和眼光。在亚运会的组织和举办过程中，无论是大会宗旨的确定，还是体育大舞台的搭建；无论是运动员赛前的科学训练和赛时的技术战术发挥，还是大会高效严密的组织管理，无一不包含着学习世界先进文化的成果。正因为如此，亚运会才获得圆满的成功。各国体育代表团和记者一致称赞，亚运会的组织工作堪称一流，超过了洛杉矶奥运会和汉城奥运会。亚运会的成功，将激励我们更加放开手脚，大胆吸取世界各国先进科学技术、具有普遍适用性的经济行政管理经验和其他有益文化，在国际竞赛舞台上争荣誉、拿金牌。

也许有人说，体育文化是特殊的文化，因此体育界的经验并不具有普遍适用性。这种观点是片面的。体育界和其他各界一样，在对外开放、吸收外来文化方面，都有个从中国的国情出发，坚持民族的优秀文化传统，抵制资本主义腐朽思想的问题，不过由于体育界的特殊性，它吸取外来文化的面可能更宽些，科技、经济管理领域的情况与之类似。在其他领域，吸取外来文化的面可能要窄些，但对外开放、勇于学习的精神是一致的。只要我们保持民族固有之血脉，吸取外来文化之精华，中华民族就一定能自立于世界民族之林，建立起第一流的物质文明和精神文明。

（原载《光明日报》1990 年 10 月 21 日）

体育能否把政治弃于门外

　　雅典奥运会的成功举办和中国运动员的辉煌成绩，引发了人们对于体育特别是竞技体育的关注。各类媒体上不时出现关于竞技体育的意义和功能的讨论。其中比较有代表性的一种观点是，体育就是体育。把竞技体育和民族情感、爱国主义等因素混在一起的传统思路应当改变，否则就会影响竞技体育正常功能的发挥。这种看法使笔者联想起一些国外体育理论家的观点——"运动是目的本身""当你跨过体育的门槛时，就把政治弃在门外"。上述两方面的观点实际上是一致的。而问题的焦点恰恰在于，体育能否把政治弃于门外？

　　体育作为人类的一项文化活动，它不是一种孤立的社会现象，而总是同一定社会的政治、经济、文化相互联系又相互影响的。竞技体育特别是奥林匹克体育运动，更是从一开始就同政治结缘。

　　发源于古希腊的古代奥运会，是具有浓郁宗教色彩的祭典竞技会，又是带有军事锻炼性质的比赛场，这同当时城邦间频繁的征战对于健康体魄的要求是分不开的。作为政治斗争的最高形式的战争是那个时代的主旋律。它要求体育也同它呼应。古希腊哲人苏格拉底说，青年们是为保卫城邦而锻炼。在竞赛中的优胜者被视为民族英雄，为此举行的隆重庆典仪式大大弘扬了民族精神。

古代奥运会发扬民族精神的传统，被现代奥运会所继承。现代奥运的创始人顾拜旦作为一个教育家，他之所以要复兴奥林匹克运动，很重要的一个方面，就是想用古代奥林匹克精神，来克服现代社会的弊端，用带有宗教色彩的运动会仪式，来激发青年的国际主义和爱国主义情感。有这样一段名言，可以表达他复兴奥林匹克运动的一个方面的初衷："古代运动员像雕塑家凿塑像那样，通过锻炼塑造自己的躯体。他们以此向上帝致敬。同样，现代运动员也以同样的方式为自己的祖国、民族以及国旗赢得荣誉。"他还说："我们认为，国际主义是由对各自祖国的尊重、对高尚竞争的尊重构成的。通过竞争，运动员看见由于自己的努力而升起国旗时，他们的心就会激动不已。"可以认为，通过体育竞赛激发青年的国际主义、爱国主义精神，是奥林匹克的宗旨之一。只要奥林匹克宗旨不变，"升国旗、唱国歌"的庄重仪式不变，竞技体育特别是奥林匹克运动在唤起国家意识和爱国热情、激发民族精神方面的政治功能就存在，这不是哪一个国家、哪一个民族的主观意志所能改变的。

人们之所以对竞技体育的政治功能发生质疑，其原因在于时代的主题发生了变化。确实，竞技体育同政治之间的互动关系，是随着时代的发展而变化的。竞技体育的政治功能，在不同的历史时期，表现出不同的形式和特点。在冷战结束，和平与发展成为时代主题的历史条件下，竞技体育更多地成为推动各国间和平、友谊、交往的手段，成为促进民族和解、统一、团结的手段，成为各国实现国内社会安定的手段。但这并不意味着竞技体育在唤起国家意识和爱国热情方面的政治功能已经淡化。当今时代，世界多极化和经济全球化在曲折中发展，以综合国力的竞争为标志的国与国之间的竞争日趋激烈。综合国力中包含经济实力、科技实力等物质力量，也包含作为精神力量的民族凝聚力。而竞技体育特别是奥林匹克运动正是增强民族凝聚力的重要手段。竞技体育的风格也很好地体现了国与国之间竞争的风格。近年来随着竞技运动竞争的激烈化、国际化、高水平化，加上传媒手段的日趋现代化，竞技体育特别是奥林匹克运动在国际上的影响越来越大，在展示国家和民族形象，提高国际声望，从而增强民族凝聚力方面的作用也更加突出。在刚刚结束不久的雅典奥运会期间，无论是在中国，还是在大洋彼岸的美国，或是其他国家，亿万人都不顾时差造成的不便，如醉如痴地观看有本国优秀运动员参加的比赛，并为他们夺冠而欢呼雀跃、喜极而泣，深深感到民族的自豪。这种"环球同此凉热"的景象就是最好的例证。正因为如此，许多国家都重视竞技体育。日本自 2001 年悉尼奥运会后成功制定和实施了"金牌战略"。泰国的国家领导人在雅典奥运会后为本国的夺冠者举行盛大的庆功仪式。在当前和看得见的将来，脱离政治的所谓"纯体育"是不可能出现的。

竞技体育的政治功能的客观存在，带动了政治对体育的支持，促进了体育的发展。但另一方面，如果我们人为地不恰当地扩大竞技体育的政治功能，就会导致竞技体育各种功能不协调，并产生只重视竞技体育而忽视大众体育的倾向，从而阻碍体育的发展。所以，准确地界定竞技体育的政治功能在整个功能系统中位置，处理好竞技体育的政治功能和其他功能之间的关系，非常重要。

我们要看到，竞技体育的功能系统是个复杂的多元结构，除了政治功能外，还有健身、教育、娱乐、审美等多种功能。所以，我们既不能只强调健身功能和其他社会功能而否定政治功能，也不能只强调政治功能而排斥其他功能，而必须从整体上把握，不搞单打一。

我们要重视各种功能在层次上的差别，把政治功能摆在恰当的位置。竞技体育以人的体态动作为语言，它的符号系统是世界共通的，没有国家政治的色彩。因此，向人自身的极限挑战，追求更高、更快、更强的目标，以不断增强和完善人类的机能，这是竞技体育固有的、第一性的功能。而政治功能是由运动会的仪式所产生的，也可以说是派生的，是第二性的。我们必须这样认识问题。运动员首先想到的是要和高手在国际大赛中同台竞技，争取出好成绩，同时又不忘"中国有我、亚洲有我"。作为观众，首先要为各国优秀运动员精彩的技艺，为他们向人类自身极限的冲击而喝彩，同时又为中华体育健儿的壮举而叫好。如果我们摆错位置，离开竞技体育的固有功能去片面地突出强调它在显示国家民族形象方面的作用，就有形成狭隘的民族主义体育观的危险，甚至导致体育丑闻和暴力事件的发生。

体育不能将政治弃之门外，体育又不能成为政治的奴仆，这就是笔者的结论。

（原载《学习时报》2004 年 9 月 20 日）

塑造中华民族的新性格

——纪念鲁迅逝世五十周年

　　鲁迅对中华民族怀着极为深沉的爱。这种爱，不仅表现为对民族悠久历史的歌功颂德，也表现为对民族弱点的针砭批判。正因为他对自己的民族爱得深，他才对民族的落后痛心疾首，对民族劣根性的暴露毫不留情。他毕生都在为改造和塑造民族的灵魂呐喊、奔突，他的大量著作都留下探索的印迹。

　　早在青年时代，鲁迅就开始探讨中国的国民性问题，提出了"立人"的思想。鲁迅的这个思想，是在他比较了中国和世界文明发展进程，带着"中国人要从'世界人'中挤出"的焦灼感提出的。因此，他对国民性弱点的审视，首先就集中于自大崇古、不求改革的保守心理上。鲁迅提出，中国地处东方，长期以来，形成了中国文化"中心主义"，由此滋生了盲目乐观的民族自大病。鲁迅把这种病形象地称为"十景病"。中国人什么都要十全的，点心有十样锦，菜有十碗，音乐有十番，阎罗殿有十殿，药有十全大补，其结果是"无问题，无缺陷，无不平，也就无解决，无改革，无反抗"，各自在心造的幻觉中陶醉，在"瞒"和"骗"的大泽中沉陷。"民族自大"与"崇古"是连在一起的，开口闭口文明古国，永远满足于古已有之，即使革新，所理想的还是过去的太平盛世，还是往后看。鲁迅愤慨地说："我独不解中国人何以于旧状况那么心平气和，于较新的机运就这么疾首蹙额；于已成之局那么委曲求全，于初兴之事就这么求全责备。"①正是由于这种抱残守缺的社会心理作怪，在中国，要作任何改革都是很困难的，"即使搬动一张桌子，改装一个火炉，几乎也要血；而且即使有了血，也未必一定能搬动，能改装"②。所以要"立人"，首先就要破除中国人的保守性。

与抱残守缺、不思进取的保守性相联系的是反对冒尖，抑制个性。鲁迅说，中国有两种自大，一种是"合群的爱国的自大"，另一种是"个人的自大"。前者是平庸之辈借着"爱国"的旗号聚众滋事，而后者则是独异，这种人"大抵有几分天才"，"也可说就是几分狂气"，"但一切新思想，多从他们出来，政治上宗教上道德上的改革，也从他们发端"。鲁迅认为，多有"合群的爱国的自大"的国民，"真是可哀，真是不幸"！多有"个人的自大"的国民，"真是多福气！多幸运"③！可惜中国所多的偏偏是前者，而对于后者则多方加以压制、打击。"有什么稍稍显得特出，就有人拿了长刀来削平它。"④其结果当然是大家绝对平均，没有差异，大家一起在祖传的瓦砾堆里修补老例，谁也不肯迈进一步，这样的社会，怎么能进步呢？

冷漠，麻木，人与人彼此不关心，缺乏同情，这是中国国民精神病象的又一表现。鲁迅说："群众，——尤其是中国的，——永远是戏剧

---

① 《鲁迅全集》第 3 卷，人民文学出版社 2005 年版，第 153 页。
② 《鲁迅全集》第 1 卷，人民文学出版社 2005 年版，第 171 页。
③ 《鲁迅全集》第 1 卷，人民文学出版社 2005 年版，第 327—328 页。
④ 《鲁迅全集》第 6 卷，人民文学出版社 2005 年版，第 299 页。

的看客。牺牲上场，如果显得慷慨，他们就看了悲壮剧；如果显得觳觫，他们就看了滑稽剧。"① 这类例子很多，如《孔乙己》中那些幸灾乐祸、以嘲笑别人来开心的酒客，《药》里用蘸着革命者鲜血的馒头为儿子治病的华老栓，《阿Q正传》里围观示众和杀头的看客，《明天》里在寡妇丧子的悲哀里图逞私欲的蓝皮阿五，《祝福》里以阴间受苦来吓唬祥林嫂的柳妈等。这种自私冷漠，使中国国民像一盘散沙，没有聚合之力，使民族国家成为"沙聚之邦"，失去团结向上、革新进取的活力。

中国国民性的弱点，与封建专制主义的长期统治息息相关。封建帝王为"使子孙王千万世，无有底止"，施行愚民政策，压制个性，排斥异端，使人们没有创见，安于现状。封建专制主义的长期钳制同时造成人们之间互不相通，关系冷漠。封建的伦理哲学以复古为宗旨。"三年无改于父之道，可谓孝矣"，就是教人保守，不要改革。鲁迅提出，要改造国民性，实行"立人"的目的，其"道术"在于冲破封建主义的罗网，撷取异族文化的精华，"尊个性而张精神"。只有使个性获得解放，使人有自我意识，认识个性的价值，明白人生的意义，做到"人各有己"，在此基础上才能实现"群之大觉"，进而使人们树立起高尚的理想和情操，发挥出无穷的创造力，做到"勇猛无畏"，"独立自强"。一句话，只有"尊个性而张精神"，才能塑造出中华民族的新性格。

鲁迅的"立人"思想，是在民族生死存亡的历史关头提出的，它具有鲜明的时代色彩，也有着不可避免的历史局限性。今天，距离鲁迅生活的时代已经有数十个年头了，但鲁迅的思想对我们仍有一定的教益。

---

① 《鲁迅全集》第1卷，人民文学出版社2005年版，第170页。

当前，我们正进行着社会主义精神文明建设的巨大工程。精神文明建设的根本任务，就在于提高人的素质，使之和经济建设的现代化相适应。这是在新的历史条件下的"立人"，在实现"立人"的征途上，横亘着封建主义遗毒、历史的保守传统等重重障碍。此时此刻，回忆一下鲁迅有关"立人"的论述，不是没有裨益的。

（原载《中央党校通讯》1986 年 10 月 25 日）

"支那"辱称的滋生、消亡及沉渣泛起

　　2020 年是中国人民抗日战争胜利七十五周年。站在重要的时间节点上，我们要回望历史，重温抗日先烈为挽救国家危亡而浴血奋战的事迹，学习和继承在中华民族最危急的时刻形成的伟大的抗战精神，同时也要警惕当下海内外种种否定日本军国主义侵华历史和中国人民抗战历史的思潮，予以分析与抨击，其中，"支那"辱称的沉渣泛起就是需要关注的一例。

　　"支那"一词沉渣泛起，涉及的不单是一个国名称谓问题，还是一个历史观的问题。因此，讲清楚"支那"一词的来龙去脉，回顾"支那"辱称从滋生到消亡的过程，对于正确认识日本军国主义侵华历史和中国人民抗日战争的历史，具有重要意义。

一、"支那"如何成为中国的污辱性名称

　　周恩来总理曾用"两千年友好，五十年不幸"来概括中日关系史。"两千年友好"指的是中日两国一衣带水，两千年来友好交往。"五十年

不幸"指的是从 1894 年日本军国主义发动侵略中国、朝鲜的甲午战争开始，中经 1937 年日本发动全面侵华战争，最终到 1945 年日本无条件投降、中国人民抗日战争胜利，这五十年中中日两国的对立。而日语中中国国名的变化，正是中日关系史"两千年友好，五十年不幸"的生动反映。

日本学者实藤惠秀曾对日语中中国国名的变化作过系统研究。他提出，由于历史上日本长期从中国接受了文化上的恩惠和影响，所以"从古时候到明治中叶（明治时代为 1868—1912 年，作者注）为止，我们称中国为 Morokoshi，Kara，稍后一些又称 Toh（唐）。（中国中日关系史研究专家汪向荣在原文页脚注：Kara カテ、Morokoshi モロコシ和 Toh タワ都是日本人对汉字'唐'的读音）这些言词中间，都带有一种崇敬的概念在，所以每一提到'唐人'，就会联想到是可尊敬的，自然而然要整一下衣襟以表示敬意。'唐物'一直到明治时代，还是作为进口高级舶来品的代名词而使用的"①。

那么，"支那"一词是何含义，它又何时进入日语的呢？"支那"一词由汉字音译印度语而来，在汉文佛经中大量出现这个词；至于词义，有不同的看法，按郭沫若的说法，"本来支那并非恶意，有人说是'秦'的音变，但出自日本人口中则比欧洲人称犹太人还要下作"②。"支那"一词由汉语进入日本语的时间，按实藤惠秀的考证，"似以 1713 年为最早"③。此后，在江户时代（1600—1868 年）后半期，"日本的地图

① ［日］实藤惠秀:《对中国的称谓——中日关系史中的微妙问题》，汪向荣译，《社会科学战线》1979 年第 3 期。
② 郭沫若:《关于日本人对于中国人的态度》，《宇宙风》1936 年 9 月。
③ ［日］实藤惠秀:《中国人留学日本史》，谭汝谦、林启彦译，生活·读书·新知三联书店 1983 年中文内地版，第 196 页。

和漂流记使用该词"，但在漂流记中，"他们给支那做了一个注脚 ——
'唐、唐土、唐山也。'这显示一般人对支那一词尚未熟悉"①。进入明
治时代后，在日本文人的著作中，"唐、唐土、唐人"和"支那、支那
人"都有出现，但"'支那'一词，仍未成为日语的通用词语"，"直到
中日甲午战争，日本一般老百姓并没有使用'支那'这个词语的"②。据
此，实藤惠秀断言："从历史发展过程上看，不论过去和现在，日本人
所使用的'支那'一词，在日本原来是无根的。日本人用'支那'去
取代二千年来沿用的'中国'，只是最近六十年光景的事。"③发生变化
的"分水岭"是中日甲午战争。"1895 年（明治二十八年），李鸿章到
马关议和，结果日本获得二万万两赔款及占据台湾。日本人因此洋洋得
意，对中国的态度变得轻蔑起来。'支那'一词也从此在日本语言中生
根，而且很快便融混了轻蔑之意。"④"日本当政者的国家优越感，影响
着一般的日本国民，使人人都怀着对中国和中国人轻蔑的态度。直到投
降前，日本小孩子嘲弄别人时，常常爱说：'笨蛋笨蛋，你的老子是个
支那人！'"⑤

　　对于日本人说"支那"一词时的轻蔑姿态和音调，郭沫若以自己留
学日本时的亲身经历作了生动描绘："你们单在说这'支那人'三个字

---

① ［日］实藤惠秀：《中国人留学日本史》，谭汝谦、林启彦译，生活·读书·新知三联书店
1983 年中文内地版，第 197 页。
② ［日］实藤惠秀：《中国人留学日本史》，谭汝谦、林启彦译，生活·读书·新知三联书店
1983 年中文内地版，第 197—199 页。
③ ［日］实藤惠秀：《中国人留学日本史》，谭汝谦、林启彦译，生活·读书·新知三联书店
1983 年中文内地版，第 200 页。
④ ［日］实藤惠秀：《中国人留学日本史》，谭汝谦、林启彦译，生活·读书·新知三联书店
1983 年中文内地版，第 199 页。
⑤ ［日］实藤惠秀：《中国人留学日本史》，谭汝谦、林启彦译，生活·读书·新知三联书店
1983 年中文内地版，第 182 页。

的时候便已经表现尽了你们极端的恶意。你们说'支'的时候故意要把鼻头皱起来，你们说'那'的时候要把鼻音拉出一个长顿。""我们单听着'支那人'三字的声音，便觉得头皮有些吃紧。"①

实藤惠秀的分析和郭沫若的写实，清晰地说明了"支那"一词成为中国的污辱性名称的过程，形象地再现了这一污辱性名称在当时日本的表现场景。"支那"辱称的滋生和使用，是同甲午战争后日本作为战胜国气焰日益嚣张、对中国日益蔑视的历史背景紧密联系在一起的。

20世纪10年代留学日本的王拱璧，通过一个中国学者的观察，阐述了"支那"辱称在日本滋生和风行的原因。他在收入《东游挥汗录》的《日本外交之概略——对支根本政策》一文中写道："倭近五十年来之外交真相，舍对华而外实无外交价值之可言。盖倭人自战胜前清以后，即称我华为'支那'，垂为国民教育。且多方解释支那二字若无意义适可代表华人之蒙昧者，于是支那二字乃风行三岛，以资倭人轻侮华人之口实。每逢形容不正当之行为，则必曰'支那式'，借以取笑，此种教育早已灌输其国民之脑海。迨至今日，虽三尺童子，一见华人，亦出其一种丑态，曰：'支那人'、'支那人'。恍若支那二字，代表华人之万恶也者。此皆由于倭人'对支根本政策'作成之教育，绝非一朝一夕之故，况现在倭人正事推广此种教育，以增长其国人之侮华程度。"②这段话揭示出"支那"辱称滋生和风行的根源在于甲午战争后日本政府的对华根本政策和蓄意推行的国民教育，这就比实藤惠秀的观点更为深刻。

---

① 《沫若文集》第5卷，人民文学出版社1957年版，第186页。
② ［日］实藤惠秀：《中国人留学日本史》，谭汝谦、林启彦译，生活·读书·新知三联书店1983年中文内地版，第187页。

二、中国国民和政府对"支那"辱称的愤懑与反对

"支那"辱称引发了中国国民和政府的严重不满。其中反应最强烈的，是20世纪上半叶在日本留学的中国学生。他们中的不少人，都以文字记下了留日期间受到"支那"辱称伤害的经历和他们的满腔愤懑，而其中最突出的，是20世纪10至20年代在日本留学的创造社作家郭沫若和郁达夫。

最真切地表现受到"支那"辱称凌辱的是他们的自传体作品。郭沫若的自传体小说《行路难》描写了一段难忘的租房经历。主人公外出租房，正在向房东太太询问情况时，"留着两端向上翘曲的'该撒'式髭"的房东带着一头猎犬回来了，他以比猎犬还要敏锐的目光发现主人公是个中国留学生，于是乎，"'哦，支那人吗？'房东太太的口中平地发出了一声惊叫"。她原先和蔼的面目也骤然色变，主人公被拒之门外。受辱主人公逃到海岸边，远眺连接祖国的大海，心中发出愤怒的呼叫："日本人哟！日本人哟！你忘恩负义的日本人哟！我们中国究竟何负于你们，你们要这样把我们轻蔑？""你们单在说这'支那人'三个字的时候便已经表现尽了你们极端的恶意。""啊啊！我们到底受的是甚么待遇呢？"①

郭沫若记载的是"支那人"在衣食住行等物质生活方面的不平遭遇，而郁达夫则是写下了"支那人"在感情生活方面所受到的刺激。作为年轻学子，他对异域爱情有着强烈的渴望，但"支那"辱称，恰恰成为扼杀他的爱情欲望的一把利刃。他在《雪夜（自传之一章）》中写

---

① 《沫若文集》第5卷，人民文学出版社1957年版，第178—186页。

道：日本国民中的最大多数，都把中国留学生视为"劣等民族，亡国贱种"，而"国际地位不平等的反应，弱国民族所受的侮辱与欺凌，感觉得最深切而亦最难忍受的地方，是在男女两性，正中了爱神毒箭的一刹那"。

他细致描写了他的经历，当他在东京的公园里与日本少女相遇会合之时，"有时或竟在会合的当中，从欢乐的绝顶，你每会立时掉入到绝望的深渊底里去。这些无邪的少女，这些绝对服从男子的丽质，她们原都是受过父兄的熏陶的，一听到了弱国的支那两字，那里还能维持她们的常态，保留她们的人对人的好感呢？支那或支那人的这一个名词，在东邻的日本民族，尤其是妙年少女的口里被说出的时候，听取者的脑里心里，会起怎样的一种被侮辱，绝望，悲愤，隐痛的混合作用，是没有到过日本的中国同胞，绝对地想象不出来的"①。郁达夫的这种受辱感，在他的代表作《沉沦》中，被愤怒地控诉出来，"原来日本人轻视中国人，同我们轻视猪狗一样。日本人都叫中国人作'支那人'，这'支那人'三字，在日本，比我们骂人的'贱贼'还更难听"。主人公受到屈辱之后，带着伤心的泪雨，带着"祖国呀祖国！我的死是你害我的"的悲叹，面向祖国蹈海自尽。②

除了自传，他们还在书信中表达"弱国子民"的悲哀与愤慨。1920年3月，郭沫若同田汉一起参观福冈的工业博览会，他在3月30日给宗白华的信中详述了观感，他看到博览会上设有当时已被日本鲸吞为殖民地的朝鲜和中国台湾的专馆，馆中故意用台湾少女来做女仆，气得暗吞酸泪；更使他气愤的是，东北和蒙古也设了专馆，这充分暴露了日本

① 《郁达夫文集》第4卷，花城出版社、三联书店香港分店1982年版，第93—95页。
② 《郁达夫文集》第1卷，花城出版社、三联书店香港分店1982年版，第48、58页。

军国主义觊觎东北和蒙古的狼子野心。对于日本瓜分中国野心的赤裸裸的展示，郭沫若感觉颇伤中国国体，他想报告中国公使馆，要求日本拆除，他疾首痛心：“在日本留学，读的是西洋书，受的是东洋气。我真背时，真倒霉！”①

1927 年大革命失败后，郭沫若流亡日本，度过第二个海外十年监狱般的生活。他在关于这段生活的回忆录中，又一次记叙了对于“支那”辱称的愤懑。他在一次搬家后刚入新居，一位脚穿黑皮长筒马靴的宪兵中士便天天闯上门来，旁若无人地从前门到后门大摇大摆地穿堂而过。郭沫若对随意侵入自己家屋的行为发出警告：你犯了你们的国法。宪兵中士蛮横地回答道：“哼，你是支那人，我们的国法不是为‘枪果老’（日本人对中国人的恶称）设的。你有胆量就回你的支那去，我却有胆量就在你支那境内也要横行，你把我怎么样？”宪兵中士满口“支那”“支那人”的侮辱性话语和霸凌的姿态，使郭沫若极为愤怒但又无奈，他的脑袋都快要炸裂了。“长筒马靴”的凌辱，在郭沫若的心中烙下印记：“日本帝国主义的横暴，虽是小规模，却十分形象地对我表演着。这所给予我的反应，是永远不能模棱下去的，它使我不能忘记：我是中国人！”②

在国民特别是留日学生对“支那”辱称强烈不满情绪的影响下，国民政府也作出了反应。1930 年 5 月 27 日，《东京朝日新闻》以“今起禁用‘支那’称呼 —— 国民政府训令外交部”为题，刊发一篇 5 月 26 日发自南京的报道，报道说：“日本人称呼中华民国为‘支那’，素为中华民国所厌恶，今日国民政府对外交部发出训令如下，显示其禁绝

① 田汉、宗白华、郭沫若：《三叶集》，安徽教育出版社 2006 年版，第 164—165 页。
② 《沫若文集》第 8 卷，人民文学出版社 1957 年版，第 335—337 页。

'支那'称呼的决心。""中国政府中央政治会议鉴于日本政府及其人民以'支那'一词称呼中国，而日本政府致中国政府的正式公文，亦称中国为'大支那共和国'，认为'支那'一词意义极不明显，与现在之中国毫无关系，故敦促外交部须从速要求日本政府，今后称呼中国，英文须写 National Republic of China，中文须写大中华民国。倘若日方公文使用支那之类的文字，中国外交部可断然拒绝接收。"①

以上材料说明，"支那"辱称曾遭到中国国民和政府的强烈抵制和反对。尤其是郭沫若、郁达夫的那些带血文字，从游学东瀛的中国青年学子和亡命日本的中国文学家的视角，艺术地表现了中华民族曾经历过的那段被欺压被侮辱的历史，生动地阐释了国家的命运和个人的命运休戚与共的道理，这是被压迫生灵的呼喊，是对国家强盛的渴求与期盼，它启示一代又一代中国人永远牢记"勿忘国耻，振兴中华"。

三、"支那"辱称的消亡及沉渣泛起

"支那"辱称的消亡，是随着中国人民抗日战争的胜利而开始的。中国政府 1930 年的交涉虽然产生了一定效果，"日本政府的公文都改'支那共和国'为'中华民国'"，但是，"社会上一般书面语及口语，

---

① ［日］实藤惠秀:《中国人留学日本史》，谭汝谦、林启彦译，生活·读书·新知三联书店 1983 年中文内地版，第 190 页。

仍然沿用'支那'名称"①，"直到战败投降，才有转机"②。战后，"联合
国占领了战败国日本，战胜国的中国也派了代表团到了东京的麻布区。
这个代表团于 1946 年六月，用'命令'的方式通知被占领国日本的外
务省，从此以后不许再用'支那'这名称，这不是什么抗议通告，而是
占领军的'命令'。这样，在同年六月六日，日本外务次官向各报社、
出版社；七月三日日本文部次官向各大专院校校长分别发出'有关避免
使用支那名称'的正式文件，里面说：用'支那'这样的名词来称呼中
国，在过去是件普通的事，但在以后必须改用中国等字样。'支那'这
两个字，在中华民国是极为嫌恶的，因此在战争结束后，该国代表团
曾一再正式或非正式的提出不能再使用该项字样的要求。鉴于目前情
况，你们应懂得这一点，以后请不再使用对方所厌恶的称谓。改用中华
民国、中国、民国；中华民国人、中国人、民国人、华人；日华、米
华、中华、英华"③。这一文件在日本的新闻出版界起到了立竿见影的效
果，但是，对一般口语影响不大 —— 中国一词，日本人总觉得难以上
口，因为那时中国国内，国共正进行内战，进一步的变化发生在新中国
成立以后，"1949 年 10 月 1 日，中华人民共和国诞生。翌年，朝鲜爆
发战争，中国出动志愿军，抗美援朝，给装备卓越的美军重创。加上了
以后蒸蒸日上的建设事业，……不管喜欢不喜欢，日本人不禁咄咄惊
奇，叹为观止"，"从此，即使政府默不作声，'中国'一词也会从日本

---

① ［日］实藤惠秀：《中国人留学日本史》，谭汝谦、林启彦译，生活·读书·新知三联书店
1983 年中文内地版，第 191 页。
② ［日］实藤惠秀：《中国人留学日本史》，谭汝谦、林启彦译，生活·读书·新知三联书店
1983 年中文内地版，第 202 页。
③ ［日］实藤惠秀：《对中国的称谓——中日关系史中的微妙问题》，汪向荣译，《社会科学战线》
1979 年第 3 期。

人口中溢出；而'支那'一词，明治以来运用的次数也许较'中国'一词为多，但无论如何已注定成为日本语言中的死语"。①

为了翔实地记载新中国成立后日本平民口语中对中国称谓的变化，从 1952 年至 1966 年，实藤惠秀在任教的日本早稻田大学每年让学生书面回答在日常言谈中如何称呼中国。1966 年退休离开讲坛后，他继续关注社会上怎样称呼中国。1979 年，他在论文中提供了调查资料。调查分析的结论是："'支那'这个称呼，是逐渐在消失了。""现在如果你问一下小学生'你们知道不知道有个叫支那的国家'，他们的回答，肯定是'不知道'。"实藤惠秀感慨："二十世纪三十年代，中日两国发生激烈冲突的时候，谁也不会想到'支那'这个名词会从日本语中消失的。就是我，不知道写过多少文章以呼吁不要用'支那'，而用'中国'这个名称的我，也万万想不到居然在我眼中还能亲眼见到'支那'这个名词消灭的。"他由此断言："时代改变了，意识也不得不随之改变；意识一改，言语当然也不得不跟着改。"②

国名是一种文化，文化是有时代性的。日语中中国国名的变化，反映的是中国从甲午战败到抗战胜利、新中国成立、社会主义建设全面展开半个多世纪中发生的历史巨变，以及由此带来的日本国民对中国价值评价的深刻变迁。"支那"辱称从滋生到消亡的过程，与中国国运的兴衰紧密相连。其中，有两个关键点，一个是中国甲午战败，"支那"辱称从此在日语中生根并在社会上蔓延；另一个是中国抗战胜利，"支那"

---

① ［日］实藤惠秀：《中国人留学日本史》，谭汝谦、林启彦译，生活·读书·新知三联书店 1983 年中文内地版，第 202—203 页。
② ［日］实藤惠秀：《对中国的称谓——中日关系史中的微妙问题》，汪向荣译，《社会科学战线》1979 年第 3 期。

辱称从此开始在日语中消亡。因此，"支那"辱称的滋生蔓延和走向消亡，可以被分别看作中国甲午战败和抗战胜利的文化标志。"支那"辱称在中国抗战胜利的号角声中走向了坟墓。吊诡的是，在抗战胜利已经七十五周年的今天，香港反对派翻出早已被时代抛弃的"日本语言中的死语"，企图以复活"支那"辱称来为日本军国主义还魂，否定中国人民抗日战争胜利的历史，与此相联系，他们还涂污香港抗日烈士纪念碑，将企图美化日本侵华历史的考题塞进香港中学文凭考试，种种倒行逆施，使他们注定成为人神共怒、千夫所指的罪人。

（原载《学习与研究》2020年第10期，《文摘报》（学林版）2020年10月29日部分转载，《光明网》同日转载；津云网2020年10月29日全文转载，收入文集时有修改）

关于建设学习型政党的几点思考

党的十六届四中全会作出的《中共中央关于加强党的执政能力建设的决定》，第一次以党的全会决议的方式提出了建设学习型政党的要求。党的十七大进一步阐述了这一要求。十七届四中全会在论述加强和改进新形势下党的建设的重大任务时，把建设马克思主义学习型政党作为一项任务提出来。党中央对于建设学习型政党的高度重视，带动了全党在理论和实践上的广泛探索。笔者在进行理论研究和实践调查的基础上，作出以下几点思考。

一、何谓学习型政党

提出建设学习型政党，是党建理论的一个创新。我们党提出建设学习型政党，是在新的历史条件下，把党的勤于学习、善于学习的优良传统同建设学习型社会和学习型组织的先进理念有机结合的结果，属于一种集成创新。

既然是集成创新，就须从集成创新的特点出发，来思考学习型政党的本质属性。一方面，要看到"建设学习型政党"是在知识经济和信息化的时代背景下提出来的，是对建设学习型社会和学习型组织世界潮流的一种呼应。当今时代，知识日益成为最重要的生产要素和社会财富的重要源泉。知识保有量和知识更新的速度都在呈几何级数递增。信息化、网络化的发展，使知识传播和更新的速度进一步加快。无论是个人还是国家、民族、组织，谁站在知识更新的前列，谁就容易在激烈的竞争中获得主动权。这就使得学习创新成为关系国家、民族、组织、个人兴衰成败的关键。江泽民同志说："当今时代，是要求人们必须终生学习的时代。不实现知识的不断更新，就必定要落后。"胡锦涛同志指出，"我们正处在知识创新的时代、终身学习的时代"，"如果我们的领导干部不抓紧学习、不抓好学习，不在学习和工作中不断提高自己，就难以完成肩负的历史责任，甚至难以在这个时代立足"。党的十七届四中全会提出，"不断学习、善于学习，努力掌握和运用一切科学的新思想、新知识、新经验，是党始终走在时代前列引领中国发展进步的决定性因素"。这些都清晰地表明，适应时代要求，建设学习型政党，最根本的是要抓住学习创新这个具有决定意义的东西。另一方面，也要看到在党的历史传统中，学习创新也是一个根本性的东西。我们党是马克思主义政党，有着自己明确的意识形态目标，这就决定党必须重视党自身的理论建设；党在一个特殊的东方大国进行革命和建设，马克思的书中和其他国家的经验中都没有现成答案，这就决定了它必须在实践中探索创新。建设学习型政党，最根本的是要把党的学习创新传统在新的历史条件下进一步发扬和升华。总结以上两个方面，我们可以说：学习型政党的本质属性就在于，通过持续的学习创新来保证自己始终站在时代的前列。

作为对于本质属性的反映，学习型政党具有以下特征：第一，把思想理论建设摆在党的建设的首位。对于马克思主义学习型政党来说，就是把马克思主义的理论建设摆在首位。第二，具有适应时代要求的学习理念。它包括学习世界各国人民创造的一切优秀文明成果，努力掌握和运用一切科学的新思想、新知识、新经验的开放理念；全员学习、终身学习的理念；工作学习化、学习工作化的理念等。第三，学习制度健全，学习组织方式高效。第四，具有信息充分流通的环境和浓厚的学习氛围。第五，学习动力充足。第六，具备有效的创新机制。第七，与学习型社会建设良性互动，共同发展。

二、学习型政党建设中存在的问题

目前，建设学习型政党的工作取得很大进展，但需要改进之处也不少。笔者通过下基层调研座谈和个别访谈，结合向中央党校部分学员所作问卷调查，发现如下问题：

第一，从对学习重要性的认识上看，忽视学习特别是忽视理论学习的思想，在部分党员和领导干部头脑中严重存在。例如，有的同志简单化、庸俗化地理解理论对于实际的指导作用，不是希望通过理论学习掌握正确的思想方法和工作方法，提高分析和解决实际问题的能力，而是试图从理论中直接找到解决具体问题的现成答案，追求急功近利、立竿见影，由此，他们得出理论无用的结论。有的人这样说，有用了，才肯花时间学。所以才有那么多人业余时间去学习英语、电脑、开汽车等。

第二，从学风上看，存在主观主义和形式主义。有的领导干部理论学习只停留在对本本的阅读和照本宣科上，不结合工作实际和思想实际作深入思考，同群众讲话时，习惯把报纸上、广播上已经多次重复的文件语言再读一遍，或者把上级领导的讲话再重复一遍，毫无新的信息。有的领导干部习惯凭经验办事，认为凭经验工作行得通，学不学理论都能照样干下去。在学风上表现更为突出的问题是形式主义。只注重学习形式，不注重形式与内容的统一；只注重表面文章，不考虑实际效果。例如，有的领导干部把学习理论当作招牌，理论成了作报告时的"穿鞋戴帽"，实际工作另行一套。再例如，在理论学习的组织方式上，有的地方要么没人管，要么像搞运动一样组织学习，组织考试，一阵风，突击式，表面上轰轰烈烈，实际效果很差。而基层党支部的理论学习，有的同志作了这样的描述："学习读原文、读文件、读报刊，读者郎朗，听者藐藐，心骛八极。一旦讨论，先是具体事情开扯，再就是天南海北漫谈。不把理论先弄清搞透，庸俗地联系实际，解决不了实际问题。"学习上的形式主义浪费了人们的时间和精力，破坏了人们学习的积极性，导致人们对学习的逆反心理，也败坏了学习的声誉。这是一个危害很大的顽症，是学习型政党建设必须根除的大敌。

第三，从学习内容上看，缺乏对马克思主义基本理论，特别是马克思主义哲学的学习。理论学习要以中国特色社会主义理论体系为主要内容，马克思主义基本理论特别是马克思主义哲学是基础，中国特色社会主义体系是运用马克思主义基本原理回答中国实际问题的成果。有的同志在问卷中写道，邓小平同志的著作从字面上表现出来的都是解决实际问题的浅显易懂的道理，但其背后却有着很深的哲学背景。马克思主义哲学所提供的思想、方法是永世不衰的。这位同志悟出的道理并没有深奥之处，却为很多人所忽视。

第四，学习制度和学习方法缺乏创新。在党组织学习方面，我们多年来形成了一些制度，其中不少是有效的，例如，党委中心组学习制度、领导干部专题调研制度、选派干部定期到党校培训制度等。但也有些制度效果欠佳。总体来看，制度和方法多少年一贯制，缺乏变化和创新。

第五，学习考核同干部选拔任用相脱离。党政干部学习的重要性已被强调到极致，但是学习成效对于干部提拔的重要性却很不突出。虽然年终述职时，已把述学和述职、述廉并列在一起，共同作为干部考核的内容，但真正使用时，政绩是硬标准，学习是软标准，这成为影响干部学习积极性的重要原因。

第六，学习动力不足。在相当一部分党组织和党员中，学习的自觉性和动力缺乏，把完成学习任务当作应付差事。动力不足的原因除了以上讲到的认识上的偏差和学习考核与使用脱节外，还有三个方面：首先是学习内容的管用程度不够。由于在学习安排上缺乏层次区分，上下一个模式、一种要求，必然产生学习内容对于学习对象不适用的问题。其次是学习形式呆板。我们没有认识到学习管理的复杂性。学习并不是一件简单的事情，特别是信息化条件下，由于学习过程被组织化、社会化，它就更加复杂了。因此管理组织的学习和管理社会的学习，是门科学，要进行规范化、科学化的流程管理。那种认为通过领导号召和简单的灌输就可以完成组织学习的观念，已经大大地落后了。最后是作风不正的影响。部分党员干部在应酬上花的时间多，在学习上花的时间少。

三、改造我们的学习

党的十七届四中全会提出，必须按照科学理论武装、具有世界眼光、善于把握规律、富有创新精神的要求，把建设马克思主义学习型政党作为重大而紧迫的战略任务抓紧抓好。此后，中央办公厅又印发了《关于推进学习型党组织建设的意见》，对于学习型党组织建设作出具体部署。我们要按照中央的要求，认真予以落实；要以"改造我们的学习"的精神，切实解决学习中存在的问题，扎实推进学习型政党建设。

第一，以毛泽东、邓小平等老一辈党的领导人为楷模，对照领导干部的学习状况，使党的勤于学习、善于学习的优良传统真正得到继承和发扬。

从一定意义上说，我们党是靠学习起家的。党成立前，党的创始人李大钊、陈独秀、毛泽东等人组织了马克思学说研究会、新民学会等学习社团，为党的诞生作了思想准备。党成立以后，其成长壮大过程，就是学习、研究马克思主义，并用以解决中国的实际问题，领导人民不断推进革命、建设、改革的过程。在此过程中，毛泽东、邓小平等老一辈党的领导人创造了丰富的关于党的学习的思想，而且他们本人都是学习的楷模。今天，我们在建设学习型政党的时候，要认真学习和发扬老一辈党的领导人的好经验、好做法，把它们当作治疗干部学习中一些顽症的良药。

例如，关于提高领导干部马克思主义哲学素养问题。理论素养是干部素质的核心，哲学素养又是理论素养中基础性的东西。老一辈党的领导人都非常重视干部哲学素养的培养。毛泽东告诫全党："我劝同志们要学哲学。有相当多的人，对哲学没有兴趣，他们没有学哲学的习惯。""这个东西没有学通，我们就没有共同的语言，没有共同的方法，扯了许多皮，还扯不清楚。有了辩证唯物论的思想，就省得很多事，也少犯许多错误。"陈云同志有句名言：学好哲学，终身受益。陈云同志在延安组织干部学哲学的故事成为美谈。现在我们党大力提倡干部要提高辩证思维、战略思维、创新思维能力，但具体落实起来又缺乏组织干部认真学哲学的得力举措。领导干部中，像毛泽东同志当年批评过的对哲学没有兴趣的人还不少。不学好哲学，就掌握不了科学的思想方法，无法很好地贯彻落实科学发展观，难以统筹考虑和应对日益复杂的国内外环境和工作局面。建设学习型政党，必须重视干部哲学素养的培养与提高。

例如，强调用笔领导是领导的主要方法问题。用笔领导是领导的主要方法，是邓小平同志的一句名言，它是对老一辈党的领导人工作方法的经验概括，也是建设学习型政党的一个重要方面。《论语》上说，"学而不思则罔，思而不学则殆"，强调学习与思考的结合，而思考要通过写作才能更深入，所以，学、思、写应当是一个完整的过程，读书学习是起点，落笔才是终点。完成了这个过程，才真正学有所得。毛泽东、邓小平等领导人是用笔领导的典范。毛泽东亲自带领小组修改"五四宪法"、亲自动手调查研究写作"论十大关系"的情况，已被人们熟知。卓琳在回忆邓小平时说，小平同志讲话总是认真思考好了就说，不要秘书写稿子。讲完以后经人整理，他再修订，《邓小平文选》三卷就是这样出来的。对照毛泽东、邓小平同志，我们不少领导干部都应当感到汗颜。当然，不可能要求领导干部都达到毛泽东、邓小平那样的水平。但大会小会，无论短长，发言稿都要秘书来写，有的甚至念稿念错了，成为笑谈，这是同建设学习型政党格格不入的。我们应当下力气转变风气，摒弃懒惰，学会用笔领导，并努力使之成为领导的主要方法。

再如，养成勤于读书的习惯问题。毛泽东同志终身与书为伴，他把读书、讲书、荐书、编书融入政治生涯之中。这对很多领导干部来说都是一面镜子。

第二，吸取国际上学习型社会和学习型组织的有益经验，以改革创新的精神加强学习型政党建设。

学习型社会建设的理念，在党的领导人的讲话中，已给予肯定。学习型组织理论的借鉴问题，则较为复杂。学习型组织理论是管理学理论，研究的对象是企业。政党和企业是性质完全不同的两类组织。所以，我们不能把学习型组织理论简单套用到学习型政党建设上来，但这样说，并不等于学习型组织理论无可借鉴。学习型组织理论的一个基本点，就是尊重员工的学习主体地位，不使他们成为被动的接受者。这一理念借鉴到党的建设中来，就要求我们改变把党员看作单纯的教育灌输对象的观念，尊重党员的主体地位，充分发挥他们的主观性、积极性，多开展研讨式、互动式的学习，这对于加强学习型政党建设和党内民主建设都是极为有益的。

第三，形成有利于推动学习的用人导向。

党的十七届四中全会已提出，要把理论素养、学习能力作为选拔任用领导干部的重要依据。组织部门应采取切实措施，认真落实这一条，这对于建设学习型政党至关重要。

（原载《中直党建》2010 年第 3 期）

文艺家要成为人民群众的忠实代言人

——学习毛泽东《在延安文艺座谈会上的讲话》

　　毛泽东发表于 1942 年的《在延安文艺座谈会上的讲话》（以下简称《讲话》），是马克思主义原理和中国革命文艺实践相结合的产物，是毛泽东文艺思想成熟的标志。《讲话》的中心问题，"基本上是一个为群众的问题和一个如何为群众的问题"①。毛泽东对这一问题的深刻论述，为革命文艺的发展指明了正确的方向。今天，距离《讲话》发表已过去半个世纪，但是，《讲话》所阐述的文艺与人民群众的关系问题，依然是社会主义文艺发展中一个带根本性的、具有实践意义的问题，因此，重温《讲话》，我们自然会有一种新鲜、亲切的感觉。

一、我们的文艺是为人民大众的，首先是为工农兵的

　　文艺为什么人服务的问题，关系到文艺事业的性质，所以《讲话》

---

① 《毛泽东选集》第 3 卷，人民出版社 1991 年版，第 853 页。

把它当作一个"根本的问题，原则的问题"提出来。无产阶级领导的革命文艺应当为什么人服务？马克思主义经典作家们对此作出过回答。其中最为著名的，是列宁在1905年的论断：革命文艺"不是为饱食终日的贵妇人服务，不是为百无聊赖、胖得发愁的'一万个上层分子'服务，而是为千千万万劳动人民，为这些国家的精华、国家的力量、国家的未来服务"①。毛泽东在解决中国革命文艺的服务对象问题时，并没有简单地照搬经典作家的现成结论，而是用马克思主义文艺理论的基本观点，分析中国五四以来革命文艺运动的实际，特别是抗日战争时期革命根据地文艺运动的实际，引出符合中国情况的结论。

　　五四以来，在新文化阵营内部的讨论中，曾多次涉及文艺的服务对象问题。五四时期，有人提出"平民文学"的口号，但"平民"这个概念是含混不清的，"实际上还只能限于城市小资产阶级和资产阶级的知识分子，即所谓市民阶级的知识分子"②。20世纪30年代初，左翼文艺运动开展"文艺大众化"问题的讨论，中国文化革命的旗手鲁迅在讨论中提出"目的都在工农大众"的正确主张，但限于当时的条件与环境，不可能从理论与实践的结合上彻底解决文艺与人民的关系问题。抗日战争开始以后，大批进步的文艺工作者从全国各地奔赴延安和各抗日根据地。新的时代，新的环境，为革命文艺同人民群众的结合提供了有利的客观条件。但由于文艺工作者主观上存在的问题，出现了文艺工作者"和自己的环境、任务不协调"的局面。这种情况引起了毛泽东的关注。在进行了充分的调查研究之后，他对此作出深刻的分析并指出，文艺为什么人这个"本来是马克思主义者特别是列宁所早已解决了的"问题，

① 《列宁全集》第12卷，人民出版社1987年版，第97页。
② 《毛泽东选集》第2卷，人民出版社1991年版，第700页。

在当时的许多同志中却"并没有得到明确的解决","因此,在他们的情绪中,在他们的作品中,在他们的行动中,在他们对于文艺方针问题的意见中,就不免或多或少地发生和群众的需要不相符合,和实际斗争的需要不相符合的情形"①。为了求得革命文艺的健康发展,求得革命文艺对整个革命事业的协助,规定文艺的服务对象已迫在眉睫,毛泽东明确指出,"我们的文学艺术都是为人民大众的,首先是为工农兵的,为工农兵而创作,为工农兵所利用的",这是对于中国无产阶级文艺方向的最明确、最简洁的概括。

我们的文艺是为人民大众的,人民大众的含义是什么?为什么必须把工农兵摆在首要的位置上?《讲话》对此作了进一步的论述,指出所谓人民大众,就是"占全人口百分之九十以上的人民,是工人、农民、兵士和城市小资产阶级"。这四种人是新民主主义革命的动力,但他们在革命中所处的地位又是不同的,"所以我们的文艺,第一是为工人的,这是领导革命的阶级。第二是为农民的,他们是革命中最广大最坚决的同盟军。第三是为武装起来了的工人农民即八路军、新四军和其他人民武装队伍的,这是革命战争的主力。第四是为城市小资产阶级劳动群众和知识分子的,他们也是革命的同盟者,他们是能够长期地和我们合作的"。很明显,之所以把工农兵摆在第一、第二、第三的位置上,首先为他们服务,就因为他们是革命的中坚力量。毛泽东把文艺为什么人的问题同现实阶级关系的分析、同新民主主义革命阶段革命动力的分析结合起来,使这一问题的解决有了坚实的基础。

文艺为人民大众首先为工农兵的方向,是历史唯物主义观点在文艺

---

① 《毛泽东选集》第3卷,人民出版社1991年版,第854页。

问题上的运用。人民是历史的主人，是物质财富和精神财富的创造者，可是在以往的阶级社会中，人民却被剥夺了享有文化的权利，这种历史的颠倒，在人民大众当权的时代，被重新颠倒了过来，恢复了历史的本来面目。文艺为人民大众首先为工农兵方向的提出，在服务对象这一根本问题上同一切剥削阶级的文艺思想划清了界限，具有极大的革命意义。

我国进入社会主义时期后，历史任务和阶级状况都发生了重大的变化。粉碎"四人帮"以后，党中央从实际情况出发，提出了新时期文艺工作的总口号：文艺为人民服务，为社会主义服务。"二为"方针是对文艺为人民大众首先为工农兵服务方向的继承、丰富和发展。"为人民服务"，人民在今天指的是除少数敌对分子以外的全体社会成员，包括工人、农民、士兵、知识分子、干部以及一切拥护社会主义、热爱祖国的人。显然，为人民服务，要比只为四种人或工农兵服务，在服务范围上是扩大了。但是，在今天人民的范围内，工农兵仍然是大多数，因此，党中央仍然强调：为人民服务，"首先是为工农兵服务""为社会主义服务"，这在 20 世纪 40 年代是不可能提出来的，因为那时党正领导人民进行反对日本侵略者的斗争，我国还处于新民主主义革命阶段。今天，在我国，社会主义已经成为广大人民群众的实践，建设有中国特色社会主义代表了广大人民的根本利益，文艺为社会主义服务也同样体现了人民群众的要求，体现了文艺为人民大众服务的新的时代内容。因此，在今天我们贯彻"二为"方针，就是在新的历史时期坚持《讲话》所提出的方向，这是毋庸置疑的。

文艺为什么人的问题，当前仍然是文艺工作者迫切需要解决的问题。前些年，在资产阶级自由化思潮影响下，一些人指责"二为"方针是从"外面"对文艺强加的要求，主张"文艺就是文艺，它根本不为什么服务"。这种论调显然是欺人之谈，持这种论调的人，实质上是反对为人民大众服务，只为他们的小圈子服务。在这种思想的影响下，种种在《讲话》中曾经批评过的现象出现了。有的人对亿万群众的革命和建设事业漠不关心，喜欢"把自己的作品当作小资产阶级的自我表现来创作"；有的专爱在作品中展示和描绘一些和人民大众思想感情格格不入的东西；有的也可能写到工农兵，但"那是为着猎奇，为着装饰自己的作品，甚至是为着追求其中落后的东西"。所有这一切，都是伤害社会主义文艺繁荣的痼疾，必须加以清除。它也告诫我们，解决文艺为什么人的问题不可能一劳永逸，需要在一个很长的历史时期中持续不断地推进，但正如《讲话》所指出的那样，时间无论怎样长，我们都必须解决它。

二、在普及的基础上提高，在提高的指导下普及

毛泽东不仅提出了文艺为人民大众首先为工农兵服务的方向，而且解决了如何贯彻这个方向的具体途径和措施。《讲话》指出："为什么人服务的问题解决了，接着的问题就是如何去服务。用同志们的话来说，就是：努力于提高呢，还是努力于普及呢？"① 围绕普及与提高的问题，毛泽东进行了深刻而辩证的分析，解决了延安文艺界争论不休的问题。

毛泽东认为，解决普及与提高的问题，首先应当明确出发点。延安文艺界的一些同志之所以各执一端，把二者对立起来，根源在于他们

---

① 《毛泽东选集》第 3 卷，人民出版社 1991 年版，第 859 页。

"没有弄清楚为什么人，他们所说的普及和提高就都没有正确的标准，当然更找不到两者的正确关系"①。出发点是什么呢?《讲话》明确回答:我们的文艺，既然基本上是为工农兵，"那末所谓普及，也就是向工农兵普及，所谓提高，也就是从工农兵提高"②。这是解决普及与提高问题的根本原则。

既然把工农兵的需要当作普及和提高的出发点，就有一个用什么性质的东西去普及，从什么方向去提高的问题。毛泽东提出，要"用工农兵自己所需要、所便于接受的东西"③去普及，也就是说，要用表现工农兵自己的生活和理想，同时又为他们喜闻乐见的作品，用具有进步的思想价值和审美价值的作品，去满足他们的需求。提高也是这样，不同的阶级有不同的提高标准，我们的主张是"沿着工农兵自己前进的方向去提高，沿着无产阶级前进方向去提高"，而不是"把工农兵提到封建阶级、资产阶级、小资产阶级知识分子的'高度'去"④。

普及与提高，还有一个两者关系的问题。首先，二者相比，普及占据首位。这是由现实的革命斗争需要决定的。毛泽东说:"现在工农兵面前的问题，是他们正在和敌人作残酷的流血斗争，而他们由于长时期的封建阶级和资产阶级的统治，不识字，无文化，所以他们迫切要求一个普遍的启蒙运动，迫切要求得到他们所急需的和容易接受的文化知识和文艺作品，去提高他们的斗争热情和胜利信心，加强他们的团结，便于他们同心同德地去和敌人作斗争。对于他们，第一步需要还不是'锦

---

① 《毛泽东选集》第 3 卷，人民出版社 1991 年版，第 859 页。
② 《毛泽东选集》第 3 卷，人民出版社 1991 年版，第 859 页。
③ 《毛泽东选集》第 3 卷，人民出版社 1991 年版，第 859 页。
④ 《毛泽东选集》第 3 卷，人民出版社 1991 年版，第 859—860 页。

上添花'，而是'雪中送炭'。所以在目前条件下，普及工作的任务更
为迫切。"其次，普及与提高，二者相互联系、相互促进，普及是提高
的基础，提高是对于普及的指导。毛泽东反对"从空中提高""关门提
高"，强调"普及基础上的提高"①，认为忘却这一点，就会使革命文艺
脱离最大多数人民群众。但同时，他又反对把提高看得无足轻重，认为
如果没有提高作指导，普及也就只能停止在一个水平上，同样会脱离广
大人民群众的需要。因此，必须给提高工作以充分的重视，把普及与提
高结合起来。

以普及为主，在普及的基础上提高，在提高的指导下普及，这是毛
泽东关于普及与提高关系的辩证且全面的论述。它不仅为当时延安文艺
界的争论作出了结论，而且对革命文艺的发展具有长远的指导意义。直
至今日，它仍然给人深刻的启示。

在当前我国文艺界，轻视普及工作，脱离普及的基础去提高，是一
个带倾向性的问题。我国是一个幅员辽阔、人口众多、经济文化落后的
大国，11亿人口中，8亿多在农村，文盲、半文盲近1/4。国情的特点，
要求社会主义文艺事业必须把普及工作摆到重要的位置上。一些文艺
工作者眼睛向下，甘心搞若干年的"下里巴人"，创作出如《喜盈门》
《篱笆·女人和狗》《渴望》等优秀的大众文艺作品，受到广大群众欢
迎。但是就总的情况看，普及工作受到轻视。不少文艺工作者眼睛盯着
城市，愿意搞高、精、尖的东西，而对"下里巴人"不屑一顾，各种文
艺作品，特别是受众覆盖面大的影视作品中，描写农村生活的优秀之作
如凤毛麟角。一些文艺工作者热衷于脱离普及基础的"关门提高"，盲

---

① 《毛泽东选集》第3卷，人民出版社1991年版，第862页。

目追求世界新潮，提出"为下个世纪的观众创作"的口号。笔者认为，高、精、尖的东西是需要的，国际奖也是需要的，但是我们更需要把相当大的力量放到普及工作上去，致力于基础的文化知识和文艺作品的传播，改变农村文化生活贫乏的状态，为处于文化底层的亿万劳动群众服务，并在普及的过程中逐渐引导他们，提高他们，努力使全民族的文化水平、艺术水平达到一个新的高度。

三、改造世界观，充当群众的代言人

从根本上端正文艺工作者的服务方向，还有一个重要问题需要解决，那就是世界观的改造。在毛泽东看来，文艺工作者的世界观问题和文艺为什么人的问题是紧密联系在一起的，如果这个问题不解决，"为什么人的问题他们就还是没有解决，或者没有明确地解决"。

世界观对于文艺创作的重要性，是由文艺的本质决定的。文艺作品作为社会生活在作家头脑中反映的产物，是主客观的统一。作家作为创作主体，在反映过程中，他的头脑绝非白板一块，他总是要把自己对生活的认识，对现实中人和事的爱憎感情，渗透到全部形象体系中，作家的立场、观点和思想感情，亦即他的世界观在形象思维中起着主导的作用。为什么在不同作家笔下，题材的选择不同，对人物的爱憎不同，对情节的处理不同？为什么同一类题材，又会在不同的作家那里创造出很不相同的艺术图像？除了生活阅历、艺术个性的原因外，主要是由作家的一定世界观决定的。鲁迅说："我以为根本问题是在作者可是一个'革命人'，倘是的，则无论写的是什么事件，用的是什么材料，即都是'革命文学'。从喷泉里出来的都是水，从血管里出来的都是血。"①
鲁迅就这样把世界观对于创作的重要作用形象而透彻地表达了出来。

无产阶级的革命作家需要掌握马克思主义世界观，革命导师对此作过多方面的论述。马克思、恩格斯强调参加无产阶级革命运动的人，"要无条件地掌握无产阶级世界观"。列宁更提出了著名的"文学党性"原则。毛泽东继承了这一理论传统，创造性地提出了文艺工作者的"立足点"和"思想感情"转变问题，这是《讲话》的一个重要特色。

毛泽东的论述，是紧密结合着延安文艺界的思想实际展开的。毛泽东指出，许多从上海亭子间来到革命根据地的文艺家，他们旧有的立场、观点和思想感情都没有变。有些人即使描写了工农兵，写出来，"也是衣服是劳动人民，面孔却是小资产阶级知识分子"。究其原因，就在于"这些同志的立足点还是在小资产阶级知识分子方面，或者换句文雅的话说，他们的灵魂深处还是一个小资产阶级知识分子的王国"②。针对这种情况，毛泽东明确提出转移"立足点"的要求，号召文艺工作者站到无产阶级和人民大众的立场上来，把自己的思想感情来一个变化，来一番改造，和工农兵大众打成一片，成为"群众的忠实的代言人"。只有这样，才能有真正为工农兵的文艺，真正无产阶级的文艺。

后来的历史证明，毛泽东关于文艺工作者改造世界观的论述对于推动革命文艺健康发展起了十分重要的作用。问题在于，在今天的社会主义时代，还要不要继续提世界观改造？

由于新中国成立后相当长时期内，受"左"的错误影响，我们曾在世界观改造方面采取了一些简单、粗暴的做法，伤害了一些文艺工作者

---

① 《鲁迅全集》第3卷，人民文学出版社2005年版，第568页。
② 《毛泽东选集》第3卷，人民出版社1991年版，第857页。

的积极性，因此，在纠正"左"的错误的过程中，一些人便把世界观改造本身也否定了。到资产阶级自由化泛滥时期，更有人攻击《讲话》的这一精神是悬在文艺工作者头上的"达摩克利斯之剑"。这显然是十分错误的。

应当承认，同50年前延安时期的情况相比，今天文艺工作者的阶级属性和世界观状况都有了很大的变化。他们不再是同工农兵群众格格不入的小资产阶级，而是同广大知识分子一样，成为工人阶级的组成部分。经过长期的马克思主义学习和革命斗争实践锻炼，越来越多的人接受了马克思主义世界观，文艺工作者的世界观状况不仅同20世纪40年代而且同新中国成立初期也有了很大的不同。因此，我们不能把毛泽东50年前针对延安文艺界所提出的要求，原封不动地搬到今天来，也不能笼统地提"转移立足点"问题。但是，这绝不意味着文艺工作者要改造世界观这一论断已经过时。科学意义上的世界观改造，指的是人们在改造客观世界的同时也要改造自己的主观世界，使主观符合于客观。客观世界在不断地变化发展，人们的思想要跟上客观事物的发展，就要不断地进行改造。任何人概莫能外。更何况，我们目前还处在社会主义初级阶段，国内文化领域存在多种思想成分，封建主义残余顽固地发挥着影响作用，国际上反社会主义势力利用思想文化渗透，猖狂地对我国实施"和平演变"，西方资产阶级的世界观、人生观、价值观随着各种传播渠道涌进来。在这种情况下，文艺领域无产阶级思想与非无产阶级思想，马克思主义世界观与非马克思主义世界观之间的歧异和斗争，必然会长期存在。不断清除资产阶级和封建残余思想的影响，确立和巩固马克思主义世界观，是文艺工作者面临的重要任务。

在《讲话》中，毛泽东不仅指出了文艺工作者改造世界观的重要性，而且指出了改造世界观的具体途径，概括起来说，就是两个"学习"和两个"深入"：学习马克思主义和学习社会，深入工农兵群众和深入实际斗争。

学习马克思主义会不会破坏创作情绪，导致公式化、概念化？有人发出这样的疑问。《讲话》明确地回答："要破坏的，它决定地要破坏那些封建的、资产阶级的、小资产阶级的、自由主义的、个人主义的、虚无主义的、为艺术而艺术的、贵族式的、颓废的、悲观的以及其他种种非人民大众非无产阶级的创作情绪。"[1] 但这种破坏对革命文艺的健康发展有百利而无一害。至于学习马克思主义会导致公式化、概念化，那只是一种误解，学习马克思主义，并不是在作品中写哲学讲义，而是要以辩证唯物主义和历史唯物主义观点来观察生活、反映生活，更好地按照艺术规律来创作，这只会使作品更加丰富生动。

学习马克思主义，不能只在书本上学，而要和学习社会结合起来，还要同深入工农兵群众，深入实际结合起来。两个"学习"和两个"深入"在实践中是互相联系、缺一不可的。不深入下去，身居高楼深院，就不能学到活的马克思主义；只满足于到实践中去，不下功夫攻读马克思主义的著作，也不能巩固地树立起完整的马克思主义世界观。只有把二者有机结合起来，才能在改造世界观方面真正见成效。

（原载《毛泽东著作研究文集》，中国经济出版社 1991 年版）

---

[1] 《毛泽东选集》第 3 卷，人民出版社 1991 年版，第 874 页。

论文艺的社会效益和经济效益

　　我国进入历史新时期以来，随着改革开放和社会主义商品经济的发展，文艺出现了空前繁荣的局面。一批优秀的文艺作品，在振奋民族精神、促进思想解放、推动现代化建设方面发挥了重要的作用。也有一些格调低劣的庸俗之作，产生了涣散人心、干扰改革开放的消极影响。为了兴利除弊，使文艺沿着健康的轨道发展，需要研究和解决许多问题，而文艺的社会效益和经济效益的关系，则是其中亟待解决的课题。

　　文艺的社会效益和经济效益的关系问题，是在社会主义商品经济发展的形势下才突出地表现出来的。过去，在产品经济的旧体制下，我们对文艺生产也采取了统产、统购、统销，一切由国家包下来的办法，文艺产品被排斥于商品之外，当然也无须谈经济效益。改革开放以来，我国的经济已由产品经济转入有计划的商品经济的轨道，市场范围不断扩大，一个以商品形式向人们提供精神产品和文化娱乐服务的文化市场也已形成，在这种情况下，文艺的社会效益和经济效益的关系问题自然地摆到了人们面前。

一

所谓文艺的经济效益，按照通常的理解，是指文艺的交换价值，也就是票房价值。而社会效益，相对于经济效益而言，则是指文艺在广大群众中产生的思想和审美的价值和作用。由于文艺是精神产品，属于意识形态，它没有物质实用价值，只能满足人的审美需要，影响人的知识、才能和思想。因此，文艺生产的出发点理应是获得尽可能多的社会效益，而不是经济效益。

但是，文艺的社会效益的实现，不是由自身所决定的，而是需要一定的外部条件相配合的。所谓"社会效益"，包含两个方面的含义，一是"效益"，即思想的、审美的价值和作用；二是"社会的"，即被广大群众实际接受的，在社会中已经发生了的。一部文艺作品，它的思想的、审美的价值再高，如果不被广大读者或观众所欣赏、所接受，它就仍然没有获得社会效益。在商品经济条件下，大多数文艺产品都以商品形式出现，它们的社会效益的实现，就要以一定的经济效益为条件。市场经济理论告诉我们，商品的使用价值的实现要以商品的交换价值的实现为前提。这对于文艺产品也是适用的。一个文艺产品要具备使用价值，对读者和观众产生思想的、审美的影响，就必须实现它的交换价值，要有人出钱买，出钱看。如果不能实现自己的交换价值，即不具备起码的发行量和上座率，没有人看，没有人欣赏，那就意味着它的思想内容和艺术情趣无缘对读者、观众产生现实的影响，当然也就谈不到什么社会效益了。因此，我们说，文艺的社会效益与经济效益是相互联系的，社会效益是文艺生产的出发点，经济效益是社会效益得以实现的桥梁和条件，这是我们对文艺的社会效益与经济效益关系认识的第一个方面。

　　确立文艺的社会效益与经济效益互相联系的观点有重要的实践意义。

　　首先，它使我们能够自觉地运用市场机制的作用，来提高文艺产品的质量和文化服务的质量。政府通过对文化市场的宏观调节，引导群众的文化消费。一些书刊被褒奖、被欢迎，一些书刊被指责、遭冷遇，一些剧目上座率高，一些剧目上座率低，这些文化市场的信息反馈，促使作家艺术家不断调整自己的创作方向，更多地面向现实，反映人民群众所迫切关心的问题，同时实行艺术手法的更新，增强作品的可读性、娱乐性，从而获得更大的社会效益。

　　其次，它有利于文艺管理体制的改革。我们的文艺事业单位，长期以来是在吃"大锅饭"的旧体制下运转的。以艺术表演团体为例，据统计，到1987年底，全国共有艺术表演团体3000多个，近17万演职人员，国家全年用于剧团的经费补贴近3.5亿元。由于不讲经济效益，剧团吃国家的大锅饭，演职人员吃剧团的大锅饭，抑制了人们的积极性，助长了惰性，全国大多数剧团都陷入了不演不赔、少演少赔、多演多赔的困境。此种情况下，他们只好少演出，甚至不演出。于是，我们看到了这样一种状况：一方面，广大农村群众的文化生活十分贫乏，长年看不上演出；另一方面，国家每年却拿出3亿多元人民币养活几千个不演出的剧团。这种文艺生产与需求严重脱节的状况以及国家物质财富的巨大浪费，实在是不讲经济效益的旧体制造成的恶果。要使艺术表演事业走出困境，就必须使大多数艺术表演团体从事业单位的体制中分离出来，成为独立的艺术生产和经营的企业实体，并努力改善经营管理，提高经济效益，使社会效益和经济效益很好地结合起来。

二

在文艺的社会效益与经济效益的关系中，还有另一个重要方面，那就是二者"一致"与"不一致"的对立统一关系。

我们的文艺生产，是以满足人民的精神需要作为目的的。在社会主义条件下，人民的精神需要总体上来说又是比较健康的，这就为文艺生产与文艺消费、社会效益和经济效益相一致打下了基础。从当前文化市场的现状来看，一些思想和艺术价值较高、同时又雅俗共赏的作品，受到广大读者与观众的欢迎。例如，以追踪社会现实问题为特点的报告文学作品，在书籍市场上一直走俏；在国际电影节上获奖的《芙蓉镇》《红高粱》等影片，在国内上映时盛况空前，达到了很高的上座率。可以预见，随着社会主义精神文明建设的加强、人民审美趣味的提高，以及文艺产品更加丰富多彩，文艺的社会效益与经济效益会出现越来越一致的趋向。

我们有些同志，常常对文艺的社会效益与经济效益相一致的状况作出悲观的估计，这是同他们偏狭地理解社会效益，尤其是思想价值相关的。应当说思想价值在不同时代有不同的含义。我国目前正处在社会主义初级阶段，初级阶段的思想文化特征，总体上是与社会经济状况相适应的初级程度的社会主义精神文明。它具有共同性和多层次性、先进性和广泛性相结合的特点，具有代表社会历史发展趋势的先进因素和体现社会历史痕迹的滞后因素相交织的特点。与此相联系，社会主义初级阶段的文艺，在思想内容上，也体现出共同性与多层次性相结合的特点。我们对那些能够与时代同步，体现出社会主义方向的作品，固然应予赞扬，对目前市场上大量存在的内容健康的通俗读物、商业影片，同样应予肯定。这些作品尽管思想色彩不十分浓，但以其知识性、趣味性、娱乐性，吸引了不同层次的读者与观众，人们在欣赏它们时，既得到了一定的教益，又感觉赏心悦目，得到身心的调节，这些作品的社会效益也是好的。确立了这样的观念，我们就会更多地看到文艺的社会效益与经济效益的一致性。

文艺的社会效益与经济效益也有不一致的情况。这主要表现在：一方面是所谓的"叫好不叫座"，一些思想价值较高、艺术也有创新的作品，评论家呼声很高，却得不到读者和观众的呼应，发行量、上座率较低；另一方面是所谓"叫座不叫好"，一些作品的思想和审美价值很低，甚至内容不健康，但由于迎合了人们的某种需要，在相当多的读者和观众中走俏。例如，一些内容荒诞、格调低下的武打、侦探作品和带有色情内容的作品，一出版就是几十万册，而且一印再印，书价也比优秀作品贵得多，读者争相购买，出版者大赚其钱。

文艺的社会效益和经济效益不一致，有几个方面的原因。首先，经济效益即票房价值，不是由审美价值决定的，而是由审美需要决定的。人的审美需要并非只有一个层次，而是有多个层次，它们是本能美感需要、性爱美感需要、知性美感需要、德性美感需要。每一层次都是不可缺的，但又有高低之分。本能美感需要最低级，带有本能的、生理的性质，没有社会文化道德的内容。性爱美感需要是以性欲为基础的一种审美需要，也是较为低级的，社会意义比较浅薄。知性美感需要和德性美感需要才是高级的审美需要，具有丰富的智慧和道德内容。每一层次的审美所要求的文艺作品各不相同。武侠、侦探作品基本上是属于本能美感需要的对象，它们主要以武打技巧和惊险曲折的故事情节吸引读者观众，所引起的主要是本能美感，而不是知性美感或德性美感。人们读这些作品的主要目的是感受刺激和消遣娱乐，而不是想从中获得较多知识和思想教益。性爱美感需要的对象是言情作品。人们阅读这类作品，主要也是出于消遣。审美需要的不同层次，在不同文化修养的人那里，受到的重视程度是不一样的。一般来说，文化修养高的人，比较重视知性美感和德性美感，这方面的需求较为强烈；文化素养低的人，则对本能美感和性爱美感较为重视。我国现阶段的文化状况是比较落后的，文盲和半文盲就占了 2.3 亿人，这就决定了有相当多的人，他们的审美需要倾向于本能美感和性爱美感，这是造成"叫好不叫座"和"叫座不叫好"现象的一个重要原因。

其次，文艺的审美价值与票房价值不一致还有一个特殊原因，就是人的审美需要和人的性欲需要之间的矛盾。审美价值低而票房价值高的作品中，有一类是色情作品。这类作品不仅无艺术性，而且内容有毒，它赤裸裸地展示性欲和性行为，刺激人的性欲，引诱人跌进性欲的深渊，进行自我摧残或走上犯罪道路。色情作品并无审美价值。欣赏这类作品是低下的、不光彩的行为。所有这些大家都是知道的，但为什么还是有那么一些人喜欢它？其原因在于，性是人类的一种本能需要，它不仅是个人生理需要，同时也是人类发展的需要。要求性的满足是合乎人性、合乎情理的。但是，性欲只有通过异性的结合才能得到实际的满足，况且这种满足要符合社会道德规范。在实际生活中，并不是所有人都能将性欲需要控制在社会道德规范和约束之下，有些人在本能的驱使下，去欣赏色情作品，尽管知道它不是好作品，欣赏它不光彩。如果社会道德舆论压力大，欣赏者就会收敛一些，把这种不正当的欣赏欲望压到心灵深处；如果社会风气不好，没有什么社会道德舆论压力，这种欣赏欲望就放纵起来，大量寻找色情作品。

从以上分析可看出，在目前的社会条件下，文艺的社会效益与经济效益之间存在着不一致，是不可能避免的。对待这种不一致有两种态度，一种是"见利忘义"，为了经济效益而牺牲社会效益。不久前几家出版社大量出版外国色情作品而获暴利，就属于这一类。另一种是"义在利先"，即经济效益服从社会效益。第二种态度是我们应当采取的，因为它符合社会主义文艺的性质和目的。由此，我们总结出社会效益和经济效益关系的第二个方面，那就是，文艺生产的社会效益与经济效益有时是统一的，有时是不统一的，当不统一时，应将社会效益摆在首位。

对于文艺的社会效益与经济效益的矛盾，我们过去主要采取行政干预的解决办法，在当前的情况下，继续沿用这种办法已难奏效。我们应当把着眼点摆在健全文化市场上，通过对文化市场的宏观调节，对文艺消费中的各种倾斜及失调加以调整；通过文艺立法，对有害于社会人生的色情作品加以限制，以保证文艺团体和文艺家生产出积极健康的文艺产品。通过上述努力，我们一定能较好地解决社会效益与经济效益之间的矛盾，使我国的文艺生产沿着健康的轨道向前发展。

（原载《函授辅导》1989 年第 7 期）

满腔热情地扶植改革文学

近一两年来，改革文学的发展出现了不景气状况，这同改革事业不断深入的形势是不适应的。党的十三大提出加快和深化改革的新任务以后，文艺界要求复兴和繁荣改革文学的呼声日益强烈。文艺界的这种积极要求，必然会得到大家的支持。

一、全面改革需要文学的呼唤

我们的改革事业，既需要理论的指导，也需要文学的呼唤。改革文学同改革理论一样，都是伟大的改革事业所不可缺少的。这个道理已日益为我们的领导干部所理解。有的地区和部门的负责同志，自觉地把改革文学当作改革事业的一个组成部分来看待，为作家提供工作上的种种便利，有关改革的重要会议也邀请他们参加，这在作家中已经传为佳话。有的领导同志积极向广大干部推荐改革文学，希望大家从改革文学中汲取营养，振奋起改革的热情，端正对改革的态度，收到了较好的效果。

回顾一下改革的历程，就可以看出，文学在呼唤改革、促进改革方面的作用是明显的。

党的十一届三中全会以后，总的来说，我国的改革进展顺利，改革的成绩引人注目。这里面，文学是起了积极作用的。当改革事业刚刚起步的时候，文坛上就出现了改革题材小说《乔厂长上任记》。这部小说的问世，曾激动了千万读者的心，人们为乔厂长勇于开拓的雄风锐气和智谋韬略所振奋，从他身上看到了改革的未来和希望；人们满怀深情，呼唤实际生活中也出现千千万万个"乔厂长"。以《乔厂长上任记》为发轫，一批改革文学作品应运而生，给投身改革的人们以巨大的鼓舞和力量。

全面改革作为一场深刻的革命，必然触发纷繁的社会矛盾。随着改革的发展，作家们也由高唱改革奏鸣曲，转向对这场历史运动作多层次的审视。以《沉重的翅膀》《新星》等为代表的一批优秀作品，勾画出全面改革对整个社会网络的触动，描写出新旧体制交替过程中的巨大阵痛以及错综复杂的矛盾和斗争，从而揭示出改革的历史必然性和艰难曲折性。一批报告文学作品，则通过对一些敏感事件的迅速反应，引起全社会对改革过程的关注。

改革是对陈旧模式、传统观念、保守心理、习惯势力的有力冲击。随着改革的日趋深入，文学对改革的反映也在深化。作家们不再满足于对改革过程作直接描述，而是把注意力转向改革过程中人的精神趋向的探索，他们或描写改革之中人心世态、思想观念的变化，或把笔触探入民族文化心理的深层，努力挖掘出陈旧的、保守的文化心理对于改革的阻碍，从而提出了改革者自身的精神变革的重要课题。党的十三大报告指出："改革和开放，也使民族精神获得了新的解放。长期窒息人们的思想的许多旧观念，受到了很大冲击。积极变革，勇于开拓，讲求实效，开始形成潮流。"在这一民族精神新解放的浪潮中，文学无疑起了推动作用。

九年来的实践表明，改革文学是同我国改革事业同步前进的。它不断在呼唤改革，促进改革。如果我们把改革比作飞驰前进的列车的话，那么文学就是推动列车前进的助燃剂和润滑剂。对于改革的实践者和领导者来说，懂得改革文学的这种重要作用，无疑是十分必要的。

二、尊重文学的特征和规律，促进改革文学的繁荣

在贯彻党的十三大精神，加快和深化改革的过程中，迫切需要改革文学有进一步的发展。这是文艺工作者义不容辞的光荣职责。从领导上说，就是要按照文学的特征和规律，对改革文学的发展更加关心和支持帮助。

邓小平同志在中国文学艺术工作者第四次代表大会的祝词中指出："各级党委都要领导好文艺工作。党对文艺工作的领导，不是发号施令，不是要求文学艺术从属于临时的、具体的、直接的政治任务，而是根据文学艺术的特征和发展规律，帮助文艺工作者获得条件来不断繁荣文学艺术事业，提高文学艺术水平，创作出无愧于我们伟大人民、伟大时代的优秀的文学艺术作品和表演艺术成果。"[1] 正确地理解和掌握邓小平同志阐述的这个思想，是改善党对文艺工作领导的关键，也是当前加强对

---

[1] 《邓小平文选》第 2 卷，人民出版社 1994 年版，第 213 页。

改革文学的领导工作的关键。

讲到文学促进改革，有些人就要求文学紧密配合当前改革的中心任务，进行宣传和鼓动。有的人甚至希望文学与本地区本部门的实际工作机械地挂钩，让文学引导改革，为改革"开药方"，这是没有摆脱"要求文学艺术从属于临时的、具体的、直接的政治任务"的"左"的思想的表现。

我们要求文学反映改革，与过去所提倡的"写中心"并不是一码事。改革不是临时的政治运动，而是一个很长的历史过程。改革时期丰富生动的社会生活，人们精神面貌的巨大变化，引发着作家的才能和灵感，也为他们的创作提供了自由驰骋的广阔天地。文学反映改革，并不是要求作家简单地配合各个时期的中心任务作方针政策的解读，更不是让作家按照领导者的意图和观念去剪裁生活、创作作品，而是要充分发挥作家个人的创造精神，多侧面地、千差万别地反映改革时期的广阔生活。作家们既可以对改革的进程作直接的描述，也可以对改革中社会心理的变化作艺术的探索；既可以对群众的创造业绩进行讴歌，也可以对改革年代的种种流弊进行鞭挞；写矛盾斗争的大波大澜固然应当欢迎，写余波微澜、折光缩影也不应受到指责。这就是说，我们提倡的改革文学，不是单一型的，而是多样化的；我们要求文学奏出时代的主旋律，这个主旋律不是单声部的，而是由各个不同的和声部组合而成的。只有这样，改革文学才能获得蓬勃发展的生机。

某些同志习惯以"写中心"的观念来看待改革文学，还同他们对文学功能的狭隘理解有关。文学的社会功能是多元的，文学对于改革的作用也是多方面的。直接描写改革的进程，宣传改革，鼓动改革，只是其中一个方面。文学对于改革的重要作用还在于，运用文学作品的舆论监督效能，抨击妨碍改革的种种弊端；探索改革过程中人们的思想观念、精神状态的变化，以促进民族精神的进一步解放；通过美的熏陶来提高民族的文化素质，使人们用美的标准来改造不美的、不文明的生活习惯，也使人们在审美愉悦中得到心态的调节，等等。正因为文学对于改革的作用是全方位的、长远的，所以作家们施展身手的天地也是广阔的。以"写中心"的观念来看待改革文学，实际上，对于文学功能的认识只停留在单一层次上，这样就不可避免地把文学当作围绕中心工作旋转的宣传工具。

不少作家在反映改革大业艰难图成的过程中，把揭剖时弊、扫除障碍当作自己的神圣使命。这类作品所涉及的题材敏感，容易激起反响，也容易招致非议。我们在评价和对待这类作品时，尤其需要摆脱"左"的习惯势力的影响，给予满腔热情的支持。

在实际生活中，我们会遇到这样的情况，一些在人民群众中博得巨大喝彩声的作品，在某些同志那里，却遭到贬斥和指责。例如，小说《新星》被改编成电视剧后，受到广大观众的普遍欢迎。人们感到，作品对那些以权谋私，破坏和阻碍改革的旧势力所进行的大义凛然的批判，表达了人民群众的心愿。但也有些人以"不真实"为理由，进行多方责难。

所谓"不真实"的议论，反映出几个方面的认识问题。第一，什么叫"艺术真实"。有些人习惯按照"对号入座"式的阅读法来理解虚构性的文学作品，把作品中的人物情节与现实生活中的真人真事作简单类比，以"生活真实"为模式，去要求和评判"艺术真实"，从而指责文学作品不真实。第二，所谓"不真实"的议论，还表现出一种不敢正视作品，害怕揭露矛盾的心理状态。有些人只喜欢那种赞美诗式的作品，对这类作品，他们感到舒服顺眼，从来不提出"真实不真实"的疑问，而对那些抨击时弊、触及痛处的作品，则感到刺耳扎眼，总觉得这是给大好形势抹黑，动辄斥之为"不真实"。有时候，所谓"不真实"的议论甚至只是一种遁词。一些人指责某部作品不真实，其实是作品所抨击的弊端击中他们自己痛处后的直觉反应。上述现象，和政治生活中的只愿听赞歌颂词，不愿听批评意见，报喜不报忧之类的陈规陋习是紧密相连的。

对改革文学作品真实不真实的议论，实际上是人们对改革不同态度的一种曲折反映。

在改革文学的发展过程中，还有一个正确对待作家在艺术探索中的失误问题。

艺术探索是艰苦的，失误往往难免。对已经出现的错误采取放任的态度当然是不对的，但如果对作家的艺术探索老抱着一种防范的态度，唯恐出乱子，一旦有了偏差，就要予以指责，这对于改革文学的发展也是很不利的。

全面改革是一项正在探索中的极为复杂的事业，改革文学作为对改革生活的反映，它的客观规律性也处在探索过程中。同时，文学创作作为一项具有独特性的精神劳动，还特别需要发挥个人的探索精神。作家在探索过程中，有的艺术认识可能超前于现实生活，有的则落后于现实生活；有的可能是深刻的，有的则是肤浅的，甚至是错误的，这些都是正常、自然的。党的十三大报告指出："在我们党内，认识上的偏差是会经常发生的。同一个人，在一种情况下有这方面的片面性，在另一种情况下又可能有另一方面的片面性。不要把思维一时跟不上改革步伐说成是僵化，也不要把思想解放中讲了点过头话说成是资产阶级自由化。

偏差和片面性的产生，说到底，是主观认识脱离客观实际。克服的根本办法，是引导大家面向现代化建设和改革的实际，面向世界，面向未来。"在政治生活中要这样，在文学创作中，更应当采取这样的态度与办法。

三、努力为作家创造民主和谐的创作环境

作家的自由创作需要一个民主和谐的外部环境，我们要努力创造这样的环境。

第一，在舆论上要给改革文学有力的支持。对于那些针砭时弊、揭露矛盾的作品，特别是迅速反映现实中敏感事件的报告文学，尤其要予以保护。对于种种无理非难改革文学的论调，要加以剖析澄清。从领导的角度说，要有鲜明的态度，对那些不负责任的舆论，要明辨是非，决不能采取人云亦云或含糊的态度。

第二，要从新时期实际出发，为作家参与改革创造条件。改革文学要不断涌现出为人民群众欢迎的作品，作家就必须深入到火热的改革生活中去，以自己的身心去拥抱改革中的新事物。我们要为作家与改革实际生活相结合创造条件。过去那种依靠行政命令，把作家一窝蜂地赶下去的"左"的做法，是不可取的。要充分调动作家自觉的参与意识，走出一条在新时期组织作家深入生活的新路子。有些地区采取企业家与作家对话的形式，帮助作家了解改革实际。有些地区还采取专业作家到基层代职，到党政部门的咨询机构工作，到大学当德育教师等多种形式，让作家既接触实际生活，又发挥个人的才能。这些都是很好的做法。

第三，要重视对业余作家的培养。我们的作家队伍历来分为两个部分，少量的是专业作家，大量的是业余作者。业余作者生活在基层，最熟悉社会大变革的情况，他们的作品大多是改革题材文学。加强对业余作者的培养工作，是繁荣改革文学的一个重要方面。要采取各种方式，为他们的成长和脱颖而出创造条件。

如何使我们的改革文学走出"低谷"，蓬勃发展，这是文学发展面临的大课题，也是推进改革的要求。解决这个问题需要作家自身的努力，也需要领导和社会各界的关心、支持和帮助。只要各方努力，就大有希望。

（原载《理论动态》1987 年第 756 期）

一个血肉丰满、生动鲜活的领袖人物形象

——谈电视剧《铁肩担道义》中李大钊形象的塑造

　　李大钊是中国共产党的创始人之一，是中国共产主义运动的先驱者，杰出的马克思主义思想家，把这样一个伟大人物搬上荧屏，以电视剧的形式展现其一生，是一件很重要但难度很大的事情。电视剧的创作和演出集体通过艰苦努力，为观众们呈现出一个个性鲜明、真实可信的领袖人物形象。

　　李大钊形象的塑造之所以成功，最重要的原因是剧作者们遵循现实主义的创作原则，把尊重革命历史和尊重艺术创作规律结合起来，不是从概念出发，而是从历史实际出发塑造人物。马克思、恩格斯曾提倡，"不应该为了观念的东西而忘掉现实主义的东西"，不能"席勒式地"把人物概念化、抽象化，使"个人变成时代精神的传声筒"，而应当实现现实主义的"莎士比亚化"。李大钊形象的塑造正是马克思、恩格斯所提倡的"莎士比亚化"的结果。

　　电视剧在广阔的历史背景下，真实地再现了李大钊从爱国主义者到民主主义者再到共产主义者的人生历程。李大钊所生活的年代，是中国社会大动荡、大分化、大变革的年代，发生了戊戌变法、辛亥革命、讨

袁战争、五四运动、中国共产党成立、北伐战争等一系列重大事件。时势造英雄，陈独秀、李大钊等人就是在这样的时代产生的具有共产主义思想的先进知识分子群体。这个群体经历了从爱国主义者到民主主义者再到共产主义者的共同的心路历程。但他们心路历程的具体轨迹却因个人家庭背景、求学经历、工作环境而各有不同。《铁肩担道义》的引人之处，在于它把李大钊独具个性的人生经历和心灵轨迹艺术地再现出来。从小名憨头的少年李大钊饱受中国传统文化中爱国主义思想的熏陶，到在天津北洋政法学堂学习期间他被誉为"北洋二杰"之一，因为对宪政和议会的熟悉被举荐给众议院议长汤化龙，再到他参与领导新文化运动，并以《新青年》为阵地传播马克思主义，以及南陈北李，相约建党，大力推进国共两党第一次合作，电视剧真实再现了李大钊在一系列重大事件过程中思想演进和坚定地为共产主义而奋斗的过程。正如电视剧中主人公所总结的：我信过康梁，拥护过辛亥革命，鼓吹议会道路，直到找到共产主义，我的信仰才变得坚定了。

　　李大钊的成长奋斗，又是在革命队伍不断分化的过程中实现的。滦州起义失败后，同为"北洋二杰"的白坚武与李大钊分道扬镳；五四运动以后《新青年》同人分化；国共合作出现裂痕后，党的骨干分子动摇退却。正如鲁迅先生所说的，因为终极的目的不同，革命队伍在行进时，也时时有人退伍，有人落荒，有人颓唐，有人叛变，然而只要无碍于进行，则愈到后来，这队伍也就愈成为纯粹、精锐的队伍了。电视剧表现了在那个大浪淘沙的年代，李大钊坚定前行，终于成为"纯粹、精锐的队伍"的领军人物的情景，代表着整个先进知识分子群体的行进路径。

　　李大钊的人物内涵是十分丰富的。剧中孙中山先生称赞李大钊既是思想家、革命家，又是善于诱导他人的教授。李大钊的性格特征又是多方面的。他有党的领袖的大气，又有教授的儒雅，他有作文演说的才华横溢，又有不驰于空想、不骛于虚声的踏实作风，他内心刚毅如铁，外表温柔敦厚。剧作全面地展示了人物的多个方面。作为革命家的一面，在剧作中得到了充分表现。五四请愿、护陈脱险、领导索薪斗争、筹建中国共产党、促成第一次国共合作、大义凛然上刑场，一幕幕波澜壮阔的斗争画卷，展示出李大钊的磅礴正气和雄才大略。对于电视剧来说，最难表现的是思想家的一面。因为思想的表现方式是语言，而电视剧作为视觉艺术，主要是通过造型动作来表现人物，对语言、对话的运用是有限度的。《铁肩担道义》运用电视剧手段，较好地表现了主人公思想家的一面。一是着重表现以《新青年》和《每周评论》为阵地的学术活动。有关两份杂志编辑方针、编辑方法的讨论和争论，李大钊和胡适在《新青年》上围绕"问题与主义"展开的争论，都在令人饶有兴味的活动画面中展示了主人公思想的光芒。二是通过与陈独秀的交流及促成陈独秀思想转变的活动来表现主人公的思想。三是用简练生动的台词直接表达主人公的思想。例如主人公对觉悟社成员的演讲和在工人俱乐部的演讲等。除了深邃的思想外，高尚的人格品行和道德修养，也是李大钊生命活动的重要组成部分。他爱憎分明，恰如鲁迅所说的"横眉冷对千夫指，俯首甘为孺子牛"；他矢志努力于民族解放事业和共产主义事业，虽九死而不悔；他坚守知识者的清高，只当教授不当官，一次次谢绝高官厚禄的邀请；他没有宗派气，内外从如云，崇高的职业道德以及家庭美德，令人叹为观止。电视剧精心选择各种细节，浓墨重彩地表现了主人公的道德风采。他把薪金的大部分用于资助党组织开展活动和贫困青年的生计，以致蔡元培校长下令会计科发工资时先扣下家庭生活费交给他夫人；在"黑云压城城欲摧"的危难时刻，他把生的希望留给别人，把死的危险留给自己，慷慨赴难；他同胡适在"问题与主义"的争论中互不相让，但日常工作与生活中，两人情意甚笃，是君子"和而不同"的典范；他担任北大教授进德会的督察员，被大家称为道德完美者；他同赵纫兰是旧式婚姻夫妻，但同时又青梅竹马，两人忠于感情，终生厮守。从电视剧这一个个细节表现中，观众们切实感受到一个道德文章俱佳，值得后人永远称颂的伟人形象。

情感是艺术的基本要素。"以情动人"是艺术作品感染人的基本手段。"有情未必不丈夫"，电视剧用大量的情节和画面，表现李大钊的亲情、爱情、友情，展示了他极为丰富的情感世界，不少镜头让观众潸然泪下。李大钊同他爷爷之间的关系，戏虽不多，但剧中设计的爷爷临终前的一场戏却让人难忘。少年李大钊用板车拉着病危的爷爷前往县城救治，爷爷已经咽气了，可李大钊还是喊着"爷爷"拉车前行。李大钊同赵纫兰的爱情是剧中重头戏。他们中一个是新文化运动的干将，一个是旧式的乡下妇女，虽是旧式婚姻，但幼年时的相濡以沫，使得两人终生互敬互爱，患难与共。李大钊留学日本早稻田大学时，日本姑娘美智子向他表达爱慕，这也丝毫未能撼动李大钊对于婚姻的忠诚。除了亲情、爱情之外，电视剧还注重表现李大钊同陈独秀、胡适等人之间的友情，他们尽管性格各异，思想观点也不尽相同，但彼此尊重，相互帮助，李大钊为了他人的生命安全、家庭和谐，费尽心力，甚至不顾及个人安危，这些表现和学术活动、革命活动有机地结合在一起，更加丰富地展示了李大钊的人格魅力。

电视剧是创作，它需要创作者展开形象思维的翅膀，作想象和虚构，但领袖人物传记片的题材，却又不允许创作者天马行空。相对而言，情感领域倒应当是创作者自由施展身手的地方。剧作为表现李大钊与爷爷、妻子、孩子之间的亲情所设计的不少情感细节，都感人至深。

李大钊是伟人，但不是完人，在错综复杂的政治局势面前，他也不可避免地会作出错误的判断和结论。电视剧设计了李大钊曾对袁世凯抱有幻想，李大钊与蔡元培、胡适等一道提出"好人政府"倡议等情节。这样的情节设计使得领袖人物的形象塑造远离"高大全"，更为真实可信。

五四是狂飙突进的年代，是需要巨人并产生了巨人的年代。在北大，以《新青年》为阵地，聚集了陈独秀、李大钊、鲁迅、胡适等一批文化巨人。电视剧在塑造这批文化巨人形象方面也作了努力，其中陈独秀和胡适尤其给人留下难忘的印象。剧中的陈独秀，作为五四新文化运动的主帅和党的创始人之一，性格极为鲜明，他的坚定自信以及桀骜不驯、满腹经纶乃至固执专横，都有淋漓尽致的生动表现。胡适作为资产阶级知识分子，过去长期是作为反面人物留在人们脑海中的。电视剧用历史的眼光看问题，按照同一营垒内部不同思想争论的定位，客观地再现了在《每周评论》上展开的著名的"问题与主义"之争。同时，胡适的自信、清高、洋派、讲义气等性格特点也有栩栩如生的表现。电视剧对《新青年》的群体形象的塑造，更加烘托出李大钊形象之鲜活。

一个成功的艺术形象，具有多方面的意义。教育意义是其中的重要方面。电视剧李大钊形象的展示，对于广大党员和青年，都是极有教益的。李大钊作为中国共产主义运动的先驱，是在中国最早接受和传播马克思主义的，他在北京大学所组织的马克思学说研究会，也是中国最早的马克思主义研究组织，它为中国共产党的成立起到了思想准备的重要作用。李大钊的业绩最充分地说明，重视理论指导是中国共产党的优秀传统，学习是中国共产党的起家本领。重温李大钊，对于我们加强学习型政党建设，具有重要启示作用。对于青年学生来说，李大钊毕生探寻救国救民道路，并最终找到马克思主义和社会主义的历程的形象展示，是一个中国走社会主义道路历史必然性的生动教材。李大钊又是一个为人与为文的楷模。学习他的思想遗产和道德风范，对于广大干部群众加强自身的政治、业务、道德素养极为有益。从艺术方面来说，《铁肩担道义》的成功，对于进一步搞好重大革命历史题材片的创作提供了经验，并将对革命历史题材片创作产生推动作用。

（本文为作者 2010 年 10 月 17 日在北京大学百周年纪念讲堂举行的"电视剧《铁肩担道义》研讨会"上的发言稿，研讨会由北京大学、中国马克思主义研究基金会、中国电视剧艺术委员会主办，宋庆龄基金会文化艺术中心、解放军总后勤部电视剧艺术中心承办）

赞"敢与中青迈步齐"

——读成仿吾《八十述怀》

　　人生八十，已进入耄耋之年，居家休息，颐养天年，是多数人的选择，可是，1978 年中国人民大学复校后的校长成仿吾，却以八十高龄忙碌在岗位上，他的《八十述怀》，正是他此时内心世界的表露。

　　"诗言志。"《八十述怀》所表达的正是一位马克思主义理论家、教育家，久经考验的革命家的博大胸怀，闪耀着革命精神的光彩。成老战斗的一生，是在中国革命的大波大澜中度过的。从黄浦江畔的"创造社"，到中共柏林—巴黎支部的《赤光》杂志，从鄂豫皖革命根据地和中央苏区，到二万五千里长征的雪山草地，都曾留下诗人的战斗足迹。成老战斗的一生，又是和党的教育事业、和中国人民大学紧密联系在一起的。无论是延安窑洞的陕北公学，还是晋察冀根据地的华北联合大学；无论是三大战役炮火中诞生的华北大学，还是新中国成立后建立的中国人民大学，校史的每一章都和成老的名字连在一起。然而，无产阶级革命家是以天下为己任的。功绩垂史册，却从不居功；桃李遍九州，却虚怀若谷。《八十述怀》没有对过去的半点自赏，放眼新长征万马竞发的形势，却吟出"老头贡献虽惭少"的诗句，发出"敢与中青迈步齐"的豪言。读到这里，谁能不被成老谦虚谨慎的崇高美德所感动，谁能不被"老骥伏枥，志在千里"的精神所鼓舞？

"敢与中青迈步齐。"笔者觉得把诗句仅看作成老的自励和鞭策是不够的。当今，中国人民大学正是乾坤初转，百废待理。此时此刻，全校上下多么需要这种"迈步齐"的精神！从这个意义上说，把诗句理解为对全校师生的召唤与挑战，岂不更为贴切！对我们这些青年学生来说，这种召唤的意义则更为重大。如果细算，我们应当是老校长的第四代或第五代学生了，八十高龄的老校长尚且壮心不已，要和中青年迈步齐，我们这些二三十岁的青年不更应该百倍努力吗？势在必行，时不我待。让青春的火焰在我们胸中燃得更旺，把老一辈革命家的期望铭记得更牢，丢掉那种"三十不立不成器"的哀叹，摒弃那种"时乖命蹇，丢了少年好时机"的抱怨，踢开那种"条件差，难学好"的畏难情绪，"一万年太久，只争朝夕"，珍惜每寸光阴，努力学习，努力工作，向着"四化"的美好明天，和老前辈一道"迈步齐"！

（原载《中国人民大学》报 1979 年 4 月 6 日）

它呼唤着理解、宽容和友爱

——评刘心武的小说《公共汽车咏叹调》

一位著名的文艺理论家说过："文学史，就其最深刻的意义来说，是一种心理学，研究人的灵魂，是灵魂的历史。"刘心武的纪实小说《公共汽车咏叹调》（载《人民文学》1985 年第 12 期），就是一部研究人的灵魂的作品。它以当前社会上普遍关注的公共汽车"乘车难"为题，从人们错综复杂而又变幻不定的情绪中，捕捉到某种共同的社会心理，从而引起了全社会的关注与深思。

《公共汽车咏叹调》没有起伏跌宕的故事情节，它以一次公共汽车停车事件的解决过程为主要脉络，穿插入司售人员和乘客生活的纪实描写，组成一幅北京公共交通状况的风俗画。在画面上，活动着几个栩栩如生的人物，其中有肩负着家庭生活重荷蹒跚地向"八大件"进军的司机韩冬生，被最新时装、系列化妆品和港式发廊搞得晕头转向的售票员夏小丽，还有年过四十、"已经开始谢顶"、但经济收入还不如韩冬生的某国家机关干部，以及白发苍苍的老人，穿牛仔裤、烫卷发的青年。作者绘声绘色地表现他们各自的酸甜苦辣、喜怒哀乐、生死歌哭，展示出现代生活节奏下一个五光十色的情绪世界。作者还以汽车"搁浅"事件为契机，探寻"都会的血液畅流不通"的种种矛盾和原因。尤其引人注目的是，作者透过车流"梗阻"的表象，追踪潜藏其后的"心理阻力"。他把艺术的笔刀探入社会心理的层次，从乘客同司售人员矛盾冲突的情绪表现中，找到变革时代社会心理的某种冲突与不平衡，并运用艺术手段，暗示出实现新的平衡的途径。这充分表现出作家爱国爱民的拳拳之心和高屋建瓴地透视生活的能力。

　　《公共汽车咏叹调》引起了人们对社会心理的审视与反省。变革时代的社会生活如同奔腾不息的长江大河，不断卷起新的浪潮。在层出不穷的新事物面前，不少人却还保留着"吃大锅饭"的传统心理模式，他们无法适应搞活和开放后出现的一定的贫富差距，他们的心态失去了平衡，作品把这种不平衡心态形象地比喻为"红眼病"，它的特征是："眼睛都朝比自己挣得多的人看，越看越眼红。"司机韩冬生为何动辄怒形于色，停机熄火？是因为他心里憋着一股气，他对"挣大把钞票"的出租汽车司机嫉妒得牙痒："同是握方向盘，为什么人家能握出租汽车的，而我却只能握公共汽车的？"这个问题梗在他心里化不开。售票员夏小丽为何玩忽职守，态度傲慢？因为她觉得当售票员远远赶不上做"糖葫芦王"，她巴不得被处分、除名，使她能领回个体户营业执照。其实，患"红眼病"的又何止是韩冬生和夏小丽呢？韩冬生利用业余时间糊纸盒子，不是也被别人"下了蛊"，使他失去了这项"第二职业"吗？可见，"红眼病"是流行性的心理病症。这种病症有着严重的危害性，它损伤着人与人之间的"聚合力"，使人们相互不能谅解，都把对方当作自己吃亏的"发泄靶"，甚至遇到公共汽车停开这类小事，都要闹个不可开交，从相互骂，到骂世道，骂现实，"敢于公然从最小的冲突中喊出最惊心动魄的话语"。刘心武尖锐地针砭了这种心理病症，并告诫人们："经济改革的成败，相当大程度系于心理改革的成败。"这确实是对生活的真知灼见，值得我们加以深思。作品中所描写的种种现象，在现实生活中不是处处可见吗？它们正在涣散着人心，阻碍改革步伐的前进。纠正改革中的某些社会心理"失重"现象，其意义绝不亚于纠正经济管理中的"宏观失控"。

刘心武是焦虑的，但又不是悲观消极的。他并不满足于展示某种心理病症和不平衡心态，而是想进一步揭示使这种心态走向平衡的途径。根据作品所提供的启示，走向平衡有两条途径：一是回到过去那种畸形的岁月中，求得强制性的心态平衡；二是在现实生活中找到新的精神支点。作者以艺术的语言，断然否定了第一条道路，"哈姆雷特沉吟着：'活着，还是死去？'这是一个问题"。这无疑是在告诉人们，走回头路，就要丧失生命的活力，成为一具僵尸。那么，新的精神支点在哪里呢？在篇末出现的那位老人身上，在他那奇异的眼神里，那眼神使"搁浅事件"顺利解决，因为韩冬生一接触这眼神，心就软了下来。老人的眼神里潜藏着什么神秘的东西呢？细心的读者是不难辨别清楚的，那就是爱。这种爱，不是性爱、情爱、母爱等日常意义上的爱，更不是抽象意义上的观念的爱，而是一种人类成长中的高度的文明自觉性，一种更宽广、更深刻、更具辩证意义的爱。它包括理解的良愿、宽容的态度和感化的信心。这是人与人之间十分宝贵的东西，也是时下十分缺乏的东西。这种东西，那位老人却具备了，所以，他理解司机的苦衷，对乘客也有宽宏的谅解，他的出现，缓和了人们之间的紧张关系，消除了汽车前行的心理阻力。作者通过老人的行为，表明了这样一种认识：在社会主义社会中，唯有以理解、谅解和宽容为内核的团结友爱态度，才能吹拂灵魂的积垢，使人们在更高的心理结构层次上恢复平衡。刘心武在写完《公共汽车咏叹调》后，曾说："文学解决不了乘车难问题，但多少起了沟通心灵的作用，在理解的基础上达到谅解。"其实，"沟通心灵"，这难道不是一个比解决"乘车难"重要千百倍的问题吗？从此意义上说，刘心武不仅创造出"文学"，而且在创造着"爱的艺术"！

公共汽车终于向前开动了，它是在人们共同的推动下缓缓前进的！啊，公共汽车咏叹调，呼唤着尊重、宽容和友爱的咏叹调！

（原载《理论月刊》1986 年第 2 期）

五彩的壮锦

——评诗集《山欢水笑》

粉碎"四人帮"以后，我国少数民族诗歌园地呈现百花齐放的景象。壮族诗人莎红的诗集《山欢水笑》(广西人民出版社出版)就是百花丛中一朵闪动着晨露、散发着芳香的新花。

翻开诗集，面前仿佛铺展出一幅幅五彩斑斓的壮锦：南疆边陲的山水风光闪烁异彩，多民族地区的风土人情飘出奇香。我们眼前时而闪过壮家花山壁画的雄姿，时而泛起高原天湖的涟漪，天堂岭瑶家庆丰收的长鼓震人心弦，老堡码头侗家的渔火扑朔迷离……诗集把我们完全带入广西特有的诗情画意之中。《山欢水笑》不仅带着浓郁的地方色彩，而且反映了各族人民进行"四化"建设的崭新风貌。竹楼古老的苗笛与新时代的祥云，相互交融，成为诗集的一个特色。

《山欢水笑》的表现风格也是有特点的。作者没有采用浓墨重彩、纵横恣肆的方法，却着意于线条清丽、精巧细致的描绘。他擅长于因小见大，从大场面中选择几处细节，加以精描细绘，通过局部显示全体；或是从日常生活中选取题材，细腻地勾勒出一幅幅动人小景，并把感情的细流涓涓注入画面。这就使他的作品色彩柔和，调子优美。例如《夜牧》，作者紧紧扣住一个"静"字，对白苗族牧女月下放牧的情景展开丰富而细腻的描写。晚风"轻轻"、月色"轻盈"、夜露滚动……大自然景物是静谧的。"羊群儿舔着嫩绿的牧草",一个"舔"字把娴静的情态活灵活现地刻画了出来。而就在这万籁俱寂中:

> 一串串木铃叮咚,叮咚,
>
> 摇碎了草丛和林间的月影,
>
> 一串串木铃叮咚,叮咚,
>
> 牵动着她的耳朵和心灵……

木铃所牵动的,何止是牧羊女的心灵,它不同样牵动着许多读者的心吗?吟咏着这样的诗句,我们犹如观看一幅赏心悦目的水墨丹青,又像倾听一支动人心弦的抒情歌曲,能从中体会到一种美好、愉悦的感情。

诗人郭小川说过:"诗是创作,一切都要新。"没有新意的诗歌就像失去水分的叶子,不能给读者以美的感受。集子中的一些诗构思新奇。例如《山乡园丁组诗》,作者歌颂忠诚于党的教育事业的园丁,却没有写人们所熟悉的教师窗前深夜不熄的灯光,或是同"宋宝琦"促膝谈心的情景,而是捕捉了少数民族地区山高路远、村寨分散、教师在各个教点上跑教的特点,在"跑"字上做诗,《组诗》四首中就有三首(《路遇》《风雨中》《奶奶的草鞋》)选取与"跑"相关的题材。这不能不说是作者独具匠心之处。

《山欢水笑》也有令人不满意的地方,例如作者习惯在诗的末尾加上几句又直又露的话,或者干脆用标语口号。每读到这里总产生美餐中突然嚼到沙子一样的感觉。

不断地探索,不断地突破,不断地提高,相信莎红同志一定会唱出更多、更好的歌!

(原载《诗刊》1980 年 8 月号)

要黄莺紫燕，也要啄木鸟

不久前，读到一篇文学评论，作者在谈及文学作品的歌颂与暴露、赞扬与批评的关系时，打了这么个比方，他说比如一处果园，到处是色彩缤纷、香气四溢的花果，自然也难免有一些虫咬的伤病，黄莺紫燕飞来了，它们载歌载舞，高唱赞歌，啄木鸟也飞来了，它不会唱歌，只会这里敲敲那里打打，找害虫出来吃掉，于是在美妙的乐曲中，不时加进几下梆梆梆的敲打声，这就是果园交响曲的总体。我们的文学，也应当是果园交响曲。

笔者以为，这个比方是十分恰当的。文学之于社会，恰如鸟儿之于果园。我国社会是人民当家作主的社会主义社会，就如花果丰艳的果园，到处都能看到人民在党的领导下创造的丰功伟绩；但我国又是封建社会历史很长的国家，封建主义残余思想的影响，至今依然存在，再加上国门打开后涌入的资产阶级腐朽思想，这些都腐蚀着社会生活，导致弊病产生。当作家们用自己的眼和脑去观照、体验生活，再将他们对生活的认识和情感体验转化为创造性的艺术形象时，由于各自的艺术主张、审美趣味和生活体验不同，有的歌颂生活中的英雄人物和事迹，有的把歌颂与暴露统一于对社会矛盾的真实描写之中，有的侧重暴露和批评生活中的弊病，以期引起全社会的注意，他们的作品，共同组成了一部和谐的果园交响曲。不管各个作家描写的侧重点在哪里，只要他是站在人民的立场上，讴歌真善美，鞭挞假丑恶，就都应当受到称赞，都不该遭受非难，正如列宁所说，在文学事业中，"绝对必须保证有个人创造性和个人爱好的广阔天地，有思想和幻想、形式和内容的广阔天地"①。

但是从历史上看，"啄木鸟"的命运往往是悲惨的。回顾中国当代文学史，1957 年，在党的八大已经提出我国社会主要矛盾发生变化、毛泽东作《关于正确处理人民内部矛盾的问题》的报告和提出"百花齐放、百家争鸣"的方针的形势下，一些作家和理论工作者提出文学"干预生活"的口号，他们反对"粉饰生活"和"无冲突论"，主张文学作品真实地反映现实生活中的矛盾和问题。在"干预生活"口号的影响下，出现了《组织部新来的青年人》《洞箫横吹》等一批揭露社会矛盾、针砭社会时弊的作品，受到广大读者的关注和喜爱。但在随后到来的反右扩大化中，上述作品都被批为"反党反社会主义的大毒草"，"干预生活"的口号则被批为"只暴露，不歌颂"的"资产阶级文学主张"。作品的作者有的被打成右派，有的后来在"文革"中被打成"黑编剧"，直到粉碎"四人帮"后，他们才得以完全平反。这样的教训十分深刻。

粉碎"四人帮"，文学艺术迎来了春天。作家们砸碎"四人帮"的精神枷锁，创作热情空前高涨，出现了包括"伤痕文学""改革文学"在内的一大批优秀文学作品，这些作品深刻揭露了"四人帮"的极

---

① 《列宁全集》第 12 卷，人民出版社 1987 年版，第 94 页。

"左"思潮对人们心灵的毒害，热情讴歌了改革家们大刀阔斧、重振山河的壮举，辛辣地批评了某些干部身上的特权思想，受到广大读者欢迎，在全社会引起巨大反响。但可惜的是，对一些针砭时弊的作品的不合理的指责依然存在。叶文福的长诗《将军，不能这样做》的遭遇就是一例。这说明"左"的积习很深，时至今日，有些人还是不习惯八音和谐的交响乐，他们的耳朵，只能听黄莺的欢唱、紫燕的赞歌，而对于啄木鸟的"梆梆"声，则极度反感，一旦发现，他们便习惯性地捡起打棍子、扣帽子那套老办法来对待。

1979 年 10 月，邓小平在中国文学艺术工作者第四次代表大会上发表了热情洋溢的祝词，笔者有幸在人民大会堂现场聆听了祝词。邓小平致祝词的过程，多次被全场的热烈掌声所打断，特别是他讲到"文艺这种复杂的精神劳动，非常需要文艺家发挥个人的创造精神。写什么和怎样写，只能由文艺家在艺术实践中去探索和逐步求得解决。在这方面，不要横加干涉"① 时，全场爆发了暴风雨般经久不息的掌声，这是广大文艺工作者对文艺春天到来的欢呼，也反映出他们对彻底破除"左"的思想束缚，开创"个人的创造精神"的广阔天地的炽热愿望。

我们赞美作家的创造精神，我们欢迎啄木鸟！

（原载《锤与砧》1979 年第 5 期，收入文集时有修改）

---

① 《邓小平文选》第 2 卷，人民出版社 1994 年版，第 213 页。

郁达夫前期小说与西方浪漫主义文学

郁达夫的前期小说，是"五四"时代的产物，又是西方浪漫主义文学思潮影响的结果。探讨郁达夫前期小说与西方浪漫主义文学之间的联系与区别，是本文的课题。

一

18世纪末19世纪前叶的西方浪漫主义文学，是法国大革命的时代精神在文学领域中的反映。它是在反对古典主义的斗争中成长和发展起来的。西方浪漫主义作家都祖述着卢梭"归依自然"的主张，"归依自然"，不仅是要回到美丽朴野的大自然，更是要回归人的自然本性。卢梭认为，"我们原始的情感是以我们自身为中心的，我们所有一切本能的活动首先是为了保持我们的生存和我们的幸福"。因此，追求个人幸福和个性解放，就成了"归依自然"的基本内容；个性主义，成为浪漫主义文学的思想基础。它反对古典主义钳制人的意志的理性原则，把情感和想象提到了首要的地位。

郁达夫明确意识到："浪漫主义打破古典主义的武器，就在主张个性重视的一点。"① 把他的前期小说和西方浪漫主义文学联系在一起的主要纽带，也就是个性主义。个性主义，是郁达夫前期小说的思想核心，它规定着作品的主题、题材和人物，也规定着作品的表现形式。

郁达夫有个著名的文学观点，"文学作品，都是作家的自叙传"。他的前期小说，正是"自叙传"观点的忠实体现。作品所选择的题材，与作者的生活很切近，作品中的主人公，又总是和作者形成不可分离的合体。郁达夫的"自叙传"小说，不仅是夫子自道，更是自我灵魂的大胆暴露。他敢于把自己热烈的追求和卑弱的意志，焕发的才情和不幸的遭遇，高尚的感情和颓唐的行径，毫不掩饰地披露于读者面前，达到惊世骇俗的地步。

当然，"自叙传"的色彩，还只是表现为个性主义思想对作品形式的一种要求，从内容上直接体现个性主义思想的，是作品中主人公的个性主义抗争精神和孤独感伤情调。

与西方浪漫主义主人公相类似，郁达夫前期小说的主人公也是把个人本位主义作为精神支柱的，从个性的受压抑、个人得不到发展等角度来表现对社会的反抗。《沉沦》中的"他"对爱情的召唤几乎达到呼天抢地的地步："知识我也不要，名誉我也不要，我只要一个能安慰我体谅我的'心'。一付白热的心肠！从这一付心肠里出来的同情！从同情而来的爱情！"可是，主人公对个人权利的浪漫式追逐，在扼杀个性的半殖民地半封建社会是无法实现的。浪漫的心灵与严酷的社会发生碰撞，主人公因此会发出怨愤和指责，轻则陷入不可自拔的绝望，重则轻生自戕。于是，我们从郁达夫前期小说中，能够感受到一股潇潇不息的

---

① 《郁达夫文集》第 5 卷，花城出版社、三联书店香港分店 1982 年版，第 92 页。

情绪流，这股情绪流不是淡淡的哀愁，而是烈性情感的混合物。不像淙淙流淌的溪水，而像汹涌澎湃的泥石流，它夹带着孤独、绝望、悔恨、羞愤等种种情绪。其中既有主人公捶胸顿足的怒斥，也有无可奈何的叹息，甚至有悲观绝望、自甘沉沦的声音。这一切，都足以使读者产生窒息之感。

郁达夫前期小说的鲜明的浪漫主义特征，还表现在对大自然的倾心描绘上。自然不是仅仅作为人物活动的背景而存在，它本身就是人物个性的组成部分。作者让人物与大自然融为一体，从而展示出人物个性与整个现实社会的对立。《沉沦》的开篇，就是"他近来觉得孤冷得可怜"，"世人与他的中间介在的那一道屏障，愈筑愈高了"。可是"他"一踏入清和的早秋田野，一"跑到人迹罕至的山腰水畔"，就觉得怡然自得，可以面向自然倾吐衷肠。一个在"文明"社会中感到自己成为"槁木"和"死灰"的主人公，在大自然的怀抱中得到了活力与生气。

郁达夫不仅歌颂令人神往的大自然，而且赞美与大自然"化而为一"的农夫和少儿。在《还乡记》中，作者描绘了"万绿丛中"的一幅"农人家庭团叙图"；在《春潮》中，作者描写了一对两小无猜的少年诗礼和秋英的真挚友情。当作者把目光投向这些画面时，他会暂时忘却一贯的悲观低沉的调子，唱出乐观向上的动人乐曲。

郁达夫小说的自然描写，是别具深意的。席勒曾对西方浪漫主义的追求和描绘自然作过深刻的分析，他说："这些对象就是一种意象，代表着我们的失去的童年，这种童年对于我们永远是最可爱的，因此它在我们心中就引起一种伤感。同时，它们也是一种意象，代表着我们的理想的最高度的完成，所以它们激发起一种崇高的情绪。"人类本来是纯洁、天真、自由，同自然一体的。但自从进入阶级社会，特别是到了近代资本主义"文明"社会，人性中的这些方面异化了。描绘自然，追求人性与大自然一体，并以此批判现实，是浪漫主义文学实现个性解放的一方面内容，郁达夫正是继承了这一传统。

郁达夫前期小说接受西方浪漫主义的影响，以"个性主义"作为作品的思想核心，这是适应了五四反封建思想革命的需要的。

我国五四反封建思想革命，具有同西方不同的特点。这种不同特点，根源于东西方封建思想体系的差异性。在西方，中世纪封建思想是以"神权"为核心的，天国的神的权威控制着人间现实，宗教裁判所的烈火焚烧着人的正当权利和欲望。因此，西方首次反封建思想革命——文艺复兴运动是提倡"人权"以反对"神权"。中国则不同，中国的儒家思想是以一整套封建伦理道德规范为核心的，世俗的"社会"的权威维护着人与人之间的封建关系，扼杀着个人的愿望和权利。因此，一旦思想冲开闸门，觉醒的文学革命者首先提出的是"个人"与"个性"，是"个人"与"社会"的对立，这就使得五四文学革命不与西方文艺复兴运动相接近，而同浪漫主义运动相契合。可以说，五四初期，整个新文学阵营都弥漫着一种浪漫主义的情调和气氛，郁达夫是感应着时代的神经，自觉投身于反封建思想革命的。

如果再从细部上来分析，他的前期小说的几个主要特征，都表现出对封建传统意识的叛逆色彩。

首先，大胆的自我暴露揭穿了旧道德的虚伪性。诚如许多评论家所提出的，五四新文学的重要任务是批判封建的伦理道德。封建伦理道德是以扼杀人欲来维护封建秩序作为主要内容的，它具有三个相互联系的特征：残酷性、虚伪性和陈腐性。在批判封建旧道德的斗争中，鲁迅不愧为勇猛的闯将，他的小说，对封建伦理道德进行了"三位一体"的批判，其批判重点是封建道德的残酷性。在批判封建道德的大方向上，郁达夫与鲁迅是一致的，但在批判的重点和方法上，郁达夫与鲁迅又有不同。郁达夫以自我暴露为武器，来抨击礼教的虚伪性。他的惊人之处，绝不在于笔下的那些"猥亵"细节、肉感内容，而在于他一反传统伦理精神的含蓄、矫饰，把自我的真血肉、真灵魂和盘托出，展览于世人。这种"自我暴露"不仅是一种艺术手段，更是对封建旧道德的进攻。

其次，郁达夫前期小说浪漫主义的抒情格调，对于传统美学思想也是有力的冲击。在漫长的中国文学史上，抒情文学具有悠久的历史传统。但是中国的抒情文学，是以儒家保守的"抒情言志说"作为美学思想基础的。千百年来，尽管时序变移，朝代更迭，"抒情言志"却成为历代封建文人万古不变的美学信条。按照这种信条，"情"并非随便可以抒的，它必须限制在儒家伦理道德所容许的范围内，做到"发乎情，止乎礼义"；抒情也不能超过一定的尺寸，必须以"中和"为规范，做到"乐而不淫，哀而不伤"，倘若稍有出格，便要被贬斥为"贬絜狂狷景行之士"[①]。

正是这种节制感情的美学思想，造成了中国文学既以抒情为其基本特征之一，而浪漫主义文学又不发达的特殊状况。鲁迅对这种保守的美学思想十分不满，曾提出，中国传统的抒情言志，实在是"许自繇（同'由'——作者注）于鞭策羁縻之下"[②]。

这样一种受到捆绑的"抒情言志"，怎么能浪漫得起来呢？

郁达夫前期小说的浪漫主义情调，与千百年来传统的美学思想显然

---

① 班固于《离骚序》中，指责屈原"愁神苦思"，"忿怼不容"，属"贬絜狂狷景行之士"。易重廉：《中国楚辞学史》，湖南出版社1991年版，第57页。

② 《鲁迅全集》第1卷，人民文学出版社2005年版，第70页。

是背道而驰的。他那种求爱不得的撕心裂肺的痛苦，那种在灵肉冲突中无法解脱的哀愁，那种对社会无以复加的失望与仇视，以及在强烈的自怨、自责中产生的消沉颓废情绪，凡此种种，无一不在"礼义"的要求之外，无一不是既"伤"又"淫"，传统的金科玉律、陈规旧习全然被打破了。

当然，问题还存在着另外一个方面，如果从政治斗争的要求来看，郁达夫的情绪中确实夹杂着消极的成分。它缺乏鲁迅"金刚怒目式"的坚韧与刚毅，也缺乏郭沫若站在大海边上呼唤日出的乐观与昂扬。但你终究不得不承认，这种混浊的情绪流，对于冲破千百年来儒家美学思想的堤坝具有巨大的力量，而且这种冲击，同五四反对封建伦理道德的思想革命是一致的。

二

肯定郁达夫前期小说接受了西方浪漫主义文学的影响，并不等于说二者完全雷同。郁达夫毕竟是一个中国作家，在郁达夫前期小说与西方浪漫主义文学之间，存在着哪些区别？或者说，西方浪漫主义文学思潮到了郁达夫这里，产生了怎样的转化与变异？

小说以人物为中心。在研究这个问题时，我们首先注意的是，活跃在郁达夫和西方浪漫主义作家笔下的"自我"形象，他们在精神内涵上有哪些相异之处。鉴于西方浪漫主义文学中"自我"形象数量众多，性格内涵也各有差异，为了说明的方便，我们选择最能体现西方浪漫主义精神，同时也是郁达夫的主人公经常引以自比的维特作为主要比较对象，同时兼顾其他。

在郁达夫的主人公同维特式的浪漫英雄之间，存在着哪些差别呢？

第一，精神气质上不同。西方文艺理论家认为，浪漫精神的特征，可以用希腊神话中的两个词来说明，一是普罗米修斯精神，一是酒神精神。前者指的是自负勇敢，奋斗进取，蔑视权威；后者指的是冲破一切繁文缛节，不受任何理性的监督，让原始生命力得以充分发泄，让性爱得到最大满足。维特式的浪漫英雄就具备这两种精神，他们把自我摆在至高无上的地位，把个人的内在要求看成比外在的规范更为重要。他们重热情，轻理智；重冲动，轻算计。一切世俗事务，经济打算，他们都不屑一顾。正因为浪漫英雄把个人的内在要求凌驾于社会之上，所以，当自我与社会习俗、道德法规发生矛盾时，他们决不妥协，宁为维护个性尊严牺牲生命，也不愿让社会拨弄自己的命运。在《少年维特之烦恼》中，维特明知社会是一座监狱，其中耸立着阻碍前进的高墙，但他决不退却，以全身心和墙碰撞。最终，当他的理想破灭的时候，他宁为玉碎，不为瓦全，决心以自杀来抗争。他把自杀看作反抗现实的英勇行为，所以当结束生命时，他毫无悲抑和凄凉，反而带着一种喜悦和宁谧："四周是这样的宁静，我的心境是这样的平和，上主，我感谢你，感谢你在这最后的时刻，赐予我温暖和力量。"

与维特的勇敢气概相反，郁达夫的主人公多是一些"卑己自牧"的软弱者。他们虽然有强烈的个人主义愿望，却没有实现这种愿望的毅力和行动；他们意志薄弱，耽于空想，对外部世界只是逃避和躲闪。《沉沦》的主人公"他"就是其中的代表。"他"渴望与女性交往，但路上与日本女学生擦肩而过，他不仅不敢打招呼，甚至连呼吸都紧缩起来；他喜欢旅馆主人的女儿，心里总想和她说几句话，"然而一见她，他总不能开口"。"他"最终在命运的拨弄下无可奈何地走向死亡，当"他"

向世界告别时，声音中充满羞辱、哀叹和绝望，同维特临终时的宁静和乐观形成鲜明的对照。类似的自卑怯弱的性格特征，也出现在《微雪的早晨》中的主人公朱雅儒、《莺萝行》中的"我"等人物身上。郁达夫小说主人公自卑怯弱的性格特征，同维特的自信、自负和勇往直前俨然对立。

与性格上的自卑、怯弱相联系，郁达夫的主人公始终挣扎在平庸委琐的现实环境中，他们为柴米油盐犯愁，为失业贫困呻吟。与此同时，他们又极其关心民族的灾难，同情世人的疾苦。在《沉沦》《南迁》等篇中，主人公时时抒发着感时忧国的悲痛，在《春风沉醉的晚上》《薄奠》中，又流露出对工厂女工和人力车夫的人道主义同情。这一切，都使郁达夫的主人公表现得既平凡又现实，他们不像西方浪漫英雄那样孤高傲世，带着传奇色彩，也无法逃往中世纪的乐园，或憧憬于虚无缥缈的未来。

第二，从人物的心理特征来看，浪漫英雄的心理特征是"外展型"的。他们总是以我为中心，努力向外扩展个性，大自然中的一切，都被染上"我"的感情色彩，社会生活的大小事件，都受到"我"的评论。当"自我"与社会发生矛盾时，他们总是指责社会的不公与罪恶，从来不作自我的内省，更不想让道德信条约束自己。拜伦的《恰尔德·哈洛尔德游记》中的抒情主人公，虽然是漂流四海的异乡客，但他总以登高一呼的英雄自居。几乎每到一地，他都要对当地的风土人情、社会斗争发表自己的观感与议论。无论是在西班牙，还是在希腊，在意大利，对于他来说，展露情怀似乎是一种天生的本能。郁达夫的主人公则不同，他们的心理特征是"内省型"的，主人公习惯向内深深地反省自己，常常自怨、自忏、自责。《沉沦》的主人公厕身异国，但他却不像拜伦的主人公那样外向，更不习惯在众人面前展露自己。他那颗脆弱的心总是在自嘲自责中忍受煎熬，他路遇日本女学生不敢打招呼，回旅馆后马上痛骂自己："你这懦夫，你太怯懦！"当"肉"的冲动抬头后，紧接着而来的又是严厉的自我道德谴责，甚至当他步出妓院大门后，他还痛骂自己："我怎么会走上那样的地方去的，我已经变成一个最下等的人了。悔也无及，悔也无及，我就在这里死了吧！"这段心理描写典型地表现了主人公"内省型"的心理特征。

综上所述，维特式的浪漫英雄与郁达夫的"自我"形象有着原则的区别：前者是生活于高山之巅，远离世俗事务的登山英雄，他们孤高傲世，自信自负，勇敢坚定，不甘妥协；后者则是栖身于芸芸众生之中，屡遭挫折的失败者，他们关注现实而又卑懦怯弱，期望个性解放而又挣不脱家庭、社会的重重束缚。

令人感兴趣的是，郁达夫的主人公与维特的差别，并不是个别的现象，它在相当大的程度上反映出中国的浪漫主义主人公与西方浪漫主义主人公的差别。如本文前面所说，五四新文学发轫之初，也曾出现过一个浪漫主义时期，这一时期文学中的主人公，其精神气质大多与郁达夫的"自我"形象大同小异。庐隐的"自叙传"小说《海滨故人》中，谁人也没有对抗世俗的气概，就连最称刚烈的露沙，也叹息着"履世未久，而怀惧已深"。淦女士以表现婚姻爱情的大胆著称，但是，她的人物毕竟不像娜拉，没有挪威小资产阶级女性那种"英雄主义"，而是一如鲁迅所说："实在是五四运动之后，将毅然和传统战斗，而又怕毅然和传统战斗，遂不得不复活其'缠绵悱恻之情'的青年们的真实的写照。"[1]郭沫若的新诗显示出狂飙突进的无畏气概，但他的"自叙传"小

---

① 赵家璧主编、鲁迅编选：《中国新文学大系·小说二集》，上海良友图书印刷公司1935年版，第7页。

说的主人公，却是软弱无力的人物。在创造社的一班"小兄弟"那里，率直的关于"性爱"的自白与软弱的主人公性格，甚至成为一种公式。周全平的《梦的微笑》中的主人公无可奈何地诉说道："我知道了人格要伟大而没有修养的努力。我知道了生活要向上而没有奋斗的勇气。"这正是小资产阶级软弱者最坦诚的直白。

除了主人公精神内涵上的差异外，郁达夫前期小说与西方浪漫主义文学在美学特征上也有不小的区别。

首先是艺术视角上的差异。文学是"人"学，它是以特定的人生内容作为表现对象的。不同的作家，由于他们对于"人"的本质的理解不同，因而透视人生的角度也不同。现实主义作家侧重从现实社会环境和人与人的关系中来表现人物的性格；浪漫主义作家注重从情感的角度表现人，作品的主人公不是体现真实社会关系的血肉之躯，而是一团一团的感情；自然主义和世纪末唯美主义作家则从本能的角度理解人，他们笔下的人物多是在本能冲动的驱使下盲目地行动。

在郁达夫前期小说中，作者显然是在变换着两种艺术视角，一方面通过直抒胸臆、反思内省、意境烘托等各种手段，精细剖析人的情感世界，另一方面，又从本能的角度来表现人，把"性欲和死亡"当作作品的两大主题。突出的例子是在对爱情的处理上。在《沉沦》《南迁》等"留学生篇"中，作者着力表现主人公对纯真爱情的渴慕与追求、遐思与憧憬。《沉沦》中"他"对爱情的呼唤急切而真挚。《南迁》中"伊人"与日本少女的友情动人心弦。作者把伊人与日本少女亲密交往的一章定名为"亲与力"，"亲与力"是歌德的一本爱情小说的书名，作者这样做，正表现他对浪漫爱情的神往与追慕。作者一方面描写主人公对"情"的追求，另一方面又"带叙着现代人的苦闷 —— 便是性的要求与灵血的冲突"。那些关于"手淫""窥浴""窃听偷情"的细节，都达到了触目惊心的地步。

　　其次是审美选择上的差异。在美学领域内，真善美与假恶丑是两大基本范畴，它们各有其特定的内涵，以及相互间错综复杂的关系。在文艺创作中，有的侧重歌颂真善美，有的侧重鞭挞假恶丑，有的侧重表现二者之间的关系，有的甚至提出表现"恶之美"。与上述不同的选择相适应，表现手段也各成系统，产生特征各异的审美效果。

　　西方浪漫主义文学是以自然美、情感美作为主要表现对象的。他们讴歌生生不息的大自然，赞美自然的人——农夫和儿童，执着地追求人性符合自然的一面。很显然，这些内容在郁达夫前期小说中也占有主要位置。郁达夫醉心于描写自然美，描写人与自然的两相交融，表现出浪漫主义的健康的自然向往。

　　郁达夫前期小说的复杂性在于，他偶尔也涉及自然的病态美，表现人与自然的对立与异化，甚至在少数作品中，出现了自然的对立面——现代都会生活的描写，而且作者把笔触探入都会的黑暗面，使用灰暗伤感的底色、阴冷颤抖的线条去写灰黄色光线下的"狭邪的妓馆巷里"、汽油灯下坍败的戏园，去写妓院内"调和性欲的活佛"、男主人公的醉酒狎妓，乃至"女性崇拜症"和被虐待狂的心理。上述"恶之美"的描写，显然是19世纪初叶的西方浪漫主义文学中未曾出现过的。

　　以上从人物形象和审美特征两个方面分析了郁达夫前期小说与西方浪漫主义文学的区别，那么，产生这种区别的原因何在呢？它又为我们提供了怎样的启示呢？这是需要我们进一步思索的。

三

文学作品作为作家审美经验的形象体现，它总是主客观统一的结晶。浪漫主义作家尽管以表现"自我"为己任，但归根结底，"自我"亦非世外之物，而只是社会成员中的一分子。"自我"的精神状态、心理特征，是受着时代社会制约的，受着他所属的那个阶级阶层的精神特征制约的。因此，郁达夫的"自我"形象与西方浪漫英雄的差异，首先来自社会生活，来自中国五四时期知识阶层的社会特点，这是与西方浪漫主义时期资产阶级、小资产阶级知识分子不同的。

在西方，资产阶级知识分子的形成和壮大，经历了几百年漫长的历史过程。13、14世纪，当资本主义经济关系在封建社会内部得到较为充分的发展，迫切需要冲破封建束缚的时候，发生了以人文主义为旗帜的文艺复兴运动，这场运动造就了第一代资产阶级知识分子。恩格斯说，文艺复兴是一个需要巨人而且产生了巨人的时代。这批知识分子中，就有包括达·芬奇、薄伽丘、莎士比亚在内的时代的巨人，他们如同拉伯雷的《巨人传》中的主人公那样，具有无比的睿智和力量。文艺复兴运动后，伴随着资本主义生产关系的发展，资产阶级意识形态自觉地扩大自己的阵地。到18世纪启蒙主义时期，资产阶级知识分子已经成为一支强大的力量，以伏尔泰、狄德罗、卢梭为代表的启蒙主义思想家们，不仅以"理性"为武器，在思想战线进一步廓清封建愚昧的灰尘，而且明确系统地提出了政权要求。法国大革命实践了启蒙主义思想家的政权要求，建立了资产阶级国家，从而为资本主义发展进一步开辟了道路。西方浪漫主义运动，正是法国大革命在文化思想领域中的反映。在这场运动中，浪漫主义的思想家和文学家们显示了他们在意识形态领域内的霸主地位。他们对个性自由作了最大限度的肯定，对个人情感极度推崇，反映了处于巅峰阶段的资产阶级的精神要求。

浪漫主义作家的出身和政治、经济地位也是很优越的。西方评论家认为，浪漫主义运动是"欧洲贵族阶层的骊歌"。浪漫主义作家中的多数人，或出身于名门贵族，或出身于大资产阶级家庭，他们的人生道路，也或多或少地与仕途经济有着某种联系。歌德当过魏玛公国的枢密顾问，斯达尔夫人是巴黎沙龙的头面人物，与拿破仑有过多次交往，拜伦是英国上议院的议员。优越的家庭出身和社会地位，使他们成为仪表俊秀而不涉俗务的绅士、对抗世俗而不愿妥协的风流浪子。资产阶级知识分子总体上的强大和浪漫主义作家群作为"贵族阶层"的优越地位和轩昂气质，为维特式以至拜伦式英雄的产生，提供了丰厚的生活基础。

五四时期的中国小资产阶级知识者，处于与西方浪漫主义者截然不同的社会地位，这是由中国近现代历史发展的特殊状况决定的。我国近现代历史的发展进程，不是在自身的自然发展状态中形成的，而是在帝国主义侵略的半路阻止和外国影响的外因催化下畸形发展的。与此相联系，中国的资产阶级知识分子队伍也没有经历如同西方那样的形成、发展、壮大的漫长过程。直至五四以前，中国的旧民主主义知识分子不仅数量很少，"质量"也很差。在伦理观念上，他们还没有超出传统思想的樊篱。五四新文化运动的发动者和参加者们，高举"民主"和"科学"的旗帜，喊出了只有现代中国人才能喊出的声音。他们是近现代历史上真正具备资产阶级民主思想的知识分子。他们的实际处境又如何呢？

瞿秋白在《鲁迅杂感选集·序言》中曾这样分析中国小资产阶级知识分子的特点："这种知识阶层和早期的士大夫阶级的'逆子贰臣'，同样是中国封建宗法社会崩溃的结果，同样是帝国主义及军阀官僚的牺牲品，同样是被中国畸形的资本主义关系发展过程所'挤出轨道'的孤儿。"所谓"挤出轨道的孤儿"，正形象而准确地表现出五四转折时期小资产阶级知识者的地位。

第一，是他们与政治社会的疏离。从孔夫子开始，中国的知识分子就与政治、社会密切联系。科举制度的建立，更为知识分子搭好一座沟通国家政治的桥梁。知识分子必须为国家尽职，这是两千年的传统。五四前后，随着封建宗法社会的崩溃，知识分子传统地位急骤改变。科举制度的取消，砍断了知识分子从政的传统道路。一批上层知识分子另辟蹊径，投靠军阀官僚，成为军阀政府中的"幕僚"，而大多数小资产阶级知识分子，则与仕途宦路相疏离。他们敏感地感觉到时代的痛苦、国家的衰亡、民族的灾难，但又无法尽职和效力，只留下感伤与忧郁。郁达夫曾这样叹息："活在世上，总要做些事情，但是被高等教育割势后的我这零余者，教我能够做些什么？"[1] 于是，他称自己是一个"生则于世无补，死亦于人无损的零余者"[2]。这种挤出政治轨道的"零余者"身份，同西方浪漫主义作家是无法比拟的。

第二，是他们经济地位的低下。处于历史转折时期的小资产阶级知识分子，一方面失去了千百年来"不耕而食，不织而衣"的"士"的平和生活，另一方面又无法在社会中找到栖身之地。郁达夫的主人公从东京学成归来，"一踏了上海的岸"，"生计问题就逼紧到……跟前来"，"他"东奔西走寻找职业，但社会轻视知识分子，"把学校里出身的人看得同野马尘埃一般的小"，"他"终于寻不着谋生之路，感到自家"如同一粒泥沙"随风漂泊。郁达夫的主人公的境遇，极为典型地反映了一

---

① 《郁达夫文集》第7卷，花城出版社、三联书店香港分店1983年版，第155页。
② 《郁达夫文集》第1卷，花城出版社、三联书店香港分店1982年版，第216页。

代知识分子的共同命运。在他们中间，除了极少数攀龙附凤，投靠帝国主义封建军阀者外，绝大多数人都被失业和贫困所困扰。他们在金钱的压迫下四处漂泊，或舞文弄墨，或当教书匠，尽管殚精竭虑，还是无法养活一家大小，最终陷入穷困潦倒的境地。

对于小资产阶级知识者来说，政治经济上的"弃儿"地位固然可悲，精神上的痛苦却更加难熬。中国的小资产阶级知识者，他们是在本国封建主义经济基础和社会意识形态体系没有丝毫变动的情况下，直接从外国吸取了人家花几百年时间才积累起来的资本主义社会意识的。他们的思想观念与中国的社会意识之间的反差，较之西方浪漫主义者与本国思想观念的反差要大得多，正是这种理想与现实之间的巨大裂痕，使他们陷入难以自拔的痛苦之中。

当时中国的黑暗封建势力实在是太强大了，西方的"个性解放"的要求，一旦面对中国的社会现实，竟表现得如此脆弱。觉醒了的人和不成熟的历史条件，理想的高扬和现实的制约，重重矛盾折磨着一代青年知识者，使他们成为空有理想而无实行的毅力，对现实不满但又在困难面前失败退缩的人物。

知识者精神的痛苦，还来自自身的思想矛盾。处于五四转折时期的小资产阶级知识者，他们既接受了西方的现代观念，同时又肩负着因袭的重担。在中国，传统的力量特别强固，传统的伦理观念对于知识分子的影响异常深刻，于是他们"破坏偶像的信仰，浪漫的个人主义心态，旧社会价值及家庭关系的感情引力，这三者之间起了大冲突"。冲突的结果是，他们往往压制自己的感情，以自律来使个人自由的要求符合传统的行为标准，并终于成为失败者。

中国的小资产阶级知识者，在政治经济上处于"挤出轨道的孤儿"

的屈辱地位。他们面对着卑微日常的经济生活，为妻儿家小辗转奔波，为穿衣糊口殚精竭虑，不能像西方浪漫主义者那样，经济富裕而不涉俗务，仪表高雅而蔑视庸众。在精神上，他们在理想与现实的冲突中不可自拔，又肩负着传统意识的因袭重担，不可能像西方浪漫主义者那样自信、傲慢、追求独立不羁的个性，中国小资产阶级知识分子的状况，客观地制约着浪漫主义文学中的主人公形象。在中国的浪漫主义文学中，我们可以找到迟疑不决的"哈姆雷特"，也可以找到耽于空想、缺乏斗志的"罗亭"，就是找不到具有强悍个性的"维特"或"拜伦"。鲁迅在谈到阿尔志跋绥夫笔下具有坚强个性的工人绥惠略夫时，曾盛赞俄国人民的伟大，同时又感叹本国"恐怕除了帐幔后的老男女和小贩商人以外，很不容易见到别的人物"[①]。鲁迅的结论是在他对中国社会进行了深刻观察后得出来的，社会生活的现状确实既没有为鲁迅提供出绥惠略夫，也没有为郁达夫提供出维特。

除了社会生活的原因外，差异还来自中华民族特定的文化心理结构。在中国传统文化中，儒家以"修身养性"为基础达到治国平天下的思想是一条重要线索。与此相联系，儒家强调对自我的反省，要求"慎独"，要求"一日三省吾身"，这就形成了中国传统知识分子"内省型"的心理结构。郁达夫是具有这种特征的，他作过这样的自叙：

大约现在的一班绝无聊赖，年纪和我相上下的中年人，都应该有这一种脾气：一天到晚，四六时中，总是自家内省的时候多，外展的时候少，自家责备自家的时候多，模仿那些伟人杰士的行为的时候少。愈是

---

① 《鲁迅全集》第 10 卷，人民文学出版社 2005 年版，第 184 页。

内省，愈觉得自家的无聊，愈是愤怒，而其结果，性格愈变得古怪，愈想干那种隐遁的生涯。

郁达夫的这种心理特征，直接表现于他的作品，他的人物形象多数都是在"内省"中完成的。在"内省"中，作者显露出自己的灵魂奥秘，揭示出自己的内心创伤，同时，又伴随着强烈的感情评价，伴随着自怨、自责、自怜、自伤、自悼。

以上从社会生活和民族文化传统两个方面，分析了郁达夫的"自我"形象同西方浪漫英雄之间产生差别的原因。但是，细心的读者还会提出，为什么同是描写软弱者，郁达夫笔下的人物要比别人更多一点颓废享乐的浪子气息呢？另外，郁达夫小说与西方浪漫主义文学在美学特征上的差异又从何而来呢？为了回答上述问题，我们需要将探究的目光投向另一个方面。

四

郁达夫前期小说与西方浪漫主义文学的差异，还同他受到了与浪漫主义有血缘联系的世纪末唯美主义文学思潮的影响有关。

郁达夫接受西方浪漫主义，投身文学创作，不是在西欧，也不是在中国，而是在 20 世纪初叶的日本。也就是说，他是在东洋念的西洋书，日本当时的社会环境和艺术空气不能不影响他对欧洲文学的选择。大正年间弥漫于日本思想界和青年学生中的悲观幻灭、颓废享乐情绪，以及日本文坛上自然主义的衰败，唯美主义、象征主义等世纪末流派的兴起，都促使他向世纪末唯美主义文学靠拢。如郑伯奇所说："创造社的浪漫主义从开始就接触到'世纪末'的种种流派。这当然是当时的社会环境所制限。"①

郁达夫对于英国唯美主义文学，曾表示过较大的关注，他在《创造季刊》上发表的第一篇译文，就是英国唯美主义作家王尔德的《道连·葛雷的画像·自序》。翌年，又出版了他翻译的同名小说。与此同时，他还专文介绍了英国唯美主义诗人道菰和几位代表人物，这些都在文坛上发生了一定的影响。

世纪末唯美主义文学对郁达夫前期小说的影响，主要表现在两个方面：

第一，加重了主人公软弱悲观、消极颓废的精神因素。世纪末的唯美主义作家，他们对人道主义的思想体系已经丧失信心，他们逃避社会，逃避人生，悲观厌世。英国唯美主义代表人物佩特就提出了"刹那主义"的人生哲学，他认为，人生降世，就受到"死刑"的威胁，"正如维克托·雨果所说，我们都是罪人，我们都被判了死刑，但是有一个不定期的缓刑期；我们有一个短暂的期间，然后我们所待的这块地方就不再有我们了"。"刹那主义"的悲观思想渗透了唯美主义作家们的灵魂，窒息了他们年轻的生命，他们留给后人的作品，折射着作家悲观绝望的心灵。

从思想本质上说，郁达夫的主人公同唯美派人物是不同的。郁达夫的主人公崇奉卢梭的"天赋人权""自由平等"，反抗社会黑暗，关心现实人生，这些都表现出早期浪漫主义的健康倾向。但是在人物的精神气质上，他们又确实沾染了唯美派软弱悲观的色彩，这在处女作《银灰色的死》中已经初露端倪。更为明显的例证还在《沉沦》中，《沉沦》的主人公始终为强烈的自卑感所缠绕，置身于稠人广众之中，他会觉得别

---

① 赵家璧主编、郑伯奇编选：《中国新文学大系·小说三集》，上海良友图书印刷公司 1935 年版，第 12—13 页。

人的眼光怀着恶意射在他的背脊上。同学在欢笑谈天，他又总疑他们是在那里笑他。他不仅同日本同学之间如同仇敌，而且与中国学生也格格不入，甚至与一直关怀自己的长兄也绝了交。《沉沦》是被视为最具"自叙传"性质的，但事实上，这个患有"厌人癖""厌世癖"的主人公与实际生活中的"我"并不相同。郁达夫留日时，与中国学生间并无敌视，甚至与日本文人与学生之间也交往颇多。这说明，作者在创作时，有意识地添加了一些幻想的冲突，给主人公涂上孤独疏离、悲观厌世的厚重色彩，这种创作指导思想，不能不说是受到了唯美派的影响。

第二，为郁达夫的部分作品涂抹了"恶之美"的油彩。在美学观上，唯美主义者主张美和艺术与自然人生分离。正如王尔德所说："一切恶艺术都从复归于自然和人生而产生。"他们认为，浪漫主义者欣赏的"自然美"已经衰老，自然是丑的、恶的，只有人工物才是美的。至于浪漫主义者笔下的柔情蜜意、自由爱情，那不过是有名无实的幻影。他们吸取自然主义侧重描写病态事物的特点，抱着好异矜奇的心理，开辟新的美的领域。王尔德说："现在想以创作打动我们心弦的人，不给我们以崭新的背景，定须露示心灵最隐微的活动。"所谓新的背景，即都会的黑暗的地下世界；所谓心灵最隐微的活动，即变态的性心理、流动的潜意识。他们努力从变态、丑恶、颓废中挖掘美，甚至通过对罪恶的赞美来求得价值颠倒的快乐。唯美主义美学观对郁达夫的影响，主要表现在病态美的描写上。在表现自然方面，郁达夫笔下偶尔也出现丑陋的自然、病态的自然。但是，更为重要的，是他对黑暗的都会生活的描写，对感官享乐、变态情欲的刻画。郁达夫在《沉沦·自序》中说，作品"带叙着现代人的苦闷"，在《〈茫茫夜〉发表之后》中又说，作品表现的是"现代的青年'对某事有这一种倾向'"。所谓"现代人"这个词很引人注目，它清楚地表明，郁达夫是把自己的部分美学追求同当时流行的世纪末思潮联系在一起的。《银灰色的死》《茫茫夜》等作品的主人公，事实上已表现出追求唯美享乐的精神特征，他们"神经衰弱，意志力毫无，易动喜怒，惯作悲哀，好矫奇而立异，耽淫乐而无休"[1]，将自己的身体沉湎于酒精和女色中。作者一方面表现他们对酒吧娼寮生活的痴迷沉醉，另一方面又表现他们在"灵肉冲突"中的悔恨痛苦，他们的灵魂与肉体始终是分裂的、不平衡的。这就如同唯美派笔下的主人公那样，一边道德意识使他"悔泪涟涟"，"一边却为难以抗拒的力量所攫惑而陷入茫茫黑夜之中"。这种病态的不平衡，使他们更加沉溺于肉欲中苦海无边的绝境，自我作践并戕害自己。

除了西方唯美主义文学的直接感染外，我们还必须考虑到大正年间兴起的日本唯美派的影响。日本的唯美主义，是同特有的"私小说"形式结合在一起的。它们对郁达夫前期小说的影响也表现为两方面，一是使郁达夫小说中出现了"女性崇拜症""性拜物症"的病态描写；二是使郁达夫小说带上了"私小说"自然主义的"自我暴露"的特点。[2]

从以上分析中可以看到，19世纪末唯美主义文学对郁达夫产生了一定的影响，它是造成郁达夫前期小说与西方浪漫主义文学在思想内容和艺术特征上产生差异的重要原因之一。根据这一点，有的同志曾把郁达夫归结为"颓废派"，甚至认为他是"中国现代文学史上颓废派的旗帜"。对此，笔者是不能同意的，笔者认为，世纪末唯美主义对郁达夫的影响，并没有从总体上改变作品的浪漫主义性质。还是郑伯奇说得好："郁达夫给人的印象是'颓废派'，其实不过是浪漫主义涂上了

---

[1] 《郁达夫文集》第6卷，花城出版社、三联书店香港分店1983年版，第288页。
[2] 周炳成：《郁达夫的小说创作与日本文学的影响》，《新文学论丛》1984年第1期。

'世纪末'的色彩罢了,他仍然有一颗强烈的罗曼蒂克的心,他在重压下的呻吟之中寄寓着反抗。"①

郁达夫前期小说与世纪末唯美主义的联系,可以给我们很多启示。

第一,它表明浪漫主义与唯美主义之间并不存在不可逾越的深沟险壑。浪漫主义也好,唯美主义也罢,就其社会本质而言,都是资产阶级个人主义文学,就其美学本质而言,都是以主观唯心主义作为美学思想基础的,这就决定了它们之间存在着转化的通道。将浪漫主义文学的个人主义因素加以夸大就可能导致向唯美主义的转化,郁达夫前期小说中,实际上已表现出这种转化的趋向性。

第二,从浪漫主义文学向唯美主义文学的转化并非绝对的、无条件的,它只有在主张自我表现的作家将个人主义发展到极端,从而自觉地逃避社会、逃避现实时才可能出现。世纪末的唯美主义作家,他们已经感觉不到或者不想感到自己作为"社会人"的存在,他们栖身于象牙之塔,把个人与社会相隔离,把艺术与人生相隔离,心甘情愿地充当出世者、逍遥派。唯美派把自己禁锢在与世隔绝的"美的洞窟"中,于是进入他们艺术视野的只能是虚无缥缈的人生幻影,以及对自我的寻觅,对生存意义的探索,对死亡的忧虑,只能是感官的快感、直觉、潜意识等非理性主义的成分,这些东西同浪漫主义所表现的内容已经迥然各异。

日本的唯美主义文学,虽然较西方晚二三十年,但它发生的条件,却同西方相类似。日本现代文学史家吉田精一提出,日本文人"是封闭在自我的社会里,从一般社会逃进了文坛的'逃亡奴隶'"。日本文人这种思想状况,使他们很容易与西方世纪末作家共鸣。于是,19世纪

---

① 赵家璧主编、郑伯奇编选:《中国新文学大系·小说三集》,上海良友图书印刷公司1935年版,第13页。

末期短暂出现过的日本浪漫主义文学，于 20 世纪初叶迅速转化为"唯美派"文学，而且在日本文坛蔚为大观，绵延不绝，终于汇成了现代主义的茫茫大潮。

上述转化的条件，对于郁达夫却是不存在的。郁达夫是一位具有强烈社会责任感的中国作家，他始终是以一个"在社会的桎梏之下呻吟着的'时代儿'"的身份发出控诉的。当他洞开心灵的窗扉，向读者诉说一己的悲哀的时候，他明确意识到自我悲哀的社会内容，表示"我的消沉也是对国家，对社会的"[1]，"悲怀伤感，决不是一个人的固有私情"[2]。正因为郁达夫明确意识到并力图表现自我悲哀的社会原因，他就无须到冥冥之中去探寻生存危机的根源，也不会去追逐朦胧神秘的人生幻影。他笔下的"自我"形象，总还是一个"社会人"，而不是像道连·葛雷那样的"幻影人"或是赤裸裸的"自然人"。简言之，正是郁达夫的"自我"与中国社会现实联系的紧密性，以及"自我"强烈的社会责任感，阻塞了他向唯美主义转化的通道。反之，他却向另一个方向，即现实主义道路迈进，从 1925 年的《春风沉醉的晚上》《薄奠》起，他的作品中已经增添了现实主义因素。到 1927 年以后，随着阶级矛盾的激化，人民革命运动的蓬勃兴起，他不断扩大自己的艺术视野，进一步从表现"自我"转向表现"自我"以外的世界了。郁达夫的创作道路，从一个侧面勾画出中国浪漫主义文学发生、发展乃至消亡的历史轨迹，它对于在世界范围内研究浪漫主义文学的传播、转化与变异，对于总结东西方文化交流的规律，都是具有一定意义的。

（原载《中国现代文学研究丛刊》1985 年第 4 期）

---

[1] 《郁达夫文集》第 3 卷，花城出版社、三联书店香港分店 1982 年版，第 91 页。
[2] 《郁达夫文集》第 7 卷，花城出版社、三联书店香港分店 1983 年版，第 255 页。

郁达夫的小说创作与日本文学的影响

1921 年，当郁达夫的成名作《沉沦》在东京写就之际，几位中国留学生阅后发出惊讶的感叹："这种东西，将来是不是可以印行？中国哪里有这种体裁？"然而，谁也没想到，这株闪烁岛国风采的奇花异卉一问世，就震动了我国的艺苑，郁达夫也因此晋身文坛。

《沉沦》无疑受到了日本大正文学的润泽。从 1913 年起，郁达夫在岛国度过了十多年留学生活，郁达夫留学的大正年代，正是日本文学兴盛时期，群星荟萃，思潮迭起，生活于其中的郁达夫耳濡目染，受到很大的影响。这种影响，从《沉沦》开始，延续于他的几乎整个创作生涯，以致今天我们翻开他内容浩瀚的著作，总能追寻到影响的痕迹。

一、"自叙传"与"私小说"

"文学作品都是作家的自叙传"，熟悉郁达夫的人，都不会忘记他的这句名言。一向以"卑己自牧"自称的郁达夫，在坚持自己的艺术观上竟表现出那样的执拗，他几乎是不厌其烦地阐述这一观点。他说："我觉得'文学作品，都是作家的自叙传'这一句话，是千真万真的。""作者的生活，应该和作者的艺术紧抱在一块。"① 他甚至断言，作品必须由第一人称写出，才显得真实，若以第三人称来写，"那么一种幻灭之感，使文学的真实性消失的感觉，就要显露出来，却是文学上的一个绝大的危险"②。郁达夫的小说创作，正是"自叙传"观点的忠实体现。他笔下的主人公，无论是伊人，还是于质夫，是"他"，还是"我"，总是和作者本身形成不可分离的合体，清晰地刻印着作家的思想轨迹和感情波澜，甚至历史题材的小说《采石矶》中的主人公黄仲则，也令人毫不犹豫地断言：这是着了古衣冠的作者自己！郁达夫的"自叙传"小说，不仅是"夫子自道"——截取本人生活的一个片段，更是对灵魂的大胆的自我暴露。那些在别人看来应当深藏起来的隐私，他却毫不掩饰地披露于读者面前，他把这种"一丝不挂"的"私生活的洞见"，当作作品"对于读者特别有维系力"的原因之一。③

郁达夫的"自叙传"观点从何而来？自我暴露的观念又何以如此执拗？显然，传统文艺思想不会提供这样的武器。在西方，由于希伯莱—基督教的影响，忏悔被认为是有益的，但在封建礼教桎梏下的中国，伦勃朗的自画像和卢梭的《忏悔录》却不可能找到安身立命的土壤。因此，郁达夫的"自我暴露"，只能是外国文艺思潮影响下的产物。具有诗人气质的郁达夫，早就在日本接触了欧洲浪漫主义思潮。他崇拜浪漫主义的先驱卢梭，挚爱他要求"归回自然"，无遮拦地表达自由情感的主张，赞颂《忏悔录》暴露自己恶德丑行的"独创作风"。郁

---

① 《郁达夫文集》第7卷，花城出版社、三联书店香港分店1983年版，第180—181页。
② 《郁达夫文集》第5卷，花城出版社、三联书店香港分店1982年版，第261页。
③ 《郁达夫文集》第5卷，花城出版社、三联书店香港分店1982年版，第27页。

达夫的自我暴露，作为五四个性解放思潮中的一种主张，确实可以从卢梭身上找到某种联系。但是，《忏悔录》是"以同样的坦率"讲述"美德与罪过"，而郁达夫的"自我暴露"却对准个人的私生活，专注人的生理本能，把"性欲和死"看作小说的两大主题，这就不是《忏悔录》所能概括的，这里，明明包孕着日本自然主义"私小说"的影响。

　　所谓"私小说"，是日本独特的一种文学形式，它的雏形出现于1905—1910年的自然主义文学阶段。自然主义文学家山田花袋的小说《棉被》，被公认为"私小说"的开山之作。《棉被》以作家的"私生活"为题材，描写了主人公对他的一个年轻美貌的女弟子如何感到情欲上的饥渴，女弟子离去之后，主人公抱着她用过的棉被，在"性欲、悲哀与绝望"中痛苦。《棉被》这部"赤裸裸地大胆揭露个人肉欲的忏悔录"，和文艺评论家岛村抱月随后提出的"自我忏悔"的理论主张，直接推动了"私小说"的滥觞。1910年以后的大正年代，自然主义文学成为强弩之末，但"私小说"这种文学形式却根深蒂固地保存下来，朝着"私小说"世界走去的，是各个流派的几乎所有作家。"私小说"作家形成了自己的一套理论，认为"'我'就是一切艺术的基础"。要表现"我"，"不能以他来作假托"，而只能是人类个人的自白，因为在以别人来假托的瞬间，"总觉得伴随着一种间接感"，"一种任意地虚构的感觉"，即便是托尔斯泰的《战争与和平》一类巨著，也只是"不能相信"的"人工制品"，伟大的"通俗读物"，唯有"自我小说"，才是艺术的"正路"和"真髓"。为了避免"自我小说"与"自传"相混淆，他们把"心境"当作艺术与非艺术的"分界线"，作家在描写对象时，要赋予诗意，要把"创作当时的内心境界"也表现出来，这就是"心境小说"。

对照"私小说"的理论，我们只要稍微回顾一下郁达夫的"自叙传"观点，郁达夫所受的影响便显而易见。

大正年代"私小说"作家中，最有代表性的是佐藤春夫和葛西善藏。这两位，正是郁达夫最信服的。郁达夫日记中常有这样的记载：葛西善藏的小说"实在做得很好"。（穷冬日记）"看葛西小说，感佩得了不得"。（病闲日记）至于佐藤春夫，更为郁达夫所崇拜。在东京帝大试作小说时，经田汉介绍，他结识了佐藤，以后经常出入他的住所。《海上通信》中，他这样表达对佐藤的倾慕之情："在日本现代的小说家中，我所最崇拜的是佐藤春夫。他的作品中的第一篇，当然要推他的出世作《病了的蔷薇》，即《田园的忧郁》了。"其他也"都是优美无比的作品"。书中描写"真是无微不至，我每想学到他的地步，但是终于画虎不成"。"有一次何畏对我说：'达夫！你在中国的地位，同佐藤在日本的地位一样。但是日本人能了解佐藤的清洁高傲，中国人却不能了解你，所以你想以作家立身是办不到的。'惭愧惭愧！我何敢望佐藤春夫的肩背！"①日本的郁达夫研究家小田岳夫将《沉沦》与佐藤的名作《田园的忧郁》作了一番很有意思的比较，认为"达夫不仅仅是崇拜佐藤春夫，在创作上也多受其影响"，《沉沦》在很多地方与《田园的忧郁》相似："一、整体看来，可以说《沉沦》与《田园的忧郁》一样是叙述心境的小说。二、《沉沦》的主人公同《田园的忧郁》的主人公一样，具有忧郁症。三、《田园的忧郁》开篇即引用了爱伦·坡的诗（原文和译文），《沉沦》开篇不久，就是主人公一边在原野里散步，一边诵读威廉·华滋华斯的原版诗，并且主人公自己译成中文。四、在《沉

---

① 《郁达夫文集》第 3 卷，花城出版社、三联书店香港分店 1982 年版，第 73—74 页。

沦》中，遍布整篇的自然描写，非常倾注笔力。"①小田岳夫的话，固然
有牵强之处，但他看到佐藤对郁达夫的影响，无疑是正确的。

佐藤春夫创作的基本特色，是剖析自我的孤独和倦怠，他的作品
弥漫着"世纪末"的气氛。代表作《田园的忧郁》(又名《病了的蔷
薇》)，描写一位诗人逃避喧嚣的灰色都会，带着妻子和爱犬、猫，来
到武藏野乡下的绿色田园。不久，他在院隅的杂草中发现了一株蔷薇，
便用心培植，希望它开花。由夏至秋，他感到身心疲倦至极。一天清
晨，他见到蔷薇开了，激动得流下眼泪，然而这种激情却突然变为自
嘲。一心向往城市的妻子、眼含敌意的村邻以及盘旋的飞蛾、不断线的
雨滴、狗、猫，等等，都使他感到莫名的烦躁和困惑，他终日为不安所
困扰，甚至想到死。在这种情绪中，有一天，他看到业已衰败的蔷薇
花，耳边响起一声："呵，蔷薇，你病了！"而且不管他干什么，这种
声音一直追随着他。这篇情节极其简单的自叙传小说，勾画的只是作者
感情起伏的印迹。佐藤把笔触直接探入内在的心理层次，通过诗一般的
抒情笔调，将孤冷忧郁的心境自曝于读者面前，这种手法，与《沉沦》
确有异曲同工之妙。如果再从贯串全篇的思想情调来看，郁达夫所受佐
藤的感染更为明显：敏感纤微的个人感触，悒郁苦闷的情绪宣泄，与
世疏离的长吁短叹，灵肉呼声的诗意升华……佐藤作品的一些特征与
《沉沦》极其相似。无论是读《田园的忧郁》还是《沉沦》，掩卷之后，
我们会有一种共同的感觉：尽管书中的情节没给我们留下多深的印象，
人物的言谈行动也平淡无奇，但灌注其中的那一种情愫，那"一种独具
的，一贯的忧郁"，却久久震颤着人心。

---

① ［日］小田岳夫、稻叶昭二：《郁达夫传记两种》，李平、阎振宇、蒋寅译，浙江文艺出版社
1984 年版，第 33 页。

郁达夫为什么会接受"私小说"的影响？这是同时代的审美要求密不可分的。五四时代，是一个"自我觉醒"的时代，"自我"的发现，自然在文学中引出"表现自我"的要求，而且这种要求又为自己寻找着相应的表现形式，于是，一时间，无数日记体、书信体的作品在新文坛上泛滥，无数颗心毫不羞怯地向世界敞开。郁达夫作为厕身异国的海外游子，急于把郁积于胸的苦闷、悲愤、控诉和盘托出，寻求理解和同情。"私小说"这种专注自我表现和带着"一贯的忧郁"的形式，自然会引起他的共鸣。郁达夫既然接受了"私小说"的形式，就不可避免地沾染它的某些弊病。他的作品，缺乏广阔的社会视野，过分注意人的生理本性，夹带过重的感伤情绪，这些都削弱了作品的批判力量。但从另一方面说，郁达夫既然是从"个性解放"的时代要求出发来吸取这种外来形式，就必然要在内容上进行变革。郁达夫对此是有所认识的，他不满意"私小说""局面太小，模仿太过，不能独出新机杼"[①]，他认为，自然主义文学，"它的宿命观，它的没有进取的态度，不能令人痛快的发扬个性"[②]。郁达夫的话正道出他的作品与"私小说"的差别："私小说"是封闭、不求进取，向内深深地反省；他的作品却在喟叹感伤中潜伏着进取、反抗，向外扩张个性。

我们只要对佐藤春夫和郁达夫的"忧郁"作一番比较分析，就能看出二者在内容上的差异。佐藤式的忧郁，是日本进入帝国主义阶段文人思想矛盾的产物。20世纪初，日本已跻身帝国主义行列，大垄断资产阶级和天皇专制主义君临广大日本人民，明治维新以来日本所追求的资产阶级民主革命思想，终告破灭。与此同时，西方世界盛行的精神危

---

① 《郁达夫文集》第6卷，花城出版社、三联书店香港分店1983年版，第250页。
② 《郁达夫文集》第5卷，花城出版社、三联书店香港分店1982年版，第137页。

机不时地侵袭着后起的东方岛国，这种内外夹击的形势，不能不引起日本思想界的反思："工业的物质的西方文明"与"农业的精神的东方文明"，究竟孰优孰劣？本来梦寐以求的东西，一旦遭到怀疑、清算，人们便产生"信仰危机"，陷入无法解脱的矛盾，觉得一切都走到了尽端，厌倦、疲劳，不能再有勇往迈进的气力。在这种令人窒息的气氛中生活的"私小说"家，并不敢对"时代病"进行大胆剖析，从而触及那个畸形社会，反而作内省式的忏悔，发出些无关痛痒的喟叹。佐藤式的忧郁，表现的正是日本文人这种怯懦、猥琐的心理。

郁达夫的忧郁，却是半殖民地半封建土地上的产物。在《沉沦》中，是"东亚病夫"的辱称，使主人公疏离于同学之外；是"弱国子民"的悲哀，使主人公感受不到人间的温暖。"他"的孤独与疏离，正标志着"我们中国在世界竞争场里所处的地位"，这种忧郁，蕴含着一个被压迫民族的反抗与愤懑。郁达夫式的忧郁，还反映着五四那个转折时代中国知识分子的思想特点。从孔子开始，中国的知识分子就与政治、社会密切联系，科举制度的建立，更为知识分子搭好一座从政的桥梁。知识分子必须为国家尽职，这是两千年来的传统，所以才有"士不可不弘毅，任重而道远"及"先天下之忧而忧，后天下之乐而乐"等名句。五四前后，随着封建宗法社会的崩溃，知识分子的传统地位急骤改变，科举制度的取消，砍断了知识分子从政的坦途，中国的知识分子有史以来第一次集体感到与政治社会的疏离。他们敏感到时代的痛苦、国家的衰亡、民族的灾难，但又无法尽责效力，便备觉感伤和忧郁，他们的孤独感，包含着对社会责任的一种自觉，它与佐藤的"忧郁"有着本质的区别，正如小田岳夫先生所说："《沉沦》虽然从《田园的忧郁》那里受到很多影响，但这两部作品在根本上并不相同。后者的'忧郁'

产生于天下安泰的环境里，根源是人生固有的寂寞，与国与民是完全无缘的。与此相反，前者的'忧郁'却是根植于'祖国的孱弱'。在溯源到国家这点上，两者有本质的区别。"①

二、"狭邪小说"与"魔鬼派"

从《沉沦》问世起，郁达夫就被称为"颓废派"作家，关于"颓废"的非议又集中在"色情"二字上。把郁达夫作品中关于"性"的表现不加分析地斥为"色情"，无疑是偏见。"沉沦时代"的作品，作者以严肃的态度、直白的笔调正视了性的问题，那青春期性苦闷的大胆自白，正是鲁迅所说的"醒过来的人的真声音"，对虚伪成风的假道学不啻是暴风雨式的闪击。但是，自从《茫茫夜》以后，郁达夫似乎转移了方向，他把目光较多地投向青楼妓院，他的主人公往往沉溺在肉欲中苦海无边的绝境，为了追求官能刺激，甚至达到自我作践的地步。正如郑伯奇所说："从《茫茫夜》以后，他意识地写了一些变态性生活的短篇。到了北京，他便开始写狭邪小说了。"②

"追求幸福"与享乐主义，"个性解放"与纵欲放诞，它们之间不存在天然的等号，在郁达夫作品中，却瑕瑜互见，混杂在一起，从一个侧面反映出作家思想的复杂性。这里，既有作为主潮的"个性主义"，又有旧式文人调妓狎娼的恶习，还包括"世纪末"颓废思想和日本"魔鬼

① ［日］小田岳夫、稻叶昭二:《郁达夫传记两种》，李平、阎振宇、蒋寅译，浙江文艺出版社1984年版，第34页。

② 郑伯奇:《中国新文学大系·小说三集·导言》，上海良友图书印刷公司1935年版，第14页。

派"的影响。

"魔鬼派"小说，是由大正年代新浪漫派的谷崎润一郎创始的。谷崎的高足便是佐藤春夫。与佐藤着重从内面分析观察不同，谷崎创作的特点，是从外部"追求强烈的刺激，追求自我虐待的变态的快感或病态性的秘密的官能享乐，甚至通过对罪恶的赞美来求得一种价值颠倒的快乐"。他无视现存道德，歌颂女性崇拜，主张"女人比男人强，男人只有受女人指配，进而灭身，才获得男性的最高幸福"，在男性至上主义占统治地位的日本社会，这种主张具有叛逆性。但是谷崎歌咏的女性，不再是但丁所礼赞的阿特丽采，也不是歌德渴慕的"永远的女性"，而只是肉欲的对象，"肉的妙工"，"离开肉就没有恋爱"。这种肉欲的爱，又总是处于病态的恶魔状态之中，作者笔下的女性总是变形的——虐待男子，会使男子屈服的女性，而男子，总患有被虐待狂的病症，人物由于带有这种变态的性质，散发出魔鬼性的邪气。

《痴人之爱》是典型的一篇。男主人公"我"为了使钟爱的少女奈绪美快活，甚至装作一匹马，叫奈绪美骑。于是，读者面前出现这样一幅图景：

我"匍匐在席子上，奈绪美便跳上我的背脊，将她那十四贯二百的重量载上……一方，我就恐被她压下去了，拼命地努着力，汗淋漓的在室中回转着。而她，硬是非使我力尽降服了，决不肯干休的"。

这段令正常人不可思议的病态描写，使我们自然联想起郁达夫的被称为"狭邪小说"代表作的《过去》。《过去》中活泼豁达的老二，与天真未泯、奔放豁达的奈绪美十分相似，而崇拜老二的"我"（李白时），竟变态到这等地步，"我"挨了老二的嘴巴，"心里反感到一种不可名状的满足"，甚至故意违反她的命令，要她来打或踢，直到"被打得两颊绯红，或腰部感到酸痛的时候……再来做她想我做的事情"。从老二和李白时身上，我们自然会嗅出一点"魔鬼"的邪气。

在谷崎笔下，男性常患有性拜物症，女性身体某一部分、衣服、用物等，都成为疯狂追慕的对象。《恶魔》中的青年佐伯，竟"像狗一般吐出舌头"，去舔他表妹的手帕，当手帕上"淡的咸味留在舌尖上"，使他感到"非常有趣"，当他把口中积累起来的唾水，一口气吞下去以后，"一种横乱的快感，如同烟草的麻醉一般，浸润了脑中"。对于这段描写，凡读过郁达夫《茫茫夜》的人，会有似曾相识之感。那"同饿犬似的"于质夫，把从陌生女人那里要来的针和手帕掩在口鼻上，又把针子向颊上狠命刺了一针。对着镜子，看看脸上的血珠和手帕上的血迹，想想手帕女主人的态度，"他觉得一种快感，把他的全身都浸遍了"。《茫茫夜》与《恶魔》中的"性拜物症"描写何其相似，绝非偶然巧合。

女人的脚，也是谷崎作品中男主人公顶礼膜拜的对象。《痴人之爱》中的"我"酷爱奈绪美的脚，"小趾，后踵的圆形，饱满的足盘上的肉……我不自觉地用自己的嘴唇偷偷地接着她的脚盘"。《富美子的脚》中，"脚"竟成为封翁维系残生的依靠，病危之时，只有富美子用脚趾夹着食物送进他嘴时，"他还能像狗一般地舔食"，否则，"他连什么都不肯上口"，临终前，封翁还要富美子把脚放在他脸上，在她的践踏下走向地狱。对女人脚的病态着迷，在《过去》中也可见到。老二"那双肥嫩皙白，脚尖很细、后跟很厚的肉脚"，时常成为"我"的幻想中心。吃饭的时候，一见到粉白糯润的香稻米饭，就会联想到她那双脚上去。"我"仿佛觉得，这碗里盛着的、被他嘴吮着的，就是那双嫩脚，一想到此，连饭也要多吃一碗。

以上简单几则比较，已足以表明"魔鬼派"小说对郁达夫的影响。郁达夫笔下之所以跃动"魔鬼"的影子，绝非一时兴趣，而是他一定的审美观点和审美情趣的反映。郑伯奇在分析创造社创作特色时提出，"创造社的浪漫主义从开始就接触到'世纪末'的种种流派"，"郁达夫给人的印象是'颓废派'，其实不过是浪漫主义涂上了'世纪末'的色彩罢了"。[①]郁达夫身上的"世纪末"色彩确是比较浓烈的，他曾不加隐讳地透露在文艺鉴赏方面对"世纪末"文学的"偏嗜"，发表过《什么叫世纪末文学》的专文，介绍过尼采和施蒂尔纳。他对提倡耽美主义的王尔德十分赞赏，专门介绍了世纪末英国文艺运动的代表刊物《黄皮书》，[②]在《集中于黄面志〈The Yellow Book〉的人物》一文中，他把"以一味阴森之气，笼罩在画的面上"的比亚兹莱推崇为短命的"天才画家"，而在酒精和女色中慢性自杀的薄命诗人道荪的诗文，则被称为"是我近年来在无聊的时候，在孤冷忧郁的时候的最好伴侣"[③]。活跃于《黄皮书》上的这些风云人物，正是"魔鬼派"的宗师，他们是作为一个整体，从同一方向影响着郁达夫的。这种影响，使郁达夫在"狭邪小说"中表现出一种病态的、不健康的审美情趣。这种情趣，同进步文学、同他本人的浪漫主义主调，都是不和谐的。写欲情不是"解放"，描写官能刺激、褒扬耽美享乐、刻画色情狂心理，更谈不上"解放"，只是没落阶级的颓废情调，对于青年具有腐蚀作用。郁达夫对

---

① 郑伯奇:《中国新文学大系·小说三集·导言》，上海良友图书印刷公司 1935 年版，第 12—13 页。
② 王尔德、比亚兹莱、道荪、赛孟兹等是英国世纪末文艺运动的代表人物，他们为这运动刊行的重要杂志是《黄皮书》。《黄皮书》创刊于 1894 年。黄色书皮，仿佛象征世纪末彷徨无主的思潮。《近代英国文学史》中写道:"称这时代最优秀的产物之一为黄皮书，单单这个称号贴切得令人惊讶。这时代全体空气是黄色，好像患了黄疸病。"
③ 《郁达夫文集》第 5 卷，花城出版社、三联书店香港分店 1982 年版，第 171—172 页。

"世纪末"思潮产生偏嗜，并不是孤立的现象，它表现了同一代知识分子的某种精神特征。瞿秋白在《〈鲁迅杂感选集〉序言》中，曾比较分析了五四后积聚于都市的小资产阶级青年，与鲁迅等早期士大夫阶级的"逆子贰臣"的不同特点，提出前者的"都市化和摩登化更深刻了，他们和农村的联系更稀薄了，他们没有前一辈的黎明期的清醒的现实主义——也可以说是老实农民的实事求是的精神——反而传染了欧洲的世纪末的气质"。在鲁迅和郁达夫身上，再明显不过地反映出这种差别。鲁迅和郁达夫作为同乡、挚友，都在日本度过为期不短的留学生活，鲁迅到日本的时间是1902年，比郁达夫早十年，这十年使他们分属于思想状况不同的两类留学生群。研究中日关系史的日本学者实藤惠秀曾在《日本文化给中国的影响》一书中提出，以1911年辛亥革命为界线，"革命前的日本留学生，意志甚强，很多有国士资格"，"但是到了大正二三年（大正元年为1912年——笔者注），不知道是因为革命后失望，还是对革命不满，总之是心灰意懒了"，而且中国留学生和日本女性之间，还"发生了风化问题"。鲁迅在日本，显露的完全是一个慷慨悲歌的民族志士的身姿，他的弃医从文，旨在唤醒国人的沉睡和昏迷。对于荏弱无力的日本现代文学，他"当时殊不注意"，"自然主义盛行时，亦只取田山花袋的小说《棉被》一读，似不甚感兴趣"。鲁迅搜求的是叫喊、反抗和复仇的被压迫的弱小民族的文学，推崇的是俄国批判现实主义的大师。尔后几十年创作生涯，他始终抱着最清醒的现实主义精神，以他的解剖刀似的犀利之笔，无情地剖析黑暗的旧中国社会。在郁达夫身上，却明显缺乏鲁迅那种刚健的气质，而更多地沾染了颓靡的都会气息。在日本那初步西方化的社会环境中，他每每陷入灯红酒绿的沉湎，"每天于读小说之暇，大半就在咖啡馆里找女孩子喝酒"①。类似所谓"咖啡馆情趣",不仅在郁达夫,而且在郭沫若、田汉等人笔下,也多有描写。这种令人迷乱的生活环境和生活情趣,自然使他们容易接近耽美主义和新浪漫文学,而这,正是鲁迅所厌弃的。鲁迅和郁达夫等人思想上的差距,笔者以为,可以用当代流行的"代沟"一词来概括,在鲁迅和郁达夫这两代人之间,是确实存在这种较深的"代沟"的。

三、多元影响的融汇

肯定日本文学对郁达夫的影响,绝不等于说他的小说只是对日本文学的模仿。常有人打这样的比方:一个成功的作家,应当像辛勤的蜜蜂,飞遍百花,旁搜博采,最终酿就醇香的蜂蜜。郁达夫也正是这样,他深受外国文学的熏陶,却没有"全盘西化";他吸取日本文学的营养,但没有排斥百家。正是这样,才使他笔底涌出的艺术之流斑斓闪烁。20世纪20年代那些模仿日本小说的作品早已湮灭,但郁达夫的作品却至今仍发挥着生命力。

作为一种新的小说形式,郁达夫抒情小说对于中国传统小说是一种根本的突破,但并不排斥它在思想内容和艺术手法上对中国古典文学传统的继承。以儒家艺术思想为主潮的中国古典文学,历来强调文学的社会功用。郁达夫是深受这种传统思想感染的文人,他自称"骸骨迷恋者",愤世嫉俗的阮籍的痛哭,"猛志固常在"的陶渊明的身姿,爱国

---

① 《郁达夫文集》第 7 卷,花城出版社、三联书店香港分店 1983 年版,第 179 页。

"复社"的奇行异迹，时常为他所神往和追慕，文学服务于社会的意识也很强烈。他公开声称，"悲怀伤感，决不是一个人的固有私情"①，"我的消沉也是对国家，对社会的"②。是社会"压榨机"造成了一代青年的苦闷。郁达夫的这种自觉意识，使他的小说显示出"对于时代和社会的热烈的关心"③，这是同日本现代小说背道而驰的。郁达夫也好，日本现代小说家也好，尽管他们的笔似乎都落在卑微的个人"我"的身上，又都在哀哀泣泣地倾诉一己的孤独与忧郁，但是，"即使所讲的只是个人的事，有些人固然只看见个人，有些人却也看见背景和环境"④。"私小说"中的"我"，只是作者个性的复制，而郁达夫笔下的"我"，却是那个时代被损害的代表，"我"的命运和遭遇，曲折地显示了中国黑暗社会里知识分子的身影。

同样，郁达夫小说中调妓狎娼、变态性欲的颓废描写，也并非只是吸取"世纪末果汁"的结果，其中也包含着中国士大夫阶层文化传统中虽放浪形骸，仍不失为名士风流的那种精神传统。中国古代，有所谓"文人无行"之说，嵇康、刘伶的放浪怪诞，李白的醉酒狎娼，柳永的青楼调笑，董解元以"秦楼楚馆鸳鸯幄，风流稍是有声价"自夸，关汉卿自封为"普天下郎君领袖，盖世界浪子班头"，都是为人熟知的事实。到近代的"鸳鸯蝴蝶派"，他们更认为，一定要"风流"才能为"才子"，一定要进出娼门，才配称"洋场才子"。郁达夫作为过渡时代的进步文人，在面向未来的同时，不能不肩负因袭的重担，"狭邪小说"

---

① 《郁达夫文集》第 7 卷，花城出版社、三联书店香港分店 1983 年版，第 255 页。
② 《郁达夫文集》第 3 卷，花城出版社、三联书店香港分店 1982 年版，第 91 页。
③ 郑伯奇：《中国新文学大系·小说三集·导言》，上海良友图书印刷公司 1935 年版，第 8 页。
④ 《鲁迅全集》第 4 卷，人民文学出版社 2005 年版，第 113 页。

中所表现的，正是视调妓狎娼为"名士风流"的文人积习。如果说在封建时代，这种"名士风流"是对金榜功名的嘲弄，具有积极的意义的话，那么到了五四以后，它就完全是消极的东西了。

郁达夫小说艺术上的优美，得力于他对古典抒情诗歌的深厚造诣。在《采石矶》中，他以清代著名诗人黄仲则自比，他的诗才确可以与黄仲则相辉映。他给我们留下的400多首整饬晓畅的旧体诗，也就像《两当轩集》一样清丽哀婉。当他写小说时，诗情就改了河道，在他的小说中涌流。于是，从他的小说中，我们找到了中国古典浪漫主义诗歌的抒情方式：鲜明的诗人自我形象，浓郁的感情色彩，想象丰富的意境。从具体的艺术表现手法上看，我国古诗以创造情景交融的意境来抒发感情的特有方式，也为郁达夫在小说中继承运用。他几乎所有的小说都离不开写景，通过写景渲染气氛，使景物的变化与人物内心感情的起伏互相映发，是他小说的一个重要特点。有时他还把古典诗词某些特定意境略加点化，直接写入小说，这种例子，《沉沦》中就俯拾皆是。当你读到描写京都郊外暮色风景的句子时，你能咀嚼到陶渊明"暧暧远人村，依依墟里烟"似的轻逸，又能体会到王维《渭川田家》中薄暮山村的景色气氛。郁达夫的小说，同中国古典诗词确有着内在的血缘联系。

郁达夫小说所受到的外来影响也是多元的。郭沫若说过，在读欧美文学书，特别是小说方面，"在我们的朋友中没有谁比他更读得丰富的"①。仅在东京高等学校读书四年中，郁达夫就涉猎了俄德英日法的小说1000部左右。后来经他介绍或翻译的作家，达数十位之多。特别是对于那些带有浪漫色彩的抒情小说，他更是爱不释手，多方剖析、领

---

① 王自立、陈子善：《郁达夫研究资料》（上），天津人民出版社1982年版，第92页。

会、吸取。

在大自然的怀抱中孤独漫步的卢梭，对郁达夫的小说创作无疑发生了较大影响。作为小说家，卢梭的主要作品是《新爱洛绮思》，在《新爱洛绮思》中，集中体现了卢梭"归回自然"的艺术主张，小说中情景融合之妙，不止一次受到郁达夫的赞赏。当你读到卢梭家乡"山光湖水，天色溪流"的迷人描写时，便更能理解，秀丽的富春江色何以为郁达夫梦魂萦绕，郁达夫又何以对自然美如痴般地沉醉。屠格涅夫以诗的笔调写人物风景，其描写手法曾被郁达夫称为"世界第一"。郁达夫接触外国小说，正是从屠格涅夫的《初恋》与《春潮》开始的，他说他开始想写小说，"受的完全是这一位相貌柔和，眼睛有点忧郁，绕腮胡长得满满的北国巨人的影响"[1]。屠格涅夫小说中散文诗式的铺叙，美丽如画的景物描写，对生活中压抑美感的捕捉，确与郁达夫有相似之处，而《罗亭》中"多余人"的形象，正同郁达夫笔下的"零余者"有着千丝万缕的精神联系。对于德国浪漫派的短篇小说，郁达夫也推崇备至。他说："德国作家，人才很多，而每个诗人，差不多总有几篇百读不厌的 Erzahlungen 留给后世，尤其是十九世纪的中晚，这一种珠玉似的好作品，不知产生了多少。"他声称"与德国作家一接触，我才拜倒在他们的脚下，以为若要做短篇小说者，要做到象这些 Erzahlungen 的样子，才能满足"[2]。除了对歌德、蒂克、海塞、施笃姆等作家极力推崇外，郁达夫还十分喜爱一位不知名的小说家林道的作品，赞赏小说主调是"幽暗沉静，带一味凄惨的颜色的"，"每一篇小说的叙述进程之中，随处

---

① 《郁达夫文集》第 6 卷，花城出版社、三联书店香港分店 1983 年版，第 176 页。
② 《郁达夫文集》第 6 卷，花城出版社、三联书店香港分店 1983 年版，第 49—251 页。

都付以充分的情绪"①。郁达夫翻译林道的《幸福的摆》，竟被沈从文认为是译者自作的小说，不过加了一个外国人的假名而已。沈从文的误会，恰好说明郁达夫与德国抒情小说之间的联系。这种联系，在郁达夫中后期小说创作中表现尤为明显，他在《郁达夫自选集·序》中明确提出："《迟桂花》、《过去》、《在寒风里》的三篇，字数略多，称作短篇，或不适当，谓之长篇，尤其不合，大约因平时爱读德国小说，是无意之中，受了德国人的 Erzahlungen 的麻醉之后的作品，特选三篇，以明偏嗜。"②郁达夫的话再清楚不过地表明：德国抒情小说是他创作的借鉴渊源之一。

正由于郁达夫根植于民族传统的基础上，对浩瀚的各国小说广为借鉴，他才能够根据时代的需要，创作出独具个性的新型小说。这种小说，既蕴含着东方美感，又弥漫着德国式的浪漫情调；既吸取了中国古典诗词描写意境的特长，又不乏西方现代派的象征技巧。当然，旁搜博采的结果，也造成思想内容上的纷然杂陈。分析郁达夫在接受外国文学，特别是日本文学影响上的功与过，对于总结现代文学的历史经验，对于推动当代文学的健康发展，都具有重要的借鉴作用。

（原载《新文学论丛》1984 年第 1 期）

---

① 《郁达夫文集》第 6 卷，花城出版社、三联书店香港分店 1983 年版，第 251 页。
② 《郁达夫文集》第 7 卷，花城出版社、三联书店香港分店 1983 年版，第 255 页。

从《沉沦》看日本"私小说"对郁达夫的影响

　　研究郁达夫的创作个性和独特的艺术风格，是一个非常重要但又被评论者长期忽视的问题。董易同志的文章《郁达夫小说创作初探》（载《文学评论》1980 年第 5 期、第 6 期），独具慧眼，在这方面做了近乎开拓性的工作，对于深入研究郁达夫具有重要意义。但是，笔者认为，作者在追溯郁达夫小说风格形成原因时，对其中重要的方面——日本"私小说"的影响，没有足够重视。作者在概述郁达夫小说的风格特征后，接着说："因此，有人认为郁达夫早期创作是受了当时流行于日本的'私小说'（'私'是日文中汉字，即第一人称'我'）的影响；但是日本的'私小说'是专门以写个人身边琐事为主的一种体裁；郁达夫显然突破了这种题材的限制，使他具有较深刻的思想内容和较广阔的社会意义。"这段话表述得有些模棱两可，似是而非，对郁达夫小说是否受"私小说"影响，作者似乎持否定态度。笔者认为，深入探讨郁达夫的艺术风格，不能不谈"私小说"的影响，董易同志忽略这方面的分析，是一个缺陷，而否定这种影响，更不符合实际。

　　《沉沦》是郁达夫早期作品中的代表作，《沉沦》集是中国新文学史上第一部小说集。作者那别具一格的小说风格，即大胆的自我暴露和单纯的抒情格调，是自《沉沦》开始形成并确立起来的，读者对他后来的作品，所期待的"是兴味的继续，不是新的发现"，"他也就是因为这方法的把持，不松手"，取得了"算是最纯净的成就"。① 因此，以《沉沦》为例，探究郁达夫独特风格形成的原因，是十分有意义的。

郁达夫曾说过："记得《沉沦》那一篇东西写好之后，曾给几位当时在东京的朋友看过，他们读了，非但没有什么感想，并且背后头还在笑我说：'这一种东西，将来是不是可以印行的？中国那里有这一种体裁？'"② 这种从内容到形式都与旧文体迥然各异的新小说，究竟是怎样产生的？他同当时盛行日本的"私小说"有什么关系？本文试从这一角度，初探"私小说"对郁达夫的影响。

一

五四新文学是在中国自己的肥沃土壤上吸取外来的滋养成长起来的。有人曾用杜甫"随风潜入夜，润物细无声"的诗句，形象地说明外国文学对新文学的影响过程。这种潜移默化的过程，几乎发生在五四时期每一个有影响的作家身上。而在创造社的艺术活动中，表现得更为明显。

郑伯奇曾这样阐述过创造社成员的思想和创作特点：第一，他们都在外国住得很久，对于外国资本主义的缺点和中国次殖民地的病痛都看得比较清楚，感受到两重失望、两重痛苦；对于现实社会发生厌倦憎恶。第二，他们长期远离祖国，对故国便常生起一种怀乡病；而回国以

---

① 王自立、陈子善：《郁达夫研究资料》（下），天津人民出版社 1982 年版，第 359—360 页。
② 《郁达夫文集》第 7 卷，花城出版社、三联书店香港分店 1983 年版，第 179 页。

后的种种失望，更使他们感到空虚。在国外是悲哀怀念，回国后是悲愤激越。第三，因为他们在外国住得长久，当时外国流行的思想自然会影响到他们。[①] "在文艺思想和创作方法方面，创造社所主张的和文学研究会及其他文学团体大不相同，这也和创造社作家的学习环境大有关系。他们都直接间接地受了欧洲文学的影响，同时也受到了日本现代文学的一些影响。"[②]

由此可见，离开创造社成员特定的生活环境，离开当时日本流行的社会和文艺思潮，几乎无法考察他们的思想和创作。以郭沫若为例，1914 年，他初到日本，正当泰戈尔作品在日本风行之际，他偶尔读到泰戈尔的几首诗，顿觉新奇。后来定居日本以后，他一方面身处异国，另一方面又深感婚姻失意的苦恼，从这种孤寂和痛苦中便产生了宗教意识，将一个青年人活泼的心机引向玄之又玄的探讨上去。这是 1916—1917 年他思想上最彷徨不定的时刻。正是在这个时刻，他读到泰戈尔的几本诗集，立即感到像探得了自己"生命的泉水"，每天独坐室隅，面壁默诵，让一种恬静的悲调荡漾身心内外，享受涅槃一般的快乐，《女神》中几首最早的诗作就这样产生了。郭沫若自述"但在过细研究过泰戈尔的人"，便可以知道，"我最早期的诗""表示着泰戈尔的影响是怎样地深刻"[③]。与郭沫若相比，郁达夫接受外国文学的影响似乎更为广泛。郭沫若说，在读欧美文学书，特别是小说方面，"在我们的朋友中没有谁比他更读得丰富的"[④]。郁达夫本人曾这样追叙早期与西洋和日

---

① 郑伯奇：《中国新文学大系·小说三集·导言》，上海良友图书印刷公司 1935 年版，第 12 页。
② 郑伯奇：《略谈创造社的文学活动》，《文艺报》1959 年第 8 期。
③ 阎焕东：《郭沫若自述》，山西教育出版社 1986 年版，第 102—103 页。
④ 王自立、陈子善：《郁达夫研究资料》（上），天津人民出版社 1982 年版，第 92 页。

本文学接触的情况：1912年，他考入东京第一高等学校后，就同外国文学结下不解之缘，"后来甚至弄得把学校的功课丢开，专在旅馆里读当时流行的所谓软文学作品"，"在高等学校里住了四年，共计所读的俄、德、英、日、法的小说，总有一千部内外"①，后来进了东京帝大，读经济学科，他利用学校的课程安排很宽松的机会，更多地涉猎了外国文学。由此可见，郁达夫受到的外来影响是多方面的。但他又绝不是饥不择食，五四文学革命的社会要求，作家个人的性格、气质和爱好，制约着他对外来影响的选择和取舍。从创作活动的实践来看，他更多的是接受了西方浪漫主义文学及日本"私小说"的影响。郑伯奇就说过，"他的那种自我分析的方法多少受了日本某些自然主义作家的影响"，"他的那种深刻的自我分析和他喜欢采用的独白的手法，的确和葛西有点相似"。②郁达夫本人也自称"私小说"代表作家葛西善藏对他有一定影响。

二

"私小说"究竟是怎样一种小说形式？郁达夫为什么会接受"私小说"的影响？这是我们首先要解决的问题。

"私小说"是日本现代文学中一种独特的作品形式。"私"在日文中是"我"的意思，因此，"私小说"又称作"自我小说"。这种小说的雏形，出现于1905—1910年的自然主义文学兴起阶段。日本的自然主义文学是一股强有力的文艺思潮，它标志着明治新文学的真正确立。自

---

① 《郁达夫文集》第7卷，花城出版社、三联书店香港分店1983年版，第178页。
② 郑伯奇：《忆创造社》，《文艺月报》1959年第8期。

然主义文学家接受左拉、龚古尔的理论主张，起初宣传"人间兽"的思想，接着又提出"无理想""无解决"的口号，主张文学的唯一任务是"暴露现实"。他们企图通过对现实人生赤裸裸的描写，来抨击以"家"为核心的封建统治。1907 年，自然主义作家田山花袋发表小说《棉被》。这部作品通过一个有妻儿的中年小说家跟他漂亮的女门生之间的关系，描写主人公在肉欲上的苦恼，同时也就是作者自己的苦恼。因此，实际上"这部小说是赤裸裸地大胆揭露个人肉欲的忏悔录"①。田山花袋把"暴露现实"进一步引入"暴露自我"，这就为专以身边事为题材的"私小说""告白小说"开了先河。

1910 年以后，自然主义文学运动渐趋衰落。作为对它的反动，产生主张个性解放、人道主义理想的"白桦派"。此后，又出现新思潮派。尽管思潮翻新，自然主义文学的影响却始终存在，"私小说"这种创作手法更是根深蒂固地保存下来。朝着"私小说"世界走去的，是各个流派的几乎所有作家，当然，使它最终完成、定型下来的，是受到理想主义影响的自然派作家葛西善藏等人。这一时期的"私小说"与初期相比，已发生重大变化，它不再是单纯描写作家的外在感觉，而转为表现作家的内心世界。"私小说"家们认为，所谓生活，除了自我的追求以外，没有别的意义，除了对自己进行发掘以外，就无法理解人、理解社会，人生的道路，就是对自己进行理解的过程。而艺术的最高价值也就在于"再现"这个过程。这种"再现"，如果"通过描写'他'而尽量使'我'也在其中"的方法来达到，那就"总觉得伴随着一种间接感"，"一种任意地虚构的感觉"，而只有"把这个我不用假托而朴素地

---

① ［日］西乡信纲等：《日本文学史》，佩珊译，人民文学出版社 1978 年版，第 284 页。

表现出来"，才是真实可信的。因此，"必须把'自我小说'作为艺术的正路，艺术的基础，艺术的真髓"①。这种带着强烈的自我扩张、个性解放色彩的"私小说"，在大正时代（1912—1926 年）风靡整个日本社会，甚至有人认为，日本人不论写出多么优秀的正规小说，"没有一本能够达到葛西善藏所写的心境小说那样水平的"。

那么，这种盛行日本的"私小说"，具有怎样的艺术特征呢？

日本评论家久米正雄在《文艺讲座》中这样说：

我最近所说的"自我小说"，……并不是"lchRoman"（德语，意思是第一人称小说）的翻译。倒是另外可以称之"自叙"小说。总的一句话，就是作家把自己直截了当地暴露出来的小说，大致上就是这个意思。

这么说，就跟"自传""告白"相同了，那又不然。这必须名副其实地是小说。结合我以后讲到的心境问题，这一条微妙的线正就是分别艺术与非艺术的境界线。②

那么，什么是"心境"呢？久米说，所谓"心境"，"意思是指在创作当时的内心境界"。他进一步解释道：

作者描写对象时，与其把对象如实地浮现出来，不，即使如实地浮现出来也没关系，但同时更主要的，却是要把自己那种说得简单一些是"心情"，说得啰唆一些就是观察对象时从作者本人的人生观而来的感想也表现出来，这就是心境小说。③

久米的论述清楚地表明"私小说"的两大特点：第一，它强调作家

---

① ［日］吉田精一：《现代日本文学史》，齐干译，上海人民出版社 1976 年版，第 101 页。
② ［日］吉田精一：《现代日本文学史》，齐干译，上海人民出版社 1976 年版，第 102 页。
③ ［日］吉田精一：《现代日本文学史》，齐干译，上海人民出版社 1976 年版，第 100 页。

生活与作品的完全合一。第二，它不着眼于外部事件的描写，而重在刻画作者的心境。

郁达夫在日本留学期间，正是"私小说"盛行之际，他为什么会接受"私小说"的影响，是不难推测的。

第一，在于时代的审美标准的要求。五四时代是一个"人的觉醒"的时代。郁达夫说："五四运动的最大成功，第一要算'个人'的发现。从前的人，是为君而存在，为道而存在，为父母而存在的，现在的人才晓得为自我而存在了。"①这种"自我"的发现，自然在文学中引出了"表现自我"的要求，而且这种要求又为自己寻找着相应的表现形式，于是，一时间，无数日记体、书信体的作品在新文坛上泛滥，无数颗心毫不羞怯地向世界敞开。郑伯奇评述当时的文坛情况时说："我们现在要毫不客气地把我们胸中所有思想感情等等一切都叫喊出来。这是一句很重要的话，很富于暗示时代特性的话。是的，现在还是呐喊的时代，我们应该大家一起站起来，狂人一般地喊叫！不，不，我们不仅应该喊叫，我们也应该低诉，我们也应该呻吟，我们也应该冷嘲热骂。一切的不平呀，一切的陈腐呀，一切的抑郁呀，一切的苦痛呀，破哟，破哟，把这四千数百年来的沉闷空气冲破哟！……喊叫，低诉，呻吟，嘲骂：这是时代对于我们的要求，也是我们应该投掷于时代的礼物。"②对于青年郁达夫来说，他是以备受凌辱的弱国子民的身份来接受"个性解放"的时代要求的，作为非人道的受害者，他急于要把自己的苦闷、悲愤、控诉和盘托出，寻求理解、同情、共鸣，"私小说"这种直截了当坦露"自我心境"的作品形式，与他被压抑的主

---

① 《郁达夫文集》第 6 卷，花城出版社、三联书店香港分店 1983 年版，第 261 页。
② 王自立、陈子善:《郁达夫研究资料》(下)，天津人民出版社 1982 年版，第 324 页。

观要求一拍即合，他借助于这种形式，把热情、敏感的自我赤裸裸地表现出来。

第二，相似的社会环境，也使他们发生思想共鸣。日本文学史家吉田精一提出，在日本社会里，文学家"是被一般社会所疏远的人，按照伊藤正的说法，他们是封闭在自我的社会里，从一般社会逃进了文坛的'逃亡奴隶'"。尤其是在日俄战争以后，军国主义空前发展，社会濒于黑暗，专制主义的高压更把日本文人驱上自我反省的道路。他们深感社会的胁迫，企图从"生命之不安，生存的危机"中拯救出来，这种愿望就是"私小说"的征象。而郁达夫呢，他远离祖国，孤独冷寂，"眼看到的故国的陆沉，身受到的异乡的屈辱，与夫所感所思，所经历的一切，剔刮起来没有一点不是失望，没有一处不是忧伤，同初丧了夫主的少妇一样，毫无气力，毫无勇毅"①。与此同时，弥漫于青年学生中的悲愤厌世情绪还使他耳濡目染，作家在回顾这段生活时就说过，当时"一般神经过敏的有思想的青年，流入于虚无者，就跑上华严大瀑去投身自杀，志趣不坚的，就作了颓废派的恶徒，去贪他目前的官能的满足。所以当时——我在日本修学的时候——的一高学生，自杀的，年必数起，而沉湎于酒色，屡次受了铁拳制裁，还不能改悔的，一学期中，也总有几个"②。处于这样重重压抑的环境中，又一向以弱者自居，"从小就害着自卑狂"的郁达夫，同"私小说"作家是很容易发生共鸣并接受其影响的。

---

① 《郁达夫文集》第 7 卷，花城出版社、三联书店香港分店 1983 年版，第 250 页。
② 《郁达夫文集》第 5 卷，花城出版社、三联书店香港分店 1983 年版，第 296 页。

三

"私小说"对郁达夫的创作究竟产生了怎样的影响呢?

首先,从艺术主张上看。在文学与生活的关系上,"私小说"的基本特征是作家生活与作品内容的一致性,久米正雄把它称为"自叙"小说。这种"自叙传"的观点,正是郁达夫所一贯坚持的。直到 1927 年,他在《五六年来创作生活的回顾》中,还是这样说道:"至于我的对于创作的态度,说出来,或者人家要笑我,我觉得'文学作品,都是作家的自叙传'这一句话,真是千真万真的。客观的态度,客观的描写,无论你客观到怎么样一个地步,若真的纯客观的态度,纯客观的描写是可能的话,那艺术家的才气可以不要,艺术家存在的理由,也就消灭了。……所以我说,作家的个性,是无论如何,总须在他的作品里头保留着的。作家既有了这一种强的个性,他只要能够修养,就可以成功一个有力的作家。修养是什么呢? 就是他一己的体验。"他再三强调:"所以我对于创作,抱的是这一种态度,起初就是这样,现在还是这样,将来大约也是不会变的。我觉得作者的生活,应该和作者的艺术紧抱在一块,作品里的 individuality 是决不能丧失的。"① 在《日记文学》中,他还认为,"自叙传"最能表现自我,显得真实,甚至认为若以第三人称写出,真实性就容易消失,因此赞赏日记体、书简体的小说。② 这些同"私小说"作家极其相似、甚至相同的观点,绝对不会是偶然的巧合。

再从作品《沉沦》来看。《沉沦》与"私小说"相比,明显受到三

---

① 《郁达夫文集》第 7 卷,花城出版社、三联书店香港分店 1983 年版,第 180—181 页。
② 《郁达夫文集》第 5 卷,花城出版社、三联书店香港分店 1983 年版,第 261—266 页。

方面影响：

以身边事为题材。"私小说"又成"身边小说"，作品的题材只局限于发生在作家周围的事，因此，它不需要虚构惊险传奇的情节，也不需架设巧妙周致的结构，作家只要把自己体验过的生活直接写出来就行了。在这一点上，《沉沦》与"私小说"是契合的。《沉沦》没有广阔的背景，八段日记式的散文，所叙述的是初到日本生活的一个片断。1936年，作者在《宇宙风》杂志上发表《雪夜》（自传之一章）。把《雪夜》与《沉沦》比较，就能发现，作者的际遇，以及所感、所欲、所思，与《沉沦》主人公相合无间，甚至小说情节的推进都没有离开作者实际生活的轨迹。"自传"这样交代作者初到日本的经历：他先在东京第一高等学校的预科住满一年，而后离开东京，进入名古屋第八高等学校。到名古屋后，因为"二十岁的青春，正在我的体内发育伸张，所以性的苦闷，也昂进到了不可抑止的地步"。终于在这一年的寒假，一个大雪飞舞的午后，踏上东海道开往东京去的客车。到了夜半停车在一个小站的时候，他飘飘然跳下车厢，到那红粉胭脂的堆栈中度过一夜。第二天酒醒后，作者无比悲悔，痛责自己丧失了对国家的热情和远志。[①]熟悉《沉沦》的人一眼可看出，小说中的事件，完全是按照作者个人的生活原貌平铺直叙地写下来的。

冷寂的心境描写。"私小说"又称作"心境小说"。不过既然是小说，那就不能用咏叹的形式把"我"表现出来，而必须先把自己客观化，把作品中的"我"的心情和在环境中的"我"同时表现出来，但描写环境中的"我"，归根到底还旨在烘托"心境"。在"私小说"

[①] 《郁达夫文集》第 4 卷，花城出版社、三联书店香港分店 1982 年版，第 92—96 页。

中，这种心境又大多是悲凉的。葛西善藏就认为，"运命常是悲哀的，灵魂常是寂寞的，但这里有我们的艺术"。他的几十篇小说，以忧郁、孤独、贫困的生活作题材，始终贯穿浓重的哀伤情调。在《狂醉者的独白》里作者自叹："酒的狂醉，苦痛的自己的麻醉剂，——自己是这二种东西的完全中毒者，靠着这两个夜和昼的交换麻醉剂，才得以使我延长残生。"从这些绝望的呼号中，我们仿佛能听到郁达夫的声音，只不过在郁达夫身上，还另外带着中国士大夫诗酒风流的烙印罢了。

一部《沉沦》就是一首哀伤的内心衷曲。从开头第一句"他近来觉得孤冷得可怜"开始，作者就面对内心，浅斟低唱，他倾吐海外游子的悲哀和忧心故国的愁思，追溯忧郁病的根源，暴露性苦闷产生的变态心理，诉说"沉沦"后悲悔的心情。即使在描写自己所经历的生活情景时，也是用充满浓烈感情的笔调来写，于事件的叙述中作极坦率的自我解剖甚至直抒胸臆，插入大段的感慨或呼号。通篇读来，虽然看不到这位忏悔儿的外形，却能感受到一颗软弱、伤感、病态但又充满人类感情的心。

"丑恶暴露论"的色彩。"私小说"还称作"告白小说"。它受到"人间兽"的思想影响，主张"颂欲"，暴露作家的私生活，以此来向虚伪的旧道德开战。郁达夫是受到"丑恶暴露论"影响的。他在"自传"中回忆道："两性解放的新时代，早就在东京的上流社会——尤其是智识阶级，学生群众——里到来了……伊孛生的问题剧，爱伦凯的恋爱与结婚，自然主义派文人的丑恶暴露论，富于刺激的社会主义两性观，凡这些问题，一时竟如潮水似的杀到了东京，而我这一个灵魂洁白，生性孤傲，感情脆弱，主意不坚的异乡游子，便成了这洪潮上的泡沫，两重三重地受到了推挤，涡旋，淹没与消沉。"① 这里作者实际上已经讲明他的作品带有"丑恶暴露"色彩的缘由。《沉沦》中青年性苦闷的描写，可以见出"丑恶暴露"的色彩。虽然那些所谓"猥琐"的细节，在当时的日本算不上"奇事"，"自慰"和"嫖妓"是多数男子共同的习惯，至于"窥浴"，在日本人看来十分可笑，因为当时日本还实行男女同浴，窥不窥，算不了什么。问题在于，别人秘而不宣，郁达夫却用艺术的手法展示出来，这就产生了惊世骇俗的影响，正如郭沫若所说："他那大胆的自我暴露，对于深藏在千年万年的背甲里面的士大夫的虚伪，完全是一种暴风雨式的闪击，把一些假道学、假才子们震惊得至于狂怒了。为什么？就因为有这样露骨的真率，使他们感受着作假的困难。"②《沉沦》的"丑恶暴露"色彩，在作家后来的作品中不断出现，特别到《日记九种》更发展到顶峰，连郭沫若都说："自我暴露，在达夫仿佛是成为一种病态了。别人是'家丑不可外扬'，而他偏偏要外扬，说不定还要发挥他的文学的想象力，构造出一些莫须有的'家丑'。"③ 这就足见"丑恶暴露论"对郁达夫影响之深了。

四

郁达夫受了"私小说"的影响，但绝不等于说他的作品就是"私小说"。郁达夫是一位根植于中国土壤上的作家，从小深受古典文学的熏陶。郭沫若说，在东京学习时，"在预备班时代他已经会做一手很好的

---

① 《郁达夫文集》第 4 卷，花城出版社、三联书店香港分店 1982 年版，第 94 页。
② 王自立、陈子善:《郁达夫研究资料》(上)，天津人民出版社 1982 年版，第 93、97 页。
③ 王自立、陈子善:《郁达夫研究资料》(上)，天津人民出版社 1982 年版，第 97 页。

旧诗。我们感觉着他是一位才士"①。后来他的旧体诗《毁家诗纪》《离乱诗抄》在海外风行,以至于被人称作"一时洛阳纸贵"。在《沉沦》中,他一面引用了英国华兹华斯的诗《孤寂的高原刈稻者》,一面又写下了"醉拍阑干酒意寒,江湖寥落又冬残。剧怜鹦鹉中州骨,未拜长沙太傅官。一饭千金图报易,几人五噫出关难。茫茫烟水回头望,也为神州泪暗弹"等古典诗词,这就说明他在接受外国文学影响的同时,并没有丢掉中国古典文学传统。对于外国文学的影响,他也同鲁迅一样,经历了有意识地借鉴、吸取、消化和脱离的过程,"私小说"的影响,是在这一过程中作为他的艺术成就的营养而存在的,郁达夫作品所达到的艺术成就则远远超过"私小说"。那么,这种突破表现在什么地方呢?

按照董易同志的意见,是在题材的突破上。我认为并非如此。郁达夫前期小说的题材,并没有超出"身边事"的范围,他给读者提供的是一个并不广阔的世界。问题在于,对一个作家来说,他的作品能否具有"较深刻的思想内容和较广阔的社会意义",最重要的不在于"写什么",而在于"怎么写","即使所讲的只是个人的事,有些人固然只看见个人,有些人却也看见背景和环境"②。通过自我的命运映照时代,古今中外许多文学名著正因此而获得成功。这里的关键,在于作家抱什么目的进行创作,怎样摆正作家创作与社会的关系。正是在这个问题上,郁达夫和"私小说"作家有着根本相异之处。"私小说"的诞生,使日本现代文学出现一种奇怪的现象,评论者讳言作品的社会价值,只研究表现了作者怎样的精神状态;作家也主张把文学与社会分开,就连

---

① 王自立、陈子善:《郁达夫研究资料》(上),天津人民出版社 1982 年版,第 92 页。
② 《鲁迅全集》第 4 卷,人民文学出版社 2005 年版,第 113 页。

倡导人道主义思想的"白桦派"首领武者小路实笃也说："文艺不可能和人生无关，可是，和社会的关系却不一定是必要的，不，根本没有必要，这倒是近乎真实的。"① 与"私小说"作家相反，由于儒家"文以载道"的思想影响，由于五四的时代要求，郁达夫从开始参加创作活动起，就自觉不自觉地把文学当作改造社会、人生的器械。郑伯奇在《中国新文学大系·小说三集·导言》中说："郭沫若的诗，郁达夫的小说，成仿吾的批评，以及其他诸人的作品都显示出他们对于时代和社会的热烈的关心。所谓'象牙之塔'一点没有给他们准备着。他们依然是在社会的桎梏之下呻吟着的'时代儿'。"② 郁达夫正是作为一个被侮辱被损害的"时代儿"来发出控诉的。1923 年他编《茑萝集》时，就在《后记》中写道：社会"压榨机"造就了一代青年的苦闷，为"辞别虚伪的罪恶，只好赤裸裸地把我的心境写出来"，"我只求世人能够了解我内心的苦闷就对了"。③ 他还表示："我的消沉，也是对国家，对社会的。"④ 1932 年他在《郁达夫自选集·序》里，又针对几篇"自叙传"作品提出："悲怀伤感，决不是一个人的固有私情。"⑤ 正因为作家自觉地把个人创作同社会联系在一起，因此，虽然同是写"身边事"，同是"表现自我"，但作品的意义却是"私小说"无法比拟的。"私小说"中的"我"，仅仅是作者个性的复制，而郁达夫小说中的"我"，却是那个时代被损害者的代表，借着他的笔说话的，是彷徨、思索、追求的大批青年。通过《沉沦》与"私小说"的比较，我们能清楚地看到这

---

① ［日］吉田精一:《现代日本文学史》，齐干译，上海人民出版社 1976 年版，第 89 页。
② 郑伯奇:《中国新文学大系·小说三集·导言》，上海良友图书印刷公司 1935 年版，第 8—9 页。
③ 《郁达夫文集》第 7 卷，花城出版社、三联书店香港分店 1983 年版，第 155—156 页。
④ 《郁达夫文集》第 3 卷，花城出版社、三联书店香港分店 1982 年版，第 91 页。
⑤ 《郁达夫文集》第 7 卷，花城出版社、三联书店香港分店 1983 年版，第 255 页。

一点。

《沉沦》明显的特色，便在于它的主题的深刻性。与《沉沦》相仿，葛西善藏在他的处女作《悲哀的父亲》中，也刻画过一个被社会遗弃的孤独的"他"。这个"他"，与《沉沦》中那位遭到朋友、同学、家人嫌弃，被"挤到与世人绝不相容的境地"的"他"，确有相似之处。但是，《悲哀的父亲》中的"他"，视野是那样狭窄，他只是在自我封锁的铁笼中徘徊，除了发出掉进人生的深渊而不想自拔的哀鸣外，回避对社会作任何直接的批判。而《沉沦》却把锋芒直指中国封建统治，直指日本帝国主义的军阀专制。主人公"他"的孤独和冷寂，是由于祖国的贫弱、异族的欺凌而形成的，弱国子民的委屈笼罩着他的心，"东亚病夫"的辱称，使他感受不到祖国的温暖，"日本人轻视中国人，同我们轻视猪狗一样。日本人都叫中国人作'支那人'，这'支那人'三个字，在日本，比我们骂人的'贱贼'还更难听"。作品后半部分刻画青春期的苦闷，仍然同忧心故国的哀思奇异地交织在一起，结尾处，"沉沦"的"他"绝望自尽，临死前遥望故国，悲惨呼号："祖国呀祖国！我的死是你害我的！你快富起来！强起来罢！你还有许多儿女在那里受苦呢！"这呼号虽然远隔海峡，却同置身帝国主义和军阀铁蹄下的中国广大知识青年心心相印，产生强烈共鸣。因此《沉沦》发表后，犹如掀起一场中国式的"维特热"，一批青年连夜从苏州、无锡等地乘火车赶到上海买作品。直到 20 世纪 30 年代，还有人评价说："今日青年在革命上所生的巨大的反抗性，可以说是从《沉沦》中那苦闷到了极端的反应所生的。虽然，《沉沦》并不是一部记述关于性的问题、革命心理的文字，然而那真实的情感的启示（Revelation）比《呐喊》那较明显的激动，尤其来得深远。"①《沉沦》主题那振聋发聩的力量和强大的社会影响，是任何"私小说"也无法比拟的。

同时，《沉沦》摒弃了繁重琐碎的细节描写，代之以清新流丽的抒情笔调。一篇《沉沦》，如同一支优美的乐曲，有音响，有节奏，又像一幅绚丽的水彩，有蓝天飞鸟，有绿叶红花。"私小说"中那种冗长、烦琐的文字，在这里绝无藏身之处。黎锦明说："《沉沦》是一件艺术品，周作人先生这么说过，诚然，它的艺术的优美，完全在那凄婉动人的文字上；当时文坛，实无出其右者。"②文字的动人，显然与作者厚实的古典文学修养有关。郁达夫写作《沉沦》，基本上继承了《儒林外史》《老残游记》那种"文字简练，华实相称"③的语言，而作品中那一个又一个情景交融的意境，又源于他的古典诗词修养和从小对自然的观察。郁达夫说过，"对于大自然的迷恋，似乎是我从小的一种天性"，他的观察的细腻入微达到了惊人的地步。在《山水及自然景物的欣赏》一文中，他说："自然的变化，实在多而且奇，没有准备的欣赏者，对于他的美点也许会捉摸不十分完全的；就单说一个天体罢，早晨的日出，中午的晴空，傍晚的日落，都是最美也没有的景象；若再配上以云和影的交替，海与山的参错，以及一切由人造的建筑园艺，或种植畜牧的产物，如稻麦牛羊飞鸟家畜之类，则仅在一日之中，就有万千新奇的变化，更不必去说暗夜的群星，明月的普照，或风雷雨雪的突变，与四季寒暖的更迭了。"④但他并不是在小说中对自然景物作孤立的描写，

① 王自立、陈子善：《郁达夫研究资料》(下)，天津人民出版社1982年版，第332页。
② 王自立、陈子善：《郁达夫研究资料》(下)，天津人民出版社1982年版，第332页。
③ 《郁达夫文集》第5卷，花城出版社、三联书店香港分店1982年版，第291页。
④ 《郁达夫文集》第4卷，花城出版社、三联书店香港分店1982年版，第83—84页。

而总是在敏感地捕捉景物的变化时力求与人物内心感情的起伏互相映发。《沉沦》中那位"与世人绝不相容"的主人公，一投身大自然的怀抱，立即感到生机盎然。"他看看四边，觉得周围的草木，都在那里对他微笑。看看苍空，觉得悠悠无穷的大自然，微微的在那里点头。一动也不动的向天看了一会，他觉得天空中有群小天神，背上插了翅膀，肩上挂着了弓箭，在那里跳舞。"在主人公眼里，大自然的一切都人格化了，都罩上了他渴求自由的感情色彩。自由美妙的大自然同压抑窒息的人间，如此对照鲜明，他怎能不发出对社会的诅咒呢？类似的自然景物描写，《沉沦》中还有多处。通过环境气氛的渲染，加深了对这位多愁善感、孤僻自卑的"不幸的青年"的心理刻画，强化了对读者的感染力量。《沉沦》在当时和后世为人喜爱，这也是一个重要原因。

（原载《文学评论丛刊》现代文学专号第 15 辑，中国社会科学出版社 1982 年版）

鲁迅小说与郁达夫小说的比较研究

在中国现代小说的开创时期，鲁迅和郁达夫都是很有影响的作家。鲁迅的《狂人日记》是现代小说的开山之作，他的《呐喊》集以"表现的深切和格式的特别"，激动了一代青年的心。郁达夫可以与鲁迅相比的一项重要文学成就，就是在新型小说的创制和建设上，他的《沉沦》集是新文学史上第一部小说集，《沉沦》的独特艺术风格，同样吸引了为数众多的青年读者，并产生了一批推崇者和仿效者。

鲁迅和郁达夫的小说在创作动因、思想内容、艺术风格等方面有哪些异同之处，本文拟就上述问题作初步探讨。

一

在对两位作家的作品比较分析前，我们先来考察他们的创作动因。

鲁迅说过："人感到寂寞时，会创作；一感到干净时，即无创作，他已经一无所爱。"① 鲁迅的小说创作是在寂寞苦闷中开始的，在经历

---

① 《鲁迅全集》第3卷，人民文学出版社2005年版，第556页。

了从辛亥革命到五四前的历次重大政治运动后，鲁迅感到了失望，但他"却又怀疑于自己的失望"，"绝望之为虚妄，正与希望相同"，"这想头，就给了我提笔的力量"①。鲁迅希望以自己的创作支援五四文学革命的前驱，按他的话说，就是"呐喊几声，聊以慰藉那在寂寞里奔驰的猛士"②。在鲁迅的呐喊声中，我们注意到两点，首先，鲁迅是根据自己的所感所欲所思所盼，发出真诚的呼喊，"至于我的喊叫是勇猛或是悲哀，是可憎或是可笑，那倒是不暇顾及的"③。其次，鲁迅的呐喊是"听将令的"，所以他"往往不恤用了曲笔"，使作品显出若干亮色，"因为那时的主将是不主张消极的"。而且，作家自己也"不愿将自己以为苦的寂寞，再来传染给也如我那年青时候似的正做着好梦的青年"④。郁达夫也是在苦闷失望的心情中开始写作的。作家身处"荒淫惨酷，军阀专权的岛国"，眼看着故国的陆沉，身受到异乡的屈辱，内心充满失望和忧伤。在强烈的感情的驱使下，"我只觉得不得不写，又觉得只能照那么地写，什么技巧不技巧，词句不词句，都一概不管，正如人感到了痛苦的时候，不得不叫一声一样……"到此为止，郁达夫的态度与鲁迅"不暇顾及"的真诚呼喊是一致的。然而再往下，差异就出现了，郁达夫说，"又哪能顾得这叫出来的一声，是低音还是高音？或者和那些在旁吹打着的乐器之音和洽不和洽呢"⑤。

从以上比较中，我们看到了什么呢？

第一，我们看到了共同点。鲁迅呐喊也罢，郁达夫悲鸣也罢，他们

① 《鲁迅全集》第34卷，人民文学出版社2005年版，第468页。
② 《鲁迅全集》第1卷，人民文学出版社2005年版，第441页。
③ 《鲁迅全集》第1卷，人民文学出版社2005年版，第441页。
④ 《鲁迅全集》第1卷，人民文学出版社2005年版，第441—442页。
⑤ 《郁达夫文集》第7卷，花城出版社、三联书店香港分店1983年版，第250页。

都是骨鲠在喉，一吐为快，倾诉的是蓄积于胸的真情实感。托尔斯泰说过，艺术的本质是传达感情。而感情的真挚性又是区别艺术和艺术赝品的三个条件中"最重要的一个"。他认为"艺术家的真挚的程度对艺术感染力的大小的影响比什么都大"。托尔斯泰与鲁迅、郁达夫不谋而合。鲁迅和郁达夫都认为：创作需真诚。"因为好的文艺作品，向来都是不受别人命令，不顾利害，自然而然地从心中流露的东西"①。

当他们在某种社会现象触动下，产生了是非之心、憎爱之情，有所感奋、有所震动的时候，他们忠于自己的"艺术冲动"，无暇顾及自己的喊叫"是勇猛或是悲哀，是可憎或是可笑"，也不管阻碍自己的是"几千年传来的道德，或几万人遵守的法则"②，坚定不移地写真意、抒真情。"真挚"是两位作家的相通之处，"真挚"保证他们的作品成为真正的艺术品。

第二，我们看到了他们的分歧。鲁迅在真诚地呐喊的同时，又严肃考虑到"呐喊"的战斗效果和社会意义。而郁达夫却没有像鲁迅那样自觉地将艺术看作改革人生的器械，相反，他轻视艺术功利主义，主张艺术只是"表现自我"。因此，他尽管知道自己发的是"低音"，在"吹打乐合奏"中也常显得不和洽，却没有努力去和革命先驱者协调步伐，也很少在艺术中遏抑自己的呻吟和悲鸣。

鲁迅在艺术中注意战斗性，强调力度，而郁达夫从事创作，则更多地追求真率与美，在残酷的现实面前，他的才情只能表现为无力的反抗，甚至带着某种回避。当然，他的"忧郁伤感"是受到社会条件、个人气质、美学趣味等多种因素制约的，与其说他无意改变，不如说他无

① 《鲁迅全集》第3卷，人民文学出版社2005年版，第437页。
② 《郁达夫文集》第5卷，花城出版社、三联书店香港分店1982年版，第69页。

力改变，在这个问题上，我们没有理由过分指责他的创作态度，然而同时，我们不得不承认鲁迅的伟大，鲁迅的过人之处在于他能够于孤愤歌哭中显出亮色，在对黑暗现实"如实描写，毫无讳饰"中删削些黑暗，装点些欢容。这种删削与装点，是鲁迅对历史和现实沉思的结果，显示了他作为革命家和思想家的高瞻远瞩的见解与胆识。这一点，是郁达夫，也是同时代其他作家无法达到的。

鲁迅和郁达夫在创作动因上的差异，引起过不少评论家的注意。20 年代末，黎锦明在评论郁达夫时就提出，世界上有两种不同的作家，"艺术的估价……思想的范围……道德的标准……第一种作家这般想着，计划着，希望着"，"第二种作家却全然打破这些计划，想望，只是将一个人的个性，情感，生活诚实的铺在纸上"①。他认为鲁迅是能站在"种族与时代的上面冷觑"②的第一种作家，郁达夫则属于第二种作家。黎锦明的中肯分析辨明了两种艺术思想的对立，正是这种对立，使鲁迅和郁达夫的小说作品呈现出不同的特色。

二

在鲁迅小说中，知识分子问题是一个重要题材，郁达夫的小说更把知识分子作为主要描写对象。同是写知识分子，两位作家的表现角度却大不相同：郁达夫从表现自我、表现主观出发，写的是自我遭遇和自我感受；鲁迅则从"改革人生""疗救病苦"的目标出发，探讨知识分子苦闷彷徨的原因。打个比方，如果把黑暗社会比作导致知识分子沉沦的

---

① 王自立、陈子善编：《郁达夫研究资料》（下），天津人民出版社 1982 年版，第 329 页。
② 王自立、陈子善编：《郁达夫研究资料》（下），天津人民出版社 1982 年版，第 331 页。

"病魔"的话，那么郁达夫只是像一位病人发出呼救的哀鸣，而鲁迅则如同一位高明的医生，剖析病因，寻求治疗药方。

我们先从郁达夫的小说说起，郁达夫有个著名的观点，"文学作品就是作家的'自叙传'"。他笔下的知识分子，无论是伊人，还是于质夫，是"他"，还是"我"，总是和作者本身形成不可分离的合体。甚至写历史小说，也是借历史人物之酒杯浇自己的块垒。郁达夫的"表现自我"，是适应了五四时期反帝反封建斗争需要的。首先，他的"自我"，与国家兴亡、民族尊严有着某种联系。郁达夫长期生活于军阀专权的岛国，深感弱国子民受污辱遭歧视的切肤之痛，他说："是在日本，我开始看清了我们中国在世界竞争场里所处的地位；……是在日本，我早就觉悟到了今后中国的运命，与……同胞不得不受的炼狱的历程。"① 这种伤时忧国之愤融入他的血液，渗进他的灵魂，当他向世界敞开心灵的窗户，"表现自我"的时候，又顺着他的笔输导到笔端。郁达夫在《沉沦·自序》里曾说：作品中"也有几处说及日本的国家主义对于我们中国留学生的压迫的地方，但是怕被人看作了宣传的小说，所以描写的时候，不敢用力，不过烘云托月的点缀了几笔"②。虽然怕遭嫌疑，还是不得不"点缀"几笔，而且这几笔，还具有那么强烈的感染力，这就足以说明，反帝爱国已成为"自我"情感密不可分的组成部分。其次，郁达夫的"表现自我"是对扼杀个性的封建礼教的猛烈冲击。郁达夫在小说中诉说自我受压抑的苦痛，提出必须给"自我"以自由，给"自我"以爱情，给"自我"以生活的权利，要求摆脱封建制度的束缚，这对于礼教幽禁下的青年具有"启蒙"的意义。正如郭沫若所

---

① 《郁达夫文集》第 4 卷，花城出版社、三联书店香港分店 1982 年版，第 93 页。
② 《郁达夫文集》第 7 卷，花城出版社、三联书店香港分店 1983 年版，第 149 页。

说:"他的清新的笔调,在中国的枯槁的社会里面好像吹来了一股春风,立刻吹醒了当时的无数青年的心。他那大胆的自我暴露,对于深藏在千百万年的背甲里面的士大夫的虚伪,完全是一种暴风雨式的闪击,把一些假道学、假才子们震惊得至于狂怒了。"

"表现自我"虽然具有历史的合理性和进步性,但又有重大的局限性。表现自我的作品是以小资产阶级利己主义作为思想基础的。郁达夫把"声誉、金钱、女人"奉为最高理想,即便是"救救祖国"的呼喊,主要的也是从改变弱国子民地位,从而实现"三大理想"而发出的。在作品中,他的主人公经常哀叹:"名誉、金钱、女人,都同时地三角联盟来同我进攻。悲哀呀,真正有说不出的悲哀!"这种以能否满足"自我"要求为中心的思想,是狭隘的,也是虚幻的。马克思主义认为,个人是置于集体、社会之中的,"只有在集体中,个人才能获得全面发展其才能的手段,也就是说,只有在集体中才能有个人的自由"。集体和社会的解放,是个人自由和幸福的前提;脱离集体和社会的斗争,单凭个人主义的力量去争取个人幸福,那只是幻想,其结果必然陷于悲观失望。因此,郁达夫的小说有一个共同特点,都是从自我不幸的遭遇和感受出发,达到对黑暗社会的揭露和反抗,最终又回到自我苦闷和绝望中去。即使是被认为具有"现实意义和比较深刻思想内容"的《沉沦》,主人公"我"在遭遇挫折后,酒楼买醉、妓院寻欢,最后自杀身亡,充分显示出自我反抗的局限。郁达夫是渴望自由和解放的,但他没有考虑到怎样去实现"自我"的自由,怎样争取"自我"的价值,对此他是交了白卷的。如果说郁达夫只是坦露知识分子"自我"的主观世界,那么,鲁迅则是严峻地剖析知识分子"自我"的主观世界。鲁迅并非没有看到知识分子的痛苦不幸,也并非没有看到青年爱的渴望和苦闷,但是鲁迅没有停留在现象的观察上，而是在革命进程中，探讨着导致知识分子苦闷彷徨的原因，探索知识分子的正确道路。鲁迅作为一个伟大的革命的知识分子，是曾经深切感到"寻路"的痛苦的。他曾说过，"人生最苦痛的是梦醒了无路可以走"①。无路可走自然是悲剧，而走上"歧路"和"绝路"，则是更大的悲剧。郁达夫小说中那些知识分子都是无路可走，或者走上"歧路"和"绝路"。不过作家并没有从知识分子的道路这个高度去看"自我"的命运罢了。而在鲁迅的小说里，却认真探索了这个课题，《在酒楼上》《幸福的家庭》《孤独者》《伤逝》等篇，都留下了深深的探索印记。《在酒楼上》中的吕纬甫曾经是一个热情的、富有理想的改革家，他在少年时代，就怀着远走高飞的志向，闪耀过斗争的火花。作者虽然没有直接描写他的斗争，但从"我"的回忆中，还依稀可以想见他当年拔掉城隍庙里神像胡子的英姿。然而十多年后，"我"在酒楼上遇到的吕纬甫，却已颓唐而"失了精彩"，变得"敷敷衍衍，模模糊糊"了。鲁迅正是从吕纬甫的变化中，提出知识分子应当向何处去的问题。鲁迅虽然还不能为吕纬甫指明一条出路，但他是反对这种"半死半生的苟活"态度的。鲁迅说过："唯独半死半生的苟活，是全盘错误的。因为他挂了生活的招牌，其实却引人到死路上去！"②萧红曾说："鲁迅以一个自觉的知识分子，从高处去悲悯他的人物。他的人物，有的也曾经是自觉的知识分子，但处境却压迫着他，使他变成听天由命，不知怎么好，也无论怎样都好的人了。这就比别人更可悲。"③这是很有见地的看法。鲁迅确实是从高处审视他的人物，以高

① 《鲁迅全集》第1卷，人民文学出版社2005年版，第166页。
② 《鲁迅全集》第3卷，人民文学出版社2005年版，第55页。
③ 聂绀弩：《我和萧红的一次谈话》，《新文学史料》1981年第1期。

度"自觉"的态度分析、批判人物"不自觉"的弱点的。这就给读者提供了一面镜子，让他们对照和反省，从而使他们从"自我"圈子里跳出来，去掉消极颓唐，在斗争中探索前进。可以说，批评知识分子的弱点是鲁迅小说的一个特色。而郁达夫写知识分子，却总是同自己的人物一起苦闷和悲愤的，绝不比自己的人物站得高些，也并不看得客观些。它是以不够自觉的态度去写那些不曾自觉和缺乏自觉的人物。当表现"自我"的反抗呼声时连同"自我"的弱点、病态都一起和盘托出，谈不上批评"自我"的弱点。

鲁迅不但批判知识分子颓唐苟活的精神状态，而且对产生这种状态的主观原因作深一层的剖析。他把手术刀似的笔直接探入人物的灵魂深处，挖掘出个人主义的病根。这在《孤独者》中表现得尤为明显。《孤独者》的主人公魏连殳，他的内心是一个封闭的自我天地，他"亲手造成孤独，又放在嘴里咀嚼"，把自己紧紧地包藏在"独头茧"里。他任性使气，自暴自弃，自戕自践，终于同时代隔绝，同希望和光明隔绝，而陷入极度悲观虚无之中，在"惨伤里夹着愤怒和悲哀"死去。他的死固然是社会制度造成的，但对于一个曾经有过自觉而陷入绝境的知识分子来说，在鲁迅看来，无论是他那变态的报复方式，还是玩世不恭的态度，都源于那病态的个人主义的自尊心和优越感，这便把魏连殳封闭的"自我"灵魂打开了。魏连殳的道路，也是感受着压迫而曾起来斗争，在遭到困难和失败后，就由狂热走上颓废消沉，从一个极端走上另一个极端的路子，而内在的线索却是为同一根绳子——个人主义——相连的。与《孤独者》相比，郁达夫小说中的那些知识分子的精神状态，虽带有时代条件赋予的新的表现形式，但就其实质来说，不过是魏连殳在新的社会条件下的翻版和变种。如果把郁达夫的《采石矶》和《孤独者》加以比较，也是耐人寻味的。尽管两位主人公年代相去较远，但是由其精神状态和性格特征来说，他们之间却有着千丝万缕的联系。像黄仲则那样的恃才傲物、怀才不遇的自负，还有他那放浪形骸的反抗方式，从魏连殳身上都能找到遗响。不同的是，郁达夫抱着欣赏态度去写黄仲则，而鲁迅却对魏连殳进行批判。也就是说，当郁达夫还沉溺于个人主义的赞美曲时，鲁迅已经看到知识分子主观上的危机，这正是两位作家思想上的差距之所在。

三

鲁迅在小说创作过程中严肃考虑到作品的社会效果，力求避免将"苦的寂寞"传染给青年，而郁达夫却很少想到自己的作品的社会影响，其结果，两位作家在选择素材、安排情节、处理结尾等方面表现出明显的差异，一个谨严慎重，精雕细琢，另一个严肃不足，甚至有失格之处。

先看选材方面。"选材要严"，这是鲁迅创作经验的总结。鲁迅从来没有在题材上设过禁区，但是，他的责任感，使他在选材时高度严肃。他曾一再告诫青年作者，绝不要去"描写身边琐事"。他认为，如果只是"咀嚼着身边的小小的悲欢"，"珍惜"自己的"有限的'哀愁'"，那是不足取的。鲁迅反对坠入爱的梦呓，更反对以不严肃的态度描写爱情。鲁迅的这些告诫，对于郁达夫也是极为中肯的。郁达夫的小说，就暴露了"描写范围的狭小"的弱点，作品所写的大多是切身问题，如性的苦闷、爱情的烦恼、经济的困厄等。其中性的苦闷，即所谓"灵与肉的冲突"，更成为重点。作者在表现这种"冲突"时，采用毫无掩饰的"自我暴露"的方式，把个人情欲泥沙俱下地全盘倾泄出来，这在特定的历史阶段，固然具有向封建礼教挑战的意义，但也会伤害青年的健康心理，更不可能把青年的爱情追求引向正当的道路。

在鲁迅小说中，以爱情为题材的作品，严格说来只有《伤逝》一篇。当郁达夫笔下的主人公为得到爱的自由而苦苦挣扎，甚至为此牺牲了自己的时候，鲁迅的《伤逝》似乎倒是为了把沉溺于爱情的青年男女引领出来。《伤逝》写爱情而又不止于爱情，它着眼于社会改革，探求着一条社会解放的道路。鲁迅没有去渲染恋爱的波折和种种性爱的絮语动作，更没有描写性的冲动和性心理。子君是那样勇敢地宣告："我是我自己的，他们谁也没有干涉我的权利。"这种争取个性解放的精神典型地再现了那时青年的觉醒。涓生也同样是易卜生主义的信徒，他把个性解放作为精神支柱。可以说，他们要比郁达夫小说中的主人公来得坚决和勇敢。《沉沦》中的"他"，实际上处在"想爱而不敢爱"的精神状态，过路女学生投过的眼波，反使他"呼吸就紧缩起来"。涓生和子君则不然，他们可以在世人的讥讽中目不斜视，奋然前行，"坦然如若无人之境"。子君和涓生的爱情，是五四时期个性解放和爱情自由的最典型的表现。鲁迅以深沉的笔调，生动地描写了子君和涓生爱情的悲剧，引发读者对悲剧原因的深思，以及对爱情和人生的真谛的探索。

鲁迅小说的结尾处理，也表现出作家强烈的社会责任感。鲁迅在黑暗势力重围下，怀着寂寞的心情从事创作，他的小说不免涂上一层冷峻的色调，他自己也说过："《药》的结尾分明保留着安特莱夫式的阴冷。"但是，鲁迅是遵从先驱者的命令而创作的，而"那时的主将是不主张消极的"，从这样的责任感出发，他又删削些黑暗，装点些欢容，使作品显出若干亮色。表现在小说结尾安排上，他"往往不恤用了曲笔，在《药》的瑜儿的坟上凭空添上一个花环，在《明天》里也不叙单四嫂子竟没有做到看见儿子的梦"①。在《故乡》里，更表示出对今后生活的美好祝愿："他们应该有新的生活，为我们所未经生活过的。"鲁迅这样做，明显是服从于革命功利主义的要求，但同时，又不违背艺术真实规律，这样说，绝不是牵强的。一个作家艺术家，主观认识上的生活真实与实际存在的生活真实并不是完全一致的，主观有时符合客观，有时偏离客观，这是常有的现象。但是，如果是一个严肃的、富有高度社会责任感的作家，他就能严格解剖自己，虚心接受先进的观察社会的工具，修正自己主观上那些与客观不相符的部分，达到对社会生活更深刻的认识。鲁迅就是这样一个具有伟大的社会责任感的大文学家。他在进行小说创作之时，还没有能以唯物主义世界观观察世界，他的思想经历着失望、痛苦、彷徨的折磨，但即便彷徨之时，也不固执己见，而是相信前驱者对社会的认识比自己更加真切，"因为希望是在于将来，决不能以我之必无的证明，来折服了他之所谓可有"②，因此，他删削掉自己某些与客观事实有矛盾的地方，达到对社会更准确的认识。鲁迅的强烈社会责任感，显然是郁达夫所缺乏的。郁达夫说："我在创作的时候，'这篇东西发表之后，对于人生社会的影响如何？''这篇东西发表之后，一般人的批评若何？'那些事情，全不顾著，只晓得我有这样的材料，我不得不如此的写出而已。"③本着"全不顾著"的态度，他把自己的灰色感伤情绪，毫无保留地倾注入作品，在结尾处也显示不出丝毫的希望与亮色，这就同鲁迅形成鲜明的对照。举例来说，鲁迅和郁达

① 《鲁迅全集》第1卷，人民文学出版社2005年版，第441页。
② 《鲁迅全集》第1卷，人民文学出版社2005年版，第441页。
③ 王自立、陈子善编：《郁达夫研究资料》（上），天津人民出版社1982年版，第232页。

夫的小说，都有不少是以主人公的"死"作结局的。郁达夫笔下，有蹈海自尽、月下路毙等，鲁迅笔下，则有魏连殳入殓、子君走向没有墓碑的坟墓等。"死"的结局反映了半殖民地半封建社会知识分子个人奋斗的共同命运，具有必然性。但是，两位作家的不同处理却给人不同艺术感受。郁达夫以绝望的调子给主人公唱挽歌，展现给读者的是惨白的月光，吞噬人的大海，没有希望，没有光明。鲁迅在孤愤歌哭之中，却显露出对光明未来的追求。《孤独者》的结尾，"我"在走出魏连殳的灵堂大门后，眼前出现这样一幅情景："潮湿的路极其分明，仰看天空，浓云已经散去，挂着一轮圆月，散出冷静的光辉。"这无疑是在暗示青年读者：魏连殳的道路毫不足惜，前面还有光明之路，我们完全可以"坦然地"前行。

四

鲁迅和郁达夫都有着自己的艺术风格，而且以截然不同的姿态与色彩在当时文坛上形成强烈对照。两位作家艺术风格的基本差异在于：鲁迅是严肃的写实，感情炽火藏于凝重的笔锋之下，而郁达夫则直抒胸臆，主观色彩显露于浓烈的情绪宣泄之中；鲁迅的作品于深沉冷峻中显出刚性美的魄力，而郁达夫的小说则在清新哀婉中见柔性美的韵致。

"阳刚"与"阴柔"的差别，首先表现在作品中人物的内在气质上。活动于郁达夫小说中的人物，可以组成一个"弱者群"，这些弱者缺乏宏大的气魄，他们精神上消极，意志上薄弱，在现实面前，只能"同丧失了夫主的少妇一般"，发出"毫无气力，毫无勇毅"的"哀哀切切的悲鸣"。而鲁迅则不然，他的悲剧人物，尽管在厄运中毁灭，却始终不失其刚健气质。涓生在理想破灭、爱人身亡的巨大悲痛中，呼唤地狱的毒焰来烧尽自己的悔恨和悲哀；魏连殳自戕自践之时，依然发出"长嚎"，"像一匹受伤的狼，当深夜在旷野中嗥叫，惨伤里夹杂着愤怒和悲哀"。这"长嚎"和郁达夫作品中的"悲鸣"，形成了一种不同性格的强烈对照。

在自然环境的描写上，也表现出"刚"与"柔"的差别。描写大自然，是郁达夫的一种"偏嗜"，他的几乎每篇小说，都有大段景物描写。不过，郁达夫所写的，不是辽阔雄壮、洪波浩渺的壮丽景色，而是那"忧郁美"的意境，他的主人公常陶醉于淡淡的愁云下、迟来的桂馥前，嗟叹那忧伤的晚霞，吟咏那轻柔的颓波。与郁达夫相反，鲁迅表示，"自然"是他不乐于描写的两种题材之一。在谈到小说的背景描写时，更明确地说"我不去描写风月"①。鲁迅小说中，确实是很少作自然环境描写的，即使写，出现的也是"'放笔直干'的图画"，而不是颓唐、小巧的"小摆设"。小说《在酒楼上》中，作者这样描写废园中的景色："几株老梅竟斗雪开着满树的繁花，仿佛毫不以深冬为意；倒塌的亭子边还有一株山茶树，从暗绿的密叶里显出十几朵红花来，赫赫的在雪中明得如火，愤怒而且傲慢，如蔑视远人的甘心于远行。"这斗霜傲雪的红梅，"愤怒而且傲慢"的山茶花，和郁达夫笔下柔媚馥郁的迟桂花又形成了强烈的对照。

两位作家艺术风格的差别是由个人气质、审美情趣等多方面因素造成的。但是，艺术思想上的差异，无疑是重要的原因之一。鲁迅为了"听将令"，服从战斗的需要，必然要推崇阳刚之美、力之美、战斗之

---

① 《鲁迅全集》第14卷，人民文学出版社2005年版，第526页。

美，给读者以刚健、雄壮的鼓舞力量。

　　他不写风月，固然是受到了古典文学传统的影响，因为"中国旧戏上，没有背景，新年卖给孩子看的花纸上，只有主要的几个人"①，但更重要的，还是为了适应斗争的需要。而郁达夫，则是从表现自我出发从事小说创作，纤弱的诗人气质，必然使他倾向于阴柔之美。

　　从以上简略的比较中，我们看到，在作品的思想深度、社会内涵及取材谨严等方面，鲁迅都要比郁达夫高出一筹。郁达夫对鲁迅也是至诚佩服的，他说过："我总以为作品的深刻老练而论，他总是中国作家中的第一人者，我从前是这样想，现在也这样想，将来总也是不会变的。"②1933年，郁达夫还给鲁迅题赠了这样一首诗："醉眼朦胧上酒楼，彷徨呐喊两悠悠。群盲竭尽蚍蜉力，不废江河万古流。"郁达夫的诗，准确地概括了《呐喊》《彷徨》的崇高历史地位。我们可以这样说，如果说郁达夫能称得上中国现代小说史上一位杰出的作家的话，那么，鲁迅，也只有鲁迅，才是代表时代的最伟大的天才。这，才是两位作家真正差异之所在。

　　（本文为笔者听取导师林志浩先生所作鲁迅专题讲座后交的作业）

---

① 《鲁迅全集》第14卷，人民文学出版社2005年版，第526页。
② 《郁达夫文集》第6卷，花城出版社、三联书店香港分店1983年版，第62页。

醇厚的诗意　深刻的主题

—— 简论鲁迅小说《伤逝》

　　如果不过分拘泥于文学体裁的分野，那么可以说，写得优美的小说中也有诗。鲁迅先生的小说《伤逝》就是一首深刻的抒情诗。它用优美的语言、丰满的形象、沉重而又激越的调子传达出发人深省的思想，提出重大的历史课题。不仅在当时因为"表现的深切和格式的特别，颇激动了一部分青年读者的心"，而且在今天，该作品依然能推动我们的心扉，给以深刻的教育和启迪。

　　在鲁迅的小说中，《伤逝》是唯一以男女爱情为题材的作品。它写作于 1925 年，那正是五四以后讴歌自由恋爱、婚姻自主的浪潮方兴未艾的时期。

　　在社会思潮中，要求恋爱自由是和争取个性解放的思想紧密相关的。这在特定历史条件下，也曾是资产阶级具有号召力的革命口号。恩格斯在谈到欧洲那个时代出现的这些要求时，就曾提出："这些问题，在社会的一切旧有的联系正在松弛，一切因袭的观念正在动摇的时候，是必然要提出来的。""于是就发生了这样的情况：正在兴起的资产阶级，特别是在现存制度最受动摇的新教国家里，都越来越承认在婚姻方面也有缔结契约的自由，并用上述方式来实现这一自由。婚姻仍然是阶级的婚姻，但在阶级内部则承认当事者享有某种程度的选择的自由。在字面上，在道德理论上以及在诗歌描写上，再也没有比认为不以夫妻相互性爱和真正自由的协议为基础的任何婚姻都是不道德的那种观念更加牢固而不可动摇的了。"[1] 在中国的五四运动前后，争取恋爱自由和婚姻自主，就是激动着知识阶层的反封建的口号之一。因为它是当时反对封建礼教、争取个性解放的一个重要内容，而且反映了男女青年的切身利益。特别是《新青年》杂志的《易卜生专号》刊出歌颂叛逆女性的话剧《娜拉》以后，娜拉式的出走更成为千万青年的行动楷模。这股汹涌浪潮，强烈波及新文学的论坛。据茅盾先生对《小说月报》的统计，1921年4—6月发表的120篇作品中，描写恋爱自由的就有70余篇。到鲁迅写《伤逝》的1925年，创造社的浪漫主义文学已经兴起，很多小说和诗强烈冲击着封建礼教的堤防，狂热地鼓吹为了爱而不惜牺牲一切。甚至有些开始提倡革命文学的作家，也倾心于革命加恋爱的主题，即使恋爱与革命发生了矛盾，作者也要想尽办法不让革命损害爱情，把两性恋爱置于神圣不可侵犯的地位。

这一切，都反映了五四反封建新思潮的一个侧面。几千年来封建礼教压迫下的不自由的婚姻制度，在时代的前进中，特别是在接受了新思想洗礼的知识青年中，产生了一种用"绝对自由"的甚至盲目的爱情来幻想否定封建道德的狂澜，即鲁迅所说，"正是当时许多智识青年的公意"。从思想潮流来看，这是进步的。但是，在实际斗争中，这种盲目的爱的狂热的实践者，却很少有不碰得头破血流的。即使不虚掷了有

---

[1] 《马克思恩格斯选集》第4卷，人民出版社1995年版，第79页。

用的生命，也要被强大的封建势力迫向生活的绝境，消磨了斗志，葬送了青春。它表明，如果离开社会改革，离开政治、经济上面的解放，争取恋爱自由和妇女解放，都是无法实现的幻想。正是在这样的历史背景下，鲁迅清楚地看到了这个问题的关键和实质，敏锐地发掘了隐藏在这股狂澜背后的危机，满腔热情地写出《伤逝》，真实地描述了在依然存在强大封建势力和现实经济压力下，涓生和子君战败的悲剧，这是我国文学史上第一次对个性解放进行形象的批判。

明确的主题是同别具匠心的构思相契合的。为了形象而鲜明地传达主题，鲁迅先生跳出当时描写青年爱情的作品的窠臼，不把刻画的重点放在男女主人公的自由恋爱上，而是放在实现婚姻自主后的小家庭生活上。

涓生和子君都是在五四风浪下被唤醒的知识青年，他们把拜伦、雪莱、易卜生作为自己的精神领袖，在这些资产阶级个性主义者的思想照耀下，他们冲破封建家庭的藩篱，在吉兆胡同建立了梦想中的小家庭。在这场斗争中，他们是勇毅的，特别是子君，她无畏于路人"探索，讥笑，猥亵和轻蔑的眼光"，毅然斩断亲情的葛藤，并且"分明地，坚决地，沉静地"宣布："我是我自己的，他们谁也没有干涉我的权利！"这是觉醒者的声音，是反抗过程中闪耀出来的火花。一向被作为男子附属品的中国妇女，第一次发出了自觉的呼声，向社会要求独立的地位，这声音确实能震动人的灵魂。但是，他们赢得了婚姻自主，是否就能做到真正的"人格独立"呢？他们的小家庭生活是否充满紫罗兰的芬芳呢？鲁迅先生用现实主义的笔法描写了这一切。

"恋爱自由"所绽开的花朵确实给他们展现过一丝妩媚的色彩，但他们"新生活"的道路也很快被注定了，君生是"由家到局，又由局到家。在局里便坐在办公桌前钞，钞，钞些公文和信件；在家里是和她相对或帮她生白炉子，煮饭，蒸馒头"。子君的生活则全部建立在每日"川流不息"的吃饭的功业和饲鸡喂狗上，因为忙，"管了家务便连谈天的工作也没有，何况读书和散步"。她摆脱了封建束缚，又不得不在"新生活"里充当管家婆的角色。

于是，平凡庸俗远大于"理想"的爱的生活开始了。涓生说，"不过三星期"，就"渐渐清醒地读遍了她的身体，她的灵魂"，"似乎于她已经更加了解，揭去了许多先前以为了解而现在看来却是隔膜，即所谓真的隔膜了"。这本来在新婚的情侣里也是难免的，但它却成为涓生心理上的阴影。他启发子君："爱情必须时时更新，生长，创造"。然而，这创造出的新的一课究竟是什么，实际上涓生也茫无头绪。处在他们那样的生活条件下，究竟怎样更新呢？为了吃饭，子君不得不忙于家务，这对一个新女性来说，的确是"庸俗空虚"的，但除此之外别无选择，因为高雅的生活是不属于穷公务员家庭的。

日复一日的"庸俗空虚"生活使得爱的"理想"的斑斓色彩逐渐剥落，涓生对子君的热情也逐渐冷却。就在此时，一阵无情的冰雹落到他们身上，涓生失业了，那原因当然是他们的恋爱和同居不能容于那个社会。失业的打击进一步加深了涓生和子君的隔膜，涓生说，"那么一个无畏的子君也变了色"。而涓生呢，他自以为比子君刚强，因为他早已觉悟到，他的职业"原如鸟贩子手里的禽鸟一般，仅有一点小米维系残生，决不会肥胖"，他努力开辟新生路，维系惨淡的生活。生活的贫困，加大了两人之间的隔膜。当子君喂养的油鸡成为菜肴，小狗也因为"食量"负担不起而被带到西郊放掉的时候，子君显出"凄惨的神色"，"到夜间，在她的凄惨的神色中，加上冰冷的分子了"。于是，理想的爱完结了，涓生终于说："我觉得新的希望就只在我们的分离。"

涓生和子君暮春安家，子君冬末离去，短暂的小家庭生活竟如此黯淡失色。他们不是曾以"胜者"自居，自认为"人格独立""自己负责"了吗？但实际上，涓生失业前是"仅有一点小米维系残生"的"鸟贩子手里的禽鸟"，失业后则一并失去那"维系残生"的"小米"，"就如蜻蜓落在恶作剧的坏孩子的手里一般，被系着细线，尽情玩弄，虐待，虽然幸尔没有送掉性命，结果也还是躺在地上，只争一个迟早之间"。这里，何曾有半点"人格独立"的影子？他们的爱情生活呢？涓生不断在喊："爱情必须时时更新，生长，创造。"但等待他们的却是爱情理想色彩的剥落、褪除、毁灭。"恋爱自由"的颂歌只能产生梦想中的海市蜃楼，却绝对不能创造幸福实在的生活，这是无情的事实作出的结论。

那么悲剧的深刻原因究竟在哪里呢？

封建卫道者的迫害，无疑是重要原因，但悲剧的主观因素同样不可忽视。鲁迅先生没有着意去描写悲剧的社会原因，而是把锋利的解剖刀伸向涓生和子君的灵魂，这又是同传统的爱情悲剧的写法所不同的。

这两位在黑暗中抗争的青年人尽管个性各异，但他们有着共同的思想弱点：只是为了追求恋爱自由，没有更高的生活目标；只是信赖个性解放，不懂得个性解放与社会解放的密切联系。当他们在吉兆胡同建立起小家庭后，自以为目标实现了，一头蜷缩于凝固的"安宁和幸福"之中，忘记他们是在陷阱边上跳舞，恐怖的深渊在窥视着他们，他们迟早要滑入深渊。

涓生和子君思想的软弱的背后，是他们所依赖的武器的软弱。1923

年，鲁迅在题为《娜拉走后怎样》的讲演中，就对个性主义思想作了最初的批判。他深刻地提出，娜拉表面上似乎是"自由选择""自己负责""救出自己了"，但由于没有钱，她追求自由解放，"飘然出走"的结局就只有两种可能：一是回家，二是堕落。因为"自由固不是钱所能买到的，但能够为钱而卖掉"。因此鲁迅认为首先要夺得经济权，要有吃饭的权利。但是"在经济方面得到自由，就不是傀儡了么？也还是傀儡"，还说不上是真正的自由，鲁迅要求的是社会制度的彻底改革。他号召妇女不要走娜拉的绝路，不要空喊妇女解放、自由平等，而要奋起从事"比要求高尚的参政权以及博大的妇女解放之类更烦难"的战斗。《伤逝》正是鲁迅上述观点的形象化体现。涓生和子君便是因为没有高远的斗争目标，在黑暗势力压迫下失败了。子君最终走的，正是"回来"这条路。涓生在宣布分手的决定时，重又谈到"文人的作品：《诺拉》，《海的女人》。称扬诺拉的果决……"。

曾几何时，"诺拉的果决"鼓励子君背离封建家庭，走向新生活的"辉煌曙色"；又曾几何时，"诺拉的果决"反成为离弃新生活、返回旧家庭的动力。

悲剧的深刻性就在这里！

涓生重又回到会馆时，曾这样记述了自己的心情：依然是这样的破屋，这样的板床，这样的窗外的半枯的槐树和老紫藤，"但那时使我希望，欢欣，爱，生活的，却全都逝去了"。那"使我希望，欢欣，爱，生活的"，就是当时涓生和子君两人共同的信念和理想，就是作为他们爱情的思想基础而被他们经常谈论的打破"家庭专制""旧习惯"，"男女平等"，"伊孛生、泰戈尔、雪莱"。然而，这一切与中国社会刚一接触，顷刻化为粉末。《伤逝》所伤的正是这"全都逝去了的"，曾使涓生和子君"希望，欢欣，爱，生活的"信念和理想。这些信念和理想的"逝去"，就是产生悲剧的最深刻的原因。

《伤逝》之所以能生动地表现主题，是同"涓生的手记"的独特形式分不开的。俄国作家法捷耶夫评论过："如果说在《阿Q正传》中，鲁迅是一个表面上好像是无情地叙述事件的叙事的作家，那么在《伤逝》中，他就是一个触动心弦的深刻的抒情的作家。"一个惨痛的爱情悲剧，不由作家客观地写出，而是通过悔罪男子的口吻，如泣如诉地倾吐出来，这就使整篇小说宛若一首深情绵邈、悲伤凄清的抒情诗，强烈地烘染了故事无可挽回的、动人心弦的悲剧气氛。涓生在"悔恨与悲哀"中写自己的回顾，无处不流露着对子君的怀念和追思。连短短的景色描写也无一不反映着主人公浓厚的感情。例如涓生重又回到会馆时的景物，无处不浸染着主人公沉痛空虚的心情。但一年前同样的景物却是完全不同的面貌。那时，"在久待的焦躁中，一听到皮鞋的高底尖触着砖路的清响，是怎样地使我骤然生动起来呵"，"她又带了窗外半枯的槐树的新叶来，使我看见，还有挂在铁似的老干上的一房一房的紫白的藤花"。同样的枯槐老藤，在主人公不同的感情状态下，幻出了多么不同的色彩！环境依旧，人事全非，这是多么令人心痛悲伤啊！另外，"手记"的形式还别具特点。它不同于记载每天生活的"日记"，不同于概括一生的"传记"，也不同于兴之所至、一麟半爪的"散记"或"漫记"，它是对前一段生活的回顾和总结。"对于悲剧的事，清醒以后来写，写得格外沉痛，容易使人激动。""手记"开头写道："如果我能够，我要写下我的悔恨和悲哀，为子君，为自己。"这时，笔者所深爱的子君已在"无爱的人间死灭"。一年来，他经历过那样的狂喜，那样的悲痛，如今痛定思痛，自己再来重温过去的经历，追溯酿成悲剧的原因，总结生命的道理，这样得出的结论，当然是最激动人心而最有说服力的。

鲁迅的小说《伤逝》，已经上海电影制片厂改编拍摄成故事片，经过银幕形象的再创造，必将闪发出更加绚丽的光彩。

（本文为《中国青年》杂志约稿，因故未刊发）

亦真亦幻　亦神亦人

——唐传奇《任氏传》的浪漫主义特征剖析

在被称为中国小说发展史上里程碑的唐人小说中，沈既济《任氏传》是迄今保存的名篇之一。

《任氏传》全文仅 3000 余字。这件凝练、精致的艺术品，到今天还能撼动我们的心灵，除了因为它表现了积极、执着的人生态度和健康、动人的爱情外，还在于它具有浪漫主义的艺术造诣，因而能生发出引起读者广阔联想的"飞动之致"①。

一

《任氏传》描写一位多情的狐女与人发生爱情的故事。这类狐仙的故事题材，早在六朝志怪小说中就有简略记载。《列异传》中写道，"狸髠千人得为神"。《玄中记》中描绘："狐五十岁，能变化为妇人。百岁为美女，为神巫，或为丈夫与女人交谈；能知千里外事，善蛊魅，使

---

① 《鲁迅全集》第 10 卷，人民文学出版社 2005 年版，第 88 页。

人迷惑失智。千岁即与天通，为天狐。"狐精中的情鬼，有的摄精重生，有的死而不僵，有的冥冥相会。晋人描写这些狐精情鬼，其目的在于"发明神道之不诬"，也就是说为了证明神鬼的实有及其威灵，宣扬宗教迷信思想，其作用是把人民带到迷信的幻境中，使之屈从命运的摆布，这些作品显然属于消极浪漫主义的范畴。《任氏传》却不同，虽然从表面看，它依然闪烁着神怪色彩，但作者根本的创作意图却同六朝志怪大相异趣，诚如鲁迅所说：《任氏传》"言妖狐幻化，终于守志殉人，'虽今之妇人有不如者'，亦讽世之作也"①。从"发明神道之不诬"到"讽世"，这是对六朝志怪的大革新，是从消极浪漫主义向积极浪漫主义的大飞跃。

《任氏传》的积极浪漫主义精神，突出表现在任氏形象的塑造上。作品的主人公，已不是一个只具神性的狐鬼，而是"神性"与"人性"的统一体。正如凌濛初所说，传奇等作品"上自神祇仙子，下及昆虫草木，无不受了淫亵污点"。"神性"被"人性"所"淫亵污点"，正是任氏形象的显著特色。在她身上，虽然还残存着鬼怪的奇情异彩，但更洋溢着现实的市井气息，她是带着人性的狐，更是带着狐性的人。作为女妖，任氏身上的"神怪"是显而易见的：她始变为人，终复为狐，人与狐之间的互变，非鬼怪不有；她善于逆料，未卜先知，体现出神的特点；她会使妖术，加人以病，以及不自缝纫等等，都是"神性"的表现。但这些"神性"在她身上并非孤立地存在，而是如盐化于水一样自然地溶解于"人性"之中。任氏在作品中一露面，就是一位"容色姝丽"的白衣少妇，面对着郑六的追逐，她"时时盼睐，意有所受"，作

---

① 《鲁迅全集》第 9 卷，人民文学出版社 2005 年版，第 77 页。

者接着写道：

郑子戏之曰："美艳若此，而徒行，何也？"白衣笑曰："有乘不解相假，不徒行何为？"郑子曰："劣乘不足以代佳人之步，今辄以相奉。某得步从，足矣。"相视大笑。同行者更相眩诱，稍已狎昵。

从这对男女青年挑逗调笑的情景中，我们看到了一个纤丽多情而又略带轻浮气息的下层妇女的身影。随着故事情节的展开，任氏性格中的"人性"多方面地表现出来：她与郑六在长安街道第二次相遇，在郑生"词旨益切"的誓言感动下，她表示"愿终己以奉巾栉"，显示出对爱情的无比忠诚。正是这种坚贞，使她在韦崟对其施行强暴时，以一弱女子抗拒韦崟的无礼，并以大义使他折服，表现出"遇暴不失节"的斗争精神。任氏还以助人为乐，为贫贱的郑生出谋划策，通过买卖马匹获取厚利。后郑生远出就职，任氏预知此行不吉，拟不从去，但在郑生一再劝求下，不得已遂行，终于殉人至死。从以上描写中可以看出，作者实际上已把六朝小说中的狐魅情鬼改造成教坊中妇女的形象，"遇暴不失节，殉人以至死"，正是这些市井人物性格健康的一面。因此，狐形魔影在这里已成为一种形式，就任氏形象的内涵来说，占主导地位的已是人性。

在任氏身上，寄托着作者的理想。唐时，追求高门华族、风流士子的婚姻相习成风，而被任氏这个绝世丽人所爱的郑六，不但贫贱，而且品貌才能都无足取，唯一可取的只是对她的忠贞不贰，作者歌颂他们之间的爱情，正是对当时婚姻风气的批判。他们追求婚姻自由的精神，又是对"父母之命，媒妁之言"的包办婚姻的反对。作者特别赞扬的"遇暴不失节"的行为，正体现了妇女要求主宰自己命运的愿望和反抗压迫的斗争精神。另外，作者塑造任氏这个主动帮助别人排忧解难的形象，也寄托了自己对于美好生活的希望。鲁迅先生在《我们现在怎样做父亲》一文中曾经说过:"中国的社会,虽说'道德好',实际上却太缺乏相爱相助的心思。便是'孝''烈'这类道德,也都是旁人毫不负责,一味收拾幼者弱者的方法。在这样的社会中,不独老者难于生活,即使解放的幼者,也难于生活。"①封建的伦理道德本质上都是害人、吃人的,没有助人的意思在里面,尤其没有帮助弱者的意味。作为史学家的沈既济从历史和现实中多少感到了这一点,他描写任氏这个与封建道德对立的助人为乐的艺术形象,在冷酷的社会中投下一点温暖和光明。

任氏形象还是有缺点的,作品后半部分写她与韦崟的关系很融洽,"每相狎昵,无所不至,唯不及乱而已",任氏还为韦崟骗取宠奴,供他玩弄。这些都表现出作者思想上消极的一面。

二

《任氏传》塑造了一个丰满而复杂的艺术形象,其成功的重要原因,在于作者采用了细致的描写手法。唐人段成式说:传奇"奇且繁也"。宋代胡应麟又说:"传奇'撰述浓至'"。所谓"繁"和"浓",就是细致。《任氏传》在这方面是很突出的。它就像一幅中国传统的水墨画,虽然用笔不多,但一点也不潦草,画面有声有色,人物栩栩如生。《任氏传》对人物的细致刻画表现在两个方面:一是设计环境,重视情节描写,以此来写人;二是不仅写人物"做什么",更重视"怎么做"。

为了刻画人物,作者为任氏设计了特定的活动环境。这首先是充满

---

① 《鲁迅全集》第 1 卷,人民文学出版社 2005 年版,第 142—143 页。

浪漫主义幻想色彩的自然环境。作品写任氏与郑六初次见面后，携郑六东行，在入夜的昏黑中，突然见一住宅，"土垣车门，室宇甚严"，它给读者带来神秘莫测的感觉。更为奇怪的是，郑六第二天复视原处时，却"见土垣车门如故"，而其中的深宅大院不翼而飞，实实在在只是一片荒园废圃。这个神奇变幻的荒园，为狐女提供了真实、形象的活动背景，从而增强了任氏形象的真实感。

自然环境的描写，只是构成任氏活动环境的一个组成部分。对任氏性格塑造更为重要的是社会现实的环境。作者精心安排了任氏与韦崟、郑六之间的微妙关系，通过发生在他们中间的爱情纠葛来表现人物性格。韦崟是一个出身豪门贵族的纨绔子弟、玩弄女性的好色之徒。郑六呢，他只是一个帮闲式的游侠儿，虽然"早习武艺，亦好酒色"，但因"贫无家"，只能依附韦崟。他们同任氏的关系，都是从追慕美色开始的，但郑六由最初的只图"艳冶"而转为对爱情的执着不移，第二次与任氏相会时，尽管他已知道任氏的底细，仍不为之见恶，"连呼前迫"地追逐，信誓旦旦，"词旨益切"；而韦崟则不同，他凭借着经济上对郑六的支配权，对郑六的恋人施行强暴，一见任氏，便像饿狼那样，"拥而凌之"。这两种不同的态度，为表现任氏性格中两个不同侧面提供了客观依据，任氏形象也就在不断变化的关系中日见丰满。

通过缠绵悱恻、离奇多变的情节来表现人物性格，是作品的又一艺术特点。作者运用迷离闪烁之笔，精心安排了几个"变"，"变"在现实土壤上发生，却又充满浪漫主义奇想，跌宕有致，波澜起伏。任氏与郑六初次相会，一见如故，当夜"酣饮极欢""夜久而寝"，但拂晓前郑六离开任所后，经鬻饼胡人之口，知道"艳姿美质"的任氏原来是狐时，大吃一惊，复视其所，果然面目全非，故事情节出现第一个

"变"。接着，任氏与郑六二次相逢，两人永结为好，此刻突然节外生枝，韦崟登门施行强暴，任氏凛然起身反抗，矛盾骤然激化，情节发生第二个"变"。波澜平复以后，接踵而来的是第三"变"：原先势不两立的任氏与韦崟化敌为友，融洽至极，甚至沆瀣一气，狼狈为奸，任氏用诡计，施妖术，满足韦崟淫欲。就在故事似乎已近尾声的时候，蓦地又生出第四"变"，郑六赴金城任官，任氏被迫与之偕行，至马嵬，适巧碰上西门圉人之猎犬，人复变狐，死于非命。就这样，作品以任氏与郑六的爱情为主线，层层深入地展开起伏不迭的情节，一个"变"字出现在情节发展的各个阶段，读者随着"变"时而惊讶，时而感叹，时而喜悦，时而悲哀，任氏充满浪漫色彩的性格也就在"变"的过程中得到体现。当然，作品在安排这种多变的情节时也是有缺陷的，作者没有处理好人物和情节的关系，为了"搜奇记逸"和突出变化无端，有时杜撰情节并由此任意编派人物，任氏性格前后矛盾的原因之一，也在于此。

三

作者刻画人物的功夫，还表现在一些具体的描写手法上，它可以概括为以下几个方面：

烘云托月，侧面描写。这在对任氏美貌的渲染上，表现尤为突出。作品把郑六、韦崟及家童、市人张大对任氏美色的惊羡写得迥然各异，有声有色。任氏第一次在长安街道上出现，郑六作出这样的反应："郑子见之惊悦，策其驴，忽先之，忽后之，将挑而未敢。"这位白衣少妇的艳丽竟达到如此地步，以致郑六如被磁石吸引一样，在她身边前后奔走，不忍远离一步。"将挑而未敢"更活画出郑六既想挑逗，又望而生畏的复杂心理，女子的姿色使好色之徒都不敢轻易招惹，就足见其非世俗所有了。韦崟及其家童的反应另具特点。韦崟不信郑六能获丽人，特意选派一个聪明狡黠的家童专程窥视，家童"俄而奔走返命，气吁汗洽"，汇报韦崟，"奇怪也！天下未尝见之矣"。但韦崟毕竟"姻族广茂，且夙从逸游，多识美丽"。家童的惊呼未引起他太大的震动，他只是列举佳丽，让家童作比较回答。当他举出佳者四五人，甚至以"浓艳如神仙"的吴王家第六女与任氏相比，都得到"非其伦也"的答复时，"抚手大骇曰：'天下岂有斯人乎？'遽命汲水澡颈，巾首膏唇而往"。这段生动细腻的侧笔描绘，把对任氏美貌的烘托更提高了一步。市人张大的反应也具个性特点，他一见任氏，便吃惊地告诫韦崟，"此必天下贵戚"，"且非人间所宜有者，愿速归之，无及于祸"。从上述四人的情态和惊呼声中，读者能充分想象出狐女的惊人美貌。作品尽管未对任氏作一个字的肖像描写，但绝世佳人的形象已呼之欲出。

因小见大，细节点染。作者选择细节的精当是令人惊叹的，他往往通过一些小事的精描细绘，以局部反映全体，表现人物的复杂性格，"郑六买马"就是一例。昭应县一匹后腿有烙印的御马，已死四年，未曾上报，管马的官员为吞没六万钱喂养费，急于寻找顶替。任氏神算到此事，抓住时机为郑六谋利。她先要郑六借三千钱，从市场购进带烙印的马匹，然后又以三万钱出售给昭应官员，从中获取厚利。作者把这段小插曲写得曲折丰富，环环相扣，任氏为郑六的步步策划都细致入微，从中又旁插郑六妻弟的嗤笑及市人的大哗，更衬托出任氏的聪明机智，并使人们深深地感受到她乐于助人的满腔热情。细节的点染，还可以增强故事的真实感。作品写任氏不得已随郑六远行，在道上遇猎狗跃出草间，此时"任氏欻然坠于地，复本性而南驰"。待她被犬所害后，

"回睇其马，啮草于路隅，穿服悉委于鞍上，履袜犹悬于镫间，若蝉蜕然。唯首饰坠地，余无所见，女奴亦逝矣"。任氏复本性被害，这本是奇想，但由于细节刻画得活灵活现，就令人感到真有其事。再与上文中任氏曾料"是岁不利西行"相照应，更增添了任氏的传奇色彩。

反复勾勒，异乎寻常。按照常规，狐的本性是伤害人的，而任氏却充满人情，和蔼可亲。作者甚至让任氏说出这样的话："凡某之流，为人恶忌者，非他，为其伤人耳。某则不然……"表明她已逆于狐的本性。而作为人的韦崟呢？他却逆乎人的本性，处处糟蹋人、作践人。他贪婪张十五娘的美貌，但经玩弄后"数月厌罢"；他垂涎于宠奴的"娇姿艳艳"，迫不及待地把她搞到手，并使之失身。通过"人"与"狐"之间的两相对照，更反衬出任氏爱人、助人的品质。

《任氏传》作为一篇积极浪漫主义的作品，对后世文学产生了很好的影响。除了任氏身上所体现的反抗封建势力、争取婚姻自由的思想，成为后来小说、戏剧中反复出现的主题外，更为重要的是它在浪漫主义的人物形象塑造方面提供了创作经验。从清初蒲松龄的《聊斋志异》中，我们特别能看到这种一脉相承的关系。《聊斋志异》之所以能塑造一批富有人性的狐魅形象，以至于传闻社会，家喻户晓，不能不说其中有沈既济的一份功劳。即使将《任氏传》与中世纪的西方文学相比，同类题材的《列那狐传奇》只是到 12 世纪才出现，比《任氏传》要晚三百多年。因此，给《任氏传》以充分的评价，特别是肯定它在塑造人物方面的艺术成就，是十分必要的。

（原载《祁连学刊》1991 年第 4 期）

第二部分

中国特色社会主义研究

一切从社会主义初级阶段的实际出发

正确认识我国社会主义的发展阶段，这是把马克思主义基本原理同我国具体实际相结合，把握我国的基本国情，建设有中国特色社会主义的首要问题。《邓小平文选》第3卷中提出了我国正处于社会主义初级阶段的科学论断，这是当前和今后的历史时期内制定方针政策的基本依据。

一、社会主义初级阶段论是对马克思主义学说的新贡献

1987年3月，中央有关机构在报给邓小平的《关于草拟十三大报告大纲的设想》中提出，十三大报告全篇拟以社会主义初级阶段作为立论的根据。邓小平批示："这个设计好。"[①]党的十三大召开前夕，邓小平又说："我们党的十三大要阐述中国社会主义是处在一个什么阶段，就是处在初级阶段，是初级阶段的社会主义。"[②]根据邓小平的决策，党的十三大报告对社会主义初级阶段进行了系统阐述。邓小平的决策，是

---

① 《邓小平文选》第3卷，人民出版社1993年版，第407页。
② 《邓小平文选》第3卷，人民出版社1993年版，第252页。

他从十一届三中全会以来对中国国情认识和分析的成果。

认清国情，认清我国社会主义事业所处的现实阶段，是我们制定政策和采取行动的出发点。十一届三中全会以来，邓小平总结历史经验教训，研究现实状况，十分重视对现阶段国情的分析。1979 年，他在题为《坚持四项基本原则》的重要讲话中就强调，"中国式的现代化，必须从中国的特点出发"①，要充分认识"由于底子太薄，现在中国仍然是世界上很贫穷的国家之一"②，在他主持制定的党的十一届六中全会《决议》中首次指出："我们的社会主义制度还是处于初级的阶段。"③ 在这以后，邓小平一再地从不同角度对此展开论证。党的十三大报告关于社会主义初级阶段理论的论述，集中反映了邓小平同志多年来对中国国情的探索。

邓小平关于社会主义初级阶段的理论，对马克思主义学说作出了新贡献。

第一，这是对马克思主义关于社会主义发展阶段学说贡献了新论点、新内容。

社会主义社会的发展阶段问题，作为科学社会主义学说中的一个重要命题，是在马克思主义著作中经常探讨的。马克思在预测未来共产主义社会时，曾把它划分为第一和高级两个阶段。后来列宁把第一阶段称为社会主义社会，把高级阶段称为共产主义社会。世界上第一个社会主义国家建立后，列宁根据社会主义的实践经验，从俄国经济文化落

---

① 《邓小平义选》第 2 卷，人民出版社 1994 年版，第 164 页。
② 《邓小平文选》第 2 卷，人民出版社 1994 年版，第 163 页。
③ 中共中央文献研究室编:《三中全会以来重要文献选编》(下)，人民出版社 1982 年版，第 838 页。

后的状况出发，认识到每一个发展阶段都有一个多级发展过程。就社会主义社会而言，他就提出过"低级阶段""中级阶段""发达的社会主义""完全的社会主义"等概念。至于更具体的发展阶段和过渡办法，列宁当时说："那我们不知道，也不可能知道。"① 毛泽东也对我国社会主义发展阶段作过探索，提出过"社会主义这个阶段，又可能分为两个阶段，第一阶段是不发达的社会主义，第二阶段是比较发达的社会主义"②。邓小平同志关于社会主义初级阶段的论断，以其准确的判断和崭新的概念，载入马克思主义学说史册。

第二，这是把对社会主义本质、目标的考察和对我国社会主义现阶段的分析有机地结合了起来，是一次根本性的拨乱反正。

列宁之后的社会主义实践中，人们都对现实社会主义发展阶段进行探讨论证。实践表明：如何使理论结合实际，准确地判断和把握本国社会主义的发展阶段，是一件很不容易的事情。苏联从斯大林到戈尔巴乔夫，五届领导人对本国社会主义所处发展阶段作出五种不同判断。正是苏联领导人对本国所处发展阶段长期认识不清，使得社会主义建设找不到准确的出发点和立足点，这也是苏联社会主义失败的重要原因之一。我国进入社会主义社会后，毛泽东对我们所处的发展阶段作过探索，但在多数时期，他的认识并不是准确的。总结我国和苏联在社会主义发展阶段上的共同经验教训，那就是对社会主义本质缺乏全面的清醒的把握，离开生产力标准来判断社会主义的发展阶段，加之对本国生产力发展的落后性认识不足，从而对本国社会主义所处的发展阶段估计过高，盲目求纯，追求越大越公越好。

---

① 《列宁全集》第31卷，人民出版社1985年版，第95页。
② 《毛泽东文集》第8卷，人民出版社1999年版，第116页。

党的十一届三中全会以来，邓小平认真总结国内外特别是中国社会主义建设正反两方面的经验，冷静地提出我们对什么是社会主义并不总是清醒的，坚持搞清社会主义本质、目标，实事求是地研究中国的国情，提出了社会主义初级阶段的理论。这个理论一方面肯定"我们也在搞社会主义"，另一方面明确"但事实上不够格"，强调要按社会主义本质去干社会主义，"现在我们正在向这个路上走"①。这样就把认识社会主义本质和我们现在所处阶段相统一，为从根本上纠"左"防右奠定了基石，是坚持和发展马克思主义的大贡献。

第三，这是对马克思主义理论"国情论"的丰富和发展。

社会主义初级阶段，不是泛指任何国家进入社会主义都会经历的起始阶段，而是特指我国在生产力落后、商品经济不发达条件下，建设社会主义必然要经历的特定阶段。这个阶段的任务，是在社会主义制度下，去实现别的许多国家在资本主义条件下实现的工业化和生产的商品化、社会化、现代化。列宁说："世界历史发展的一般规律，不仅丝毫不排斥个别发展阶段在发展的形式或顺序上表现出特殊性，反而是以此为前提的。"②对中国社会主义发展阶段特殊性的认识和判断，表明我们党打开了不是从一般原则、外国模式出发而是从中国国情出发创造性探索中国建设社会主义道路的大门，把马克思、列宁提出的社会主义革命和建设都必须认识本国国情的原理往前推进了一大步。

第四，社会主义初级阶段理论是毛泽东新民主主义论在社会主义时期的继承和发展。

毛泽东在寻找中国自己的走向社会主义的道路时，提出了中国革命

---

① 《邓小平文选》第 3 卷，人民出版社 1993 年版，第 225 页。
② 《列宁全集》第 43 卷，人民出版社 1987 年版，第 370 页。

分两步走，经过新民主主义进到社会主义的战略步骤，并指出新民主主义革命胜利后，应当有一个相当长的新民主主义建设时期。可在实践过程中，这个时期被大大缩短了。进到什么样的社会主义，也没有从中国国情出发来研究，相当程度地接受了苏联模式的影响。在对历史进行沉痛反思后，作出了我国长期处于社会主义初级阶段的论断，这从某种意义上说，是在社会主义制度下补新民主主义发展不充分的课。新民主主义革命、新民主主义建设、社会主义初级阶段，这几个依次连接的发展阶段，展现了中国走向社会主义和建设社会主义的独特途径。

二、社会主义初级阶段是不发达的社会主义向发达社会主义的过渡

社会主义初级阶段的含义是什么？邓小平同志说得很清楚："社会主义本身是共产主义的初级阶段，而我们中国又处在社会主义的初级阶段，就是不发达的阶段。"[1] 不发达即生产力落后。生产力标准，是判别我国处在社会主义初级阶段的依据。

对初级阶段的理解涉及什么是社会主义的本质，如何看待社会主义的根本任务。邓小平同志认为，共产主义是物质极大丰富的社会，社会主义是共产主义的第一阶段，它的主要任务就是发展生产力，为进入共产主义创造物质条件，因此，"不能有穷的共产主义，同样也不能有穷的社会主义"[2]。我国目前生产力落后，人均国民生产总值很低，按照生

---

① 《邓小平文选》第 3 卷，人民出版社 1993 年版，第 252 页。
② 《邓小平文选》第 3 卷，人民出版社 1993 年版，第 171—172 页。

产力标准，我们的社会主义"事实上不够格"[①]，只能是处在初级阶段的社会主义、不发达的社会主义。

社会主义初级阶段既是不发达的阶段，又是由不发达向发达过渡的时期。从 20 世纪 50 年代生产资料所有制的社会主义改造基本完成，到 21 世纪中叶达到中等发达国家水平，这上百年时间，都属于社会主义初级阶段。邓小平指出："搞社会主义，一定要使生产力发达，贫穷不是社会主义。我们坚持社会主义，要建设对资本主义具有优越性的社会主义，首先必须摆脱贫穷。……只有到了下世纪中叶，达到了中等发达国家的水平，才能说真的搞了社会主义，才能理直气壮地说社会主义优于资本主义。现在我们正在向这个路上走。"[②]为什么需要这么长的时间？这是由社会主义初级阶段的发展水平和所肩负的历史任务决定的。在社会主义初级阶段，我们所要解决的历史课题是实现工业化和生产的商品化、社会化、现代化。我国工业化的程度还是比较低的。"十多亿人口，八亿在农村，基本上还是用手工工具搞饭吃；一部分现代化工业，同大量落后于现代水平几十年甚至上百年的工业，同时存在"[③]，这是摆在我们面前的突出景象。由于长期以来排斥和限制商品经济，生产商品化的水平也较低，自然经济半自然经济在我们的经济中依然占很大比重。至于生产的社会化和现代化，更面临着双重的历史性挑战：第一是资本主义由 18 世纪中叶起到 20 世纪中叶这二百年间，所完成的以大机器工业和电气化为特征的产业革命的挑战，第二是资本主义由 20 世

---

① 《邓小平文选》第 3 卷，人民出版社 1993 年版，第 225 页。
② 《邓小平文选》第 3 卷，人民出版社 1993 年版，第 225 页。
③ 中共中央文献研究室编：《十三大以来重要文献选编》（上），人民出版社 1991 年版，第 10 页。

纪 70 年代开始兴起的，以信息技术、新材料、新能源和生物工程等为特征的新技术革命的挑战，应付挑战的任务是相当艰巨的。因此，我们必须下决心，在还有六十年的整个历史阶段，埋头苦干，急起直追，缩短和消除同资本主义发达国家在过去两个世纪内所造成的差距，建立社会主义应当有的发达的生产力基础、发达的商品经济基础，使我国成为富强、民主、文明的社会主义现代化国家，使社会主义真正"够格"，使社会主义本质得以全面地实现。

社会主义初级阶段，具有重要的历史地位，概括地说，"它是逐步摆脱贫穷、摆脱落后的阶段；是由农业人口占多数的手工劳动为基础的农业国，逐步变为非农业人口占多数的现代化的工业国的阶段；是由自然经济半自然经济占很大比重，变为商品经济高度发达的阶段；是通过改革和探索，建立和发展充满活力的社会主义经济、政治、文化体制的阶段；是全民奋起，艰苦创业，实现中华民族伟大复兴的阶段"[1]，也是社会主义由不发达真正变成发达的阶段。

"社会主义初级阶段"这个科学概括，为我们观察和解决建设有中国特色社会主义的一切重大问题提供了基本依据，为我国社会主义现代化建设找准了出发点和立足点。

三、制定路线方针政策必须以初级阶段为依据，不能超越阶段

邓小平在谈到党的十三大特点时说，十三大"阐述了中国社会主义

---

[1] 中共中央文献研究室编:《新时期党的建设文献选编》，人民出版社1991年版，第361页。

初级阶段的理论，在这个理论指导下，坚定地贯彻党的十一届三中全会以来的路线、方针和政策"①。他还强调："一切都要从这个实际出发，根据这个实际来制订规划。"②

社会主义初级阶段这个基本国情，为我们制定正确的路线方针提供了基本的客观依据。

我们党的"一个中心、两个基本点"基本路线，就是党在社会主义初级阶段建设有中国特色社会主义的基本路线。

党的十一届三中全会以来制定的一系列重要的方针政策，也是以社会主义初级阶段这个基本国情为依据的。我们实行以公有制为主体，以个体经济、私营经济、外资经济为补充的所有制格局，既坚持了社会主义原则，又是以我国社会主义初级阶段生产力水平比较低、发展不平衡这个实际为依据的。我们实行以按劳分配为主体、其他分配方式为补充的分配制度，既反对平均主义，又要求逐步达到共同富裕，也是这样。我们在农村实行家庭联产承包责任制，也是既坚持了社会主义的集体所有制，又是以我国农村生产力水平还比较低，不适宜普遍搞规模经营这个实际为依据的。同样，分"三步走"的发展战略、"一国两制"的统一方针等，也都是根据我国社会主义初级阶段的实际制定出来的。

《邓小平文选》第3卷中的许多重要文献都强调制定一切方针政策必须以社会主义初级阶段这个基本国情为依据，特别强调注意：

——决不能离开社会主义。社会主义初级阶段是要干社会主义，是坚持社会主义。邓小平一再指出："我们干的是社会主义事业，最终目的是实现共产主义"，"现在我们搞四个现代化，是搞社会主义的四个

---

① 《邓小平文选》第3卷，人民出版社1993年版，第258页。
② 《邓小平文选》第3卷，人民出版社1993年版，第252页。

现代化，不是搞别的现代化"，这一点"宣传方面任何时候都不要忽略"。①那些在经济上搞私有化、政治上搞西方式多党制的主张，离开了社会主义，是决不能允许的。

——不能超越初级阶段。邓小平说："建国以来我们犯的几次错误，都是由于要求过急，目标过高，脱离了中国的实际，结果发展反倒慢了。"②"制定的政策超越了社会主义的初级阶段。"③在十一届三中全会以前的一个相当长的时期中，我们的发展目标定得过高，急于求成，盲目冒进，追求"一大二公"等问题，其原因都在于，脱离实际，漠视或不正视我国经济文化的落后状况。现在的一套方针政策是符合社会主义初级阶段的实际的，随着实践的发展，该完善的完善，该修补的修补，但总的要坚定不移。

——要从各地的实际出发。发展不平衡，在我国社会主义初级阶段尤为明显。各地的发展条件不同、发展水平不同，走向富裕的进程和水准也不同，这是我国社会主义初级阶段一个大实际。邓小平《在武昌、深圳、珠海、上海等地的谈话要点》中希望有条件的地方要尽可能搞快点，能发展就不要阻挡，广东、江苏、上海等有条件的地区，发展速度就可以比全国平均速度快，"只要是讲效益，讲质量，搞外向型经济，就没有什么可以担心的"④。

（原载《理论动态》专辑 1993 年）

---

① 《邓小平文选》第 3 卷，人民出版社 1993 年版，第 110 页。
② 《邓小平文选》第 3 卷，人民出版社 1993 年版，第 202 页。
③ 《邓小平文选》第 3 卷，人民出版社 1993 年版，第 269 页。
④ 《邓小平文选》第 3 卷，人民出版社 1993 年版，第 375 页。

社会主义初级阶段理论的新拓展

——从党的十三大到十五大

党的十五大报告总结近年来的实践经验，针对世纪之交改革开放和现代化建设新的实际，进一步强调我们党对于基本国情的科学判断；进一步论述了我国社会主义初级阶段的历史前提、主要特征、历史地位、主要矛盾和根本任务；重申要警惕右，但主要是防止"左"，坚持党的基本路线不动摇，并进一步提出了党的基本纲领。这就深化了全党对社会主义初级阶段的科学认识，丰富和发展了社会主义初级阶段理论，具有重要的理论意义和实践意义。

一、进一步强调我国正处在并将长时期处在社会主义初级阶段的判断，适应了新的实践的需要

党的十一届三中全会以来，我们党重新分析国情，作出了我国还处在社会主义初级阶段的判断。党的十三大报告第一次对社会主义初级阶段理论进行了系统阐述。这个阐述，是科学总结历史经验的成果，也是

适应为全面改革寻找最根本的理论支柱、探索中国式现代化道路的需要而产生的。党的十三大报告起草之初，邓小平同志就指出："要在理论上阐述什么是社会主义，讲清楚我们的改革是不是社会主义。要申明四个坚持的必要，反对资产阶级自由化的必要，改革开放的必要，在理论上讲得更加明白。"① 这就清楚地表明系统阐述社会主义初级阶段理论的政治和思想背景。

十年后，党的十五大报告强调社会主义初级阶段理论，有新的重要意义。江泽民同志在报告中明确指出："这次大会进一步强调这个问题，是因为：面对改革攻坚和开创新局面的艰巨任务，我们解决种种矛盾，澄清种种疑惑，认识为什么必须实行现在这样的路线和政策而不能实行别样的路线和政策，关键还在于对所处社会主义初级阶段的基本国情要有统一认识和准确把握。"这里所提出的一个"面对"，两个"种种"，就明确地揭示了当前进一步强调基本国情问题的社会背景和思想背景。

世纪之交，我国正处在努力实现第二步战略目标，并向第三步战略目标迈进的关键时期，也正处在经济体制转轨的决胜时期。两种体制并存的局面能否尽快终结，社会主义市场经济体制能否全面建立，取决于改革攻坚战的成效。改革攻坚的重点是国有企业改革和国有经济的战略改组。相对于宏观经济体制改革而言，目前国有企业改革滞后，国有企业从总体上还没有成为市场竞争的主体，这就使市场经济的微观基础存在重大缺陷。国有企业不活，还同国有经济整体布局不合理有关。战线过长、分布过散、规模太小、素质较差，这四个突出弱点使得国有经

---

① 《邓小平文选》第 3 卷，人民出版社 1993 年版，第 203 页。

济、国有企业缺乏应对国内外激烈市场竞争的能力。为了开创改革发展新局面，就必须集中精力打好攻坚战。推进国有企业改革，就要加快建立现代企业制度，这在实质上是寻找一种新的国有制实现形式，代替过去排斥市场机制的"国有国营"形式。对国有经济实施战略性改组，就要贯彻"抓大放小"方针，确保重点，收缩战线，让一部分国有企业退出一般性竞争行业，这就涉及所有制结构调整以及探索新的公有制实现形式问题。所有制改革问题如此紧迫地摆到全党面前，它必然触及种种深层次矛盾，引起新旧观念的撞击。一个时期以来在思想理论界出现的对目前改革形势种种不同的议论和看法，就是观念撞击的反映。某些论者的观点在一定程度上搅乱了人们的思想，使得一些人在改革攻坚战面前犹豫彷徨，停滞不前。

有的人认为，这些年来实行公有制为主体，多种经济成分共同发展的方针，导致公有制经济所占比例下降，削弱了社会主义经济基础。有的把公有制为主体等同于国有制为主体，贬低集体经济，认为国有小企业改制为集体企业是从"高级"形式向"低级"形式倒退。至于将一部分国有小企业出售给个人，他们更指责为推进"私有化"。由此，他们提出了"我们还要不要以公有制为主体，要不要社会主义"的问题。

在公有制的实现形式问题上，意见更为尖锐。有的同志认为，所有制的性质和所有制的实现形式二者不可区分，股份制也好，现代企业制度也好，都是姓"私"的。对这些形式的探索，无非就是要搞"私有化"，要否定公有制、国有制，要走资本主义道路。

上述这一套"左"的东西，实质上还是过去那种"一大二公三纯"，的思想在作祟，是过去那种"超越阶段"的观念在新的历史条件下的复活。如果我们不对这些"左"的东西加以澄清，就会造成极大的思想混乱，使改革攻坚寸步难行。

中国现在处在并将长时期处在社会主义初级阶段，为澄清种种思想迷误提供了思想武器。在现阶段，我们为什么必须坚持以公有制为主体、多种所有制共同发展的基本经济制度？就是因为，在社会主义初级阶段存在着一个总体落后而又多层次、不平衡的生产力系统，存在着人口多、底子薄、国家财力弱的国情条件，这就决定我们的所有制结构只能是以公有制为主体，多种所有制并存，而不能是"一大二公三纯"；决定着我们的国有经济在国民经济中的比重必须有相当限度，而不是越大越好。我们不能离开生产力的发展水平，抽象地去谈论生产关系的"高级"与"低级"、"优越"与"不优越"。哪些企业、哪些部门采取哪种所有制，关键要看是否有利于发展生产力。我们必须调动国家、集体、个人各方面的积极性，充分利用国内外一切可以利用的资源和条件，来壮大社会主义的经济实力。在现阶段，我们为什么必须努力探索多种公有制实现形式？是因为，社会主义初级阶段的主要矛盾是人民日益增长的物质文化需要同落后的社会生产之间的矛盾。这就决定我们必须把大力发展生产力当作根本任务。为了实现这个任务，必须努力探索能够极大促进生产力发展的公有制实现形式，一切反映社会化生产规律的经营方式和组织形式都可以大胆利用。推而广之，在现阶段，我们之所以实行现在这样的一整套路线和政策而不实行别样的路线和政策，就是因为我国还处在社会主义初级阶段。我们这样做，不是离开社会主义，而是使社会主义从"天上"回到"地下"，脚踏实地建设社会主义，使社会主义真正兴旺发达起来。我们必须把大家的思想统一到我国还处于社会主义初级阶段的科学论断上来，释疑解惑，排除干扰，团结奋斗，开创改革攻坚的新局面。

二、对社会主义初级阶段的历史地位和历史任务的认识进一步完善

党的十三大报告曾指出："社会主义初级阶段是很长的历史发展过程。我们对这个阶段的状况、矛盾、演变及其规律的认识，在许多方面还知之不多，知之不深。"这就说明对社会主义初级阶段的认识是需要在实践中不断深化的。党的十五大报告结合近年来改革开放实践经验的总结，提出了对社会主义初级阶段的若干新认识。对社会主义初级阶段历史地位和历史任务表述的进一步完善，就是其中之一。

对社会主义初级阶段历史地位和历史任务的把握，是从对这一阶段的根本特征的认识而来的。邓小平同志曾提出："社会主义本身是共产主义的初级阶段，而我们中国又处在社会主义的初级阶段，就是不发达的阶段。"[1] "不发达"主要是生产力落后，是社会主义初级阶段的根本特征。"不发达"的主要表现是没有实现工业化和经济的社会化、市场化、现代化。"不发达"又同不平衡联系在一起，在总体水平落后的社会生产内部包含着高低不平的许多层次，地区间的发展很不平衡。"不发达"反映到我国社会的经济基础和上层建筑上，形成其他方面的一系列特征。

社会主义初级阶段的根本特征及其多方面表现，决定了它的历史地

---

[1] 《邓小平文选》第 3 卷，人民出版社 1993 年版，第 252 页。

位和历史任务必然是全方位的。党的十五大报告用"九个是"予以概括。"九个是"中，除开头和结尾是总体性的外，其他每一个"是"都从一个重要方面表述了初级阶段的历史任务。其中既包含对作为起点的各方面落后情况的概括，又有对经过长期奋斗克服落后所达到的奋斗目标的确定；既尊重现实，又表现出充分的革命能动性。社会主义初级阶段的历史任务表明，这个阶段既是不发达的阶段，又是从不发达向发达转化的大变革大发展的阶段。

把党的十五大对社会主义初级阶段历史任务概括的"九个是"同十三大的"五个是"的概括相比，从中看出明显的前后继承关系，同时又有进一步的修正、完善和补充。

第一，把消除贫困人口、提高人民生活水平，改变地区经济文化不平衡、逐步缩小地区差距列入初级阶段的历史任务，更好地体现了社会主义的本质。实现全体人民的共同富裕，是社会主义的根本目标。这一目标在不同发展阶段，有不同的表现形式。在社会主义初级阶段，通过有先有后的发展，使全体人民经由"温饱""小康"进而实现"比较富裕"，这就是"共同富裕"目标的具体体现。党的十五大报告作上述补充，就把社会主义初级阶段同社会主义本质更好地统一起来了。

第二，把建设社会主义精神文明和实现科学教育文化比较发达列为社会主义初级阶段的历史任务，体现了两个文明都搞好才是有中国特色社会主义的重要思想。党的十五大报告重申了十三大提出的关于社会主义初级阶段要担负实现工业化和经济的社会化、市场化、现代化的历史任务，同时又从精神文明建设方面提出在广大人民中牢固树立共同理想和精神支柱，改变教育科学文化落后状况，提高全民族科学文化水平的要求，这就体现了社会协调发展的思想，使社会主义初级阶段的历史任务表达得更为完整。

第三，对若干重要提法作了修正，使历史任务的表述更为准确。例如，将"逐步摆脱贫困、摆脱落后"改为"逐步摆脱不发达状况，基本实现社会主义现代化"，就使得总目标更为明确；将"工业国"改为"包含现代农业和现代服务业的工业化国家"，就把产业结构优化升级的内容包含进了工业化进程；将"商品经济高度发达"改为"经济市场化程度较高"，更符合建立社会主义市场经济的要求，这些改动都吸取了近年来实践的经验和理论研究的成果，从而更加科学，更加具有指导意义。

三、从基本路线到基本纲领：社会主义初级阶段理论的新拓展

党的十五大报告在重申坚持党的基本路线不动摇的同时，第一次提出党在社会主义初级阶段的基本纲领，并对基本纲领的内涵作出了详细的阐述。从党的十三大制定出社会主义初级阶段的基本路线，到党的十五大提出基本纲领，标志着我们党对社会主义初级阶段理论作了进一步的丰富和发展。

对于一个党来说，制定纲领是至关重要的工作。中国共产党在不同历史阶段的基本纲领，从各个历史阶段的基本国情的分析出发，确定了经济、政治、文化发展的基本目标和基本政策，具有重要的指导意义。在民主革命时期，毛泽东同志曾在《新民主主义论》中系统阐述建设新民主主义的政治、经济、文化，描绘出"新社会和新国家"

的蓝图。党的七大政治报告《论联合政府》中，毛泽东同志又把它们归纳为党在新民主主义阶段的基本纲领。这一基本纲领，对于动员和指导全党进行新民主主义革命和建设起了巨大的作用。在今天，我们积累了四十年社会主义建设正反两面的经验，完全有可能完整地提出党在社会主义初级阶段的基本纲领，推动建设有中国特色社会主义事业全面迈向 21 世纪。

党的十五大报告对党的基本纲领的阐述，是围绕着"什么是社会主义初级阶段有中国特色社会主义的经济、政治和文化，怎样建设这样的经济、政治和文化"的问题展开的。报告提出，所谓建设有中国特色社会主义的经济，"就是在社会主义条件下发展市场经济，不断解放和发展生产力"。所谓建设有中国特色社会主义的政治，"就是在中国共产党领导下，在人民当家作主的基础上，依法治国，发展社会主义民主政治"。所谓建设有中国特色社会主义的文化，"就是以马克思主义为指导，以培养有理想、有道德、有文化、有纪律的公民为目标，发展面向现代化、而向世界、面向未来的，民族的科学的大众的社会主义文化"。为了保证上述经济、政治、文化方面的基本目标的实现，报告还提出了一系列基本政策。基本目标与基本政策有机统一，共同构成党在社会主义初级阶段的基本纲领。

那么，基本纲领与基本理论、基本路线之间有着什么样的关系呢？党的十五大报告作了清晰的说明。

首先，这个纲领是邓小平理论的重要内容。邓小平理论从我国还处在社会主义初级阶段这个实际出发，比较系统地初步回答了中国如何建设、巩固和发展社会主义的一系列基本问题，是贯通哲学、政治经济学、科学社会主义等领域，涵盖经济、政治、科技、教育、文化、民族、军事、外交、统一战线、党的建设等方面的比较完备的科学体系。党的基本纲领是根据毛泽东《新民主主义论》中关于建设新经济、新政治、新文化的原理，根据邓小平关于社会主义社会是全面发展的社会、两个文明都搞好才是有中国特色的社会主义的重要思想而制定出来的，它的基本目标和基本政策所展示的是邓小平理论中关于建设有中国特色社会主义的经济、政治、文化的内容。基本纲领是邓小平理论的重要组成部分，二者之间是整体与局部的关系。

其次，基本纲领是基本路线在经济、政治、文化等方面的展开。党的基本路线规定了我们的奋斗目标是建设富强、民主、文明的社会主义现代化国家，基本纲领中对于"什么是社会主义初级阶段有中国特色社会主义的经济、政治和文化"的回答，把这一奋斗目标进一步具体化了。基本路线中，"一个中心、两个基本点"的核心内容也在基本纲领中得到了充分展开，形成了一系列具体明确的政策和规定。

再次，基本纲领是这些年来主要经验的总结。党的十一届三中全会以来，我们党在邓小平理论的指导下，牢牢把握社会主义初级阶段的主要矛盾，始终坚持以经济建设为中心不动摇，通过市场取向的改革和对外开放，大大促进了生产力的发展、综合国力的增强和人民生活水平的提高，成为新中国成立以来经济和社会发展的最好时期；在总结历史经验，特别是"文化大革命"教训的基础上，注重民主政治建设，社会主义民主和法制建设取得空前成就；在改革开放的实践中，党对两手抓、两手都要硬的道理有更深切的认识，制定了关于加强社会主义精神文明的决定，对于思想道德建设和科学教育文化建设起了重大的指导作用。实践证明，经济、政治、文化的全面、协调发展，是成功建设社会主义的必由之路。正是在总结经验的基础上，江泽民同志在 1991 年的七一讲话中，明确提出建设有中国特色社会主义的经济、政治、文化的重要思想，系统阐述了三者的重要内涵、发展要求、相互关系，形成了党的基本纲领的雏形。党的十五大报告在此基础上，结合总结十四大以来的新鲜经验，尤其是建立社会主义市场经济体制，建设社会主义法治国家，正确处理改革、发展、稳定三者关系等方面的经验，正式提出了党在社会主义初级阶段的基本纲领。这个纲领，在若干重要提法上又有创新。例如，把以公有制为主体、多种所有制经济共同发展确定为社会主义初级阶段的基本经济制度，这同过去讲的"方针"的提法相比，有了很大的变化，"方针"带有政策性，而"基本经济制度"则突出了重要性、长期性；把依法治国作为党领导人民治理国家的基本方略提出来，标志着我们党对执政方式的认识产生了一个飞跃；把毛泽东对文化建设提出的"民族的科学的大众的"要求和邓小平提出的教育要实现"三个面向"要求结合在一起，共同作为有中国特色社会主义文化的基本要求，进一步指明了文化建设的目标和方向。上述新的提法，都凝结了近年来全党在新探索中积累的经验。

总起来说，基本理论是制定基本路线和基本纲领的理论依据；在基本理论指导下建立的党的基本路线，指明了初级阶段现实的奋斗目标和实现途径；基本纲领则把基本路线进一步具体化。基本理论、基本路线、基本纲领都来自实践，都是全党集体经验和智慧的结晶。

党的十五大报告对社会主义初级阶段理论的新拓展，还表现在把改革、发展、稳定三者关系当作社会主义初级阶段整个历史过程中的基本关系提了出来，告诫全党必须时时注意处理好三者关系，把改革的力度、发展的速度和社会可以承受的程度统一起来，在稳定中推进改革、发展，在改革、发展中实现政治稳定。这也是对党的十三大以来我们党在处理改革、发展、稳定三者关系方面正反两方面经验的总结，体现了对社会主义初级阶段发展规律的新认识。随着实践的发展，我们对社会主义初级阶段的认识将会越来越深刻。

（原载《中国青年报》1997 年 11 月 6 日，收入文集时有修改）

党的基本路线要长期坚持

在《邓小平文选》第 3 卷中，贯彻党的基本路线不动摇是贯穿始终的一个重要主题。邓小平反复重申，基本路线要管一百年，动摇不得。①

一、党的基本路线是艰苦探索的结果

党的基本路线为什么要长期坚持，动摇不得？首先是因为，这条路线是我们党数十年艰苦探索的结果，是付出重大代价才换取的一条正确的路线。

党的基本路线是十一届三中全会以来的路线的完善和发展。

党的十一届三中全会作出工作重点转移的战略决策，结束了"以阶级斗争为纲"的梦魇的时代。以后，党的历次重要会议，都根据邓小平反复阐述的社会主义的根本任务是发展生产力的观点，一再明确以经济

---

① 《邓小平文选》第 3 卷，人民出版社 1993 年版，第 370—371 页。

建设为中心的指导思想。党的十二大第一次明确规定了我国经济建设的战略目标、战略重点和步骤，十二届六中全会再次强调社会主义现代化建设的总体格局是以经济建设为中心。

党的十一届三中全会的另一个重要成果，是"制定了一系列新的方针政策，主要是改革和开放政策"①。全会公报指出，改革"是一场广泛、深刻的革命"②。十一届三中全会后，党中央连续发布了几个关于农业问题的文件，在农村普遍推广家庭联产承包责任制。十二届三中全会作出《中共中央关于经济体制改革的决定》，改革在城市全面展开。十一届三中全会提出对外开放的思想，也在党的历次重要会议上得到肯定和发展。邓小平在党的十二大开幕词中，从建设有中国特色的社会主义的高度，重申了对外开放，扩大对外经济技术交流的方针。十二届三中全会通过的《决定》，把对外开放确定为长期的基本国策和加快社会主义现代化建设的战略部署。与此同时，在邓小平的倡导下，我们建立了经济特区，开放了十几个沿海城市，对外开放呈现出前所未有的新局面。

坚持四项基本原则，也是十一届三中全会以来党的路线的一个基本点。1979 年，邓小平在《坚持四项基本原则》的讲话中指出，实现四个现代化必须在思想政治上坚持四项基本原则，"如果动摇了这四项基本原则中的任何一项，那就动摇了整个社会主义事业，整个现代化建设事业"③。后来，针对资产阶级自由化倾向，他又多次强调要坚持四项基本原则。

---

① 《邓小平文选》第 3 卷，人民出版社 1993 年版，第 237 页。
② 《中国共产党第十一届中央委员会第三次全体会议公报》，人民出版社 1978 年版，第 5 页。
③ 《邓小平文选》第 2 卷，人民出版社 1994 年版，第 173 页。

从以上回顾可以看出，党的基本路线是在十一届三中全会所制定的方针政策的基础上，经过全党近十年的努力，党不断总结新鲜经验而形成的。这样说，还只是着眼于基本路线的具体形成过程。如果我们从历史渊源上来考察，那就势必要追溯到毛泽东对适合我国情况的社会主义建设道路的探索。

这种探索开始于1956年党的八大前后。毛泽东鉴于苏联方面在经济建设中暴露出来的问题，结合和总结我国经验，提出对高度集中的计划体制进行若干局部性改革的设想；提出应当学习资本主义国家的先进科学技术和企业管理方法中合乎科学的方面；提出必须正确区分和处理社会主义社会两类不同性质的矛盾，调动一切积极因素，建设社会主义现代化的新国家。探索的起步无疑是正确的，思想也是可贵的，如果坚持下去，很可能像毛泽东所说的那样，开始找到一条适合中国的路线，正确反映中国客观经济规律。可惜的是，从1957年下半年开始，"左"的指导思想的影响从政治生活进一步扩展到经济领域，对社会主义建设道路的探索偏离了正确的轨道。接着而来的便是"大跃进"和"人民公社化"运动，对生产力造成巨大破坏。20世纪60年代初对"大跃进"的错误作了一些纠正，但在政治领域"以阶级斗争为纲"的调子却越唱越高，以至于发生"文化大革命"，把国民经济推向崩溃的边缘。邓小平在总结这段历史时说："多少年来我们吃了一个大亏，社会主义改造基本完成了，还是'以阶级斗争为纲'，忽视发展生产力。'文化大革命'更走到了极端。十一届三中全会以来，全党把工作重点转移到社会主义现代化建设上来，在坚持四项基本原则的基础上，集中力量发展社会生产力。这是最根本的拨乱反正。"①这就说明，以"一个中心、两个基本点"为主要内容的党的基本路线，是我国社会主义建设长期实践经验的总结。在以毛泽东为代表的第一代中央领导集体艰苦探索的基础上，以邓小平为代表的第二代中央领导集体，终于找到了毛泽东要找而没找到的符合中国国情的社会主义建设路线，这条路线确实来之不易。

二、党的基本路线代表人民的根本利益，必须长期坚持

邓小平指出："我们共产党人的最高理想是实现共产主义，在不同历史阶段又有代表那个阶段最广大人民利益的奋斗纲领。因此我们才能够团结和动员最广大的人民群众，叫做万众一心。"②在社会主义初级阶段，代表最广大人民利益的奋斗纲领就是党的基本路线。

邓小平在谈到党的基本路线必须长期坚持时，总是站在维护人民根本利益的立场上，向国内外朋友说明党的基本路线不会变，不能变，不许变。

邓小平说："核心的问题，决定的因素，是这个政策对不对。如果不对，就可能变。如果是对的，就变不了。"③判断对不对的重要依据是生产力标准。党的十一届三中全会以来我国经济社会发展的实践证明，党的基本路线符合生产力标准，促进了生产力的发展，所以它不会变。

① 《邓小平文选》第 3 卷，人民出版社 1993 年版，第 141 页。
② 《邓小平文选》第 3 卷，人民出版社 1993 年版，第 190 页。
③ 《邓小平文选》第 3 卷，人民出版社 1993 年版，第 59 页。

邓小平十分关心民生福祉，把人民生活的改善当作制定党的路线、方针、政策的重要出发点。他反复强调："不坚持社会主义，不改革开放，不发展经济，不改善人民生活，只能是死路一条。"① 改革开放以来，党遵循基本路线，带领人民告别贫困，实现温饱，又在向小康目标迈进。人民群众从生活的巨大变化中认定党的基本路线是一条富民路线，而如果改弦更张，动摇了党的基本路线，"中国百分之八十的人的生活就要下降，我们就会丧失人心。我们的路走对了，人民赞成，就变不了"②。

生产力的发展，人民生活的改善，都依赖于安定的政治环境。党的基本路线中规定的坚持四项基本原则，是进行社会主义现代化建设的政治保证。邓小平说，如果中国不坚持四项基本原则，非乱不可，这是被历史证明了的结论。人民群众从国内外形势的比较中认识到党的基本路线是维护社会安定团结的生命线，人民不许变。

邓小平提出："基本路线要管一百年，动摇不得。"③ 这着眼于我国现代化目标的实现。党的基本路线规定的奋斗目标，是把我国建设成富强、民主、文明的社会主义现代化国家。一个中心、两个基本点，是实现这一伟大目标的路径。为了实现这个目标，从 20 世纪 80 年代起，到 21 世纪中叶，在这个长时期内，都要毫不动摇地坚持党的基本路线，从而保证代表中国人民和中华民族共同心愿的目标如期实现。

从以上分析可以看出，党的基本路线是在新的历史条件下把党和人民群众紧密联系起来的纽带，是党在历史新时期贯彻为人民服务宗旨的试金石。邓小平说得好："只有坚持这条路线，人民才会相信你，拥护

---

① 《邓小平文选》第 3 卷，人民出版社 1993 年版，第 370 页。
② 《邓小平文选》第 3 卷，人民出版社 1993 年版，第 59 页。
③ 《邓小平文选》第 3 卷，人民出版社 1993 年版，第 370—371 页。

你。谁要改变三中全会以来的路线、方针、政策，老百姓不答应，谁就会被打倒。"①

三、坚持党的基本路线一百年不动摇需要思想组织保证

坚持党的基本路线不动摇，是一件跨世纪的大事，又是具有现实紧迫性的工作，需要从各个方面作出努力。

第一，要按照干部"四化"方针，选拔德才兼备的人进领导班子，为坚持党的基本路线提供组织保证。

坚持党的基本路线一百年不动摇，不是一代人的事，要靠下一代，甚至下几代人的共同努力。因此，要注意培养人。要贯彻十一届三中全会以来制定的新的干部方针，把真正拥护党的基本路线并做出政绩的人选拔上来。衡量"德"和"才"的标准都要统一于贯彻党的基本路线的实践。只有这样，才能使各级领导机构始终行进在基本路线的轨道上，保持方针政策的连续性和长期稳定性。邓小平说得好，党的基本路线要管一百年，要长治久安，就要靠这一条。

第二，要用建设有中国特色的社会主义理论教育干部群众，为坚持党的基本路线提供思想保证。

邓小平说："十一届三中全会确立的这条中国的发展路线，是否能够坚持得住，要靠大家努力，特别是要教育后代。"②教育的主要内容是建设有中国特色的社会主义理论。建设有中国特色的社会主义理论是当

---

① 《邓小平文选》第 3 卷，人民出版社 1993 年版，第 371 页。
② 《邓小平文选》第 3 卷，人民出版社 1993 年版，第 381 页。

代中国的马克思主义，它回答了在中国这样一个经济文化和科学技术还比较落后的大国建设社会主义现代化的一系列重大问题，党的基本路线就是以这个基本理论为依据制定出来的。我们在广大干部群众中组织好基本理论的学习教育，就能帮助他们深刻地理解和把握党的基本路线，识别背离党的基本路线的"左"的和右的错误思想。这种学习已经获得明显效果。为什么有些理论家、政治家拿"左"的大帽子吓唬人时，我们没有被动摇？为什么这些年来一次次来自"左"和右的干扰都被排除掉？这同广大干部群众的鲜明态度和坚定立场密切相关，他们发出政策不要变的呼号，支持了我们党。广大干部群众这样做，固然出于切身利益，但也同觉悟提高有关。这不能不在很大程度上归功于对基本理论的学习和教育。在当前，我们要进一步以建设有中国特色社会主义理论武装广大党员和群众，把坚持党的基本路线不动摇的思想基础打牢。

第三，努力完善与基本路线相配套的一整套方针政策，把坚持党的基本路线进一步落到实处。

毛泽东同志曾指出："有了总路线还不够，还必须在总路线指导之下，在工、农、商、学、兵、政、党各个方面，有一整套适合情况的具体的方针、政策和办法，才有可能说服群众和干部，并且把这些当作教材去教育他们，使他们有一个统一的认识和统一的行动，然后才有可能取得革命事业和建设事业的胜利，否则是不可能的。"[1] 这是我们党实现政治领导的一条重要经验。改革开放以来，我们党制定了同基本路线相配套的包括经济、政治、科技、教育、文化、军事、外交等各方面的一整套方针政策，而且有准确的表述语言，这就使基本路线的贯彻具体

---

[1] 《毛泽东文集》第 8 卷，人民出版社 1999 年版，第 304 页。

化了。

党的基本路线不能变，但具体的方针政策却需要"随着实践的发展，该完善的完善，该修补的修补"[①]。修补和完善才能更符合生产力发展和社会全面进步的要求，更有利于长期坚持党的基本路线。

真正做好以上几方面的工作，坚持党的基本路线一百年不动摇，就获得了可靠的思想和组织保证。

（原载《〈邓小平文选〉第 3 卷学习纲要》，中共中央党校出版社 1993 年 11 月版）

[①] 《邓小平文选》第 3 卷，人民出版社 1993 年版，第 371 页。

邓小平为什么反复谈"不变"

《邓小平文选》第 3 卷的结束篇《在武昌、深圳、珠海、上海等地的谈话要点》中指出，坚持党的十一届三中全会以来的路线、方针、政策不变，"中国就大有希望"，并且强调地说："这一点，我讲过几次。"①《邓小平文选》第 3 卷中，这个问题确实是反复讲，"不变"成为贯串全书的一个重要话题。

一、邓小平谈"不变"，是因为现实中存在着"变"的可能性和对"变"的疑虑，需要排除干扰，保证正确路线的顺利贯彻执行

党的十一届三中全会以来形成的路线、方针、政策，特别是"一个中心、两个基本点"的基本路线，既包含着我们党长期坚持的原则，又有党在历史新时期的新创造、新语言，正因为具有新的特点，常常会遭到一些人的怀疑，特别是在前进道路上出现一些新情况的时候，更会有

---

① 《邓小平文选》第 3 卷，人民出版社 1993 年版，第 371 页。

人提出"对不对""会不会变"的问题。邓小平同志谈"不变"，正是针对这种怀疑倾向有感而发的。

在《邓小平文选》第 3 卷中，谈"不变"最多的是四个年份。仔细分析四个年份的谈话背景，就能看出谈话的强烈现实针对性。

第一，1984 年，我国改革开放和外交方面迈出大步。外交上，中英两国政府签署了关于香港问题的联合声明，国内以十二届三中全会召开为标志，开始了全面改革的新阶段，另外，中央还作出进一步开放沿海 14 个港口城市的决定。内政外交上的重大举措，得到海内外的普遍欢迎，但也有一部分人对国家的方针政策能否长期坚持，将来会不会变有怀疑。针对这种情况，邓小平在 6 月、10 月、12 月三次同外国政府首脑和港澳同胞的谈话中，反复宣传"一国两制"的新构想，指出："我们对香港的政策五十年不变，我们说这个话是算数的。"[1] 在对海外经济界人士和国内老同志的讲话中，强调改革开放的方针不会变，"不但我们这一代不能变，下一代，下几代，都不能变，变不了"[2]。邓小平的讲话，对改革开放和"一国两制"重大举措的顺利实施起了重要作用。

第二，1987 年，在发生了学生闹事和总书记更换事件后，针对国内外的种种议论，邓小平反复谈"不变"。1 月至 5 月，他在四次同外国友人的谈话中，都说，学生闹事、总书记辞职，"这两件事的处理，都不会影响我们党的路线、方针、政策，不会影响我们对内、对外开放的政策，不会影响经济体制的改革，也不会影响政治体制的改革"[3]。至于反对资产阶级自由化的斗争，那本来就是党的基本路线的题中应有之

① 《邓小平文选》第 3 卷，人民出版社 1993 年版，第 58 页。
② 《邓小平文选》第 3 卷，人民出版社 1993 年版，第 84 页。
③ 《邓小平文选》第 3 卷，人民出版社 1993 年版，第 201 页。

义，开展这种斗争是为了更好地坚持而不是改变基本路线。

第三，1989 年政治风波之后，社会上出现否定和怀疑党的基本路线的倾向，有的甚至想走"回头路"，针对此种情况，邓小平旗帜鲜明地提出"不能变"。在我们党的历史上，曾经有过因为政治风波而改变正确路线的沉痛教训。1956 年党的八大制定出把工作重点转移到经济建设上来的正确路线，可是随着 1957 年阶级斗争出现的新情况，我们党改变了对国内主要矛盾的判断，八大路线夭折了。1989 年我们遇到了同 1957 年类似的情况，就在有人对基本路线发生怀疑和动摇的时候，邓小平发表一系列谈话，明确表示："一个中心、两个基本点"的基本路线"没有错"，三中全会以来的一系列方针、政策不变，连语言都不变。党的十三大政治报告"一个字都不能动"[1]。邓小平在历史的关键时刻稳稳地把握住船舵，使社会主义中国的巨轮沿着正确的航向前进。

第四，1992 年初，就在"左"的倾向抬头，冲击改革开放的时候，邓小平针锋相对地谈"不变"。在著名的南方谈话中，"不变"成为重要的主题。邓小平批评某些政治家、理论家认为和平演变的危险主要来自经济领域，改革开放就是引进和发展资本主义等"左"的观点，提出要冲破姓"社"姓"资"的诘难，加快改革开放的步伐，明确表示："要坚持党的十一届三中全会以来的路线、方针、政策，关键是坚持'一个中心、两个基本点'。"否则，"只能是死路一条"。他号召："基本路线要管一百年，动摇不得。"[2] 这就为我们党胜利奔向 21 世纪指明了方向。

从以上分析可看出，邓小平同志谈"不变"时，面对的对象是多方

---

① 《邓小平文选》第 3 卷，人民出版社 1993 年版，第 296 页。
② 《邓小平文选》第 3 卷，人民出版社 1993 年版，第 370—371 页。

面的：有外国政府首脑、国际友人、港澳同胞，也有国内的干部；目的也是多方面的：有的为了释疑解难，有的为了排除"左"的干扰。但有一条是共同的，那就是强烈的现实针对性，因为强调"不变"，本身就意味着现实中有"变"的苗头和对"变"的疑虑，如果不警惕，在某种条件下就有可能"变"，只有反复讲"不变"，并以此教育干部群众，才能把十一届三中全会以来确立的发展中国的路线长期坚持下去。

二、邓小平谈"不变"，是为了维护广大人民群众的根本利益不受损害

邓小平作为人民领袖，深深植根于广大群众的沃土之中，他在谈"不变"这个主题时，总是站在维护人民根本利益的立场上，向国内外朋友说明三中全会以来的路线不会变，不能变，不许变。

第一, 三中全会以来的路线、方针、政策符合中国社会主义现代化建设的客观规律、促进了生产力的发展，它不会变。

邓小平说："核心的问题，决定的因素，是这个政策对不对。如果不对，就可能变。如果是对的，就变不了。"[1] 判断对不对的重要依据是生产力标准。十一届三中全会以来，我们实现工作重点的战略转移，集中力量进行以经济建设为中心的社会主义现代化建设。吸取过去急于求成的经验教训，把经济发展的目标和速度确定在实事求是的基础上，对束缚生产力发展的高度集中的僵化体制进行根本性变革，将市场作为资

---

[1] 《邓小平文选》第3卷，人民出版社1993年版，第59页。

源配置的基础性手段；实行对外开放，吸取世界先进国家的资金、技术和经验，促进了生产力的迅速发展。20世纪80年代，我们提前实现了国民生产总值翻一番的目标，实际增长了136%，年平均增长速度列世界第20位。20世纪90年代，经济发展保持强劲的势头，以每年增长10%左右的速度向前迈进。我国经济发展的成就，世界瞩目，人民高兴，它生动地说明："路子走对了……政策是不会变的。"①

第二,三中全会以来的路线是一条富民路线，如果走回头路，只能回到落后贫穷的状态，这是死路一条，所以它不能变。

邓小平把人民生活得到了改善当作路线不能变的重要依据。1987年，他在向外国朋友解释学潮会不会影响现行的路线时肯定地说，学潮事态"即便扩大十倍，也影响不了我们的根本，影响不了我们的政策"。为什么？"因为我们现在执行的政策是正确的，人民得到了利益。"②邓小平的观点非常切合实际。对于处于基层的广大群众来说，他们常常是从生活水平是否得到提高，来判断一条路线、一种政策是否正确的。改革开放以来，人民生活改善举世公认。20世纪80年代，我们基本解决了人民温饱问题。20世纪90年代，正在朝小康目标迈进。这十多年，人民得到的实惠比以往任何时候都要多。最生动的例子是，深圳"跑到香港去的人开始回来，原因之一是就业多，收入增加了，物质条件也好多了"③。这种情况使得人民高兴。如果走回头路，会回到哪里？"只能回到落后、贫困的状态"④，"中国百分之八十的人的生活就要

---

① 《邓小平文选》第3卷，人民出版社1993年版，第29页。
② 《邓小平文选》第3卷，人民出版社1993年版，第200页。
③ 《邓小平文选》第3卷，人民出版社1993年版，第52页。
④ 《邓小平文选》第3卷，人民出版社1993年版，第29页。

下降，我们就会丧失人心"①。这是无论如何也不能允许发生的悲剧。所以，三中全会以来路线不能变。

第三,三中全会以来的路线保证了我们国家的社会政治稳定。改变这条路线，社会就动乱，人民就遭殃，人民不许变。

党的基本路线中规定的坚持四项基本原则，是进行社会主义现代化建设的政治保证。在改革开放过程中，我们坚持了这个基本点，才避免中国社会出现动乱。邓小平说，如果照搬西方的那一套，非乱不可，这是被历史证明了的结论。当前，东欧战乱不已，俄罗斯纷争频繁，相比之下，我国却经济稳定，政治稳定，人心稳定，社会团结，充分体现出三中全会以来路线的正确性。党的基本路线是维护社会安定团结的生命线，人民不许变。

第四,三中全会以来的路线是引导人民在21世纪实现四个现代化宏伟目标的长期路线，人民不允许改弦更张，半途而废。

党的基本路线规定的奋斗目标，是把我国建设成为富强、民主、文明的社会主义现代化国家。这个奋斗目标集中反映了全国各族人民的共同理想和近代仁人志士们梦寐以求的愿望。实现这个目标，需要经过长期努力，如果从20世纪80年代算起，到21世纪中叶，需要五十年至七十年。在这个长时期内，都要毫不动摇地坚持"一个中心、两个基本点"，才能获得顺利达到目标的可靠保证。如果改弦更张，我们以往所作的努力就会统统付诸东流。人民群众为了维护自己的根本利益，绝不允许半途而废。

邓小平谈"不变"，是以深厚的群众基础为依托的，老百姓答应不

---

① 《邓小平文选》第3卷，人民出版社1993年版，第59页。

答应、人民拥护不拥护是他考虑一切问题的出发点。

三、邓小平谈"不变"，也是为了身体力行，加快党和国家领导 制度的改革，从组织上保证党的基本路线长期坚持

邓小平谈"不变"，还包含着更为深刻的含义。1984 年，他在中顾委第三次全体会议上说："最近时期，我总跟外宾谈变不了，我们现行政策的连续性是可靠的。不过，他们还不大相信。这是个很大的问题，我是意识到这个问题的。"[1] 为什么这是个很大的问题？是因为外国人把邓小平等老同志在不在当作政策变不变的依据，他们不认为中国是个法治国家，不承认现行政策有了制度保证，而认为它会随着最高领导层的更替而变化。邓小平敏锐地意识到这个问题，并告诫老同志，要积极推行党和国家领导制度的改革。他自己身体力行，采取尽量少做工作，让年轻一些的同志上第一线的办法，逐步向完全不担任工作过渡。在时机成熟的时候，他又多次向党中央提出退休的请求，他认为，趁自己身体好的时候退下来对国家的安定有利。新的领导班子继续执行同样的路线、方针、政策，经过一段较长的发展时期，老同志的影响就慢慢消失了，我们的路线、方针、政策的连续性也就体现出来了。在他的一再请求下，党的十三届五中全会同意他退休，邓小平为废除干部领导职务终身制，改革党和国家领导制度起了楷模作用。

为了保证十一届三中全会以来的路线、方针、政策不变，除了废除

---

① 《邓小平文选》第 3 卷，人民出版社 1993 年版，第 84 页。

干部领导职务终身制外，还要做好培养和选拔接班人的工作。邓小平非常重视这一点。他多次提出，要贯彻"革命化、年轻化、知识化、专业化"方针，坚持德才兼备标准，把坚持改革开放路线并有政绩的人选进领导班子。邓小平说，党的基本路线要管一百年，要长治久安，就要靠这一条。

（原载《民主》1994 年第 2 期）

大力培养和选拔德才兼备的领导干部

一、国家长治久安，关键在于党，首先在于县以上领导干部

在新形势下加强党的建设，是一项新的"伟大的工程"，而大力培养和选拔德才兼备的领导干部，又是这项工程中的"关键项目"。这是由领导干部所处的重要地位决定的。党的十四届四中全会通过的《中共中央关于加强党的建设几个重大问题的决定》（以下简称《决定》）指出："坚持党的基本理论和基本路线不动摇，保持党和国家的长治久安，不断把改革开放和现代化建设事业推向前进，关键在于我们党，首先在于县以上党政领导干部。"这就明确地指出了执政党对于国家前途和命运的关键作用，以及县以上党政领导干部在发挥党的关键作用中的首要位置。

我们党是一个有五千四百多万名党员的大党，县以上党政领导干部，是党的精华和骨干。省部以上高级干部从宏观上把握着大政方针，是实施党和国家领导的重要力量。地市县级领导干部处于宏观与微观的结合部，中央制定的路线、方针、政策，要靠他们去组织贯彻，才能落实到基层。邓小平在 1956 年党的第八次全国代表大会上指出："全党有

相当于县委委员一级以上的干部三十多万人，这三十多万人的工作的好坏，对于党的事业有决定的影响。"现在，县委委员以上干部比过去多了许多，他们对于党的事业、对于国家前途和命运的决定性影响比过去表现得更为突出。

首先，党的基本理论和基本路线的长期坚持，要靠县以上党政领导干部来实现。邓小平建设有中国特色的社会主义理论和依据这个理论确立的党的基本路线，是指引党和国家胜利前进的指南。政治路线确定之后，干部就是决定的因素。正如邓小平所说："政治路线确立了，要由人来具体地贯彻执行。由什么样的人来执行，是由赞成党的政治路线的人，还是由不赞成的人，或者是由持中间态度的人来执行，结果不一样。"处于县以上领导岗位的各级干部，如果他们对党的基本理论和基本路线不拥护，就不能带领群众去贯彻这个理论和路线；如果他们对党的基本理论和基本路线不热忱，就不能身先士卒，去克服实践中遇到的大量新矛盾、新问题，把建设有中国特色的社会主义事业推向前进；如果他们对党的基本理论和基本路线理解不深刻、不全面，就会被各种"左"和右的思潮所动摇，使改革和建设走偏方向。所以，坚持党的基本理论和基本路线一百年不动摇，首先要县以上党政领导干部的立场不动摇。

其次，改革开放和现代化建设事业要靠县以上党政领导干部来领导、来推动。从中央到地方，各级党政领导班子都是现代化建设的指挥部、司令部。一个省、一个市、一个县，凡是哪里的指挥部解放思想，善于学习，大胆开拓，富有魄力和首创精神，哪里的现代化建设就日新月异，改革开放不断打开新局面；凡是哪里的指挥部缺乏紧迫感和责任感，开拓意识差，无胆无识，哪里就业绩平平，变化不大。这说明，改革开放和现代化建设事业能否胜利前进，首先取决于县以上党政干部的领导水平。

最后，打破国际敌对势力对我实施"西化""分化"的图谋，保持党和国家的长治久安，首先依赖县以上党政领导干部。必须看到，国际敌对势力对我实施"和平演变"的图谋是不会放弃的。他们通过各种方式宣传西方的意识形态和价值观念，力图使我"西化"；蓄意制造动乱，煽动民族分裂，力图使我"分化"。要粉碎国际敌对势力的图谋，保持社会稳定，关键是有一个马克思主义政党，有一支忠于马克思主义的县以上党政领导干部队伍。如果没有这样一批骨干，就缺乏粉碎国际敌对势力图谋，实现社会稳定、国家长治久安的中坚力量。

邓小平强调指出，"不要以为中国乱不起来"，"中国的稳定，四个现代化的实现，要有正确的组织路线来保证，要有真正坚持马克思列宁主义、毛泽东思想和党性强的人来接班才能保证"。因此，大力选拔和培养德才兼备的领导干部，特别是县以上领导干部，既关系到现代化建设的成功，又关系到国家的长治久安，有着深远的战略意义。

二、建设有中国特色社会主义的全新事业向领导干部提出新要求

在当前的新形势下，干部队伍建设遇到了新矛盾新问题。《决定》指出，建设有中国特色社会主义的全新事业和复杂的国际形势向领导干部提出了新要求，而不少干部的素质与之不适应。这是一个重要的问题。

我们正在从事的建设有中国特色社会主义的事业，是全新的事业。

之所以讲它是全新的，是因为它既不同于马克思、恩格斯当年设想的建立在发达资本主义国家基础上的社会主义，也不同于苏联模式，还不同于我国过去那种超越社会主义初级阶段、带有某种空想性质的社会主义，它是切合中国实际的具有创新精神的社会主义。要建成这样的社会主义，没有现成的经验可以借鉴，只能靠艰苦的探索。具体来看，无论是把社会主义基本制度同市场经济相结合，建立社会主义市场经济体制，还是坚持对外开放，吸引资本主义的资金、技术和人才；无论是在大力发展社会主义经济的同时，建立社会主义的民主政治和精神文明，还是按"一国两制"的办法解决香港澳门问题和台湾问题，这每一项目标都是开创性的，都要求领导干部具有高超的领导水平和工作能力。

再从国际环境看，我们正处在新旧世纪交替的重要历史时期，国际政治经济格局继续朝着多极化方向发展，发达国家和发展中国家都在考虑面对 21 世纪的发展战略，各种矛盾错综复杂，局部冲突经常发生，世界并不安宁。这就使我们不得不面对一个充满矛盾和激烈竞争的世界。如何利用矛盾，在一个并不安宁的世界中，争取到比较有利的国际环境，抓住机遇，发展自己，这对各级领导干部，也是一个崭新的课题。

面对着国内外形势的要求，不少干部感到不适应。

首先是在马克思主义理论素养上不适应。善于透彻分析国际上的矛盾，在国内工作任务繁重、矛盾错综复杂的情况下，能够总揽全局，掌握主动，自觉地全面贯彻执行党的基本路线，处理好改革、发展、稳定三者的关系；无论是顺利的时候，还是遇到困难甚至出现大风大浪的时候，都始终能保持政治上的清醒和坚定；不断提高领导水平和工作水平，把改革和建设的各项工作推向前进。所有这一切，都要求领导干部娴熟地掌握马克思主义的辩证唯物主义和历史唯物主义观点，学好邓小平同志建设有中国特色社会主义的理论。这样的要求，是许多干部不容易达到的。

其次是作风建设上不适应。建设有中国特色社会主义的全新事业，要求领导干部坚定不移地相信和依靠人民群众，把广大群众推动历史发展的主动性、积极性和创造性更好地调动起来，发挥出去。但部分领导干部群众观念淡薄，只相信少数能人，忽视多数群众；不能很好地贯彻从群众中来、到群众中去的路线，而是高高在上，脱离群众，作风浮夸；有的热衷于讲排场，摆阔气，对群众的疾苦不闻不问，个别的甚至贪污受贿，腐化堕落，严重损害群众利益，挫伤群众积极性。

最后是专业化、知识化上不适应。面对世界高新技术日新月异的发展和改革与建设中层出不穷的新问题，许多领导干部感到力不从心，他们的专业素质和知识水平，不适应形势和任务的要求。有的同志深有体会地说："过去领导计划经济主要靠权力、地位，现在领导市场经济主要靠能力、水平；过去搞传统产业主要靠经验，现在搞高新技术产业主要靠知识，眼下缺的就是能力、水平和知识！"这就生动地反映了，全面提高领导干部素质，增强领导现代化建设的水平和能力，是何等迫切与重要！

三、新老干部的交替与合作是永无完结的历史过程

新形势下干部队伍建设遇到的另一个重大问题是，随着时光流逝，部分领导班子中年龄结构不合理的矛盾又重新突出起来。

改革开放 15 年来，我们党在实现新老干部交替，推进领导班子年轻化方面迈出了重大步伐。早在改革开放之初，邓小平就把选拔接班人当作老同志第一位的责任和关系全局的战略问题提了出来。在他的倡导和亲自带动下，我们党顺利实现了由第二代中央领导集体向第三代中央领导集体的过渡，全国一大批年轻干部走上了各级领导岗位。从全国的情况来看，大批革命战争时期参加工作的老干部已经退出了领导岗位，新中国成立后成长起来的干部逐步成为各级领导班子的主体。但是，随着时间的推移，一些领导班子中年轻干部偏少的问题又突出地表现出来。据北京市 1993 年上半年调查，该市 210 个区、县、局级领导班子中，有 113 个没有 45 岁以下的干部，占 53.8%。领导班子成员都在 55 岁左右，没有形成梯次配备的 45 个，占 21.9%。经过换届选举，面貌才发生了大的改观。干部队伍年轻化方面存在的问题，同世纪之交的形势要求是不相吻合的，新世纪的挑战呼唤大批德才兼备的年轻干部脱颖而出！

为了增强进一步推进干部队伍年轻化的自觉性与紧迫感，需要深化对干部队伍发展规律的认识。《决定》对干部队伍年轻化的历史经验进行总结，提出了"新老干部的交替与合作是永无完结的历史过程"的论断，这一论断揭示了干部队伍建设的一条普遍规律。

新陈代谢，吐故纳新，永无完结，这是自然界和人类社会的一条普遍规律。古人说，"长江后浪推前浪，世上新人换旧人"，就是对这条规律的生动描述。我们干部队伍建设也受这条规律的制约。邓小平指出："人一老，不知哪一天脑筋就不行了，体力到一定程度也要衰退。自然规律是不可改变的，领导层更新也是不断的。"新老交替是一方面，新老合作又是另外一方面。任何年轻干部的成长都离不开老同志的传、帮、带。邓小平反复告诫，老同志要注意下一代接班人的培养，对他们好心好意地帮。年轻干部要接老同志坚持革命斗争方向的英勇精神的班，把党的好传统、好作风发扬下去。新老合作，以老带新，永不休止，这也是规律。

因为我们从事的是千秋万代的事业，新老交替与合作不会在某一天停止，所以，它又称得上是一个"历史过程"。

明确了"新老干部的交替与合作是永无完结的历史过程"的规律，可以使我们认识到，实行新老干部交替，推进领导班子年轻化，不是一劳永逸的。尽管十多年来我们作出大量努力，取得很大成绩，但还必须随着形势发展继续不断地作出努力，我们应当增强解决新矛盾的紧迫感与责任感。从长远看，既然新老干部的交替是永无完结的历史过程，那么，我们就必须从制度上保证这一过程持续、顺利地向前推进。这就要求我们加强干部离退休制度等一系列制度建设，使新老交替进一步制度化、规范化，从而保证德才兼备的年轻干部能够一茬接一茬地不断涌现。只有这样，党的基本路线一百年不动摇才有组织保障，我们的事业才能千秋万代，永不断绝。

四、两项重大而紧迫的战略任务

以上已经分析过，当前干部队伍建设面临两个重大问题：国际国内形势向领导干部提出新的更高要求，而不少干部的素质无法适应要求；部分领导班子年轻干部偏少的问题突出起来，同世纪之交的时代要求形成尖锐矛盾。为了解决这两个事关全局的重大问题，《决定》提出了两项重大而紧迫的战略任务：一是必须全面提高现有领导干部素质，把各级领导班子建设成为坚决贯彻党的基本路线、全心全意为人民服务、具有领导现代化建设能力的坚强领导集体；二是必须抓紧培养和选拔优秀年轻干部，努力造就大批能够跨世纪担当重任的领导人才。

两项战略任务的提出，是时代的要求、历史的呼唤，它们关系到把一个什么样的中国带入 21 世纪，关系到中国在新世纪的前程。它们既重大，又紧迫，需要引起全党高度重视。

应当如何来理解这两项战略任务呢？

全面提高领导干部的素质，包含着丰富的内容。江泽民曾提出，领导干部提高素质应有五个方面的要求："第一，具有履行职责所需要的马克思主义理论功底，懂得中国国情，注意理论联系实际，努力坚持马列主义、毛泽东思想；第二，坚定地站稳无产阶级立场，正确贯彻执行党的基本路线，自觉坚持四项基本原则和改革开放，反对资产阶级自由化，经得起执政、改革开放以及反和平演变的考验，在错综复杂的国际国内形势下不迷失方向；第三，坚定不移地沿着建设有中国特色的社会主义道路前进，有开创新局面的信心和决心，有为实现党中央提出的战略目标而百折不挠地奋斗的勇气和能力，做到胜不骄，败不馁，知难而进，临危不惧；第四，全心全意为人民服务，密切联系群众，走群众路线，发扬党的艰苦奋斗的优良传统，做到在灯红酒绿、纸醉金迷面前不为所动，拒腐蚀、永不沾；第五，贯彻民主集中制原则，胸襟开阔，有全局观念，善于团结同志，特别是能够团结有不同意见的同志一道工作，有领导和组织才能。"这五个方面的内容，体现了党的性质、指导思想、奋斗目标、党的宗旨、民主集中制的组织原则以及现阶段建设有中国特色社会主义的任务对各级领导干部的要求，具有很强的时代性和针对性，是当前各级领导干部的努力方向。

　　全面提高领导干部素质，目标是建设好各级领导班子。《决定》对各级领导班子建设提出了三项要求，即："坚决贯彻党的基本路线""全心全意为人民服务""具有领导现代化建设能力"。这三项要求同江泽民提出的提高领导干部素质的五个方面实际上是一致的，只要实现五个方面的提高，三项要求就落到了实处。

　　抓紧培养选拔大批优秀年轻干部，是另一项具有时代特点的战略任务。我们要培养的，是能够跨世纪担当重任的领导人才，他们除具有"年轻化"的特点外，还应具备能够迎接新世纪挑战的素质和能力，这需要全党作出艰苦的努力。

　　（原载《理论动态》专辑 1994 年 10 月）

努力造就大批能够担当跨世纪重任的领导人才

一、培养教育干部是一项事关全局的基础性工作

为了保证党和国家顺利迈入 21 世纪，成功地迎接新世纪的挑战，党的十四届四中全会通过的《中共中央关于加强党的建设几个重大问题的决定》（以下简称《决定》）把培养选拔优秀年轻干部，努力造就大批能够担当跨世纪重任的领导人才当作一项重大而紧迫的战略任务提了出来。

培养选拔年轻干部，第一位的是培养。《决定》指出："育人是用人的基础，只着眼于用人，忽视育人，是短视的。""短视"的提法，出自邓小平同志的著作。1980 年，邓小平在《党和国家领导制度的改革》一文中，针对某些同志缺乏远见，忽视对青年干部培养教育的倾向，针锋相对地指出："要坚决克服那种不从长远看问题的短视观点。"这种短视观点，只有近忧，没有远虑，只重视用人，忽视育人，对于干部队伍建设是十分有害的。

为了提醒全党重视"育人"，《决定》提出："务必把培养教育干部作为一项事关全局的基础性工作坚持不懈地抓下去。"这里，既强调了

育人工作的基础性，又强调了它的长期性。俗话说，十年树木，百年树人。培养普通人才尚且如此，培养领导人才更需要作出坚持不懈的长期努力，《决定》对长期性的强调是十分必要的。那么，这项基础性工程包含什么样的内容呢？

第一是学习。在新的历史条件下，学习对于广大干部尤其是年轻干部，实在是太重要了。年轻干部要弄懂改革和建设中层出不穷的新问题，需要学习。年轻干部要树立科学的世界观、人生观，更加自觉地坚持党的基本路线，增强工作能力，成为合格的跨世纪领导人才，更需要学习。进入新时期以来，邓小平曾多次号召："全党必须再重新进行一次学习。"1994 年江泽民在全国党校工作会议上所作的题为《学习学习再学习》的讲话中，又一次要求全党同志一定要高度重视和加强学习。为了推动学习，在短短几个月时间内，中央先后下发了关于学习《邓小平文选》第 3 卷的决定等三个文件，这种情况，过去是少有的。这充分表现了中央抓干部学习的决心。

抓干部学习，最根本的是要组织大家认真学好马克思列宁主义、毛泽东思想，中心内容是学习邓小平同志建设有中国特色社会主义的理论。延安时期，毛泽东曾向领导干部提出"系统地而不是零碎地、实际地而不是空洞地"学习马克思列宁主义的要求，这一要求在今天依然适用。各级领导干部特别是年轻干部在学习邓小平建设有中国特色社会主义理论的过程中，应当运用毛泽东同志当年提倡的方法，在两个方面下功夫，即在掌握理论体系上下功夫，在运用理论改造世界观和研究解决当前重大现实问题上下功夫。第一个下功夫，要求大家反复认真研读邓小平同志的原著，紧紧抓住建设有中国特色社会主义这个主题，围绕党的基本路线这条主线，深入领会解放思想、实事求是这个精髓，力求全面理解和把握各个理论观点的基本内涵及其相互联系，弄懂邓小平在进行理论新概括中体现的科学的世界观和方法论。第二个下功夫则要求努力运用理论学习的成果，去研究解决改造主客观世界中的问题。毛泽东曾说过，如果我们能运用马克思主义理论去解决一两个实际问题，就算有了成绩，解决的问题越多，成绩就越大。各级领导干部尤其是年轻干部应当朝这个方向努力。

除了学好建设有中国特色社会主义的理论外，各级领导干部还要努力学习社会主义市场经济理论和知识，学习现代科技知识和法律知识，提高驾驭现代化建设的能力；学习世界历史、中国历史特别是中国近现代史和中共党史，从"温故"中"知新"，强化爱国主义情操，增强历史使命感和责任感，继承党的优良传统和作风。在上述理论和知识的学习中，年轻干部应当表现得更敏感，更勤奋，更富有成效，努力成为既懂得理论，又善于理论联系实际，眼界开阔，面向世界，面向未来的现代领导人才。这样的人才，才能真正担当起跨世纪的重任。

要把学习坚持不懈地抓下去，必须坚决克服忙于事务和应酬，放松学习的倾向，形成勤于学习、乐于学习的良好风气；必须强化制度和设施建设，为学习提供保证。各级党委应根据不同领导职务的不同要求，制定出切实可行的教育和培训规划，分期分批对县以上领导干部进行培训。学习和培训的结果，要作为提拔使用的重要依据之一。要进一步加强各级党校和各类干部学校的建设，实行教学改革，更好地为培养教育干部服务。

第二是实践锻炼。实践出真知，出人才。领导人才的出现和成长、成熟，更离不开实践。孟子说："故天将降大任于斯人也，必先苦其心志，劳其筋骨，饿其体肤，空乏其身，行拂乱其所为，所以动心忍性，曾益其所不能。"其意思是说，担当重任的栋梁之才，必定先经过种种艰苦实践的磨炼，才能使性格变得坚韧，能力大大增强。这是符合领导人才成长规律的至理名言。我们应当遵照干部成长规律，通过各种形式，有计划地组织年轻干部到实践中去锻炼。对于有发展潜力但又缺乏全面领导工作经验的，要及早放到关键岗位上去挑担子。对缺乏基层工作经验的，要放下去任职锻炼。要鼓励年轻干部到基层去，到改革和建设的第一线去，特别是到条件艰苦或情况复杂的环境中去，在那里经风雨，见世面，迅速成长。

二、高度重视人才的发现和使用

育人是用人的基础，用人又是育人的目的。培养教育干部，从根本上说还是为了选拔和使用。《决定》提出，"高度重视人才的发现和使用，抓紧选拔大批优秀年轻干部"，并对选拔干部的标准、方法和用人观念的改革等进行了多方面的论述。

结合新的历史条件，全面正确地贯彻干部队伍"四化"方针和德才兼备原则，是做好干部选拔工作最为重要的一环。"四化"方针作为我们党在历史新时期提出的干部队伍建设的总方针，是一个不可分割的有机整体，其核心是革命化，在革命化的前提下，实行年轻化、知识化、专业化。全面正确地贯彻"四化"方针，关键是要处理好"革命化"同其他"三化"的关系。既坚持把革命化摆在首位，又要把革命化同其他"三化"统一起来，不可偏废。在新的历史条件下，我们应当赋予德才兼备的原则以新的时代特点。衡量干部的德与才，应该主要看贯彻执行党的基本路线的实绩。具体地说，考核干部的政治立场、理论水平、党性修养和思想作风等德的内容，应当看是否坚定不移地贯彻党的基本路线，是否具有献身改革开放的精神和加快经济发展的强烈事业心和责任感；考核干部的才，不要仅看文化程度和专业技术水平，更重要的是看他在经济建设和改革开放中发挥出了什么才能，作出了什么贡献。德和才，最终都要通过实绩来体现。实绩显著的，就是德才兼备的干部。没有实绩的，既不能说有才，也不能说有德。

选人用人要注意社会公论，是干部选拔中的一条重要原则和方法。这条原则是邓小平提出来的。1989 年，邓小平就指出："在选人的问题上，要注意社会公论，不能感情用事。"在其他场合，他又提出"人民公认"这个概念。这两个提法都是一个意思，就是干部选拔要走群众路线，由广大人民群众来评价干部的实绩，由社会公论来确定干部的功过，而不能以少数领导者感情的好恶来决定干部的升降去留。只有这样，才能真正"选人民公认是坚持改革开放路线并有政绩的人，大胆地将他们放进新的领导机构里，使人民感到我们真心诚意搞改革开放"。

大胆发现和使用人才，需要进一步解放思想，破除在用人问题上的陈腐观念。20 世纪 80 年代初，邓小平曾尖锐地指出："目前的问题是，现行的组织制度和为数不少的干部的思想方法，不利于选拔和使用四个现代化所急需的人才。希望各级党委和组织部门在这个问题上来个大转变，坚决解放思想，克服重重障碍，打破老框框，勇于改革不合时宜的组织制度、人事制度，大力培养、发现和破格使用优秀人才，坚决同一切压制和摧残人才的现象作斗争。"十多年来，各级党委在实行小平同志所要求的"大转变"方面作出了艰苦努力，情况发生了巨大变化，但还不等于说这方面的问题已经全部解决。邓小平同志说，选贤任能也是革命。这当然不是指革什么人的命，而是强调在用人思想、用人制度方面要实行根本性的变革。这项任务十分重要，也十分紧迫。

我国是一个封建社会历史很长的国家，在选人用人方面的旧积习影响极深。新中国成立以后长期实行的高度集中的计划经济体制，也为人才的脱颖而出设置了种种障碍。时至今日，旧观念的影响依然在一些人的头脑中存在。就拿论资排辈来说，"按照资历往下排，一茬顺着一茬来"的做法确实少见了，但把干部的资历、关系当作不成文的标准，过多地考虑平衡照顾一部分人的情绪，压抑了一些优秀的年轻干部，这种现象却时有发生。有的同志习惯用求全责备的眼光看人，对敢闯敢干、大胆开拓但又有个性、有棱角的干部不敢大胆使用，对"两头冒尖"的有争议的干部不敢用人所长。有的习惯在自己所在的机关和周围熟悉的少数人中选干部，搞"近亲繁殖"，不搞五湖四海。我们一定要摒弃论资排辈、迁就照顾、求全责备、任人唯亲等陈腐观念，广开进贤之路，大胆选拔甚至破格提拔优秀干部，使各级领导班子永远朝气蓬勃。

领导班子的不断更新，需要严格的离退休制度作保证。邓小平说过，位子就那么多，还要精兵简政，老的不腾出位子，年轻的上不了，事业怎么能兴旺发达。现在，离退休制度在全国已普遍实施，关键是个严格执行的问题。真正按章办事，就能实现新老交替的正常化、制度化。

三、加快干部选拔任用制度改革

要使优秀人才能够脱颖而出，还需要一个富有生机和活力的用人机制，这就必须加快对党政领导干部选拔任用等重要制度的改革。其主要内容是，坚持党管干部的原则，改进党管干部的方法，继续扩大民主，完善考核，推进交流，加强监督。

扩大选拔任用领导干部工作中的民主，就是要改变过去那种封闭式、神秘化的选人办法，破除"由少数人选人，在少数人中选人"的旧模式，无论选任还是委任、聘任干部，都要走群众路线，把民主推荐、民主评议、民意测验与组织考察有机结合起来，对于群众呼声高的好苗子，要大胆提拔，多数群众不拥护的，不应提拔。

完善领导干部的考核制度，就是要坚持领导"从上看"与群众"从下看"相结合的考核办法，对领导干部的德、能、勤、绩全面考核，尤其注重工作实绩。看实绩，要有辩证的观点，不能以一时一事论短长，也不能脱离各地区、各部门、各岗位的具体条件，简单地用一个尺度、一个指标去衡量。应当根据不同领导职务的不同特点，制定科学的考核体系和标准，对工作实绩作出准确的评价。考核制度还应同升降、奖惩制度相衔接，考核结果优秀的委以重任，不胜任现职的果断调整，使干部能上能下形成制度。

认真推行领导干部交流制度，并同回避制度和各级领导班子的任期制度结合起来。实现干部交流有利于干部开阔眼界，通过在多种环境和岗位经受锻炼，增长才干，提高领导水平；也有利于干部摆脱"关系网"的纠缠，秉公办事，为政清廉；还可以使班子的整体结构更加合理，为干部个人提供能更好发挥自己特长的岗位。所以，干部交流制度必须大力推行。要加大省部级干部交流力度，继续推进地市县级干部交流。各级党委要统筹规划，周密安排，有计划、有步骤地在上下级机关之间、地区之间、地区与部门之间、党政之间以及经济比较发达与相对落后地区之间进行干部交流。

强化对选拔任用领导干部工作的监督检查，坚决防止和纠正用人上的不正之风。当前，发生在干部选拔任用工作中的不正之风，引起群众的强烈不满。有的领导干部不按提拔干部的正常程序办事，通过各种手段，为提拔任用子女、亲友"走后门"，甚至拿职位送人情、搞交易。有的地方在机构改革过程中，"跑官""要官"成风，少数领导干部不仅不加以制止，反而无原则地"给官""送官"，助长了歪风蔓延。用人上的不正之风，为少数品质恶劣者窃居要位提供了可乘之机，他们一旦攫取了权力，就会以权谋私，大搞权钱交易。所以，用人上的不正之风，是经济上腐败现象蔓延的根源之一，必须下大力气加以纠正。要加强监督检查，对那些违反组织人事纪律，在用人问题上搞不正之风的，严肃处理。同时，要制定和实行党政领导干部选拔任用工作条例，使选拔任用工作规范化，堵塞各种漏洞。

除了做好以上四项工作外，还要认真推行国家公务员制度。对一些地方试行的委任干部任期制、聘任制、试用制以及公开推荐与考试考核相结合选拔领导干部等，要认真研究总结，使其不断完善，逐步建立起干部选拔的竞争机制，真正做到贤者上、庸者下，从机制上保证把德才兼备的优秀干部选拔到领导岗位上来，使我们的事业永远繁荣昌盛。

（原载《理论动态》专辑 1994 年 10 月）

精神文明建设面临的历史性课题

—— 简论"三个如何"

　　党的十四届六中全会通过的《中共中央关于加强社会主义精神文明建设若干重要问题的决议》（以下简称《决议》）在分析了我国在新的历史条件下进行精神文明建设的长期性、复杂性后提出："如何在经济建设为中心的前提下，使物质文明建设和精神文明建设相互促进，协调发展，防止和克服一手硬、一手软；如何在深化改革、建立社会主义市场经济体制的条件下，形成有利于社会主义现代化建设的共同理想、价值观念和道德规范，防止和遏制腐朽思想和丑恶现象的滋长蔓延；如何在扩大对外开放、迎接世界新科技革命的情况下，吸收外国优秀文明成果，弘扬祖国传统文化精华，防止和消除文化垃圾的传播，抵御敌对势力对我'西化'、'分化'的图谋，这是在社会主义现代化进程中必须认真解决的历史性课题。"这段论述高屋建瓴地阐明了在未来一个较长的历史时期内精神文明建设所面临的全局性重大问题，具有重要的战略意义。

一、"三个如何"是在新的历史条件下社会主义精神文明建设 所面临的前无古人的崭新课题

精神文明建设实质就是人的精神世界的建设。对于这方面的工作，我们党历来是高度重视的。新中国成立之时，毛泽东就预言："随着经济建设的高潮的到来，不可避免地将要出现一个文化建设的高潮。中国人被人认为不文明的时代已经过去了，我们将以一个具有高度文化的民族出现于世界。"在现代化建设进程中，他又反复告诫全党，要保持过去革命战争时期的那么一股劲，那么一股革命热情，那么一种拼命精神，把革命和建设事业搞好。正因为毛泽东和我们党高度重视人的精神世界的建设，20世纪五六十年代直至"文化大革命"前，广大人民群众的精神风貌和社会风气总体上是好的。邓小平在同外国友人的谈话中曾多次对此予以肯定和赞扬。一些老同志也常常深情地予以怀念。但是，20世纪五六十年代社会的良好精神风尚是在特定的历史条件和内外环境下形成的。在较长时期内，我们党把"以阶级斗争为纲"当作全党工作的指导思想，片面强调"突出政治"，孤立强调精神对于物质的巨大反作用；实行从上到下高度集中的计划经济体制；在对外关系方面实行"闭关锁国"政策。党的指导思想和内外环境虽然有利于全党重视思想政治工作，有利于爱国家、爱集体、守纪律的社会风尚的形成，也有利于抵御西方腐朽文化的进入，保持社会主义文化的纯洁性，但这是以妨碍生产力的发展和人民生活水平的提高，妨碍社会的全面进步为代价的。党的十一届三中全会以来，我们党实行了从"以阶级斗争为纲"到以经济建设为中心的战略重点大转移，实行改革开放政策。党指导思

想上的重大变化，带来了社会生产力的大发展，人民生活水平的大提高，也为社会主义精神文明建设增添了新的活力。但也必须看到，在改革开放的条件下进行社会主义精神文明建设，我们所处的内外环境要比过去复杂得多。"三个如何"就是这复杂的环境提出的崭新课题。邓小平曾说，建设有中国特色的社会主义是全新的事业。"三个如何"就是这个全新事业中的三个新课题。

二、"三个如何"集中体现了在新的历史条件下社会主义精神文明建设的艰巨性和复杂性，是社会主义精神文明建设中三个关键性、全局性的重大问题

物质文明是基础，精神文明对物质文明有巨大的反作用，二者相辅相成，共同发展；同时，物质文明和精神文明都有各自的相对独立性，在一定条件下也会出现某种不一致的情况。在坚持以经济建设为中心的前提下，要准确而全面地把握两个文明间的辩证关系，自觉地使两个文明建设互相促进，协调发展，这需要有正确的思想方法和高超的领导艺术。如果稍有偏差，就会在认识上把精神文明当作可有可无的附属品、派生品，在行动上单打一，出现"一手硬、一手软"的情况。所以，对于每一位领导干部来说，这都是一道艰巨而复杂的难题。社会主义市场经济体制的逐步建立，为我国经济增添了巨大的活力，同时也增强了人们的自主意识、竞争意识、效率意识、民主法制意识和开拓创新意识，有利于社会主义思想道德建设。但市场经济同社会主义思想道德建设也有相矛盾的地方。市场经济的负面影响和消

极作用很容易诱发个人主义、享乐主义、拜金主义，驱使一部分人见利忘义，从事假冒伪劣、拐卖妇女儿童、色情服务等丑恶活动。市场经济的正负效应是相伴相生，共同发挥作用的。我们的任务是充分发挥市场经济对于社会主义精神文明建设的积极作用，又有效地把市场经济的负面影响减小到可能的最低程度，从而在全社会形成有利于社会主义现代化建设的共同理想、价值观念和道德规范，这也是一项艰巨而复杂的任务。

我们是在对外开放的条件下进行精神文明建设的，扩大对外开放，引进高新技术和国外优秀文明成果，为社会主义的经济文化建设提供了很有利的条件，但同时也带来许多复杂的情况。西方敌对势力利用我们对外开放的机会，在意识形态领域加紧进行颠覆和渗透；现代信息技术的发展既为我们开通了快速的信息渠道，又使不少文化垃圾乘虚而入，而我们一时还缺乏有效的对付方法。"要说有风险，这是最大的风险"，要有效地战胜这个风险，困难也很大。上述三个难题都不是局部性的，而是事关全局的；都不是一般性的问题，而是关系社会主义精神文明建设性质方向的重大的关键问题。

三、"三个如何"的问题具有长期性，是我们党在社会主义现代化建设的整个历史过程中始终需要认真解决的问题

在坚持以经济建设为中心的前提下，克服"一手硬、一手软"的现象，这不是一次就能解决的问题，需要反复抓，抓反复。1989 年，邓小平告诫全党，"十年最大的失误是教育，这里我主要是讲思想政治教

育"。邓小平的告诫引起大家警觉，社会上出现了重视精神文明建设的好势头。但时隔不久，"一手硬、一手软"的现象又有抬头。

邓小平同志南方谈话和党的十四大以来，中央采取了加强精神文明建设的一系列有力措施，取得了很好的效果。但"一手硬、一手软"的问题至今没有完全解决。这就说明，克服思想方法上的片面性，准确地把握两个文明间的辩证关系，不是一朝一夕就能完成的。党的十四届六中全会《决议》使全党对社会主义精神文明建设伟大战略意义的认识提高到一个新的高度。但很难说，"一手硬、一手软"的现象会就此"寿终正寝"，还需要长期警惕和解决。

建立社会主义市场经济体制将是一个长期的历史过程。按中央部署，到 20 世纪末初步建立起社会主义市场经济体制的基本框架，这个体制及其相应的法律、政策、管理的完善，则需要更长的时间。在体制转轨的长时间里，由于法律、政策、管理上的漏洞，市场经济的负面效应会乘虚而入，导致腐朽思想和丑恶现象滋长蔓延。即使将来市场经济体制完善了，市场经济的负面效应也会顽强地表现自己。因此，防止和遏制个人主义、享乐主义、拜金主义将是一个长期的任务。

对外开放是我们的基本国策。门打开了，就不能再关上。不关门，难免泥沙俱下，鱼龙混杂。西方敌对势力对我实行"西化""分化"的图谋是长期的。世界新科技革命突飞猛进，由此产生的新问题也层出不穷。在这样的外部条件下，要保持住我们优秀的传统文化的"根"，同时又实行"拿来主义"，对外国文化有眼光，有分析，有鉴别，有手段，既吸收世界文明的优秀成果，又防止西方腐朽文化的传播，粉碎西方敌对势力"西化""分化"的图谋，这也是一个长期的历史性课题。

我们各级领导同志和全体共产党员都应当在脑子里始终装着这三个历史性课题，深入思考，认真对待，兴利除弊。

（原载《理论动态》专辑 1996 年 10 月）

社会主义道德建设必须以为人民服务为核心

　　道德是调整人际关系的行为原则和规范的总和。所谓人际关系，包括个人与国家的关系、个人与集体的关系、个人与他人的关系。道德建设所要解决的基本问题，是道德和利益的关系问题。这个问题的一个重要方面，就是如何看待个人利益和社会整体利益的关系。是以个人利益服从于社会整体利益呢，还是社会整体利益服从于个人利益？对这个问题的不同回答，是各种社会道德体系在原则上相区别的最显著的标志之一。在奴隶社会、封建社会、资本主义社会，统治阶级的道德虽然在名义上也强调社会整体利益，但实际上奉行的道德原则，却都是以个人利益为基础的。从整个社会来看，他们所谓的社会整体利益，不过是用普遍形式表达的少数剥削阶级的私人利益；即使从统治阶级内部来看，也常常是阶级的整体利益从属于少数个人的私人利益。正是在这样的意义上，马克思主义总是谴责剥削阶级的道德不过是虚伪的说教。社会主义社会是人民当家作主的社会，社会整体利益真实地表现为广大人民群众的利益，社会主义道德要求人们自觉地维护广大人民群众的利益：以个人利益服从于社会整体利益。各行各业的人们，无论职务高低，都要以为人民服务为宗旨，做到热爱人民、服务人民，同一切危害人民的行为作斗争，在人民需要的时候，为实现人民利益不惜牺牲个人利益。为人民服务是社会主义道德的集中体现，是社会主义道德原则区别于其他一切剥削阶级社会道德的显著标志。因此，社会主义道德建设必须以为人民服务为核心。

在我国现阶段，强调社会主义道德建设以为人民服务为核心，有着极其重要的现实意义。

一、强调社会主义道德建设以为人民服务为核心，这是实现社会主义本质的要求。邓小平同志指出，社会主义的本质是解放生产力，发展生产力，消灭剥削，消除两极分化，最终达到共同富裕。这段论述，精辟地概括了社会主义在生产力和生产关系两方面的要求，也指明了社会主义的最终目标。"消灭剥削，消除两极分化"内在地包含了在所有制方面以公有制为主体、在分配形式方面以按劳分配为主的要求，同这种经济关系相适应，社会的人际关系必然应当是团结互助、平等友爱、共同前进的同志式关系，为人民服务是大家同一个工作目的。"共同富裕"的目标体现了全体人民长远根本利益的一致性，它要求广大干部群众坚持以为人民服务为核心，贯彻以国家、集体、个人利益相结合，整体利益高于个人利益为基本含义的集体主义原则，开展"爱祖国、爱人民、爱劳动、爱科学、爱社会主义"的"五爱"活动，提倡先富帮后富，大家共同富的良好风尚。在全社会确立起这样的道德规范，就能使道德建设为解放和发展生产力服务，为巩固社会主义的经济基础服务，为实现共同富裕的社会主义最终目标服务。

二、强调社会主义道德建设以为人民服务为核心，适应了发展社会主义市场经济的需要。市场经济是法制经济，也是道德经济。任何市场经济国家都提倡"商德"，提倡"信誉"，反对欺诈行为。但资本主义国家提倡商德，是服从资本主义生产目的的需要。调节竞争中的人际关系，维护市场经济的基本秩序，是为了让资本家获取更多的利润。我们建设的是社会主义市场经济，是市场经济同社会主义基本制度的有机结合，其目的是发展社会生产力，更好地满足人民不断增长的物质文化生活的需要。由此，在发展社会主义市场经济过程中，仅仅提倡一般市场经济所要求的"商德"是不够的，必须大力提倡以为人民服务为核心的社会主义道德。在经济活动中，企业和个人无疑应当按市场经济价值规律办事，通过合法经营和诚实劳动获取正当经济利益，国家依法保护企业和个人利益，同时又要求他们正确处理好国家、集体、个人三者关系，把国家和人民利益摆在首位，反对小团体主义、本位主义，反对损公肥私、损人利己，反对搞假冒伪劣等欺诈行为；提倡对人民负责，对社会负责。企业中的服务行为和"窗口"行业具有特殊性，尤其要大力弘扬全心全意为人民服务的精神，提倡像徐虎、李素丽那样，"岗位作贡献，真情为他人"。总之，只有在加强市场法制建设的同时，大力加强市场主体的社会主义道德教育，才能保证社会主义市场经济健康、有序地向前发展。

市场经济同社会主义是能够有机结合的，但在某些方面也存在着一定的矛盾。市场经济的负面影响容易诱发个人主义、享乐主义、拜金主义；在市场经济条件下，存在着多种经济成分和多种利益主体，反映不同利益主体的价值观念也呈现多元化的趋向。这些同社会主义道德建设之间都是存在矛盾的。为了在价值观念多元化的情况下坚持马克思主义的集体主义的价值观的指导地位，抵制和反对个人主义、享乐主义、拜金主义，就必须在全体人民中大力宣传为人民服务和集体主义精神，提倡尊重人、关心人，热爱集体，热爱公益，扶贫帮困，为人民为社会多做好事。必须对一切非马克思主义的价值观进行分析、教育、引导和批评，不允许那些违背广大人民利益、腐蚀劳动群众思想、污染社会风气的错误价值观念在社会上流行，以保证我国社会主义市场经济始终沿着正确的方向发展。

三、强调社会主义道德建设以为人民服务为核心，才能防止把商品交换原则引入党的政治生活和国家机关的政务活动，端正党风和政风。等价交换的价值规律是市场经济必须遵循的客观规律，但一旦把等价交换的法则引入党的政治生活和国家机关的政务活动，就会产生腐败现象。改革开放以来，这方面的问题相当严重。一些领导干部和国家机关工作人员，他们有的搞权钱交易，利用手中批项目、给贷款等权力收受巨额贿赂，个别的甚至利用人事任命权搞"买官""卖官"；有的搞权色交易，以牺牲国家利益为代价，换取美色享受，腐化堕落；有的搞权权交易，互相安插子女、亲属、亲信到重要岗位。这种种交易行为，严重败坏了党风政风，在广大群众中产生了极为恶劣的影响。之所以会发生这些情况，最根本的原因，还在于这些同志放松了世界观的改造，忘记了为人民服务的宗旨，把人民赋予的权力当作获取私利的手段。要有效地扼制腐败现象的蔓延，端正党风政风，一靠法制，二靠教育。必须在全体领导干部和国家机关工作人员中深入开展"全心全意为人民服务"宗旨的教育，学习张思德，"完全彻底为人民"；学习白求恩，"毫不利己，专门利人"；学习焦裕禄，"心中装着群众，唯独没有他自己"；学习孔繁森，认定"一个共产党员的最高境界就是爱人民"。对照先进人物的高尚道德情操和崇高精神境界，进行严格的自律。做到见微知著，提高警惕，严格要求，自觉抵制个人主义、享乐主义、拜金主义的侵蚀，努力树立正确的世界观、人生观、价值观，这样才能实现党风政风的根本好转。

四、强调社会主义道德建设以为人民服务为核心，才能使社会公德、职业道德、家庭美德建设具有牢固的思想基础。社会主义道德建设具有广泛的内容，社会公德、职业道德、家庭美德就是社会主义道德体系中的重要组成部分。我们要大力倡导文明礼貌、助人为乐、爱护公物、保护环境、遵纪守法的社会公德，倡导爱岗敬业、诚实守信、办事公道、服务群众、奉献社会的职业道德，倡导尊老爱幼、男女平等、夫妻和睦、勤俭持家、邻里团结的家庭美德。但这三项道德的教育和建设，都必须结合为人民服务的思想教育去进行。因为为人民服务是人生观、价值观，是社会公德、职业道德、家庭美德的思想基础，如果离开这个思想基础孤立地进行社会公德、职业道德、家庭美德的建设，不管你采取什么方法，搞学习运动也好，搞承诺制也好，都可能是一阵风，持久不了。为什么徐虎、李素丽能够多年如一日勤勤恳恳地在平凡的岗位上作贡献？根本的原因不正在于他们真正确立了为人民服务的人生观、价值观吗？李素丽说得好，公共汽车线路有终点站，为人民服务没有终点站。我永远属于我的乘客。这段话形象地说明了她已经自觉地把自己的生命融入到无限的为人民服务之中，也正因为如此，她才能成为履行职业道德的楷模。李素丽的例子生动地说明，我们只有把为人民服务的思想教育当作基础，当作灵魂，才能把社会公德、职业道德、家庭美德的建设扎扎实实地搞好。

（原载《理论动态》专辑 1996 年 10 月）

运用两种方法，得到两点收获

要学好《邓小平文选》第1、2卷，必须从它们的自身特点出发，在学习方法上动脑筋。我个人体会，主要是两种方法：

第一，把《邓小平文选》第1、2卷的学习同党的历史的学习结合起来，加深对重要篇章和基本观点的理解。

《邓小平文选》第1、2卷同第3卷相比，有着不同的特点。首先是著作的时间跨度大，第1卷时间跨度长达二十八年，中间经历了抗日战争、解放战争、新中国成立和过渡时期、社会主义建设十年探索等重要历史阶段；其次是著作的历史背景相对推远了一些。对于我们中青年同志来说，有部分历史是没有亲身经历过的，有部分历史虽然经历过，但由于未成年而理解不深。上述特点决定，我们在通读《邓小平文选》第1、2卷时，必须认真阅读党史资料，结合对党的历史的了解，来认识邓小平的讲话是在什么样的历史条件下谈的，有什么针对性，现在有怎样的现实意义。

结合毛泽东思想在全党指导地位的确立、巩固和发展的历史，深刻理解邓小平对毛泽东思想的科学论述。党的七大确立了毛泽东思想作为我们党的指导思想，是经历了一个历史过程的，在此过程中，党内不少同志的有关论述起了推进作用，邓小平《在北方局党校整风动员会上的讲话》就是其中之一。这篇讲话强调，通过整风要"使党在思想上更好地武装起来"，彻底克服"左"右倾机会主义，"把党的事业完全放在中国化的马列主义，即毛泽东思想的指导之下"。这就非常明确地提出了确立毛泽东思想在全党的指导地位的问题。党的七大以后，在漫长的革命和建设历程中，毛泽东思想发挥了巨大的作用，毛泽东思想在全国人民心目中的地位越来越崇高。在新的形势下，又出现了把毛泽东思想绝对化、庸俗化的问题。1959 年林彪出任国防部长后，他打着提倡学习毛泽东思想的旗号，把学习毛泽东著作同学习马列著作对立起来，又把学习毛主席的"老三篇"、部分语录同学习毛泽东思想的科学体系割裂开来，还提出毛泽东思想是"顶峰"的错误论调。为了排除干扰，"把毛泽东思想这个旗帜掌握得好"，邓小平对错误倾向展开了坚决的斗争。他在 1960 年 3 月的《正确地宣传毛泽东思想》一文中指出，毛主席"赞成这个意见：第一，现在的主要问题是把毛泽东思想用得庸俗了，什么东西都说成是毛泽东思想……第二，马克思列宁主义很少讲了"。邓小平同志提出，不要把毛泽东思想同马克思列宁主义割裂开来，好像它是另外一个东西。1976 年粉碎"四人帮"以后，邓小平批评"两个凡是"不符合马克思主义，是损害毛泽东思想。他指出："怎么样高举毛泽东思想旗帜，是个大问题。"他的结论是："我们必须世世代代地用准确的完整的毛泽东思想来指导我们全党、全军和全国人民，把党和社会主义的事业，把国际共产主义运动的事业，胜利地推向前进。"结合历史的发展来看邓小平的论述，可以看出，他对毛泽东思想及其在全党地位的认识是一贯的、科学的，对于我们运用毛泽东思想指导工作具有重要价值。

结合以毛泽东为核心的第一代中央领导集体对在中国如何建设社会主义进行十年探索的历史，深刻理解邓小平在探索中所作的理论贡献。

从 1956 年党的八大到 1966 年"文化大革命"前，我们党对中国自己的建设社会主义道路进行了艰辛探索。十年探索取得很大成就，但又有严重失误。其原因在于，党在指导思想上有两种不同的发展趋向。一种是从中国实际出发的正确趋向，另一种是脱离实际、超越阶段的"左"的趋向。这两种趋向此起彼伏，有时正确趋向占上风，有时错误趋向占上风，由此形成成就与失误相交织的复杂局面。从党的思想发展史来看，这个时期的经验和教训都是党的宝贵财富，为后来实现马克思主义同中国实践相结合的第二次历史性飞跃，提供了经验积累和理论准备。邓小平作为第一代党中央领导集体的成员，作为当时党的总书记，在十年探索中作出了艰苦的努力，他的不少文章，体现了党在指导思想上的正确趋向。1956 年党的八大提出了全党工作重点由阶级斗争转向经济建设的战略转移。为了宣传党的重大决策，邓小平发表了《今后的主要任务是搞建设》的重要讲话。从 1957 年反右斗争扩大化开始，党内"左"的思想逐渐占了上风。在经历了"大跃进""人民公社化"等重大失误后，党又对认识到的错误进行若干纠正，并于 1960 年决定实行"调整、巩固、充实、提高"的八字方针。邓小平同志在纠正失误和经济调整过程中，提出了一系列正确的理论观点和政策措施。在《怎样恢复农业生产》一文中，他明确支持"包产到户"，并从理论上作了阐发。他说："生产关系究竟以什么形式为最好，恐怕要采取这样一种态度，就是哪种形式在哪个地方能够比较容易比较快地恢复和发展农业生产，就采取哪种形式；群众愿意采取哪种形式，就应该采取哪种形式，不合法的使它合法起来。""在农村，还得要调整基层的生产关系，要承认多种多样的形式。照我个人的想法，可能是多种多样的形式比较好。"邓小平的讲话，坚持了生产关系要同生产力相适应的马克思主义观点，批评了脱离我国生产力发展实际水平，追求生产关系越大越公越好的"左"的倾向。邓小平还认真总结了"大跃进"时期搞脱离实际的高指标，以群众运动代替细致的工作的教训，指出，"这几年指标过高，要求过急，既助长了分散主义，又助长了命令主义"，"我们今后订计划，一定要切合实际，并且留有余地。今后规定任务，一定不要过重，也不要过死"。他批评，"这几年，我们搞了许多大运动，差不多是把大运动当作我们群众路线的唯一的形式，天天运动"，其结果，"各部门、各系统、各单位的经常工作"被"挤掉了"。邓小平的这些论述，揭示了在经济建设中脱离国情实际、急于求成的弊端。联系到后来在进入历史新时期以后，邓小平总结十年探索的经验时说："建国以来我们犯的几次错误，都是由于要求过急，目标过高，脱离了中国的实际，结果发展反倒慢了。""制定的政策超越了社会主义的初级阶段。"把邓小平的论述前后衔接起来，可以看出，他在十年探索时期已经对中国的国情有了逐步清晰的认识，对中国社会主义建设的规律有了初步的认识和把握。

第二，把《邓小平文选》第1、2卷的学习同第3卷的学习结合起来，从整体上把握邓小平的理论。

《邓小平文选》第1卷是邓小平作为第一代中央领导集体下的重要领导干部和第一代中央领导集体成员时的著述，其中不少思想已孕育了建设有中国特色社会主义理论的萌芽。第2卷和第3卷则前后衔接、相互贯通，形成建设有中国特色社会主义理论的科学体系。所以，三卷著作是一个整体，在学习过程中必须注意它们的系统性、连贯性，认真把握建设有中国特色社会主义理论缘起、产生和发展的脉络。

首先，要系统学习邓小平对"什么是社会主义，如何建设社会主义"的论述，加深对这个首要的基本的理论问题的理解。

在《邓小平文选》第 2、3 两卷中，对"什么是社会主义，如何建设社会主义"的论述不下 20 次，最早、最明确的一次是 1980 年 4—5 月的谈话（即《社会主义首先要发展生产力》一文）。邓小平指出："不解放思想不行，甚至于包括什么叫社会主义这个问题也要解放思想。经济长期处于停滞状态总不能叫社会主义。人民生活长期停止在很低的水平总不能叫社会主义。""社会主义是一个很好的名词，但是如果搞不好，不能正确理解，不能采取正确的政策，那就体现不出社会主义的本质。""根据我们自己的经验，讲社会主义，首先就要使生产力发展，这是主要的。只有这样，才能表明社会主义的优越性。社会主义经济政策对不对，归根到底要看生产力是否发展，人民收入是否增加。这是压倒一切的标准。"邓小平从解放思想，探索比较快的经济发展道路入手，指明了解放思想的要旨在于弄清什么叫社会主义；初步提出了判断社会主义的标准；提出了"社会主义本质"的科学概念，并分析了影响社会主义本质实现的三个原因，即思想上理论上认识不正确，采取的政策和体制不正确，措施和做法不对头。这样，就把"什么是社会主义，如何建设社会主义"的问题突显了出来。后来，邓小平又明确地把这一问题概括为建设有中国特色社会主义理论的"首要的基本的理论问题"，并作了多方面的丰富论述，直至在南方谈话中对社会主义本质作出经典性的概括。系统地回顾和学习邓小平同志的论述，就使我们能够深刻理解建设有中国特色社会主义理论的核心内容。

其次，要系统学习邓小平关于党的建设的论述，提高在新形势下加强党的建设的自觉性。

邓小平同志关于党的建设的理论，是建设有中国特色社会主义理论的重要组成部分。要深刻理解和掌握这部分理论内容，就必须对邓小平有关党的建设的论述有完整、全面的了解。

邓小平在革命战争年代和社会主义建设时期，一直担任党的领导工作，他非常重视党的建设，作了大量的理论阐述，特别在《邓小平文选》第 1 卷中，对于党的建设的论述占有相当大的分量，开卷第 2 篇，就是《党与抗日民主政权》，终卷篇为《建设一个成熟的有战斗力的党》，中间的《共产党要接受监督》等，都是关于党的建设的重要文稿。第 2 卷中关于党的建设的文章也占一定比重。只有认真学习第 1、2 卷中关于党的建设的论述，才能深刻理解邓小平在党的十二大以后提出的加强党的建设的一系列重要思想。

在邓小平有关党的建设的文稿中，党的作风建设，特别是贯彻群众路线的问题占有重要位置，大量论述是根据党执政后出现的新情况、新问题有感而发的。1956 年，邓小平在党的八大报告中，把群众路线当作一个首先着重说明的大问题提出来。报告详尽地阐明了群众路线的含义、它的深刻的理论意义和实际意义，以及在贯彻群众路线方面存在的问题。邓小平告诫大家："由于我们党现在已经是在全国执政的党，脱离群众的危险，比以前大大地增加了，而脱离群众对于人民可能产生的危害，也比以前大大地增加了。"1958 年后，由于"大跃进"相当程度地脱离实际，损害了党在群众中的威信，党群关系一度紧张。为此，党中央于 1961 年强调要提倡实事求是，贯彻群众路线，大兴调查研究之风，"向群众寻求真理"。在这种情况下，邓小平从总结经验出发，批评一年到头搞运动不是贯彻群众路线，而是脱离群众，"我们的群众路线，不是满足于那个热热闹闹，主要的是要做经常的、细致的工作，做人的工作"。在 1962 年七千人大会的报告中，他系统阐发了密切联系群众等党的优良传统和作风，提出："现在，我们必须把党的优良传统恢复起来，加强起来，发扬起来。"他尖锐地指出："我们进了城，执了政，是做官呢，还是当人民的勤务员呢？"这是摆在大家面前的一个重大问题。粉碎"四人帮"后，邓小平在拨乱反正、恢复党的实事求是路线的同时，把恢复和发扬党的密切联系群众的传统也摆到了重要位置。他指出："现在，我们党在群众中的工作，比'文化大革命'以前是有些减弱，工作方法也有一些粗糙的地方，这些都妨碍党与群众的联系。"他还尖锐地批评干部中的特殊化问题，指出，由于林彪、"四人帮"的恶劣影响，有些干部"不把自己看作人民的公仆，而把自己看作是人民的主人，搞特权，特殊化，引起群众的强烈不满，损害党的威信，如不坚决改正，势必使我们的干部队伍发生腐化"。他指明，克服特权现象，要解决思想问题，也要解决制度问题。从《邓小平文选》第1、2卷中的上述论述可以看出，在我们党取得执政地位以后，如何不脱离群众，始终保持党同群众的血肉联系，是长时期摆在党面前的一个尖锐问题，需要不断地、反复地予以研究和解决。自从我们党提出建设社会主义市场经济体制的目标后，邓小平又根据变化了的新情况，对贯彻群众路线，防止和消除党内腐败现象作出一系列的新论述。把邓小平关于群众观点、群众路线的论述前后联系起来学习，就使我们更加明确贯彻群众路线的必要性、长期性和艰巨性，从而提高在工作中的自觉性。

除了党的作风建设以外，邓小平还对党的思想建设、组织建设等方面的问题作了系统论述，我们都要全面完整地学习和掌握，并以此指导党的建设，使党始终成为领导全国人民进行社会主义现代化建设的坚强核心，把一个朝气蓬勃的中国带入21世纪。

（原载《读书与收获》，中共中央党校出版社1996年1月版）

求真务实　领异标新

——纪念中央党校《理论动态》创刊二十五周年

在党的十六大召开的前夕，我们迎来了《理论动态》二十五岁的生日。回顾《理论动态》二十五年的历程，总结它过去取得的经验，对于我们今天进一步做好学习、宣传、研究马列主义、毛泽东思想、邓小平理论和"三个代表"重要思想工作，对于圆满完成为十六大营造良好的舆论氛围的任务，具有重要意义。

一

《理论动态》是胡耀邦创办的一个以领导干部为对象的思想理论性内部刊物，它的诞生适应了拨乱反正的迫切需要。当时，人们刚刚从"文化大革命"的灾难中走出来，思想理论战线面临着把被林彪、"四人帮"颠倒了的思想是非、理论是非、路线是非重新颠倒过来的任务。于是，《理论动态》便应运而生。它看上去很小：5天1期，每期1篇文章，提出和回答1个问题，没有封面，首期发行300份。然而，这个小刊物却以其独特的内容和风貌，在思想理论战线发挥了历史性的重大作用。

尤其值得一提的是，1978年5月10日，《理论动态》第60期发表了经胡耀邦审定的《实践是检验真理的唯一标准》一文，这篇文章由《光明日报》作为"特约评论员"文章发表后，引发了规模宏大、影响深远的真理标准问题大讨论。在邓小平等老一辈无产阶级革命家的领导和支持下，这场大讨论取得了极大成功，为具有划时代意义的党的十一届三中全会作了重要的思想准备。在真理标准问题讨论和全面拨乱反正中，《理论动态》有 70 多篇文章被《人民日报》《光明日报》《解放军报》作为社论、特约评论员文章、评论员文章、观察家文章发表，其中不少由新华社转发全国，产生了很大影响。

在改革开放和全面进行社会主义现代化建设的历史新时期，《理论动态》坚持解放思想、实事求是的思想路线，努力研究新情况，解决新问题，在探索和研究中不断前进。在学习、宣传、研究马列主义、毛泽东思想、邓小平理论方面，在宣传党的基本路线和中央的重大部署方面，在研究改革开放和现代化建设的重大现实和战略问题方面，继续发挥重要作用。

党的十三届四中全会以来，在邓小平理论和江泽民关于有中国特色社会主义的一系列重要论述特别是"三个代表"重要思想的指引下，按照宣传思想工作要坚持以科学的理论武装人，以正确的舆论引导人，以高尚的精神塑造人，以优秀的作品鼓舞人的要求，《理论动态》紧密结合世界社会主义剧烈变动和建设有中国特色社会主义事业不断发展的现实，组织发表了一系列有分量的文章，编辑部还集体编写出版了研究著作和学习辅导资料 14 部。这些文章和著作在读者和出版界中赢得了很好的声誉，有的著作被再版多次。"本刊评论"是《理论动态》的长项之一。它敢于对社会上的重大现实问题发表见解，从理论上予以阐明，因而成为人们关注的焦点。相当一部分文章被中央级新闻媒体转载转播，有的还得到中央领导同志的肯定和赞扬。

《理论动态》在二十五年的发展历程中，得到邓小平等中央领导同志的关心与支持。历届党和国家领导人数十人为《理论动态》撰写过稿件。1997 年《理论动态》创刊二十周年之际，中央政治局常委、中央党校校长胡锦涛接见了参加纪念座谈会的全体同志并合影留念，给大家很大的鼓舞与鞭策。中央领导同志的关心与支持对刊物的发展起了重要的保证作用。

二

为什么二十五年来《理论动态》这个小刊物能在思想理论战线上发挥大作用？它的主要经验在哪里？

（一）从现实中寻找课题，从实践中汲取活力

《理论动态》创办之时，胡耀邦就为它确定了明确的办刊方针，他强调，"我们办《理论动态》就是要对现实问题发表意见"，"要抓住当前人们关心的一些实际问题加以阐述，加以思想的理论的阐述。抓住人们脑子里怀疑的、没弄清楚的、模糊的、急需解决的问题，加以条理的、理论性的、有说服力的说明"。在长期的办刊过程中，编辑部的同志不忘初衷，始终坚持理论联系实际、从实践中汲取活力，形成了刊物的鲜明特色。

坚持理论联系实际的方针，最重要的是要善于运用马克思主义的眼光来透析社会，从现实生活中提炼理论课题。现实生活是纷繁复杂的，它包括国家的经济生活、政治生活、文化生活和变幻莫测的国际风云，以及领导干部的思想实际等多个方面。现实生活又是丰富多彩的，新情况、新矛盾、新经验层出不穷。我们的干部处在第一线，遇到的矛盾和

问题都是前沿性的。为了满足干部们的需要，编辑部的同志非常关心国际国内现实，不断增强研究实际问题的能力。同志们经常阅读反映各地现实情况的材料，关注中央党校学员从各地带来的情况和教学中提出的问题，经常深入到学员中去进行座谈和交谈，每年都到外地作几次参观考察。在广泛调查的基础上，对纷繁复杂的现象作分析、归纳、开掘，从中提炼出理论课题。在拨乱反正时期，《实践是检验真理的唯一标准》这一重要命题，就是适应广大干部群众打破"两个凡是"的精神枷锁，让思想冲破牢笼的现实要求而提出来的，就是从中央党校 800 名学员对十年"文革"历史进行讨论反思中提炼出来的。进入历史新时期以后，《理论动态》围绕贯彻党的基本路线、基本纲领，结合改革开放的伟大实践提出理论课题，积极组织研究和宣传。1994 年，我国经济生活中出现了较为严重的通货膨胀，而不少同志对于通货膨胀的危险性认识不足，理论界也出现了争论。根据这种情况，编辑部及时组织刊发了题为《坚决遏制通货膨胀》的文章，很快被《人民日报》转载，中央领导同志在《人民日报》送审清样上批示："这篇文章好。"同年，《理论动态》发表的《三峡工程机制的探讨》一文提出了国家重点项目资金筹措的新机制，受到国务院领导的重视，并作了重要批示。近年来《理论动态》提出的一些重要问题，如人的精神世界建设问题、当代中国的阶级阶层问题，也都源于现实生活，来自干部的思想和工作实际。

敢于接触重大思想理论问题，不绕开矛盾走，成为《理论动态》的一个重要特点。《理论动态》作为中央党校主办的内部性思想理论刊物，它应当站在全党的高度考虑问题，关注和掌握社会思想理论动态的全局，敢于接触和回答全党性的思想理论问题。《理论动态》创刊号的文章题目是《"继续革命"问题的探讨》。这个题目当时就让许多人产生了石破天惊的感觉。因为在"文化大革命"中，所谓"无产阶级专政下继续革命的理论"，被看作马克思主义发展史上的第三个里程碑，党的九大、十大直到1977年8月召开的十一大，都充分肯定、高度评价这个理论。还在1977年7月，《理论动态》就提出要对这个理论进行再探讨，确实接触了当时全党性的重大思想理论问题，表现出相当大的理论勇气。全党性的思想理论问题，在任何时期都会存在，关键在于编辑者是否能与时俱进，高屋建瓴，准确地大胆地把它提炼出来。20世纪末科索沃战争和美国轰炸我驻南使馆事件发生后，部分干部群众对当今时代的主题问题产生疑惑。针对这种情况，编辑部及时召开了专题研讨会，刊发了《不可动摇对国际形势的根本判断》《如何看待和平与发展的时代主题》《对科索沃战争引出的几个认识问题的思考》等文章。这些文章依据邓小平关于国际战略的论述和江泽民在欢迎我驻南使馆工作人员大会上的讲话精神，正确分析和回答了时代主题、政治多极化趋势等一系列重大问题。2001年，在深化对社会主义社会劳动和劳动价值理论认识的讨论中，编辑部针对讨论中出现的认为马克思的劳动价值论已经过时的观点，发表了题为《既是革命的理论，也是建设的理论》的访谈录，鲜明地表明了坚持马克思的劳动价值论的原则立场。

（二）求真务实，及时准确地做好理论宣传工作

《理论动态》在相当长的时间内，是5天1期，在全国的刊物中，独此一家。反映及时、敏锐快捷成为《理论动态》在宣传邓小平理论和江泽民"三个代表"重要思想，宣传党中央重大部署方面的一个重要特点。20世纪90年代召开的中央党校报刊工作会议曾这样评价《理论动态》的特点："这个刊物有个优势，就是快，5天1期，除了报纸，所有刊物都没有这个优势，时效性相当强。通过这个刊物，大家很快能

了解中央精神。"2000 年以后，《理论动态》根据情况的变化，改为旬刊，但及时进行理论宣传、时效性强的特点依然保持了下来。在宣传邓小平理论方面，在十一届三中全会召开、全面改革深入发展、南方谈话和十四大召开、十五大召开等关键时期，《理论动态》都及时发表了一系列有分量的学习、宣传文章。特别是邓小平南方谈话发表以后，《理论动态》连续发表多篇学习体会文章，这些文章以其及时而准确的阐述，引起社会重视，先后有两家出版社将其汇编成专集。1993 年编辑部组织编写、中央党校出版社出版的《中国特色社会主义学习纲要》印了 8 次。在宣传江泽民"三个代表"重要思想方面，《理论动态》又一次发挥了时效性强的特点。2000 年初江泽民提出"三个代表"重要思想后，我们及时刊发了《"三个代表"与面向 21 世纪的党的建设》《做先进生产力发展要求的忠实代表》等文章，对"三个代表"思想的科学内涵、精神实质、重大意义作了较为深入和系统的阐述。这些文章由于抓得早，观点准确，得到社会好评，一些重要观点被首都的大报大刊引用。江泽民七一讲话后，我们组织刊发了学习讲话精神的系列文章和中央党校建调研组的系列调研报告，引起较大的社会反响，受到校委领导同志的表扬。2002 年 5 月 20 日发表的《深化对党的先进性的认识》一文被《经济日报》《解放日报》等九家报刊转载。2002 年 5 月 31 日，江泽民总书记在中央党校省部级领导干部进修班结业典礼上发表了重要讲话，这次讲话为党的十六大作了重要的思想、政治和理论准备。围绕学习宣传"5·31"讲话精神，我们又刊发了一系列有较高质量的文章，并与天津日报社联合召开了"学习江泽民总书记'5·31'重要讲话座谈会"，会议被首都各大新闻媒体广泛报道，会议发言《以改革的精神推进党的建设》等在《理论动态》上发表后被多家报刊转载。

　　理论宣传工作，一方面要阐述马克思主义的基本理论、基本原则，传播科学真理，另一方面要坚持以实际问题为中心研究马克思主义，回答现实生活中提出的、广大干部群众关心的问题。所以，理论宣传工作必须求真务实。求真，就是讲求理论宣传的科学性、准确性。我们注意处理好准确性与时效性的关系，把准确性摆在首位，不因为快而失准。特别是在邓小平理论的科学体系、"三个代表"重要思想的历史地位和指导意义等重大问题的判断上，注意收集各方面的意见，反复研究，力求准确，不讲过头话。务实，就是结合干部的思想实际，把长远要求和当前实际，把上级要求宣传的和干部关心的、需要的、乐于接受的，有机结合起来，做到有的放矢，释疑解惑。在宣传邓小平理论过程中，我们编发的社会主义问题解答30题，就是从中央党校学员和各地干部学习中提出的问题中概括出来的。由于它结合实际，有很强的针对性，受到读者欢迎。近期发表的《理性地看待农民增收问题》一文，抓住全社会关心的农民增收问题，从分析国情和社会发展阶段两方面的制约，来说明农民增收问题的艰巨性、长期性、复杂性，提出要理性地对待这个问题，按照中央要求，采取综合性的战略措施来解决这个问题，产生了较大的社会反响。

　　（三）排除干扰，坚持正确的政治方向

　　《理论动态》是一个面向干部、面向实际的思想理论刊物，又是一个时效性较强，以敏捷反映中央精神为特点的刊物。我们紧紧把握住党的基本理论、基本路线和基本纲领，根据中央的总体部署，从实际出发，提出问题，研究问题，组稿撰稿编稿；保持清醒头脑，排除各种干扰，坚持正确的政治方向不动摇。

　　在我国政治生活中，尤其是在我们的宣传理论战线，曾多次发生来自"左"和右的干扰。遇到这种情况，编辑部坚持解放思想、实事求是的原则，以党的基本理论、基本路线为指导，冷静观察分析思考，作出自己的判断。1989 年政治风波以后，社会上出现对党的基本路线怀疑动摇的思想倾向，针对这种倾向，编辑部及时编发了《邓小平同志论以经济建设为中心》的特约稿，又组织发表了题为《以经济建设为中心的方针不能动摇》的材料，对于澄清人们的思想迷雾，坚定不移地坚持"一个中心、两个基本点"的基本路线，发挥了很好的作用。一些地市党委将此文印发本地市县以上领导干部，以统一大家的思想。实践使我们体会到，只有毫不动摇地坚持党的基本路线，把以经济建设为中心同四项基本原则、改革开放这两个基本点统一于建设有中国特色社会主义的伟大实践，才能使编辑工作始终坚持正确的政治方向。

（四）陈言务去，领异标新

《理论动态》创刊十五周年的时候，一位从创刊开始就参加《理论动态》工作的原校委领导同志题写了这样一句贺词："惟陈言之务去，领异标新十五春。"这句贺词，概括出了《理论动态》又一个重要特点。

强调理论上领异标新，首先是研究的问题要新。马克思曾说过，世界史本身，除了用新问题来回答和解决老问题之外，没有别的方法。邓小平指出："深入研究中国实现四个现代化所遇到的新情况、新问题，并且作出有重大指导意义的答案，这将是我们思想理论工作者对马克思主义的重大贡献，对毛泽东思想旗帜的真正高举。"我国在进入历史新时期之后，急剧变化着的现实生活提出了大量新问题。研究回答这些问题，既是对理论工作的巨大挑战，又为理论创新提供了广阔的空间。《理论动态》勇敢地应对挑战，在改革开放的不同阶段，总是能较快地抓住一些前沿问题予以回答。改革刚起步，一些深层次的前沿问题便进入了《理论动态》的视野：为了实行对内搞活经济、对外开放的政策，要不要对现行的经济体制即从苏联移植过来的计划经济体制进行根本性的改革？计划与市场的关系究竟如何？改革要达到一个什么样的目标？如何实行对外开放，开放可能达到什么程度？随着工作重心的转移，党的建设、思想政治工作等应发生什么样的变化？等等。《理论动态》围绕上述问题，组织刊发了一系列重要文章，对改革开放进程起了很好的推进作用。改革进入攻坚阶段和我国加入世贸组织前后，《理论动态》又围绕宏观经济体制改革和国企改革中的焦点难点问题，如政府如何应对加入世贸组织带来的挑战，如何克服审批制度改革的难点和障碍，如何坚持建立现代企业制度的方向，搞好国有企业的公司制改革等，组织国家有关部门负责同志和著名专家的文章，破解难点，回答问题。

马克思主义理论是在不断地回答实践所提出的问题中为自己开辟发展道路的。对新问题作出科学回答的过程，也就是新的论断和结论产生的过程。《理论动态》在二十五年的发展历程中，在理论探索和创新方面取得了重要成果。《理论动态》在 20 世纪 80 年代初就提出，社会主义经济是以"公有制为基础的""有计划的商品经济"，"高度的精神文明，是社会主义的一个重要特征"，建立无产阶级人权观等观点，在理论研究方面具有开拓性的意义。1994 年本刊发表的《中国改革实践的奥秘》一文，被评为第四届精神文明建设"五个一工程"优秀论文。近两年来，在江泽民"三个代表"重要思想指导下，我们运用改革和发展的观点，对党的建设问题作了重点探讨，在关于党的阶级性和先进性、党的阶级基础和群众基础、党内民主、改进党的领导方式和执政方式、党员标准等方面，提出了一系列有新意的观点，赢得社会好评。

《理论动态》的领异标新还表现在文风和表现形式上。《理论动态》曾发表过一篇谈文风的文章，即《反对假、大、空、套、长》，明确提出了自己的文风主张。《理论动态》努力把这些主张体现于自己的文章之中，形成了几个特点：结合实际，不尚空谈；有一定的创造性和理论深度，不搞古董说套话；文字比较精练，长篇大论比较少，既不同于学术论文，又不同于报纸评论，比较好读。在体裁上，提倡灵活多样，有论文，有思想评论，有调查报告，甚至还有小说。1985年第594期转载的小说《党小组长》在不少基层党组织引起强烈反响，北京电影制片厂将其搬上银幕。2000年改为旬刊后，根据每期文章数量增加的情况，我们又逐步形成了每期内容相对集中，每一段时期抓一至几个重点问题的特点，得到读者好评。

（五）面向读者，背靠作者

刊物给谁读，满足谁的需求，这是办刊首先要明确的基本问题。只有认真研究读者对象，虚心听取他们的意见，千方百计地满足他们的不断变化着的需求，刊物才能受到读者欢迎。《理论动态》从创刊时就明确，它是一个以领导干部为读者对象的刊物。二十五年来，我们始终坚持这一条。我们注意根据领导干部的特点和需要，围绕他们在贯彻党的理论、路线、方针、政策过程中所遇到的新情况、新问题，在领导方法、工作作风、干部修养等方面关心的、有疑问的问题，确定选题，组稿撰稿，自觉地、诚心诚意地为他们服务，做他们的知心朋友。我们的体会是，只有紧盯自己的读者对象，坚持自己的办刊宗旨，才能使刊物具有自己的特色。

读者的需求是动态的、变化的。随着时代的发展，读者需求水平在不断提高，需求面在不断扩展。《理论动态》注意根据读者需求的变化调整刊物的栏目和内容。2000年以来，我们根据领导干部对新理论、新知识、新经验的需求，新设《新论文摘》栏目，以加大刊物的信息量，受到读者欢迎。

建立一支专业水平高、社会知名度高的作者队伍，是办好刊物、吸引读者的重要一环。平时我们很注意加强同校内外专家学者及领导干部的联系，了解他们的专长和正在思考研究的问题，经常走访他们，向他们请教、约稿，组织他们就当前的理论热点问题、前沿问题进行座谈，联系了一批比较适宜承担理论动态撰写任务的作者。许涤新、薛暮桥、胡绳等著名专家学者都曾经是《理论动态》的撰稿人。

（六）好队伍，最重要

《理论动态》之所以能坚持二十五年，而且受到读者欢迎，重视编辑队伍建设是重要的一条。

强烈的革命事业心和历史责任感，是这支队伍的第一个特点。二十五年来，尽管《理论动态》所处的地位和肩负的责任发生过变化，成员也新老交替，几经更迭，但党的理论工作者和党校教育工作者的崇高责任感却一以贯之。一些同志在这里连续工作了十几年，为这份刊物作出了积极的贡献。

追求真理的科学态度和勇气，是这支队伍的另一个特点。《理论动态》是一个和现实政治密切联系的刊物。在真理标准问题大讨论和社会主义生产目的讨论等关键时刻，都曾遇到来自各方面强大的压力。编辑部的同志坚信实践是检验真理的唯一标准，在实践标准面前，"语录标准""权力标准"等都要丧失权威。在邓小平等同志的支持下，他们凭着追求真理的科学态度和由此产生的大无畏勇气，坚决顶住了压力，取得了成功。追求真理的科学态度还体现在理论的革命性与科学性的统一上。邓小平1979年就指出："马克思主义的思想理论工作是不能离开现实政治的。""不能设想，离开政治的大局，不研究政治的大局，不估计革命斗争的实际发展，能成为一个马克思主义的思想家、理论家。如果那样，我们在去年用大半年时间讨论实践是检验真理的标准的问题，还有什么意义呢？"这就非常明确地指出，《理论动态》发起真理标准问题大讨论，其服务于现实政治的革命性目的是非常明确的。但《理论动态》同时又强调这种革命性是建立在科学性之上的，提倡从实际出发，认真调查研究，不搞应景之作，努力实现理论与实践、革命性与科学性的统一。

精诚团结的集体主义精神和精益求精的工作态度，是这支队伍又一方面的特点。《理论动态》始终坚持集体研究选题，集体讨论修改稿件。曾经被《人民日报》《光明日报》《解放军报》转载的作者署名为"特约评论员"的数十篇文章，基本上都是按照集体讨论、个人执笔、最后集体修改的方式完成的。互相探讨，互相切磋，互相协作，依靠集体的力量办刊物，成为《理论动态》的一个好传统。

三

今天在《理论动态》工作的我们这些同志，都是 20 世纪 80 年代中后期进入编辑部的。同已经离退休的一些老同志相比，我们是后来者。在纪念《理论动态》创刊二十五周年的时候，我们回顾历史，实实在在地感到一种沉甸甸的历史厚重感；面向未来，我们又感到任重而道远。在新的形势下，如何既发扬传统又开拓创新，进一步办好《理论动态》，这是我们应当认真思索的问题。

高举邓小平理论伟大旗帜，全面贯彻"三个代表"要求，坚持解放思想，实事求是，与时俱进，开拓创新，坚持理论联系实际的马克思主义学风，努力回答时代和实践所提出的重大问题，这是进一步办好《理论动态》的关键之所在。《理论动态》是靠运用马克思主义理论回答现实问题起家的，又是在不断回答现实问题中发展的。当前，随着我国进入全面建设小康社会，加快推进社会主义现代化建设的新的发展阶段；随着我国加入世界贸易组织，在更广大的广度和深度上参与经济全球化；随着经济体制改革进一步向纵深发展，新情况、新问题层出不穷，我们一定要紧随时代，关注现实，把领导干部关心的重大思想理论问题和现实、战略问题的研究摆在中心位置，学会以敏锐的目光捕捉问题，善于围绕新问题组织稿件，努力以科学的、有说服力的、符合实际的答案来满足读者的需求，同时也不断深化对建设有中国特色社会主义规律的认识，积极推进理论创新。

认真解决市场经济条件下办刊所遇到的新矛盾、新问题，勇敢地面对挑战，是进一步办好《理论动态》必须重视的又一个问题。随着经济体制改革的不断深化和我国加入 WTO，新闻出版物的生产状况和管理体制已经发生了巨大的变化。《理论动态》面临的办刊环境、主客观条件也同过去有所不同。在新的环境和条件下，我们一方面要看到，《理论动态》作为以领导干部为对象的思想理论刊物的性质没有变，作为中央党校校刊的地位没有变，因此，办刊的宗旨、方向和基本思路也不应当变。另一方面也要看到，随着刊物品种增多，读者选择性增强，我们也面临着优胜劣汰的市场竞争的压力。我们一定要正视市场的挑战，在坚持正确舆论导向的前提下，加强对读者需求的研究，努力为读者提供优质的精神产品；正确处理好社会效益与经济效益的关系，努力实现两个效益的最佳组合。

我们要在新的历史条件下把《理论动态》在长期的办刊过程中所形

成的风格和特色进一步发扬光大，并根据形势和任务的变化，在刊物的内容、栏目、体裁、语言风格等方面不断有所创新，使刊物的特色更为鲜明。

纪念《理论动态》创刊二十五周年之际，正是全党以昂扬奋进的精神状态和卓有成效的工作业绩迎接党的十六大胜利召开的时刻。为党的十六大营造良好的舆论氛围，是当前宣传思想工作面临的头等大事。我们一定要响应党中央的号召，按照校委的要求，认真做好学习、宣传、研究《江泽民论有中国特色社会主义》（专题摘编）的工作，深入阐述江泽民在书中提出的一系列新思想、新观点、新论断，尤其要深入阐述江泽民"三个代表"重要思想，为掀起学习"三个代表"思想热潮作出新贡献。党的十六大召开后，我们要及时做好学习十六大、宣传十六大、贯彻十六大的工作，并以此为动力，把刊物工作提高到新水平。

我们相信，在校委的关心和指导下，在校刊部领导班子的直接领导下，在广大读者、作者的帮助和支持下，《理论动态》一定会越办越好，真正成为有特色、有水平、有影响的重要理论园地。

（原载《理论动态》2002 年 10 月 10 日第 1577 期，《学习时报》2002 年 10 月 28 日转载，收入论文集时有修改，与刘奎波合作，周炳成为第一作者）

防止和克服认识上的片面性

科学发展观是运用唯物辩证法分析我国发展的历史、现状、趋势所提出的科学理论。辩证的逻辑是科学发展观的根本逻辑。列宁提出：要真正地认识事物，就必须把握住、研究清楚它的一切方面、一切联系和"中介"……全面性这一要求可以使我们防止犯错误和防止僵化。学习列宁的教诲，坚持全面性的要求，防止和克服认识上的片面性，对于正确理解和贯彻科学发展观极为重要。

一、部分先富论并没有过时

在讨论科学发展观过程中，有一种比较流行的观点，认为改革开放初期提出部分先富论的实践基础，现在已经发生了变化。目前，要转变突出一部分人先富起来的倾向。有的文章认为，科学发展观的提出，传递了这样一个明确的政策信息，即在实行多年的非均衡发展战略之后，中国今后的社会经济发展转而实行均衡发展战略。

让一部分地区、一部分人先富裕起来，最终达到共同富裕，这是邓小平提出的一项大政策。这项政策符合事物不平衡发展的规律，打破了长期以来形成的平均主义格局，调动了广大干部群众的积极性，对我国经济社会发展以及人民生活达到总体小康发挥了巨大的作用。在今天，部分先富论并没有过时。在经济落后地区，尤其还要突出地强调让一部分人先富起来，进而达到共同富裕的政策。当然，从社会生活全局来看，确实存在贫富差距扩大甚至持续扩大的现象，我们要高度重视，按照科学发展观的要求，进一步采取有效措施加以调节。但这种调节，绝不是要回到平均主义的老路上去，也不是所谓由非均衡发展转为均衡发展。毛泽东说过："不平衡是绝对的无条件的普遍的永久的。平衡是相对的有条件的不普遍的暂时的。很多事物，以不平衡为平衡，例如人有老少、知多知少、高低肥瘦，知识的多少深浅，永远不能平衡。"① 所以，要实现地区之间、人群之间的绝对平衡是不可能的，我们现在要解决的是不平衡发展中的相互协调问题，即地区之间、人群之间的贫富悬殊，以致影响共同富裕的目标实现的问题。离开共同富裕的目标和过程谈部分先富，以致忽视贫富悬殊带来的矛盾，是不对的，但不能因此否定部分先富是达到共同富裕的现实途径，真正要解决的问题是如何全面、协调地处理二者的关系。

二、科学发展观绝不是限制发展

有一种意见认为，现在强调树立科学发展观和正确的政绩观，不

---

① 中共中央文献研究室编:《毛泽东著作专题摘编》(上)，中央文献出版社 2003 年版，第 132 页。

再单纯以 GDP 论英雄，同时，在资源环境特别是保护耕地方面采取了
严厉的措施，这是不是限制发展？有人认为，这么搞，我们"不能干
事""不会干事"了。还有人认为，科学发展观只适用于发达地区，不
适用于落后地区。对于落后地区来说，科学发展观提得太早了。对上述
这些认识，我们应该如何看待呢？

首先，科学发展观确有限制、规范发展行为的一面，但同时更有激
励、促进的一面。从辩证的角度看，限制、规范也是为了更好地促进发
展。正如中央领导同志所说，科学发展观的实质是要实现经济社会更快
更好的发展。发展观的第一要义是发展。离开发展，就无所谓发展观。

其次，坚持科学发展观，其根本着眼点是要用新的发展思路实现更
快更好的发展。发展观的更新，实际上是发展道路、发展模式和发展战
略的变化。就从经济增长方式的角度来看，我国经济快速增长很大程度
上是靠物质资源的高消耗而实现的。这种状况的出现有主客观两方面的
原因。客观上我国目前正处于工业化过程中重化工业阶段。据有关材
料介绍，美国 20 世纪 50 年代也处于这个阶段。1953 年美国的资源消
耗占世界消费量的比例是：煤占 33%，钢占 52%，石油占 52%，电占
40%。上述比例都大大高于我国目前的水平。而按生产规模，当时的美
国还不如现在的我国。主观上，高消耗也同我们一些同志发展思路的偏
差有关。我国资源短缺的国情，逼迫我们要在经济增长方式上有根本性
的转变。我们必须按新的思路来考虑问题，如果只在老思路中打转转，
就会觉得不能干事，不会干事。

最后，同贯彻任何重大战略方针一样，贯彻科学发展观也不能一刀
切。在坚持科学发展观的基本理念上，先进地区和落后地区应该都一
样。但中国那么大，各地条件和发展程度很不一样，制定具体政策时，

必须有所区别，这里也有个防止片面性的问题。

三、全面理解"以人为本"

"以人为本"是科学发展观的核心内容。"以人为本"，这是吸收人类发展过程中的先进理念，针对过去发展中存在的"见物不见人"的倾向而提出来的，它揭示了这样一个道理，即不能把物质财富的增长、GDP 的增长当作目的，把人当作手段，甚至以损害人的生存发展来满足物的增长，而必须颠倒过来，把人当作发展的目的，当作考虑一切发展问题的根本出发点。全面、协调、可持续也好，"五个统筹"也好，其目的都是为了人，服务于人。"以人为本"，体现了马克思主义的基本观点，适应世界文明的发展潮流，展现了一种先进的文化观念。

我们现在一般都是从"以民为本"的角度来理解"以人为本"的。这种理解，着眼于执政党与人民群众的关系，体现了"以人为本"同党的"执政为民"宗旨的一致性，具有很强的现实意义。但另一方面，我们又要看到，"人"和"人民"这两个概念的内涵和外延都是不同的，因而，"以人为本"同"以民为本"二者之间也是有区别的。"人"是区别于动物界和自然界而存在的。于是首先就有一个人和自然的关系问题。人既要改造自然，又要与自然和谐相处，如果过度向自然索取，就要受到惩罚。因此坚持"以人为本"，就必须调整好人与自然之间的现有关系，努力促进人与自然的协调与和谐，使人们在优美的生态环境中工作和生活。其次，按照马克思的说法，人的存在是"'有生命的个人的存在'同'社会的存在'"的统一。于是就有一个人和社会的关系问题。坚持"以人为本"，社会就应当努力提供能够满足人的生存发展需要的物质和文化产品，保障人的经济、政治、文化权利，把人才资源当作第一资源，充分发挥人在现代化建设中的主体作用。再次，既然个体的人无法离开社会、人群而存在，就有一个人与人之间的关系问题。坚持"以人为本"，就要妥善处理好不同群体之间的利益关系，确立社会公正的理念，关注困难群体，切实解决贫富悬殊问题，努力使最大多数人都能享受改革开放和现代化建设所带来的物质文化成果。最后，"人"这一概念的外延大于"人民"的外延，"以人为本"就要适当兼顾到包括"人民"在内的所有人。所以"以人为本"同"以民为本"是有区别的。

科学发展观提出"以人为本"的理念，反映了党在思想理论上的与时俱进。江泽民在 2001 年的七一讲话中，阐述了马克思主义关于"每个人自由而全面发展"是共产主义社会目标之一的思想，同时还阐述了人的全面发展程度是逐步提高、永无止境的历史过程，这一过程同社会生产力和经济文化的发展水平逐步提高、永无止境的历史过程相互结合、相互促进的观点。这就把人的全面发展的理想目标和现实目标结合了起来。"以人为本"理念的提出，进一步发展了江泽民七一讲话的思想，使我们把对人的关注具体落实到发展行为之中。这标志着我们旧有的思维方式已经发生根本性的转变。

（原载《北京工作》2004 年第 5 期）

新农村建设要"四戒"

一、一戒急于求成，充分认识新农村建设的长期性

建设社会主义新农村，是党中央根据实现全面建设小康社会的目标和我国总体上进入"以工促农、以城带乡"发展阶段所提出的重大历史任务。之所以讲它是历史任务，是因为它伴随着 21 世纪头二十年乃至五十年整个现代化建设的历史过程。胡锦涛总书记在省部级主要领导干部建设社会主义新农村专题研讨班开班式的讲话中指出，建设社会主义新农村是一项长期的历史任务，从 21 世纪头二十年实现全面建设小康社会的目标，到 21 世纪中叶我国基本实现现代化，建设社会主义新农村需要经过几十年的艰苦努力。这就阐明了建设社会主义新农村的长期性和艰巨性。

强调几十年的艰苦努力，是立足于中国国情的战略考虑。中国是一个农业大国，彻底改变广大农村落后的生产生活条件，实现生产方式和生活方式的现代化，需要长期奋斗，不能急于求成、一蹴而就。因此，建设新农村，不能短打算，而要长谋划；落实任务时，要抓好开局，从紧迫的事做起，并依据生产的发展和财力增长的状况，逐步推进，防止

盲目蛮干，揠苗助长；尤其不能以运动的方式搞建设，如果大轰大嗡，层层加码压指标，相互攀比赶进度，甚至为了达标而不惜举债，那就不是造福群众，而是祸害群众。

依靠行政动员运动式地搞建设，是计划经济的产物。改革开放以来，随着经济体制的转轨，党和政府对经济工作的领导方式正在发生深刻的变化，但旧有的东西并没有完全退出历史舞台。在社会主义新农村建设过程中，我们一定要从思维方式上来一个根本性的转变。

二、二戒简单化，全面认识新农村建设的内容

中央提出的"五句话、二十个字"的社会主义新农村建设的内容，体现了物质文明建设、政治文明建设、精神文明建设和社会建设的全面要求，包含了对农业、农村、农民问题的综合谋划，渗透着"以人为本"，把实现农民群众的利益、增进农民群众的福祉当作根本出发点的精神。新农村建设的各项内容中，生产发展是中心，是实现其他要求的物质基础；生活宽裕是基本尺度；乡风文明和村容整洁体现了精神文明和人居环境的双重要求；管理民主则显示了对农民群众政治权利的尊重。新农村建设作为一个系统工程，它的各项内容紧密相连，我们要完整地予以把握。

全面把握社会主义新农村建设的要求，首先要突出生产发展的中心地位。我国农业的现有水平同世界先进水平相比，差距很大。大力加强农业基础设施建设，促进农业技术的推广，推进农业经营方式的创新，使农业更多地具有现代化的品质，是我们的必然选择。只有在农村生产

力的发展上狠下功夫，新农村建设才算抓住了根本。

在实际工作中，如果对新农村建设的理解不全面，简单化，就很容易把新农村建设简化为村容村貌建设。因为生产发展、管理民主、乡风文明等都是不可能立竿见影的长期任务，但村容村貌的改善倒是可以在短期内见效的。这样说，并不是要否定村容村貌建设。改变落后的村容村貌，改善农民的人居环境和条件，是新农村建设的一项非常重要的任务。我们要强调的是，不能把新农村建设简化为村容村貌的改善，而应把它理解为以经济发展为中心的全面的农村社会建设。

三、三戒政府包办代替，充分尊重农民的主体地位

在市场经济条件下，农民是农村经济活动的主体，而政府则主要起引导和扶持作用。充分尊重农民的主体地位，调动他们的积极性，是农业和农村经济发展的动力之所在。

当前，随着我国在总体上进入"以工促农、以城带乡"的发展阶段，中央提出实行工业反哺农业、城市支持农村的方针，坚持"多予少取放活"，加大各级政府对农业和农村增加投入的力度，扩大公共财政覆盖农村的范围。这样做，是要强化政府在新农村建设中的责任，使政府扶持同发挥农民的主体作用更好地相互结合，而不是包办代替，否定农民的主体地位。

新农村建设要充分调动农民的创业积极性。繁荣农村经济是建设新农村的基础。"繁荣"的前提是"放活"。"放活"就要尊重农民的主体地位，破除束缚农民自主创业的各种思想的、体制的障碍，创造良好的

体制环境和氛围，从而激活农民的创业积极性，激活农村的生产要素。如果离开农民积极性的调动，农村经济的发展就成了无本之木。

新农村建设应当充分尊重农民的意愿。新农村建设的规划、基础设施的改造、村居环境的改善等等，都应当按照村民自治中"一事一议"的民主议事制度，按照程序来决定。不能继续过去行政命令的老办法，搞强迫执行、强制摊派。

新农村建设需要国家投入和农民投入相结合。建立稳定有效的投入机制，是新农村建设的保障。政府财政投入的增长，是这个机制的重要组成部分。但从总体上看，我国还处于"以城带乡、以工促农"的初级阶段，政府财政的投入还不大，而且从功能上看，主要用于公共产品的提供，私人产品主要靠农民自己投入。即使在公共产品领域，在现有条件下，也得把财政的投入同社会资金的筹措、农民自愿的投工投劳结合起来，才能有效提供。所以，政府投入、农民投入和社会投入相互配合，形成合力，才能完成新农村建设的宏伟大业。

四、四戒农村建设和城镇建设相混淆，突出农村的特色

城镇化和新农村建设，是破解"三农"难题、统筹城乡发展、推进现代化的两大战略举措。大力实施城镇化，才能有效转移农村富余劳动力，通过减少农民来富裕农民。新农村建设为扩大内需作出贡献，又有力地支持了工业化和城镇化。二者相互促进，相得益彰。

在看到新农村建设同城镇化紧密联系的同时，又要看到二者的区别。农村和城镇在生产方式、生活方式方面有很大不同。农村的村容村

貌、村民住宅、公共设施都应适合农民生产生活的需要，具有自己的地域、历史、文化特点。不能机械模仿城市居民小区，搞整齐划一，追求成片的小洋楼、小别墅，否则既劳民伤财，又不符合农民的要求。

（原载《建设社会主义新农村与加强党的基层组织建设》论文集，社会科学文献出版社 2006 年版，此文在发表于《学习时报》2006 年 2 月 27 日的《新农村建设要三戒》的基础上修改而成，原文曾被人民网和新华网 2006 年 2 月 28 日、《报刊文摘》2006 年 3 月 6 日、《京郊日报》2006 年 4 月 4 日、《党建文化》2006 年第 4 期转载）

第三部分

思想评论

姓"社"？姓"资"？姓"封"？

从改革开放之初农村推行家庭联产承包责任制时起，姓"社"还是姓"资"就成了热门话题。十多年来，差不多每有一项改革措施出台，一桩新事物涌现，或者理论上提出一个新观点，一些人总要姓"社"姓"资"地议论一番。说来也怪，我们这个国家并没有经过资本主义充分发展阶段，绝大多数人对资本主义也没有什么实际感受，但一些人却特别害怕资本主义，真可谓谈"资"色变。

姓"社"、姓"资"，果真是有我没你，有你没我，不共戴天吗？

否！

先说姓"社"吧，社会主义并非空中楼阁，它是从资本主义中脱胎而出的，这就决定它同资本主义不可能没有联系。同时，社会主义经过七十年实践，已同老祖宗们的设想有很大不同。如今，不仅是中国，其他社会主义国家也都在进行改革，都在实行对外开放，改革开放的重要内容，便是大力发展商品经济，而商品经济，无论是社会主义国家的，还是资本主义国家的，都有其共性，例如都要讲价值规律。

再说姓"资"吧，现代资本主义，已不是卓别林《摩登时代》里所表现的那副模样。为了疗救弊端，恢复活力，资本主义学会了一套"园机活法"，其中就包括效法社会主义的某些经验。

环顾宇内，党的十三大以来，经过生产力标准的讨论，越来越多的人已经从姓"社"还是姓"资"的困惑中解脱了出来。当然，"恐资病"由来已久，这个问题只能随着改革开放的发展而逐步得到解决。

笔者另有一点大惑不解的是，在我们这个封建积垢年深日久的社会里，改革中却没出现姓"社"还是姓"封"的疑问。那些热心于"社""资"争论、热衷于反"资"的同志，似乎也疏忽了"封"姓的存在。

姓"社"也罢，姓"资"也罢，它们都还是"外来移民"，唯有姓"封"的，才是道地的"土著居民"。虽然近百年来，"土著"几经打击，但它毕竟根深蒂固，不断萌生。

就说"官本位"意识吧，在我们这个泱泱大国，官本位延续了几千年，"官本位"意识作为封建官僚制度在人的观念上的反映，经过世代渲染，已经成为文化的积淀。直到如今，以官为本，以仕途是否发达作为衡量人的价值的标准的观念依然在社会流行。一些行政官员不是谋求为民办大事、办实事，而是谋求做大官，为此，他们大搞"面子工程""政绩工程"，甚至跑官、要官、买官；不仅是行政机构，企业、学校、医院等也都通行定官级，甚至出现"处级主持""厅级方丈"等令人啼笑皆非的怪现象；不管召开什么会议包括学术会议，行政负责人都要上主席台，照相要坐前排，而知名学者甚至年事已高的知名学者则站后排。

更有甚者，把"封"姓误以为"社"姓而大加发扬者，也不乏其例。《升官记》中徐九经说的一句话："当官不为民作主，不如回家种红薯"，不是被当作教育干部的至理名言，大大宣扬了一番吗？然而，人民民主哪能与少数人为民作主同日而语？人民公仆岂能同司"牧民"之职的"父母官"相提并论？在这些地方，倒是有必要大声发问：是姓"社"还是姓"封"？

再说官商与官倒。官商的盘剥百姓，官倒爷以无本生万利，是国人最为深恶痛绝的。其实，官商并非 20 世纪 80 年代的新创造，它身上也打着"封"姓印记。有人考证，官商肇始于春秋时期，越国大夫范蠡就是"离休干部"经商的鼻祖。自春秋到汉魏，降及唐宋明清，再至蒋家王朝，官商绵延不绝，今日官商，不过沉渣泛起而已。古今官商，尽管倒卖商品品种有异，古代卖盐卖酒，"四大家族"卖鸦片，今天卖钢材、彩电，但其本质却无差别：都是凭借政治特权搞经济垄断，操纵市场，牟取暴利。由此看来，惩治官商与消灭封建特权息息相关，只有把封建特权送进了坟墓，才能铲除官商滋生的土壤和条件。

"封"姓货色，不胜枚举，它们在社会的角落里泛着幽光，逐之不散，扑之不灭，当然更多的是藏匿于人们的脑子里，与改革开放作梗，与发展生产力作对，与政治民主化为敌。它需要引起每一位同志，尤其是热衷于"社""资"争论的同志的警觉与注意。我们的态度，应当是学习鲁迅与封建主义斗争的义无反顾的精神，按照先生所说的："苟有阻碍这前途者，无论是古是今，是人是鬼，是《三坟》《五典》，百宋千元，天球河图，金人玉佛，祖传丸散，秘制膏丹，全都踏倒他。"

如果有人坚持问，姓"社"还是姓"资"，笔者则建议，再加问一下，姓"社"还是姓"封"？

（原载《党校论坛》1989 年第 2 期，收入文集时有修改 ）

"钓鱼"杂谈

　　眼下，社会上时兴各种"热"，"钓鱼热"大约是其中之一。且不说这春末夏初时节，新开放的垂钓场所和渔具门市部逐渐增多，单就说那有组织的钓鱼活动吧，就令人眼花缭乱，什么钓鱼运动协会了，什么钓鱼比赛了，还有电视台《体坛巡礼》中新开播的"垂钓指南"了，热闹得很。

　　让钓鱼和体育结亲攀缘，似乎有点附庸风雅的味道，但仔细琢磨，倒也觉得在情理之中。试想，在风和日丽的山腰水畔，绿柳环抱的碧水池边，你抛竿垂钓，端坐静观，能不感到身骨舒展，心旷神怡吗？医书上说，钓鱼可消除"心脾燥热"，治疗神经衰弱等慢性病症，恐怕不是虚妄之言。再若说起钓鱼比赛，无论是比鱼钓得多的，还是钩甩得远的，都是一种技术和力量的竞争，意志和情绪的考验，就更体现出现代体育精神了。由此看来，钓鱼由一种古老的捕鱼方式，进化为体育活动，恐怕还称得上是人类文明发展的表现。

　　然而，也有将钓鱼引入歧途的。前不久，笔者了解到江南水乡某些"官儿"的"钓鱼业绩"，其中的劣行，听来实在令人咋舌。

　　其一，公车下乡逞威风。平民百姓下乡钓鱼，或步行，或骑车，图的是领略一点儿野趣。某些"官儿"下乡钓鱼,却要动用公家的小卧车、面包车,为的是摆一点儿威风。当然,单枪匹马是不愿走动的,要么大"官儿"带上小"官儿",集体前往,要么携眷带属,倾巢出动,要么呼来亲朋,结伴而行。于是,周日清晨拥挤的出城公路上,便平添出一些"渔翁"车。

其二,"承包鱼塘"下钓饵。"官儿"们钓鱼,既不去公共的垂钓场所,又不去长江大河。他们盯的是专业户承包的"养鱼塘",那塘中鱼群游弋,清晰可见,况且鱼儿又极少戒备,诱饵一下水,上钩者自然争先恐后。当然也有个别垂钓者运气不佳,或对钓鱼之道一窍不通的,那也不要紧,到时自然有人替你下塘网鱼,管保你的鱼篓装个盈盈实实。只不过,收尾的局面有点让人尴尬:过秤计量,以便出面接待的"关系单位"与承包户日后结账。人家出钱掏腰包,自己收鱼装鱼篓,这不挑明了是厚着脸皮要鱼、讨鱼、白拿鱼吗?

其三,开胃解馋享口福。钓鱼还得吃鱼,来一顿"全鱼席",无疑是锦上添花。于是乎,青鱼片,蟮鱼头,鲫鱼丝,松鼠鳜鱼,清蒸甲鱼……乃至清水虾,面拖蟹,一一端将上来。"钓翁"们边尝着美味佳肴,边谈论着鱼的种类、鱼的营养、鱼的烹饪,偶尔也切磋几句钓鱼的技巧,岂不美滋滋、乐融融,既风雅又舒坦?

当然,话得说回来,从严格的意义上说,"钓翁"们并非白拿、白吃,其中有某种见不得人的交易。"钓翁"们多半是管钱管物管税的实权人物,投之以桃,报之以李,他们自然要给"关系户"以贷款的优惠,减免税收的好处,物资供应的便利。于是,好端端一项钓鱼活动在"官儿"这里变了味,成了权力与金钱的交易。某些心术不正的乡镇企业经营者,更自觉地以"钓鱼"作诱饵,用以"钓人"。"钓鱼""钓人”两相交错，双方获利，受坑害的只是国家，是百姓。

都 20 世纪 80 年代了，把“钓鱼”当作单纯捕鱼手段的古老观念早已淡化，人们开展钓鱼活动，注重的不是“鱼”，而是“钓”，从“钓”的过程中得到情趣的陶冶，身心的锻炼。但某些“官儿”却把眼光盯牢在“鱼”上，甚至比混沌时代的初民还要贪婪，这难道不是对文明发展的一种亵渎吗？！

（原载《党校论坛》1989 年第 6 期）

话说"月亮走，我也走"

"月亮走，我也走，我送阿哥到村头……"这大约算得上曾经最为流行的通俗歌曲之一了。

笔者没想到，这"月亮走，我也走"居然还可用来比喻某些同爱情毫不相干的事。1989年6月底，笔者从一份报刊上读到国家某清理整顿公司办公室负责人同记者的谈话。这位负责人在谈到清理公司何以步履维艰时说，从一开始，各地就普遍存在"月亮走，我也走"的心理，一级看一级，而各级又都在看着那些被怀疑"有来头"的最高层次的大公司，关注对他们的审计结果。笔者惊叹这"月亮走，我也走"的妙用，竟居然把清理整顿公司中人们的等待观望心理描摹得如此生动形象，惟妙惟肖。不是吗？你上头还云山雾罩，下面哪能率先"曝光"？月亮还朦朦胧胧，月色下的行人怎能不原地踏步？要消除人们的观望心理，就非得要从中央做起，从大公司整顿起不可。

倏忽间几个月过去了，形势发生了巨大的变化。十三届四中全会后，新的党中央把清理整顿公司当作一件大事来抓，并按照"从中央做起，从自己做起"的原则，采取了一系列果断措施：全社会关注的五大公司的审计结果和处理决定公布了，最高领导层的家属在流通领域的公司任职的退出了，撤并中央国家机关下属公司的意见下发了……党中央率先垂范，博得了广大群众的喝彩，也带动了地方的各级领导。按例说，照眼下的形势，"月亮走，我也走"之类的观望等待心理应当绝迹了。但事实出人意料，在某些地区，一些同志还在犹豫观望，徘徊不前，只不过他们观望的对象和方式有了一点变化：以前盯着五大公司，现在盯着左邻右舍；以前抬着头朝上望，如今侧着头东张西望。望来望去，结果自然是步履蹒跚，进展迟缓。据统计，目前全国撤并的公司只占总公司数的 10% 左右，与中央的要求还相差很远。

在某些同志那里，为什么等待观望会成为一种心理顽症？其中的原因是多方面的。譬如说公司善后处理的棘手、人员安置的困难等，都可以使人望而生畏，迟疑不前。但是更重要的，恐怕还是对于本地区、本部门以至本人利益上的打算。无庸讳言，公司的存在，对于本地区、本部门是会带来一些好处，更何况某些公司实际上是有关政府部门的"财务公司"，同部门的利益就更加休戚相关。据报端披露，有的公司每年以各种名义向主管部门"进贡"数千数万元，有的公司还以少收款、不收款等方式向主管部门和实权人物赠送冰箱彩电。试想，倘若砍掉这些公司，岂不等于断绝了某局某厅某部门的福利来源，打破了一个由权变钱的宝葫芦吗？如此挖自家墙角的事，怎能雷厉风行去干？！为使本部门、本单位的利益不受损，不吃亏，自然得东张张，西望望，看看上下左右如何动作才是。但是，这些怀揣"小算盘"的人，恰恰忘记了重要之点：当他们紧抱住局部利益不放时，已经损害了治理整顿的全局；当他们为少数人的好处锱铢计较时，已经触犯了广大群众的众怒。我们各级领导和广大干部都应当以党和人民的利益为重，立足全局，痛下决心，将那些违法乱纪的"官倒公司"、不具开办条件的"皮包公司"、党政机关下设的"创收公司"迅速砍下马去，以顺乎民心民意。

当前，治理整顿已经到了关键时刻，清理公司作为治理整顿中的一项重要工作，也进入攻坚阶段。为了攻坚，国务院又提出了4条过硬措施，并充实领导力量，向各地派出了检查组、巡视组。形势催人又逼人，那些尚在犹豫观望的同志，应当猛醒过来。不是说"月亮走，我也走"吗？现在月亮已经在正确的轨道上快速运行，你还在迟疑不前干吗？！

（原载《瞭望》1989年第51期）

黑头发飘起来

　　"亚运之光"火炬经过全中国亿万群众的传递，从四面八方抵达紫禁城下。一幕圣火点燃、万众起舞的壮丽的开幕式场景在全世界面前出现。作为中华民族的后代，胸中激荡着难以抑制的民族自豪感，它令我想起一首脍炙人口的亚运歌曲《黑头发飘起来》。我觉得，倘若以这别具匠心的歌名来形容如今中国人、亚洲人奋发有为、昂扬向上的精种风貌，表达他们飞向未来的凌云壮志，该是多么确切而传神！

　　先说咱中国人。按照通常习惯，人们总是以"金发碧眼"来形容洋人，而以"黄皮肤、黑头发"来指代中国人。在古代，中国人曾创造出令世界钦羡的灿烂文明，金发碧眼的马可·波罗是怀着崇敬的心情来寻访东方的泱泱大国的。可是，近代以来，中国却陷入了被动挨打的局面。山河破碎，民生凋敝，人民体质衰弱，"黄皮肤、黑头发"的中国人被洋人们辱骂为"东亚病夫"。在世界体育竞赛场上，中国毫无地位。据记载，国民党执政时期，曾三次参加奥运会，除一项个人田径项目获得过决赛权外，其余项目在预赛中均被淘汰。西方报纸讽刺道："随着中国运动员的失败，整个中国都失败了！"新中国的诞生，结束了中国人受屈辱的历史。四十多年来，我们不仅全部刷新中华人民共和国成立以前各种运动项目的全国纪录，而且跻身于世界纪录创造者和世界冠军的行列，"东亚病夫"的帽子被摘掉了。第十一届亚运会在北京举行，中国人民有史以来第一次担任大型综合性国际体育运动会的东道主，更是彻底洗雪了"东亚病夫"之辱，预告中国将进入世界体育强国的行列。试想，当外国朋友置身于世界第一流的体育场馆，受到第一流的热情服务，又观看到中国运动员创造的优异成绩和表现出的高尚体育道德风貌时，谁能不为中华民族子孙的智慧、才干和能力而感佩？周恩来总理说过："体育运动既是一种物质力量，又是一种精神力量。"亚运会就是中国人民逐步强大起来的国力的象征。我们应当高唱：黑头发飘起来，飘起来！

当然，黑发的风采不是中国人的"专利"，它还属于亚洲各国人民，33亿亚洲人尽管肤色有别，但黑头发却是共同的体貌特征。如今，33亿兄弟姐妹的代表相聚北京，举行亚运史上规模最大的盛会，这是整个东方世界的骄傲。毋庸讳言，就亚洲体育运动的总水平而言，在世界上还处于劣势，西方人对此抱鄙视态度的不在少数。中国体育代表团运动员、留美学生李彤讲过这样一个故事。他在美国参加一次田径比赛，九人达标，只有李彤一人是亚洲人。因为名次取前八名，倒数第一那个人就被自动取消名次，他向别人嘟囔道："我简直不相信会输给一个亚洲小子！"鄙薄之意溢于言表。李彤说："我就是要为亚洲人争口气，要争取中国和亚洲在世界田坛有一席之地。这也就是我要专门回来参加亚运会的原因。"李彤的话，表达的是广大亚洲运动员的心愿。亚洲各国体育健儿都有不愿受屈辱的民族自尊心，他们定会在第十一届亚运会的壮阔舞台上，为亚洲体育腾飞奋力拼搏，在向世界水平的冲击中展现黑头发的风采。

第十一届亚运会是在 20 世纪 90 年代举行的，它为即将到来的 21 世纪奏响了前奏曲。进入太空的第一位美籍华裔科学家、宇航员王赣骏博士说过，21 世纪是东方人、中国人的世纪。相聚在绿茵场上、奔腾在环行道上的中国和亚洲各国体育健儿们，要怀着迎接新世纪的喜悦，向新的体育高峰进发，就如《黑头发飘起来》的歌中所唱的那样："黑头发飘起来，飘起来，天更高，地更广，飞向未来！"

（原载《瞭望》1990 年第 40 期，获该刊"抚顺杯国人话亚运"征文三等奖）

由俭入奢易　由奢入俭难

　　偶然间，翻阅一份年前的《报刊文摘》，读到两篇饶有趣味的文章摘要。一篇是一位中学教员写的，这位教员去大学探望过去的学生，眼观到宿舍、食堂卫生脏乱、浪费严重，不少学生不思进取，通宵达旦打扑克，挥金如土吃餐馆，异常痛心，深自反省过去"只管他们能升大学"，不管品德教育的教训，发出了《应该自爱啊！大学生》的呼吁。另一篇摘自香港报刊，写的是美国交通部副部长、华裔官员赵小兰所受的严格的家庭教育。赵小兰自小便养成克勤克俭、自强自立的良好习惯，家中虽雇有管家，但她却要自己动手洗衣服、叠被、打扫房间；赵家家境优裕，但她却靠打工挣钱念完大学。赵小兰之所以能这样做，归功于父母赵锡成夫妇。这对深受中国传统文化熏陶的知识分子，认定一个道理——"由俭入奢易，由奢入俭难"，孩子应该学会勤俭度日，否则将来很难自立。

　　我不知道编辑把这两篇文摘编排在一张报纸上，是出于有意还是偶然的巧合，但客观上，它们却产生了强烈的对照效果，令细心的读者感慨不已。

　　赵锡成夫妇认定"由俭入奢易，由奢入俭难"，主张年轻人杜绝奢靡之风的影响，培养艰苦朴素的风尚，这其实是弘扬中华民族优秀传统文化的表现。自古以来，历代贤哲们倡导节俭而自立的名言、家训如汗牛充栋，不胜枚举。《论语》上说，孔子称赞弟子颜回"一箪食，一瓢饮，在陋巷"的俭而好学精神，反复感叹"贤哉回也"。而另一位弟子宰予白天睡大觉，则被孔先生斥为"朽木不可雕也"。《孟子》上总结历代圣贤的经验，得出成才必先苦炼的结论："故天将降大任于斯人也，必先苦其心志，劳其筋骨，饿其体肤，空乏其身，行拂乱其所为，所以动心忍性，曾益其所不能。"历代贤哲们留下的这些名言，是我们民族共同的精神财富。赵锡成夫妇洋装在身，血管内却畅流着中华儿女的血液；置身异国，脑海中却铭记着民族传统的美德，这确是难能可贵的。

遗憾的是，近些年来，在国内，我们老祖宗的传统倒被不少人淡忘了。由于中国优秀传统文化教育的缺失，也随着脱离国情的高消费的盛行，艰苦朴素的精神日渐黯然失色，勤俭节约的教育也大大削弱。不少家庭内，孩子被溺爱成需人伺候的"小皇帝"，不少校园内，个人主义、享乐主义的幽灵在徘徊。在此种情况下，谁若讲什么艰苦奋斗的民族传统，或是革命先烈的创世业绩，便会被认作是翻陈年流水簿子，不合时宜。有人还宣传，青年的楷模雷锋也被发现有毛料裤和英纳格表，这些在 20 世纪 60 年代已是奢侈之物了，于是乎，雷锋的艰苦奋斗精神也有了掺假之嫌。在这样的风气影响下，大学校园里自然出现令那位中学教员吃惊的情景。把此幅情景同赵小兰的事迹相比，其反差之大，确是要令人瞠目结舌的。

眼下，在党中央的提倡下，过紧日子的宣传又多了起来，对全体人员特别是青少年进行艰苦奋斗的传统教育重新受到重视。此时，认真读一下赵小兰所受家庭教育的故事，恐怕是不无裨益的。我们每一个家庭，每一个当父母的，都应当像赵锡成夫妇那样，明白"由俭入奢易，由奢入俭难"的道理，从孩子懂事起，就注意培养他们勤俭节约、自我管理的良好习惯，改变那种一味溺爱孩子或是只注重智力投资、忽略品德教育的不良风气。"教子之道，首先贵以德"，孩子有了优良的品德，长大才能艰苦创业。家庭教育之外，学校教育也是要紧的一环。无论小学、中学、大学，都要把艰苦奋斗的传统教育当作必修课，大学教育尤其应当如此。一年多前，国家教委颁布了《高等学校学生行为准则（试行）》，其中明文规定，大学生要"热爱劳动"，"发扬艰苦奋斗的精神"，"勤俭节约；不浪费水、电、粮食；不向学校和家庭提出超越实际可能的生活要求"。这些明确而具体的规定，对于大学生来说，犹如下了一场及时雨。一年多来，经过教师和学生的共同努力，纸上的条例逐渐溶化到大学生的心里，特别是通过国情调查和军训，大家对艰苦奋斗有了更切身的体会，校园内的风气也有了改善，但是本文开头所提到的那些现象并未绝迹，还需要大家进一步努力。家庭教育也罢，学校教育也罢，都需要整个社会的配合。我们要在全社会大兴勤俭之风，大反奢侈浪费的恶习，形成"以俭为荣，以奢为耻"的良好社会风气。

（原载《理论导报》1991 年第 4 期）

探索转轨时期反腐败的新路子

　　以十四届中央纪委三次全会为标志，近期反腐败斗争进入了一个新阶段。认真总结二次全会后半年来反腐败斗争的进展情况，结合回顾改革开放以来反腐败斗争的全过程，研究转轨时期腐败现象发生的特点和反腐败斗争的新路子，具有十分重要的现实意义。

　　我国当前正处在旧经济体制向新经济体制转轨的特定时期，在这个时期，我们既不能完全沿用过去计划经济时期反腐败的办法，也不能等待社会主义市场经济体制建立以后才着手解决问题，而必须从实际出发，积极大胆地探索。

　　首先，要根据腐败现象多发性的特点，把长期斗争同阶段性战役结合起来，努力掌握反腐败斗争的主动权。转轨时期经济生活中某种程度的无序状态，带来了腐败现象的多发性。为了有效地遏制腐败的滋生蔓延，除坚持日常斗争常抓不懈外，还要选择若干时期，集中力量组织阶段性战役，对群众反映强烈的突出问题进行目标明确、雷厉风行的专项治理，特别是对涉及某些领导干部的案件敢于动真的，碰硬的，干大的，起到振聋发聩、以儆效尤的作用。靠阶段性成果的不断积累，来推动长期任务的完成。

其次，根据腐败现象发生的动态性特点，包括反腐败同重大改革措施的出台结合起来，力求改革和廉政建设的双效应。体制转轨时期市场机制对资源配置的基础性作用还没有形成，行政权力、计划权力对资源配置起一定作用，再加上新的改革措施开始时不完善，漏洞较多，这就使以发展市场经济为名搞权钱交易的腐败分子有可乘之机。一项新的改革措施出台，可能诱发出一些新的腐败现象和不正之风。从价格双轨制条件下进行"官倒"，到土地使用制度改革后土地审批部门出现的大量问题，以及金融、房地产、期货市场上一些政府官员的经济犯罪现象，表明腐败发生的热点部位和表现形式会不断发生变化。这就要求我们在出台新的改革措施时，同时考虑廉政建设方面可能出现的问题和治理对策，制止那些打着改革的旗号搞权钱交易的倾向，达到改革和廉政建设的双重效果。

最后，既治标又治本，逐步向法治化过渡。转轨时期经济生活某种程度的无序性，导致了腐败现象的多发性，但另一方面，经济体制改革的不断深化，又为从根本上铲除腐败提供了条件。因为腐败发生的主要根源在于高度集权的旧体制。我们应当在深化经济体制改革的同时，积极推进政治体制改革，建立完善有效的权力约束与监督机制，使宪法监督、司法监督、党纪监督、行政监督有足够的权威与效能，每时每刻地发挥作用，对各种腐败现象予以铁面无私的查处。这就是说，从根本上是要加强社会主义民主政治建设，真正实现人民当家作主的权利，使人民群众能够通过多种方式监督权力的运行。应该进一步制定、完善并实施惩治腐败的法律法规，把反腐败逐步纳入法治轨道。

我们对转轨时期反腐败斗争的规律和途径还在摸索之中。但可以相信，只要认真学习邓小平同志关于反腐败的重要论述，按中央的部署扎实去办，就一定能实现邓小平的预言："真正抓紧大有希望。"

（原载《党校论坛》1994 年第 3 期）

居安思危　增强忧患意识

忧患意识是我们中华民族的一种传统精神。"生于忧患，死于安乐"的古训流传千年，成为历代仁人志士修身立国的一种行为准则，也成为推动中华民族生生不息、不断进取的一种精神力量。

在今天，强调忧患意识，尤其是领导干部要有忧患意识，具有强烈的现实意义。

忧患意识的要义在于为国为民的强烈责任感，在于能从顺境中看到险恶，从成功中发现隐患，催促人始终进取，不耽于安乐。这正是今天所需要的。当前，国内外形势为我们提供了难得的历史机遇，好形势鼓舞人，也使得一些人头脑不清醒。有的同志为本地区、本部门的成绩沾沾自喜，头脑发热，盲目铺摊子，上项目；有的把过多的精力放在应酬上，周旋于餐厅、舞厅、卡拉OK厅，不愿意下功夫学习理论，研究问题；有的讲排场，摆阔气，竞相更换高档轿车，热衷于高消费，忘记了群众的疾苦；有个别的甚至贪污受贿，沉溺声色，堕入腐败分子的泥潭。凡此种种，都有一个思想上的共同点，那就是缺乏忧患意识。这就足以见得，强化忧患意识是何等地必要！

领导干部要强化忧患意识，首先必须在思想方法上破除形而上学，学会用辩证的观点看待和分析形势。既要看到形势对我有利的一面，又要看到不利的因素，既要高瞻远瞩，总揽大局，又要见微知著，洞察事故的苗头和发展趋向，对解决各种难题有充分的心理准备。就当前形势来看，国际上，西方敌对势力对我实施"和平演变"的图谋不死，他们经常会搞一些不明智的"小动作"，我们不能丧失警惕。国内改革正进入攻坚阶段，攻坚阶段同时也是矛盾和难题集中的阶段，是人们的思想情绪纷繁复杂的阶段，如果我们稍有不慎，就可能激化矛盾，影响改革、发展和稳定的大局。我们一定要居安思危，保持清醒的头脑，才能掌握工作的主动权。

忧患意识同艰苦奋斗的工作作风是紧密相联的。当前经济生活和社会生活中的种种问题，例如物价上涨问题，亏损企业职工生活困难问题，一些地方的社会治安问题等等，如何解决？最重要的办法是，领导干部深入到群众中去，与大家同甘共苦，一道动脑筋，想办法。正如邓小平同志所说："只要你关心群众，同群众打成一片，不仅不搞特殊化，而且同群众一块吃苦，任何问题都容易解决，任何困难都能够克服。"[①]除了艰苦奋斗的工作作风外，还要提倡兢兢业业的工作态度，要通过深入细致的调查研究，拿出解决各种难题的办法和方案，要审慎稳妥地做好每一项工作，切忌疏忽大意，要努力改进和加强思想政治工作，理顺情绪，化解矛盾，确保大局的稳定。

江泽民同志不久前指出：形势越好，越要抓住机遇、用好机遇，努力发展自己。同时，也要保持清醒的头脑，充分看到国际社会中中国面临的挑战和国内前进中存在的问题，居安思危，更加兢兢业业地工作。

---

① 《邓小平文选》第2卷，人民出版社1994年版，第228页。

我们要按照这个讲话精神努力去做，在领导干部中大力提倡忧患意识，增强使命感和责任感，以扎实有效的工作，保证改革、发展和稳定的目标顺利实现。

（原载《党校论坛》1994 年第 6 期）

选贤任能也是革命

选拔培养大批跨世纪的德才兼备的优秀年轻干部，是当前党的建设中一项重要而紧迫的任务。改革开放以来，我们在领导班子年轻化方面迈出了重大步伐，但随着时间的推移，领导班子年龄结构不合理的矛盾又突出起来。认真解决这一矛盾，对于我们成功地迎接 21 世纪的挑战，对于国家的长治久安，都具有重要的意义。

选拔培养大批年轻干部，需要进一步解放思想。20 世纪 80 年代初，邓小平曾尖锐地指出："目前的问题是，现行的组织制度和为数不少的干部的思想方法，不利于选拔和使用四个现代化所急需的人才。希望各级党委和组织部门在这个问题上来个大转变，坚决解放思想，克服重重障碍，打破老框框，勇于改革不合时宜的组织制度、人事制度，大力培养、发现和破格使用优秀人才，坚决同一切压制和摧残人才的现象作斗争。"① 十多年来，各级党委在实行邓小平所要求的"大转变"方面作出了艰苦努力，情况发生了巨大变化，但还不等于说这方面的问题已经全部解决。邓小平说，选贤任能也是革命。这当然不是指革什么人的

---

① 《邓小平文选》第 2 卷，人民出版社 1994 年版，第 326 页。

命，而是强调在用人思想、用人制度方面要实行根本性的变革。这项任务十分重要，也十分紧迫。

我国是一个封建社会历史很长的国家，在选人用人方面旧习的影响极深。新中国成立以后长期实行的高度集中的计划经济体制，也为人才的脱颖而出设置了种种障碍。时至今日，旧观念的影响依然在一些人的头脑中存在。就拿论资排辈来说，"按着资历往下排，一茬顺着一茬来"的做法确实少见了，但把干部的资历、关系当作不成文的标准，过多地考虑平衡照顾一部分人的情绪，压抑了一些优秀的年轻干部，这种现象却时有发生。有的同志习惯用求全责备的眼光看人，对敢闯敢干、大胆开拓但又有个性、有棱角的干部不敢大胆使用，对"两头冒尖"的有争议的干部不敢用人所长。还有少数人"任人唯亲"的观念作祟，按个人的好恶取人，通过各种手段，为提拔任用子女、亲友"走后门"，甚至拿职位送人情、搞交易，严重破坏了干部人事工作的正常秩序，压制和排斥了优秀人才。我们一定要摒弃论资排辈、迁就照顾、求全责备、任人唯亲等陈腐观念，纠正干部人事工作中的消极腐败现象和不正之风，从贯彻党的基本路线出发，从党的工作大局出发，大胆选拔甚至破格提拔德才兼备的优秀年轻干部，使各级领导班子永远充满活力。

除了破除旧的用人观念以外，还要继续大胆改革不合时宜的干部人事制度。我国过去长期实行的干部人事制度，只能适应计划经济的需要。它的主要弊端是对干部统管统配，缺乏竞争和激励机制，"缺少正常的录用、奖惩、退休、退职、淘汰办法，反正工作好坏都是铁饭碗，能进不能出，能上不能下"[1]。干部选拔的权力集中于上级领导机关甚至

---

① 《邓小平文选》第 2 卷，人民出版社 1994 年版，第 328 页。

是个别领导人手里，缺乏群众的广泛参与；干部选拔的渠道和来源狭窄，一些与干部素质无关的因素，如身份、所有制、行业等成为选拔任用的先决条件。对干部人事制度进行改革，就要按照邓小平提出的选拔"人民公认"的干部的要求，改变过去那种封闭式、神秘化的选人办法，破除"由少数人选人，在少数人中选人"的旧模式，把民主推荐、民主评议与组织考察有机结合起来，尊重民意，真正以德才强弱、政绩大小、民心向背作为干部升降去留的标准。同时，结合国家公务员条例的贯彻，逐步建立起干部选拔的竞争机制，变"伯乐相马"为疆场赛马，通过工作竞赛、考试与考核相结合公开选拔等形式，在不同层次的干部中开展竞争，打破身份、行业、区域的界限，让更多的优秀人才参加竞争，真正做到贤者上，庸者下，从机制上保证把德才兼备的优秀年轻干部选拔到领导岗位上来，使我们的事业永远兴旺发达。

（原载《中国党政干部论坛》1994年第9期）

做官当老爷，还是当人民的勤务员

—— 由学习孔繁森联想到的一个重要问题

在党的七十四周年生日到来的日子里，一个学习领导干部的楷模——孔繁森的热潮正在全党全国兴起。孔繁森同志热爱人民的炽烈情感，无私奉献的崇高精神，感染了每一个共产党员，使大家受到心灵的净化与洗礼。与此同时，北京市原副市长王宝森案件的发生，也引起全党的震动。孔繁森与王宝森的尖锐对立，再一次把一个严肃的问题摆到广大党员领导干部面前：作为执政党的干部，是做官当老爷，还是当人民的勤务员？

一

全国解放初期，毛泽东同志就提醒全党："我们进了城，执了政，是做官呢，还是当人民的勤务员呢？"这样的选择摆到了我们面前。1962 年，邓小平同志在七千人大会的报告中，针对党内部分干部脱离群众的倾向，要求全党重温毛泽东同志的告诫，并指出，能否正确回答这个问题，直接关系到我们的国家能否坚持社会主义制度，我们的党能否坚持马克思主义的原则。

是做官当老爷，还是当人民勤务员？其实质是个价值观的问题。中国有过数千年的封建社会历史，在其发展过程中，虽然也有像柳宗元那样的政治家提出过"官为民役"的思想，但作为正统的，还是把官吏称作"牧民者"，把官吏治民比作牧人牧养牲畜。既然官吏是"治民者""牧民者"，那当然就是高高在上的官老爷。新中国成立后，国家政权掌握到了人民手中，但封建主义的影响却还在顽强地发挥着作用，无时无刻不在影响着已经转变为执政党的中国共产党党员特别是党的领导干部。"做官当老爷还是当人民勤务员"的问题，尖锐地摆到了全党面前。"进了城，执了政，做官的条件是具备的，这就最容易沾染官气。事实上，我们许多同志确实已经沾染了不少官气。"[1] 个别的甚至贪污受贿，堕落成人民的罪人。因此，在党员领导干部成为大大小小的国家公职人员后，能否坚持党的全心全意为人民服务的宗旨，老老实实地当人民的勤务员，就成为一场严峻的考验。

应当说，在后来的长期的社会主义建设过程中，我们大多数党员领导干部经受住了这场考验。特别是20世纪60年代以焦裕禄为代表的一批领导干部，他们"心中装着群众，唯独没有自己"的崇高献身精神，赢得亿万人民的崇敬和尊重。但由于我们的事业是千秋万代的事业，在党执政的整个历史过程中，"做官当老爷还是当人民勤务员"的问题都始终摆在广大党员领导干部面前。邓小平同志告诫大家"每天每时都要注意执政党的特点"[2]，避免沾染官气，永远当人民的勤务员。

---

① 《邓小平文选》第 1 卷，人民出版社 1994 年版，第 304 页。
② 《邓小平文选》第 1 卷，人民出版社 1994 年版，第 304 页。

二

在改革开放和建立社会主义市场经济的条件下，"做官当老爷还是当人民勤务员"的问题表现得更为突出。这是因为，新的国内外环境，使得干部受到的物质金钱诱惑和西方资产阶级价值观、人生观的腐蚀，比计划经济和闭关锁国时代要严重得多，同时，封建主义残余思想也还在发挥影响，而从我们干部队伍的构成来看，随着新陈代谢的不断进行，一大批年轻共产党人走上了各级领导岗位，他们没有经过战争年代的考验和群众斗争的锻炼，对党的群众路线的传统不熟悉，这就使得干部队伍中很容易出现脱离群众的倾向。

孔繁森同志的可贵之处，就在于他在新的历史条件下，正确回答了"做官当老爷还是当人民勤务员"的问题。他相信群众，尊重群众，时刻倾听群众的呼声；他艰苦奋斗，廉洁自律，无私奉献；他时刻以普通劳动者的身份出现，不摆任何官架子。从世俗的眼光看，他的许多所作所为，如乘坐三轮车去会场，在北京出差去街头小摊吃面条等都不合副市长、地委书记的身份，可他认为，自己的身份就是人民的勤务员。孔繁森同志的"身份观"，充分体现了一个共产党人的价值观念。他像一面镜子，值得每一位党员领导干部照一照。

与孔繁森相反，王宝森之所以成为历史的罪人，是因为他经不起市场经济条件下金钱的诱惑，信奉升官发财的价值观，终于滑向犯罪的泥潭。

把孔繁森同王宝森加以对照，再结合目前干部的思想，有三种认识是必须予以澄清的：

第一，搞市场经济还要不要发动和依靠广大群众？市场经济是竞争性经济，优胜劣汰是铁的法则。市场竞争的背后是人才的竞争尤其是领导人才的竞争，对于一个地区来说，有没有一个好的领导者，直接关系它的发展快慢；对一个企业来说，有没有一个好的厂长，直接关系它的生死存亡。这种情况很容易使人们产生误解，似乎只要有了少数精英，就可以造福一方，只要有了个别能人，就能办好企业，而广大群众则成了可有可无的陪衬。这种观点是必须加以纠正的。列宁说，生机勃勃的创造性的社会主义是由人民群众自己创立的。发展社会主义市场经济同样要依靠广大人民群众的创造。任何领导者再高明，没有广大群众的拥护和参与，他的决策也得不到贯彻与执行；任何能人的智商再高，也无法解决社会主义市场经济体制建立过程中层出不穷的新问题。只有相信群众，依靠群众，不断总结群众创造的新鲜经验，才能推动社会主义市场经济顺利发展。一些成功的领导者正是坚持实践了这一条。

第二，贯彻物质利益原则还要不要提倡无私奉献？市场经济提倡物质利益原则，共产党员不是苦行僧，同样要贯彻这一原则。但另一方面，共产党人又是以全心全意为人民服务为宗旨的，把有限的生命融入到无限的为人民服务的事业中去，是对共产党员，特别是党员领导干部的基本要求。因此，在党内不能通行"给多少钱，干多少活儿"的法则，当人民事业的需要同个人的物质利益发生矛盾时，党员领导干部理所当然地应当作出牺牲。当前有一部分干部淡漠甚至忘却了无私奉献的精神，他们习惯同那些暴富者、高薪者作攀比，觉得自己费劲不比他们少，本事不比他们小，可收入却悬殊。由此发生心态的不平衡。有的不服从组织调配，挑肥拣瘦，有的对送礼者来者不拒，个别的甚至发展到收受贿赂，鲸吞公款。这些人的精神境界同孔繁森相比，是何等地渺小！我们应当大声疾呼，在市场经济条件下，无私奉献精神依然需要提倡和发扬！

第三，改革开放了还要不要艰苦奋斗？经过十几年的改革开放，我国的经济实力大为增强，人民的物质生活条件大为改善。在一部分干部中，艰苦奋斗的传统丢失了。有的人讲排场，摆阔气，"一顿饭一头牛，一台车一幢楼"的现象较为普遍；有的人搞特殊化，多占住房，超标准装修，引起群众不满；有的人整天忙于应酬，"上午围着轮子转，中午围着盘子转，晚上围着裙子转"，这种种不良风气同党的艰苦奋斗的传统是格格不入的，同我们的国情也是极不相称的。江泽民同志接见孔繁森同志的家属和孔繁森事迹报告团成员时告诫全党，同过去相比，我们的物质条件确实好了许多，但是艰苦奋斗的精神不能丢。这段话应当引起所有同志的警觉。

刘少奇同志 1956 年在党的第八次全国代表大会的政治报告中曾提出合格的党员领导干部的标准，他指出："一个好党员、一个好领导者的重要标志，在于他熟悉人民的生活状况和劳动状况，关心人民的痛痒，懂得人民的心；他坚持艰苦朴素的作风，同人民同甘苦共患难，能够接受人民的批评监督，不在人民面前摆任何架子；他有事找群众商量，群众有话也愿意同他说。"[1]刘少奇同志四十年前所提出的要求在今天依然适用，每一个党员领导干部都应当按照这个要求进行矢志不渝的努力。

---

[1] 《刘少奇选集》下卷，人民出版社 1985 年版，第 275 页。

三

为了保证党员领导干部解决好"做官当老爷还是当人民勤务员"的问题，需要进行扎扎实实的工作。

首先，应在干部中深入开展群众观点和群众路线的再教育。新中国成立以来，我们党内曾进行过三次群众观点和群众路线的再教育。第一次是 1956 年党的八大，刘少奇同志的政治报告和邓小平同志的《关于修改党章的报告》根据党执政后新特点，详尽地阐述了党的群众路线。第二次是 1962 年的七千人大会，毛泽东、刘少奇、邓小平同志的报告中总结了 1958 年"大跃进"以来脱离群众、脱离实际的经验教训，重申贯彻党的群众路线的重要性。第三次是粉碎"四人帮"，进入历史新时期以后，邓小平同志向全党提出恢复党的实事求是和密切联系群众的优良传统的要求。1989 年政治风波以后，为总结经验教训，党中央召开了十三届六中全会，作出了关于加强党与群众联系的决定，提出要在党内普遍深入地进行马克思主义群众观点和党的群众路线的再教育。应当说，当前阶段正处于第三次再教育的过程之中。孔繁森先进事迹的出现，为第三次再教育的深入开展提供了活的教材。"一个人的最高境界是爱别人，一个共产党员的最高境界是爱人民"，孔繁森同志的崇高思想和动人事迹，比任何教科书上的条条框框都更具有感染力、说服力。我们应当抓住全党开展学习孔繁森活动的好时机，把群众观点和群众路线的再教育生动活泼、卓有成效地进行下去。

其次，要革除种种陈规陋习，为党员领导干部去除官气创造条件。现在各种成文不成文的陋习很多。例如领导干部下去视察，层层陪送，大车小车一大串，陪同人员一大帮，有的还要警车开道，遍地设岗，甚至封锁现场，人为地把领导者与群众隔开。再如领导干部调动，一方是车队欢送到两地交界处，一方是车队迎接到两地交界处。类似的例子还有很多。对这些陈规陋习，群众颇有微词，领导者也不满意，因为人为的屏障，使他们无法了解到真实的情况，无法听到群众的真正呼声。我们必须下大力气对陈规陋习予以破除。

最后，大胆改革不合时宜的干部人事制度，使人民群众对干部的选拔、任用、罢免有更多的发言权。我们的干部既然是人民的勤务员，就应当始终处在人民群众的监督之下。一个干部够不够资格掌权，掌权后政绩如何，归根到底要由人民群众说了算。现行的干部人事制度仍然带有少数人说了算，上级领导说了算的神秘色彩，它使得部分干部只考虑对上负责，不考虑或很少考虑对下负责，这是造成干部队伍中脱离群众倾向的体制性因素。毛泽东同志在 1945 年就说过："只有让人民来监督政府，政府才不敢松懈。只有人人起来负责，才不会人亡政息。"我们一定要大胆改革现行的干部人事制度，充分发扬人民民主，认真贯彻群众路线，把"人民公认"作为干部提拔使用的基本条件，并使干部的行为始终处于人民群众的监督之下，一旦发生劣迹，人民有权对不良者进行弹劾和罢免。只有这样，才能从体制上保证党员领导干部永远成为人民的勤务员。

（原载《中国党政干部论坛》1995 年第 7 期）

党员领导干部要做高尚的人

在党的十四届五中全会上，江泽民同志谈到从高级干部腐败案件中吸取教训时指出："领导干部首先要堂堂正正做人。做什么人？建议大家重读毛泽东同志的《纪念白求恩》。毛泽东同志要求共产党员学习白求恩同志毫无自私自利之心的精神，做一个高尚的人，一个纯粹的人，一个有道德的人，一个脱离了低级趣味的人，一个有益于人民的人。"江泽民同志的讲话现实针对性很强，具有振聋发聩、醒世警人的重要意义。

党员领导干部要做高尚的人，首先必须树立正确的人生观、价值观。因为人生观、价值观是人的思想行为的总指挥。人为什么而活着？如何处理公与私、得与失、小家与大家的关系？在这些基本问题上的立场，决定着人的思想行为是高尚还是低下，是光明还是阴暗。

白求恩是一个具有共产主义人生观、价值观的共产党员。他把自己的一切，直至生命都毫无保留地献给中国人民和世界人民的解放事业。在对人民对同志的关系上，他毫不利己，专门利人。毛泽东同志说，每一个中国共产党员都要学习白求恩的共产主义精神，并指出，"一个人能力有大小，但只要有这点精神，就是一个高尚的人"。毛泽东从人生观、价值观的高度，为广大共产党员指明了努力方向。

今天的时代同白求恩当时的时代相比，已经发生了翻天覆地的变化，同改革前的社会主义建设时期相比，也已有了巨大的差异。在改革开放和建立社会主义市场经济体制的新的历史条件下，对于共产党员特别是党员领导干部来说，白求恩的共产主义精神有没有过时？这是需要认真回答的问题。

马克思主义认为，道德是经济基础的反映，而不是脱离历史发展的抽象观念。改革开放以来，我国社会的经济生活发生了巨大变化，单一的公有制转变成为公有制为主体的多种经济成分；单一的按劳分配方式被按劳分配为主、其他分配为辅的多种分配方式所取代。我们还鼓励在共同富裕的目标下一部分地区、一部分人先富起来；市场机制的确立，使得利润和效益成为市场主体（企业和个人）追逐的目标，他们以各种合法手段实现自身利益的最大化；随着国民经济货币化进程的加速，金钱在社会生活中的地位和作用日益增强。同经济生活的巨大变化相适应，作为全民范围的道德建设，必然要破除把个人利益同国家利益、集体利益机械对立的旧观念，唾弃"平均主义"和"禁欲主义"，尊重个人利益，提倡国家利益、集体利益、个人利益相结合的社会主义集体主义。思想道德建设上的这种新变化，是符合实际，符合社会发展规律的。

但是，我们在强调从实际出发，照顾多数的同时，还必须把广泛性的要求同先进性的要求结合起来。社会主义是向共产主义前进的一种历史运动。共产党员特别是党员领导干部，"干的是社会主义事业，最终目的是实现共产主义"。这就要求他们毫不动摇地坚持共产主义的世界观、人生观、价值观，继续学习和发扬"毫不利己、专门利人"的白求恩精神。正如邓小平同志早就指出的："党和政府愈是实行各项经济改革和对外开放的政策，党员尤其是党的高级负责干部，就愈要高度重视、愈要身体力行共产主义思想和共产主义道德。"①这样做，丝毫不妨碍改革开放的进程，反而能提供巨大的精神动力。

江泽民同志提出重温《纪念白求恩》，具有很强的针对性。在现实生活中，确有一部分党员干部淡漠了世界观、人生观的改造，疏远了共产主义的思想和道德。试举几种思想予以剖析。

"领导干部也是人嘛！"这是常见的一种看法。领导干部当然不是神仙，而是有七情六欲的肉体之身。他们应当有丰富的精神生活和物质生活，应当有在政策允许的范围内属于自己的正当的物质利益。但领导干部又是特殊的人，同一般群众相比，他们需要具备更多的牺牲精神，需要严格的廉洁自律。有些钱，群众能挣的，领导干部不能挣；有些地方，群众能去的，领导干部不能去。强调"领导干部也是人"，其言外之意，是对提倡领导干部吃苦在先、廉洁自律不满意，他们把自己混同于普通老百姓。

"搞市场经济，还提什么无私奉献？"这是一种片面的认识。搞市场经济，当然要讲等价交换、利润原则等，但仅仅强调这些是不够的。因为我们搞的是社会主义市场经济，其目的是实现全体人民的共同富裕。领导干部作为广大群众的带头人，必然要奋不顾身地工作，毫无保留地贡献自己的聪明才智。这样做，与发展社会主义市场经济不但不矛盾，而且能为建立这种新体制创造更为有利的条件。

"有权不用，过期作废。"这是少数领导干部头脑中的一种错误观念。这些同志把党和人民赋予的权力当作为个人谋私利的工具，唯恐坐失良机，其结果将导致滥用权力，搞权权交易、权钱交易、权色交

---

① 《邓小平文选》第2卷，人民出版社1994年版，第367页。

易，最终滑向罪恶的深渊。只有牢记全心全意为人民服务的宗旨，把手中的权力当作为人民谋利益的手段，正确地行使权力，才是正确的选择。

以上几例已经表明，部分党员领导干部的人生坐标发生了偏离，价值观向个人主义倾斜，这是需要十分警惕的倾向。一些腐败官员为什么走向自我毁灭？不就是因为他们放松了世界观改造，个人私欲恶性膨胀，最终沉湎于奢侈糜烂的生活不可自拔吗？我们应该从腐败官员事件中吸取教训。每一个党员领导干部，都要用白求恩"毫不利己、专门利人"的精神对照自己，找出差距，找出努力方向。

在市场经济条件下，党员领导干部树立正确的人生观、价值观，除了要着力解决好公与私的关系以外，还要特别警惕剥削阶级的享乐主义人生观的侵蚀，做一个生活情操高尚的人。

享乐主义人生观从人的自然本性出发，把人生看成是满足人的生理本能需要的过程，认为人生的目的和意义，就在于追求个人的物质享受。它同无产阶级的艰苦奋斗的政治本色是格格不入的。享乐主义思想，在条件艰苦的战争年代和社会主义建设初创时期，很难有大的市场。改革开放以后，特别是发展社会主义市场经济体制以来，随着人民生活水平的提高，餐饮服务、文化娱乐事业的发展，也随着西方文化大量涌进国门，享乐主义开始活跃起来。有少数领导干部已经成为它的俘虏。有的人信奉"不要太累要潇洒"的哲学，把吃喝玩乐、讲排场、摆阔气当作潇洒，有的人甚至耽于淫乐不可自拔，堕落成浑身充满低级趣味的腐化分子。我们一定要坚决顶住享乐主义思想的进攻，保持艰苦奋斗的政治本色。每一个党员领导干部，都要警惕"灯红酒绿"的诱惑，发扬"慎独"的精神。在任何情况下，"管住自己的嘴，不该吃的不吃；管住自己的手，不该拿的不拿；管住自己的腿，不该去的地方不去"，严于律己，防微杜渐，自重、自省、自警、自励，保持高洁的品格，永远做脱离了低级趣味的人。

党员领导干部要成为高尚的人，还必须具备良好的政治道德。要做无产阶级政治家，而不能做"政客"。

第一，要坚持正确的政治立场和政治方向，反对左右逢源，见风使舵。在当代中国，坚持邓小平同志开辟的建设有中国特色的社会主义道路，坚持党的基本路线，维护改革、发展、稳定的大局，这就是党员领导干部必须坚持的政治方向。目前，有少数领导干部不是把精力放在理论学习和研究全党工作大局上，而是热衷于串门子，打听小道消息，靠小道消息判断形势，以个人得失、个人荣辱、个人好恶左右自己的政治态度。这是一种值得注意的倾向，必须加以纠正。

第二，在党内生活中，要坚持民主集中制原则，反对个人独断专行。邓小平同志说过："如果搞得不好，特别是民主集中制执行得不好，党是可以变质的，国家也是可以变质的，社会主义也是可以变质的。干部可以变质，个人也可以变质。"① 这绝不是危言耸听。陈希同事件就是一个新的例证。陈希同之所以变质，一个重要原因就是他践踏了民主集中制，削弱了党委内部的民主决策和监督制约功能。陈希同大权独揽，独断专行，"他当市长时，是目无书记的市长；他当书记时，又是包办市长的书记"。有人说，他行使权力如同驱车在北京的二环路，畅通无阻，没有红绿灯。没有制约的权力必然导致腐败。每一个党员领导干部都应当从陈希同的严重错误中吸取教训，努力成为贯彻民主集中制的模范。

第三，坚持忠诚老实，言行一致，维护党的团结和统一，反对派别

---

① 《邓小平文选》第 1 卷，人民出版社 1994 年版，第 303 页。

活动和阳奉阴违的两面派行为。摇唇鼓舌，口是心非，翻手为云，覆手为雨，这是资产阶级政客的惯常手法。无产阶级政治家应当坚决唾弃这些手法。要提倡襟怀坦白，诚实可信，不要花招，不搞噱头；要自觉维护党的团结和统一，对于海外舆论挑拨离间的造谣不传、不信；要善于团结同志，包括反对过自己并被实践证明是犯了错误的同志，不搞亲亲疏疏，拉帮结派。

第四，在用人问题上坚持德才兼备和群众公认的原则，坚持选拔任用考核的制度和程序，反对任人唯亲以及"跑官""要官""买官"等恶劣行为。少数领导干部信奉"生命在运动，当官靠活动"的哲学，热衷于"跑官""要官"，而执掌任命权的少数人又从个人利益出发，无原则地许愿"给官"，个别地方甚至出现花钱买官和贿选的丑闻；还有的领导干部利用自己的权势和影响，要求下级安排自己的亲属或子女，群众反映极坏。上述存在的问题，实际上是政治道德不良的表现。要坚决按邓小平同志关于选拔任用干部的一系列重要指示办事，认真贯彻中央最近发布的干部任用条例，走群众路线，反对长官意志；搞任人唯贤，反对任人唯亲，树立起好的风气。

政治道德的好坏，说到底还是由人生观、价值观所决定。一个一心为公，没有私心杂念的人，他的政治道德肯定是好的，只有那些为个人或小集团的私利锱铢计较的人才会耍弄"两面派"作风。所以，每一个党员领导干部，不论职务高低，党龄长短，都要牢记毛主席的谆谆教导，学习白求恩的共产主义精神，堂堂正正地做人，清清白白地做官，扎扎实实地全心全意为人民服务。

（原载《中国党政干部论坛》1996 年第 1 期）

"告诉所有中国人，咱们能行"

最近，中央电视台黄金时间播出的《中国奥运英雄录》中，播放了游泳运动员蒋丞稷的事迹。这位在第二十六届奥运会上获取两项第四，为中国也为亚洲的游泳运动展现曙光的中国运动员，有几句非常精彩的语言。他说："在决赛前，我曾说过，我要让世界冠军波波夫认识我，知道中国有个蒋丞稷，他来自一个黄皮肤的国家。""我要以自己的成绩告诉所有的中国运动员，咱们能行！"话虽简单，但其中透露出的自强不息的英豪之气，却令人荡气回肠，久久不能平静。

"天行健，君子以自强不息"，这是我们中华民族的优良传统。在蒋丞稷身上，集中地体现了这种传统。他明明知道在男子游泳项目上，中国运动员同世界先进水平差距很大，但就是不服输。金发碧眼的欧美人不是瞧不起黄种人吗？咱就是要争口气，让他们不敢小视。蒋丞稷不甘落后，自强不息的英豪之气，值得我们每一个中国人效法。

今日的世界，是一个国与国之间综合国力的大赛场，每一个中国人都是这个大赛场上的运动员。中国能不能在这场角逐中取得胜利，取决于全体人民的共同努力。由于历史的原因，我国目前在综合国力的竞争中还处于劣势。在这样的情况下，广大群众的心中能不能筑起中华民族自尊心、自信心的万里长城，就成为中国能不能迎头赶上、同世界强国一争高低的至关重要的因素。但检视一下我们的国民心态，存在的问题还不少。一些人眼看着中国同西方发达国家在经济发展水平和生活水平方面存在的明显差距，面对着洋广告、洋影视等包裹着西方价值观念的物质和精神产品蜂拥而至，心中的民族自信心发生了动摇。"崇洋媚外"成为某些人群中的心理流行病，"殖民文化"沉渣泛起，成为一个引人注目的社会现象。在这样的时候，蒋丞稷的豪言壮语尤其振聋发聩。通过电视屏幕，我觉得他不仅是在激励中国运动员，而且是在激励全体中华儿女，他是在说："告诉所有中国人，咱们能行！"

蒋丞稷的可贵之处还在于他的务实精神。为国争光的凌云壮志要通过强大的实力才能实现，而实力的积累则依赖于长期艰苦的努力。如果徒有雄心壮志而缺乏扎扎实实的行动和坚持不懈的努力，爱国主义的情怀也终难落实。多年前，鲁迅先生曾在《中国人失掉自信力了吗》一文中热情讴歌那些"有确信，不自欺"，为国家和民族"前仆后继的战斗"的英雄："我们从古以来，就有埋头苦干的人，有拼命硬干的人，有为民请命的人，有舍身求法的人……虽是等于为帝王将相作家谱的所谓'正史'，也往往掩不住他们的光耀，这就是中国的脊梁。"[1] 蒋丞稷和其他奥运明星就是新时代的"中国的脊梁"。蒋丞稷虽然有天赋，虽然有名师指点，但他还是以过人的毅力，坚持数年如一日地刻苦训练，使自己的体能和技能条件同欧美选手不相上下，在世界比赛中的成绩不断进步。蒋丞稷的精神，足以成为所有中国人的楷模。每一个中国人，都应当把爱国主义情怀变为一个个具体行动，以扎扎实实的努力，

---

① 《鲁迅全集》第6卷，人民文学出版社2005年版，第122页。

为中华民族在世界竞争场上的胜利作一份贡献！

让我们大声说："告诉所有中国人，咱们能行！"

（原载《光明日报》1996 年 9 月 9 日）

赞李素丽的"四心"原则

李素丽有句诺言："每一条公共汽车的线路都有终点站，但为人民服务没有终点站。我永远属于我的乘客，属于我的岗位。"为了实现诺言，她为自己制定了服务原则："礼貌待人要热心，照顾乘客要细心，帮助乘客要诚心，热情服务要恒心。"李素丽的"四心"原则，保证了她把为人民服务始终如一地落到实处。笔者认为，如果去掉那些带有行业色彩的字眼，那么，"四心"原则可以为各行业的人们所遵循。

"四心"之中，最重要的是"诚心"。在我国，为人民服务是社会的基本价值观念，是社会主义道德的核心。但在市场经济的新的历史条件下，为人民服务的价值观也正在经受考验。当对物质利益的追求普遍地成为人的行为的动力的时候，还要不要把为人民服务当作全社会共同的价值观念？这是有不同看法的。李素丽的可贵之处，在于她坚持不懈、诚心诚意地信奉和遵循为人民服务的价值观念。她的"微笑服务"，不是强作欢颜，而是蕴含着发自内心深处的真诚。"心诚则灵"，她终于赢得了广大群众的赞誉和信任。学习李素丽，首先要学习她的真诚。每一个公民，不管从事什么工作，也无论职位高低，都应当心怀对人民事业诚挚的爱，不把为人民服务当作空洞口号，不搞虚心假意或者半心半意。

　　"热心"是"四心"中的关键。为人民服务的岗位千千万，敬业爱岗是对每一个从业人员的基本要求。敬业的前提是乐业，只有热心于自己所从事的岗位和职业，才能扎扎实实地做好工作。雷锋之所以能在平凡的岗位上作出不平凡的业绩，李素丽服务的十米车厢、三尺票台之所以能成为"京城一景"，都在于他们酷爱自己的职业，对工作有着像夏天一样火热的心。"热心"还体现在对同志、对他人的关系上。在社会主义市场经济条件下，人与人之间依然是团结互助、平等友爱的关系，古道热肠应当为社会所推崇。李素丽热忱为群众排忧解难，做到"多说一句，多看一眼，多帮一把，多走一步；话到、眼到、手到、腿到、情到、神到"。这"几多几到"集中体现了她的热心肠。如果我们每一个人都有这份热心肠，全社会就会充满温情。

　　为人民服务要落到实处，必须"细心"。万丈高楼，要一砖一瓦地添加，千尺之堤，要一石一土地垒造。任何工作，无论是伟大还是平凡，都必须细心地从一点一滴的小事做起。李素丽为了弄清她所服务的公共汽车沿线的情况，利用下班时间，一站一站地走访沿线的机关单位，一步一步地量出车站到附近主要机关单位的距离，编写了几千字的服务用语，被乘客誉为"活地图"。李素丽的"细心"适用于每一个工作岗位，有了这样认真细致的工作态度，才能练出精湛的技艺，才能创造出完满的成果。

　　"四心"之中，最难的是"恒心"。为人民服务，贵在持之以恒。毛泽东同志曾说过，一个人做点好事并不难，难的是一辈子做好事，不做坏事。一贯地有益于人民，这才是最难最难的。李素丽始终向着这"最难最难"的方向迈进。她十五年如一日，勤勤恳恳为乘客服务。有位大夫十年坐她的车，十年受她的优质服务的感染。我们大家都应当学习李素丽，为人民服务不搞一阵子，而搞一辈子。

"诚心""热心""细心""恒心"共同铸就了李素丽完全彻底为人民服务的"真心"。愿所有的人都有一颗这样的心。

（原载《光明日报》1996 年 10 月 21 日）

我国奥运报道的启示

　　亚特兰大奥运圣火已经熄灭一个多月了，但中国奥运报道的生动场面却还深深地留在人们的脑海里。同以往的奥运报道相比，这次报道具有不少新的特点。

　　首先是"快"。奥运会既是"体育大战"，又是"新闻大战"。中国记者在种种不利的条件下，同国外新闻单位展开了激烈的竞争。据新华社提供的资料，从 1996 年 7 月 19 日至 8 月 4 日，在 271 项可比的重大新闻事件的报道上，新华社领先西方通讯社的有 222 项，占 81%。至于向国内的报道，更体现出快捷的特点。与现场直播相配合，中央电视台和中央人民广播电台的奥运专题节目以及各新闻节目，对赛场新闻进行滚动报道，及时把最新消息报告给受众。

　　其次是"活"。报道的地点是多视点的，报道的对象是多种多样的，报道的时间赛前、赛中、赛后都有，形成了一个立体的信息网络。从报道的形式看，更是缤纷多彩。拿《人民日报》奥运专版来说，有新闻报道、短评、新闻官手记、赛事要览、奥运金牌榜等各种栏目，有精彩镜头的大幅照片；而标题的别具匠心更引人注目："飞鹿独步赛场，军霞红透天外""一跃群星黯，惊看明霞飞"……中央电视台的奥运节目在"活"字上也动了很多脑筋，晚间黄金时间的"奥运亲人热线"拨动了千万人的心弦。杨凌母亲细述自己观看儿子夺金之战时的心情与经历，郎平父亲为女儿的献身精神而老泪纵横，这些镜头深深地嵌印在人们的心田里。顷刻之间，观众和英雄之间的距离就拉近了。

最后是"深"。奥运会不只是体育大赛，也是商业广告大赛，从某种意义上说，更是政治影响力大赛。具有良好政治素质的中国的奥运记者非常注意报道的深度。他们不只是报告夺金摘银的消息，更注重描述我国运动员表现出的中华民族自强不息、蓬勃向上的崭新精神风貌；不是简单地宣传个人，更注重报道中国运动队团结协作、无私奉献的高尚风格，这是和我们的社会主义制度密不可分的；不只是正面报道，还注意以事实反驳西方舆论对我们的攻击和中伤。奥运报道让世界进一步了解了中国，也向全国人民特别是青少年提供了极为生动的爱国主义、集体主义思想教材。

利用重大历史事件对全民特别是青少年进行爱国主义的宣传教育，是社会主义精神文明建设的一项重要内容，也是新闻工作者肩负的一项神圣使命。奥运报道的成功，为广大新闻工作者提供了启示。

教育者先受教育，宣传爱国主义者必先具有炽热的爱国主义情怀，这是启示之一。在亚特兰大，中国记者也遇到了自然、舆论条件以及交通、通信方面的巨大困难，如果他们没有为国争光、为民族争气的雄心壮志，没有对全国亿万观众和读者负责的高度责任感，是不可能吃大苦、耐大劳，连续作战的。细心的电视观众注意到了，当奥运报道接近尾声时，解说员宋世雄的嗓音已经略带沙哑了，但他的表情依然神采飞扬；读者还了解到，当举重冠军占旭刚在记者招待会后因过度疲劳而站不起身时，是北京电视台的一位记者背起他飞身奔向药检场。就从这两件小事中，人们已经深深感受到他们把祖国的利益看得高于一切，同体育健儿并肩战斗、不辞艰辛的精神。

记者必须具有较高的政治素质和敏锐的政治洞察力，这是启示之二。新闻作为意识形态的一种形式，具有很强的党性。西方新闻媒体鼓吹"客观、公正、全面"，但在盛大的开幕式上，作为东道主的美国全国广播公司电视台的评论员，居然对入场的中国运动员和其他国家的运动员发出诋毁性的评论，这种既违背新闻道德又丧失起码礼仪的事件，哪里还有什么"客观、公正、全面"可言？身居恶劣环境中的中国记者，同美国舆论的诋毁与中伤进行了针锋相对的斗争。他们用事实说话，抓住每一个有利时机，驳斥美国舆论宣传的所谓中国运动员的"兴奋剂嫌疑"。他们尖锐地批评了亚特兰大奥运会组织工作的混乱和浓烈的"铜臭"味。他们很好地掌握了"度"，既大力宣传我国运动员的好成绩，又注意报道各国运动员之间的团结和友谊。这些都表现出中国记者良好的政治素质和新闻道德。

精心组织，协同作战，这是启示之三。重大历史事件的报道，时间性强，涉及面宽，需要做好充分的人力物力准备，需要协调好各方面的关系。新华社、中央电视台出色完成奥运报道的任务，显示出他们在人才和技术装备方面的强大实力，表现出良好的组织能力。观众和读者希望他们认真总结经验，把今后重大事件的报道搞得更为出色，希望他们把奥运报道中的精神风貌带到日常工作中去，把社会主义新闻事业搞得更好！

（原载《瞭望》1996 年第 43 期）

有感于"一方水土用八方人"

　　江苏红豆集团董事长周耀庭说："办乡镇企业，不能像'武大郎开店'，还要变'一方水土养一方人'为'一方水土养八方人''一方水土用八方人'。"山东华盛集团总公司董事长王廷江用人不搞家天下，他所领导的沈泉庄村 28 个企业的厂长、经理中，无一人是其兄弟子侄，其中 22 人是外地人。他的两个兄弟都因为违反厂规被他免职或辞退。周耀庭、王廷江"一方水土用八方人"的做法，生动地说明，在社会主义市场经济这个大课堂的教育下，一代新型的农村干部和企业家正在告别与小生产相适应的家族意识、地域观念，向现代领导者的目标迈进。这实在是一个了不起的历史性变化。

　　"乡下人"在"换脑筋"，"城里人"也应当以此为一面镜子，照一照自己。如果我们把"水土"二字不单纯理解为地域概念，而引申为系统、行业、部门的话，那么在城市，"一方水土用一方人"的现象还不少见。高校和中专招生中的"内部招生"，采取对本系统职工子女降低分数录取的特殊办法，就是一例。本来，鉴于地质、矿产、石油等专业生源不足，对本系统职工子女实行一些特殊办法也是可以的，但如今其他行业特别是一些热门行业如工商、税务、银行、电力、邮电等也纷纷起而仿效。"内部招生"过滥不仅造成录取工作中不正之风之门洞开，这种近亲繁殖所造成的后果也是明摆着的。由此看来，在用人上，"城里人"也得换一副适应市场经济的新脑筋。

"一方水土用八方人"，对于干部交流以及全面贯彻落实党的任人唯贤的干部政策也有启示。眼下，干部交流已成为一个热门话题。中央与地方之间、地方与地方之间、机关与基层之间，都在加大交流的力度。政府机关的各个岗位之间，正在组织轮岗。干部交流有利于丰富领导经验，提高领导水平；有利于防止关系网的缠绕和影响，做到为官清正廉洁。对此，多数干部都很理解。但是也有一些同志在干部交流方面存在着种种思想障碍。有的习惯"武大郎开店"，妒贤嫉能，生怕外来的强者进来压过自己；有的画地为牢，总觉得"乡音可亲"，"南腔北调"刺耳，喜欢从自己周围的"土生土长"的一点点人中选干部；有的只愿意往条件好的地方交流，不愿意到艰苦的地方去锻炼；有的"故土难舍"，不肯离开家乡或自己长期工作的地方，甚至公然对抗组织部门的调令。这些同志，不妨都用"一方水土用八方人"的道理来开阔一下自己的视野。

早在延安时期，毛泽东同志就说过一句名言："我们都是来自五湖四海，为了一个共同的革命目标，走到一起来了。"在用人问题上提倡"五湖四海"，反对搞山头主义、地方主义，这是我们党的一个优良传统。在发展社会主义市场经济的今天，尤其应当是这样。从这个意义上来理解"一方水土用八方人"，更具深意。愿祖国的每一方山水都有八方人士来建设，来享用，愿我们把祖国的山山水水建设得更加美好！

（原载《人民日报》1996 年 11 月 22 日）

中华民族的历史庆典

——喜庆香港回归和香港特别行政区诞生

1997 年 7 月 1 日，是举世瞩目的日子。这一天，中英两国政府举行了香港政权的交接仪式，中华人民共和国香港特别行政区政府宣告成立。从香港到内地，从国内到国外，中华儿女无不为中华民族的历史庆典而欢呼雀跃，世界舆论也以极大的热情关注着 20 世纪末的这一重大历史事件。站在世纪的转折点上来看待香港回归这一历史事件，我们愈加感到它的意义深远。

一

香港的顺利回归，是中华民族洗雪百年耻辱的世纪盛事。一个半世纪以来香港被侵占又被收复的历史，是近现代中华民族兴衰历史的缩影。人们从香港的百年沧桑中，看到中华民族在 19、20 两个世纪中的命运变化，也预测到新世纪的美好前景。

在中国历史上，19 世纪是中华民族衰落的世纪。19 世纪中叶爆发的鸦片战争，是中国由一个主权国家变为半殖民地国家的转折点，而中英《南京条约》的签订，则是这个历史转折的标志。中英《南京条约》以及随后签订的中英《北京条约》、中英《展拓香港界址专条》，犹如三条捆绑的绳索，使得香港地区脱离了祖国的怀抱。英帝国主义对香港地区逐步蚕食的过程，正是我们民族一步步走向衰落的象征。20世纪是中华民族奋起战斗、走向振兴的世纪。辛亥革命后，中国政府和人民为收复香港进行了很大的努力。在广大人民群众的推动下，出席1919年巴黎和会和1921年华盛顿会议的中国代表都曾提出收回租界地的问题。1924年，孙中山主持召开了中国国民党第一次全国代表大会，通过的《中国国民党第一次全国人民代表大会宣言》，提出了废除帝国主义强加给中国的不平等条约的奋斗目标，其中把取消列强在华租界地放在突出的地位。蒋介石政府在南京成立后，迫于群众的压力，也提出了"修改不平等条约"的外交方针。但因为英国的顽抗和国内内战不断、政府腐败、国力不振导致外交乏力，上述努力都失败了。1949年中华人民共和国的成立宣告了中国半殖民地半封建时代的终结，第一次为香港的回归奠定了坚实的基础。随着我国综合国力日渐强盛和香港新界租期的行将届满，20世纪80年代初香港收复问题提上了议事日程，并按照小平同志"一国两制"的伟大构想最终实现了香港的顺利回归。20世纪世纪末的香港回归，是中华民族在20世纪走向振兴的最为辉煌的里程碑之一。

一个半世纪以来香港失而复得的历史，以及中国政府和人民收复香港的艰难历程，是一部活生生的爱国主义教材。它教育我们的民族和人民，也教育我们的子孙后代：一个闭关自守、不求革新、国力不振、政治腐败的国家，是不可能维护国家主权和领土完整的，要求它"重头收拾旧河山"也是不可能的。封建时代的道光皇帝，在英军强占香港岛之初，曾力主武力收复香港，为此他下了几十道谕旨，任命了数位征讨将军，但结果都失败了。民国时期的北京政府和国民政府，也曾为收复香港作过努力，其结果怎样呢？也失败了。唯有中国共产党领导下的社会主义新中国，只有在改革开放的历史新时期，才使得几代人为之奋斗的梦想成为现实。邓小平同志 1984 年谈到中英谈判为什么取得成功时说："并不是我们参加谈判的人有特殊的本领，主要是我们这个国家这几年发展起来了，是个兴旺发达的国家，有力量的国家，而且是个值得信任的国家，我们是讲信用的，我们说话是算数的。"① 这真是一语中的。历史的结论就是这样：只有社会主义才能卫国兴邦，只有改革开放才能国富民强。在当代中国，爱国主义同社会主义是高度统一的。

香港回归对于我们国家在 21 世纪的发展将产生巨大的影响。邓小平同志在谈到为什么香港回归后要保持现行的社会制度和生活方式五十年不变时说过："如果说在本世纪内我们需要实行开放政策，那末在下个世纪的前五十年内中国要接近发达国家的水平，也不能离开这个政策，离开了这个政策不行。保持香港的繁荣稳定是符合中国的切身利益的。所以我们讲'五十年'，不是随随便便、感情冲动而讲的，是考虑到中国的现实和发展的需要。"② 这就把香港回归、保持香港长期繁荣稳定同我国在 21 世纪实现第三步战略目标的关系讲清楚了。"九七"之后，香港作为我国对外经济联系的渠道和窗口，其作用将得到进一步的发挥，内地与香港经济合作的领域会更加广泛，合作的层次将得到提高。这些，都将为加速中国现代化进程提供新的机遇。香港的回归，还将极大地振奋我国人民自尊、自信、自强的民族精神和爱国主义热情，鼓舞人民向新世纪迈进。21 世纪必将是中华民族实现全面振兴的世纪。

---

① 《邓小平文选》第 3 卷，人民出版社 1993 年版，第 85 页。
② 《邓小平文选》第 3 卷，人民出版社 1993 年版，第 102 — 103 页。

二

在香港顺利回归的历史时刻，我们深切缅怀邓小平同志，缅怀他提出"一国两制"的战略思想，并亲自领导解决香港问题的丰功伟绩。

"一国两制"的天才构想，是邓小平同志从辩证唯物主义和历史唯物主义观点出发，本着实事求是的原则，在尊重历史和现实的基础上，为实现祖国统一而提出的大胆创举。它创造性地发展了马克思主义的国家学说和和平共处思想，提出了在新的时代条件下解决国内外争端的新思路。英国前首相撒切尔夫人曾说过，"一国两制"构想是没有先例的天才创造，为香港特殊的历史环境提供了富有想象力的答案。联合国秘书长也盛赞此举为其他国家树立了一个解决历史争端问题的成功范例。

邓小平同志不仅提出了解决香港问题的战略思想，而且身体力行，亲自领导解决香港问题。他领导了中英两国关于香港问题的谈判和香港基本法的起草工作。20世纪90年代初英方单方面推行"三违反"的"政改方案"后，他又对新形势下如何维护《中英联合声明》和《中华人民共和国香港特别行政区基本法》（以下简称香港基本法）作出重要指示，并主持解决了过渡时期几乎所有重要问题。邓小平同志在实践"一国两制"战略的过程中，提出了一系列重要的思想，如关于国家主权是第一位的思想，关于处理好中央与香港的关系的思想，关于"港人治港"必须以爱国者为主体的思想，关于香港的政治制度不宜完全西化的思想，实行民主要按照循序渐进的原则的思想，等等。这些思想进一步充实和丰富了"一国两制"的理论，保证了香港问题的顺利解决。

在邓小平同志提出"一国两制"构想之初，国内外曾有不少人对这一构想能否实现表示怀疑。十三年来过渡期的实践，已经充分证明，

"一国两制"在理论上是科学的，在实践中是可行的。

中英联合声明签订之初，曾有人预言，中国收回的将是一个萧条的香港。现在，这种预言已被事实粉碎。在过渡期间，香港成功地保持了它作为国际金融中心、国际航运中心、国际旅游中心、国际信息中心、国际贸易中心的地位。据瑞士一家国际研究所的最新调查报告，香港已连续三年成为世界三大最具竞争力及创造力的国家和地区之一。中国收回的是一个繁荣的香港。面对回归这种历史性的重大转变，目前港人的心态相当稳定、平静。他们中的多数人或者是充满信心、喜迎回归，或者是以平静的心情面对回归。现在的香港，人们见到的是一派安居乐业的景象。中国收回的也是一个稳定的香港。

用"一国两制"的方式，使香港问题得到圆满解决，对完成祖国统一大业是一个巨大的推动。收复香港、澳门，实现两岸统一，这是中华儿女梦寐以求的目标。香港回归，朝着这一目标的实现大大迈进了一步。香港回归是一个榜样，它为澳门问题特别是台湾问题的解决起了率先垂范的作用；香港回归又是一个窗口，广大同胞从中看到"一国两制"的深刻含义和光明前景，极大地增强了民族的向心力和凝聚力，增强了实现祖国统一的信心。邓小平同志"一国两制"的伟大构想将永远铭刻在海内外中华儿女的心中。

三

1997年7月1日以后，香港的历史已经揭开新的篇章。全面实施"一国两制"方针，保证香港的长期繁荣稳定，是一项长远的历史任务，它关系到600万香港同胞的切身利益，关系到中华民族的根本利益，也关系到亚洲乃至世界的和平与发展。任重而道远，需要香港同胞和全国人民共同作出努力。要完成这项历史任务，关键在于认真贯彻执行依法治港的方针。香港基本法，是"一国两制"方针和中央关于香港的各项方针政策的具体化、法律化。邓小平同志曾高度赞扬这部法律，称它是"具有历史意义和国际意义的法律"，"具有创造性的杰作"。认真贯彻执行这部法律，香港的长期繁荣稳定就有了坚实的基础。在内地的有些同志中，存在着一种误解。他们认为，香港基本法是一部关于香港问题的具体法律，只要香港同胞和内地驻港人员了解就行了，只要国家机关中有关人员了解就行了。这种看法是错误的。江泽民同志最近指出，香港基本法是一部全国性的法律，不仅香港要严格遵守，各省、自治区、直辖市都要严格遵守。他还指出，依法治港，是我们实施依法治国的重要组成部分。维护香港基本法的权威，就是维护国家法律的权威。这是全国人民的共同责任。广大干部特别是领导干部，一定要按中央的指示办事，认真学习香港基本法，大力宣传香港基本法，切实贯彻香港基本法，为香港的长期繁荣稳定作出不懈的努力，为祖国的统一大业贡献力量。

愿香港这颗"东方明珠"永远灿烂！

（原载于《中国党政干部论坛》1997年第7期）

强化对国有企业经营者的监督

　　1998 年新年以来，中纪委、监察部已先后公布了三起国有企业经营者经济犯罪案件。人们既为犯罪嫌疑人鲸吞公款数目之巨大而震惊，又为他们从优秀企业家堕入犯罪的深渊而惋惜。警钟再一次敲响之际，人们的注意力集中到一个话题：必须强化对国有企业经营者的监督、教育与管理。

　　改革开放以来，我国国有企业的领导体制发生了巨大变化。厂长经理已处于企业的中心地位，掌握着生产经营大权。企业领导体制的变化，有利于调动企业经营者的积极性，促进生产的发展。但由于转轨时期体制、制度的不健全，监督机制明显跟不上形势发展的要求。犯罪嫌疑人的犯罪过程，暴露出监督上的种种漏洞：有的人集厂长、书记大权于一身，使行政与党委之间应有的权力制衡丧失。有的人垄断着企业大权尤其是财务大权，党委、纪检委、职代会的经费开支也都依赖于他们的"财务一支笔"，于是，来自企业内部各方面的监督或流于形式，或因遭到逃避、对抗而失效。来自上级部门的监督呢？犯罪嫌疑人贪污公款的重要来源是厂内私设的小金库，有的小金库资金庞大到 10 多亿元。但审计部门年年审计，年年都没察觉。正是这种种漏洞，给犯罪嫌疑人以可乘之机，他们把国有资产当作自己的家产，随意处置，中饱私囊，给国家资产造成巨大损失。应当说，这些监督上的漏洞，带有一定的普遍性。因此，采取切实措施，强化对权力的制约和监督迫在眉睫。

上述犯罪嫌疑人都曾有过一段光荣的历史，有的还曾获得"五一劳动奖章""全国优秀企业家""全国优秀经营管理者"等种种荣誉称号。他们从优秀企业家走上蜕化变质道路的惨痛教训，提醒各级领导部门认真反思：应该如何教育和管理优秀企业家？目前在社会上确实不乏这样的现象，一些领导部门对于优秀企业家宠爱有加，不敢严格管理，更不敢批评教育。过分的"溺爱"，使一些企业家忘记了自己作为国有企业经营者的身份，摆不正个人与国家、与工人群众的关系，把企业为国家创造的财富，更多地记在自己的功劳簿上，从而导致私欲膨胀。领导部门对企业家们疏于严格管理教育，再加上一些企业家在成绩和荣誉面前不能保持清醒的头脑，思想作风上的毛病不能消灭在萌芽状态，就容易导致自律防线的松动直至崩溃。而在监督机制存在着种种漏洞的今天，自律的防线一旦崩溃，金钱的诱惑必然长驱直入。江泽民同志说："严重的问题在于教育干部。"这里所指的干部，不仅有党政干部，而且有企事业单位的干部；不仅说的是一般干部，而且应包括业绩优秀的干部。

近年来，纪检监察部门在查处一些国有企业中的"穷庙富方丈"方面花了相当大的气力，舆论媒介也作了大量曝光和剖析。但是，上述犯罪嫌疑人都不是"穷庙富方丈"，而是"富庙富方丈"。这就提醒人们：对于亏损企业，寻病问医、分析症结的人往往很多，挖"蛀虫"的警惕性也较高，而对于效益好的企业却少有人查询。应当是无论"穷庙"还是"富庙"，都要加强监督管理；对化公为私者都要严肃查处。

就整个国企经营者队伍来说，大多数是好的，他们为了企业改革和发展拼搏努力，作出了不少贡献。加强监督，绝不是否定整个国企经营者队伍，而是为了更好地发挥他们的作用。

有效实施对国有企业经营者的监督，从根本上说，要依赖于现代企业制度的建立，依赖于法人治理结构的建立与完善。当前，应从国家对国有企业监管制度上进行改革。国务院决定对国有企业实施稽查特派员制度，就是一项重大改革举措。有关部门负责同志提出，稽查特派员制度实施以后，可以起到"一石三鸟"的作用。第一是政企分开，意味着国家对国有企业监管形式发生了重要转变；第二是对选拔任命国企领导人的制度进行了改革，即把稽查和考察工作结合起来；第三是探索在企业里坚持党管干部的实现形式。为了有效地实现对企业的监管，将严格稽查特派员的选任标准，要把光明磊落、不怕得罪人作为必备条件；规定所有经费都由派出单位承担；制定稽查特派员职责和实行行业回避、不能连任等一套制度。我们相信，通过稽查特派员制度的实施，对国有企业领导干部的监督、教育、管理工作一定能大大加强，国有企业领导干部的选拔任用工作也一定会有新的起色。

（原载《瞭望》1998 年第 20 期，收入论文集时有修改）

学会用政治家的眼光看经济

学会用政治家的眼光看经济，这是在当前复杂的形势下对领导干部尤其是高级干部的重要要求。

经济是基础，政治是经济的集中体现。当前，全党以经济建设为中心，正在集中精力从事现代化建设。搞经济建设，有许多具体细致的工作要做。但领导干部尤其是高级干部，就不能完全陷入具体的经济事务之中，而必须学会用政治家的眼光看经济，也就是以高瞻远瞩、面向未来的战略眼光，放眼全球的国际眼光，善于从政治角度分析社会发展重大问题的全局眼光来看经济。

用政治家的眼光看经济，不是就经济论经济，而是透过经济现象看到它的政治意义。邓小平同志说过，他在经济问题上的看法"都是从政治角度讲的"。他还从搞好经济建设对于巩固和完善社会主义制度的基础性作用，对于坚定人们共产主义信念、增强全民族凝聚力的深远影响，对于我国在国际政治事务中有所作为的重要意义等方面，全面论述了经济建设的政治意义。今天，当我们联系去年以来抵御亚洲金融危机的历程，重温邓小平同志的论述，备感亲切。在金融危机的肆虐下，我国周边一些国家数十年努力所创造的财富毁于一旦，经济危机迅速演变为政治危机，陷于政治动荡、政权更迭和政权倾覆的灾难之中。相反，我国由于宏观经济形势的健康稳定和中央对策的正确及时，成功地抵御了亚洲金融危机的冲击，捍卫了二十年来改革开放的成果，全国政治稳定，社会稳定，人心稳定。强烈的反差鲜明地昭示出"政治要以经济做基础"，基础不牢固政治大厦就将倾覆的道理。当前，这场危机还没有过去，我们一定要从政治的高度进一步加强对防范危机的认识，坚定信心，沉着应付，埋头苦干，趋利避害，把 1999 年的经济工作做得更好。

用政治家的眼光看经济，就要看到某些重大经济问题背后的政治斗争。对于国际国内的许多重大问题，我们都必须从经济和政治两个方面去认识。例如国内正在进行的反走私斗争，既是一场维护市场正常秩序、保护民族工业的经济斗争，又是一场反对腐败、保持政权机关尤其是军队和司法机关廉洁的严肃的政治斗争。我们只有把这场斗争提高到关系党和国家生死存亡的高度来认识，才能增强自觉性和紧迫感，冲破重重障碍，坚决把它进行到底。从国际范围来看，当今世界的政治纷争、社会矛盾、外交冲突，几乎都同经济利益的争夺有着直接或间接的联系。而在剧烈的经济竞争与角逐背后，又往往翻滚着政治斗争的风云。就拿经济全球化来说，经济全球化加强了各国间的经济交流、联系和竞争，为包括我国在内的第三世界带来了难得的发展机遇。但西方发达国家首先推动并始终主导经济全球化，不能不带有自己的经济和政治目的。西方报刊预言，在全球化的情况下，人类已开始"向世界大同化发展"。这就表明了他们的政治意图。我们必须清醒地估计全球化给我们带来的利和弊，既抓住机遇，大胆参与，又保持必要的警觉，坚持独立自主，增强防范风险的能力，反对强权政治和霸权主义，为建立公正合理的国际经济政治新秩序而努力。

　　用政治家的眼光看经济，还必须正确处理同经济相联系的各种政治关系。就国内来说，有改革、发展同稳定的关系，中央同地方的关系，地方同地方的关系，社会各阶层各群体的关系特别是干群关系，等等。上述关系，既是经济生活中的重大关系，又是政治生活中的重大关系。对这些关系的处理，影响到方方面面的利益，关系到社会政治稳定。正确处理每一方面的关系，都有大量的艰苦工作要做。对于领导干部来说，最重要的是树立大局观念，自觉维护中央权威。同时，要始终把正确处理改革、发展、稳定三者关系当作总揽全局的一条基本方针来执行。努力把改革的力度、发展的速度和群众可以承受的程度结合起来，把群众情绪当作第一信号，切实做好减轻农民负担和下岗职工再就业工作，实现改革、发展、稳定的和谐统一。

　　（原载《中国党政干部论坛》1998 年第 12 期）

让勤奋好学蔚然成风

不久前，江泽民同志在中央党校举行的省部级主要领导干部金融研究班的讲话中谆谆告诫全党："希望大家学习、学习、再学习，实践、实践、再实践。"[①]他还殷切期望，党的各级干部不仅要加强学习，还要通过以身作则的实际行动，努力把勤奋好学的风气推广到全社会。

在全党乃至全社会大力倡导勤奋好学之风，这是形势的要求，时代的呼唤。站在 21 世纪门槛前的中国，正处在改革的攻坚阶段和发展的关键时期，建立社会主义市场经济体制这场史无前例的伟大试验的艰巨性和复杂性正充分地显露出来，现代化建设的规模和复杂程度前所未有。从国际范围看，知识经济初见端倪，现代科技的发展日新月异，国家间综合国力的竞争越来越表现为知识的竞争、人才素质特别是领导集团素质的竞争。在这样的形势面前，全党都面临着重新学习的紧迫任务，正如江泽民同志在讲话中指出的："如果我们不能通过新的学习和实践不断提高自己，就会落后于时代，就有失去执政资格、失去人民信

---

① 《江泽民文选》第 2 卷，人民出版社 2006 年版，第 309 页。

任和拥护的危险。这并不是危言耸听。"① 这就把学习的重要性提到了空前的高度，振聋发聩，催人惊醒！而对于每一个普通公民来说，在新的形势下，也有一个更新知识结构、提高自身素质，以免落后于时代的问题。因此，加强学习，这是一件关系全党、全民族在 21 世纪前途命运的大事。每一个不甘成为时代落伍者的干部、党员和公民，都应当自觉行动起来，使勤奋好学在全社会蔚然成风。

　　勤奋好学，关键在于"勤奋"，难也难在"勤奋"。学习是一件十分艰苦的事。无论是攻读马列主义、毛泽东思想和邓小平理论的原著，还是学习反映当代世界新变化的新知识，都需要开动脑筋，作出艰苦扎实的努力，来不得半点投机取巧。领导干部在学习方面作表率，首先就要在勤奋方面为全社会作出榜样。每位干部，都应以毛泽东、邓小平等老一辈无产阶级革命家为楷模，善于从政务繁忙中挤时间，钻进去，深入理解，融会贯通，以"钉钉子"精神来学习。要"敏而好学，不耻下问"，"知之为知之，不知为不知"，以谦虚的精神来学习。要百折不挠，不畏艰难，持之以恒，勇于攀登理论探索中崎岖的山路，以韧性精神来学习。

　　懒惰思想和浮躁情绪是"勤奋好学"的大敌，需要下大力气予以克服。就干部的学习情况而言，懒惰思想和浮躁情绪的表现有三：一曰"厌学"。一些干部对应酬场上的跑跑颠颠，热热闹闹，兴味十足，一旦让他们静下心来学习就犯困、作难，打心底里厌倦。二曰"装学"。一些干部把学习当作包装自己的手段，热衷于造声势，出经验，制造所谓"轰动效应"。理论研讨会没有少开，培训班没有少办，体会义章没

① 《江泽民文选》第 2 卷，人民出版社 2006 年版，第 284 页。

有少写，但真正的学习效果很差。三曰"学用分离"。一些干部不是为了改革开放和现代化建设实践而学习，而是单纯地为了完成学习任务而学习，所以他们虽然也读了书，但是消化不了，只会片面地引用经典作家的个别词句，而不会运用马克思主义的立场、观点、方法来解决当代中国的现实问题。上述种种表现，对于全党、全社会的学习都危害较大。我们要从对人民负责、对历史负责的高度来增强学习的自觉性，加大学习的热情，尊重学习的规律，耐得住寂寞，坚持长期性，下决心同懒惰思想和浮躁情绪作持久的斗争，使勤奋好学成为每一位干部、党员的自觉行动，并以此来影响和带动全社会。

在省部级主要领导干部金融研究班的带动下，1999 年将成为大兴学习之风的一年。"一年之计在于春，一日之计在于晨。"当前，春光明媚，正是学习的好时光。让我们以只争朝夕的精神，勤奋学习，以新的学习成果迎接新中国成立五十周年。

（原载《中国党政干部论坛》1999 年第 3 期）

"我们的工作将写在人类的历史上"

——献给中华人民共和国成立五十周年

五十年前，在中华人民共和国成立前夜，毛泽东在中国人民政治协商会议第一届全体会议上作出这样的预言："我们有一个共同的感觉，这就是我们的工作将写在人类的历史上，它将表明：占人类总数四分之一的中国人从此站立起来了。"[①] 新中国五十年的历史证明，毛泽东的预言是完全正确的。

五十年来，中国人民在中国共产党的领导下，成功地完成了社会主义改造，建立了社会主义基本制度；经过长期艰苦探索，找到了一条建设有中国特色社会主义的成功道路，改革开放二十年来，中国的综合国力大大增长，民主法制建设大增强，国防、科技、文化、教育事业大大发展，人民生活水平大大提高，中国社会正稳步迈向小康。一个有十多亿人口的国家实现小康社会。这将是对人类进步有着伟大意义的事件。

五十年来，中华民族摆脱了被欺负被凌辱的地位，以昂扬的姿态，活跃在国际舞台上。无论是 20 世纪 50 年代初帝国主义的封锁，还是

---

① 《毛泽东文集》第 5 卷，人民出版社 1996 年版，第 343 页。

20世纪60年代某个超级大国的背信弃义，或是20世纪80年代末、20世纪90年代初的苏联、东欧剧变，都没能撼动我们的根基，相反，中华民族越来越赢得世界爱好和平的民族和人民的崇敬和尊敬。中国的国际地位越来越重要，被国际舆论誉称为"世界和平的重要支柱"。

五十年的历史表明，新中国这个掌握了自己命运的东方巨人确实站立起来了，他站得昂首挺胸，坚定稳健，任何国际敌对势力的攻击都撼动不了他，任何前进道路上的困难都阻挡不了他。中国人民以自己的辛勤工作和宏伟业绩，不仅在中华民族五千年文明史上写下了辉煌的篇章，而且在人类文明史上也写下了光辉的一页。

新中国的五十年发展及其世界意义，已得到国际社会的公认。不少第三世界国家的首脑誉称新中国的发展道路为他们提供了宝贵的经验。离任不久的前美国驻华大使这样赞叹中国的五十年，他说："中国大地上所发生的一切是世界上最动人的故事之一。"他还把中国同另一个人口大国印度作比较："与印度相比，中国的成就是巨大的。印度1948年独立，新中国1949年成立。中国经历了抗日战争和内战，国民经济受到极大破坏。印度的发展条件则相对优越，英国给它留下了一个完整的政府系统和司法制度，而且它作为英联邦成员，享受贸易优惠。中国只能靠自己。但是现在，中国在各个方面都超过印度，比如经济发展水平、国民受教育程度、计划生育等。"上述评价，使我们深切地感受到，中国人民五十年来的伟大工作，已深深地印入了国际友人的脑海中，写进了人类的历史上。

在庆祝共和国五十华诞的时刻，我们正站在进入新世纪的门槛上。此时此刻，重温毛泽东关于"我们的工作将写在人类的历史上"的教诲，我们更体会到强烈的责任感、使命感、自豪感。我们正在进行一项前无古人的伟大事业。20世纪的后半叶，中国人民站立起来，并把一个小康社会带入新世纪。21世纪的前半叶，中国人民将在小康的基础上逐步实现第三步战略目标，到21世纪中叶，基本实现现代化，建成富强民主文明的社会主义国家。这将是中华民族的伟大复兴，是对世界社会主义运动和人类进步的伟大贡献。邓小平同志指出："如果从建国起，用一百年时间把我国建设成中等水平的发达国家，那就很了不起！"[1]"这不但是给占世界总人口四分之三的第三世界走出了一条路，更重要的是向人类表明，社会主义是必由之路，社会主义优于资本主义。"[2]我们要牢记使命，强化责任，奋勇向前。着眼21世纪，我们面临很多机遇，也面临严峻的挑战。尽管征途艰难，但在邓小平理论的指引下，在以江泽民同志为核心的党中央的坚强领导下，只要全国人民团结一心，埋头苦干，不畏艰难，锐意进取，就一定能达到预期的目标，在新世纪的人类文明史上书写出更加灿烂的篇章。

（原载《学习辅导》1999年第8期）

---

[1] 《邓小平文选》第3卷，人民出版社1993年版，第383页。
[2] 《邓小平文选》第3卷，人民出版社1993年版，第225页。

真的猛士将更奋然而前行

—— 为纪念邵云环、许杏虎、朱颖烈士遇难一周年而作

　　又是一年满眼春绿。中华民族的好儿女、全国新闻出版工作者的楷模邵云环、许杏虎、朱颖在美国轰炸中国驻南斯拉夫使馆事件中遇难已经整整一年了。在祭奠烈士的英魂之时，我们回想起烈士为和平、为正义、为祖国而战的英姿，回想起他们倒在血泊之中的惨烈情景，回想起一年来我国政府和人民为讨回公道所进行的大义凛然的斗争和取得的初步成果，心中充满着对肆暴者的无比愤恨，对烈士的无比崇敬，对站起来的中国和中国人民的无比自豪。在对遇难烈士追忆之时，笔者不禁想起鲁迅先生的一篇传诵千古的名作《纪念刘和珍君》。

　　1926年春天，鲁迅先生为纪念在"三一八"惨案中死难的刘和珍等青年学生，写下了《纪念刘和珍君》这篇战斗的檄文。鲁迅先生愤怒谴责反动派的暴行，赞叹烈士们为反对日本帝国主义和段祺瑞军阀政府而牺牲的壮举"是怎样的一个惊心动魄的伟大呵"，呼唤青年人要以刘和珍等人为楷模，努力成为"真的猛士"。他认为"真的猛士，敢于直面惨淡的人生，敢于正视淋漓的鲜血"，勉励"真的猛士，将更奋然而

前行"①。

邵云环、许杏虎、朱颖同刘和珍生活在不同的时代，斗争的环境和地点不同，斗争的方式也不同。但他们的精神却又是相通的。示威游行和战地采访都是为了反对侵略，卫护正义；不惧军警的枪弹和战地的炮火都体现了不畏强暴、不怕牺牲的英雄主义精神。从刘和珍到邵云环、许杏虎、朱颖，中国优秀知识分子的爱国主义情怀和刚正不阿的凛然正气一脉相承。邵云环、许杏虎、朱颖是新时代"敢于正视淋漓的鲜血"的"真的猛士"。

作为从事新闻出版工作的同行，我们纪念邵云环、许杏虎、朱颖同志，首先就要学习他们忠于职守，不辱使命，勇于献身的"猛士"精神。战地记者是不拿枪的战士，他们同样面临着生与死的考验。许杏虎说得好："我是学塞尔维亚语的，在战地进行报道是我的荣誉，更是我的责任和义务，就是再危险也要完成党和人民交给我的任务。"他们以实际行动实践了自己的誓言，用鲜血和生命谱写了壮丽的人生篇章。我们在新闻出版战线工作的同志，虽然大多生活在国内和平的环境中，但我们同邵云环、许杏虎、朱颖一样，都在从事崇高的新闻出版工作。我们一定要以对党和人民高度负责的精神去对待我们的事业，始终坚持正确的舆论导向，努力当好党和人民的"喉舌"；忠于职守，甘于牺牲，兢兢业业，为党的新闻出版事业而献身。

邵云环、许杏虎、朱颖是有良知、有正义感的新闻战士。他们不畏强暴，伸张正义，为南联盟人民反抗侵略的斗争奋臂疾呼；他们疾恶如仇，对以美国为首的北约野蛮的侵略行径予以愤怒的谴责。如今，南斯

---

① 《鲁迅全集》第 3 卷，人民文学出版社 2005 年版，第 290—294 页。

拉夫战事结束已近一年了。近一年来发生在科索沃的"人权悲剧"有力地证明，依靠外部侵略来解决一个国家内部的民族问题是根本不可行的，所谓"人道主义干预"只是"人道主义灾难"的代名词，而"人权高于主权"只是侵略、肢解一个主权国家的幌子而已。抚今追昔，当我们重新翻阅邵云环、许杏虎、朱颖所撰写的文章时，更能感受到他们笔锋中所透出的昂然正气。作为从事新闻出版工作的同行，我们应当像邵云环、许杏虎、朱颖那样，主持正义，敢于同邪恶现象作不可调和的斗争。我们的笔底应当常带感情，无论是对于国内外敌对势力的喧嚣，还是对于现实生活中的腐败现象和不正之风，都要大胆予以抨击。

"猛士"不是莽汉，而是用科学理论武装起来的有智有勇的战士。邵云环、许杏虎、朱颖之所以能写出那么多视觉敏锐、分析精辟、文采飞扬的佳作，同他们平时认真学习党的基本理论和国家的外交政策，经常用马克思主义观点观察分析国际形势，刻苦钻研新闻业务，不断提高写作技巧和能力密切相关。厚积而薄发。只有平时有厚重的积累，才能在关键时刻拿出有分量的作品。学习邵云环、许杏虎、朱颖同志，就要像他们那样，勤学习，多练笔，打好扎实的理论基础和写作基础，努力把高质量的精神食粮贡献给人民。

我们的时代需要"真的猛士"，"真的猛士，将更奋然而前行"。

（原载《中国党政干部论坛》2000 年第 5 期）

如何"走出去"

　　自从江泽民总书记提出要积极实施"走出去"开放战略以来，"走出去"已成为全社会关注的一个热点。"走出去"关系改革开放全局，关系国家的可持续发展，关系子孙后代的命运，它同西部大开发一样，是我国跨世纪的重大战略决策。对于"走出去"的紧迫性、重要性，上下的认识基本是一致的，这同改革开放初期实施"引进来"战略时争论不休的情况大不相同。它反映出二十多年来社会的巨大变化和人们观念的更新。据此，笔者认为，研究"走出去"开放战略的实施，固然还需在"为什么"上进一步加深认识，但更重要的还在于要深入地研究如何"走出去"。

　　如何"走出去"？起码有三个问题需要探讨：即"谁来走"、"往哪儿走"和"怎么走"。

　　首先是"谁来走"。所谓"走出去"，既包括产品打入国际市场，也包括资本向外输出，但主要的是资本输出，即到国外投资办厂。那么"走出去"的主体是谁？是政府，还是企业？这是首先要弄明白的问题。改革开放以后，在一段时间内，实施"引进来"开放战略的主体基本上是政府。各级政府在订规划、提目标，带领人出去考察项目，甚至代替企业拍板决策。"引进来"成了政府官员的"政绩工程"。以上状况的出现，有一定的历史必然性，因为当时国有企业改革开始不久，国有企业和乡镇集体企业还没有摆脱政府附属物的地位。但政企不分、政府替代企业决策的不良后果已经显示出来。近日公布的重庆市原副市长秦昌典和原市经委主任王式惠在负责引进国外设备过程中的严重失职渎职案就是一个例证。这一案件的发生，固然同犯罪人个人品质有关，但从体制上检查，政企不分、政府官员替代企业决定设备的引进、款项的支付，不能不说是一个重要原因。同改革开放初期相比，现在企业的情况已经发生了巨大的变化。经过国有企业的深化改革特别是近几年的改革攻坚，多数国有企业和乡镇集体企业已经从政府的怀抱中解脱出来，成为独立的市场竞争主体和法人实体。它们在实施"走出去"开放战略的过程中，也无疑应当成为主体。各级政府必须摆正自己的位置，在宏观调控和服务、监督等方面多下功夫，切不可越俎代庖，再来代替企业作经营决策。

"往哪儿走"即投资的区域选择是另一个要考虑的重要问题。"走出去"的主要目的是更好地利用国外市场和国外资源，因此，从一般意义上说，凡是有市场、有资源的国家和地区都可以作为投资区域。从已经"走出去"的企业的经验来看，无论是到欧美发达国家还是到第三世界发展中国家，都有成功的范例。比如海尔集团公司采取"先难后易"的出口战略，产品先出口发达国家创出牌子，然后再以高屋建瓴之势打开发展中国家的市场。前不久，他们又在美国南卡州建成了"美国海尔"工厂，通过当地生产、当地销售，海尔冰箱已占有美国 200 升以下冰箱市场份额的 22%。同海尔的做法不同，国内的另外一些名牌家电企业采取"先易后难"的战略，把"走出去"的区域定位在非洲、中亚、中东、东欧、南美等地的不发达国家，也取得了骄人的成绩。上述事例说明，"走出去"应当贯彻多元化的方针，面向全球市场，切不可搞单打一。但另一方面又必须看到，"走出去"的重点地区应当是亚、非、拉发展中国家和东欧、独联体的经济转轨国家。因为从我国经济发展的总体水平上看，无论是装备水平、生产技术，还是产品质量，我们同欧美发达国家相比，都有较大差距，但同发展中国家相比，却有一定的优势。而有无比较竞争优势，则是"往哪儿走"的最重要的判断依据。

除了"往哪儿走"外，还有一个重要问题是"怎么走"。前面已经说到，"走出去"的主体是企业。所以，要成功地实施"走出去"的开放战略，企业必须提高素质，增强竞争力。因为"走出去"与在国内不同，那是在一个没有国内政府保护、完全按照国际惯例运作的环境中与外国企业竞争，如果企业素质不高，缺乏在国际市场上的竞争力，即便走出去了，也要退回来。企业要提高素质，最重要的是要做到解放思想，大胆创新。海尔集团总裁张瑞敏把海尔由国内走向国际，不断在竞争中获胜的经验归结为一句话："海尔的竞争优势在于创新。""走出去"的企业要像海尔那样闯荡天下，就必须按照市场经济的要求和国际惯例，大胆进行制度创新、技术创新、管理创新、产品创新，使自己在财产组织形式、法人治理结构、内部运行机制、经营管理模式等方面同国际通行的规则接轨，在生产技术、产品质量等方面赶上甚至超过世界先进水平，逐步发展为有影响力和竞争力的跨国公司。"走出去"作为一项长远的开放战略，它必须有计划、有步骤地实施。要做到这一点，就不能不发挥政府宏观调控的职能。政府要从金融保险服务、税收、外汇管理等方面制定各种优惠政策，鼓励、支持和引导企业"走出去"；做好国际市场和国别情况的信息发布和咨询工作，以满足国内企业多方面的信息需求；制定好相关的法律法规，使境外投资企业的管理规范化、法制化、科学化，防止一哄而上，在国外搞重复建设，无序竞争，自相残杀。在经济全球化和科技革命日新月异的形势下，国际的竞争，从根本上说是人才的竞争。能不能培养起一大批人才尤其是一大批深谙国际经营战略的企业家，是"走出去"战略能否成功实施的关键。无论是政府还是企业，都要采取各种方式，花大力气培养人才，使"走出去"这一关系子孙后代前途的事业能够有强大的人才支持。

（原载《光明日报》2000 年 6 月 17 日）

把抓落实作为一项重要任务

　　落实党的方针政策，落实中央的战略部署和重大决策，这是各级领导干部经常讲到的内容。然而，口头上讲是一回事，是否真正落实则是另一回事。大量事实说明，现在的问题恰恰在于中央的方针政策在一些地区和部门并没有真正落实。正是针对这种情况，江泽民总书记在东北三省党的建设和"十五"期间经济、社会发展座谈会上，再一次要求全党要落实、落实、再落实，而且强调指出，狠抓落实，要作为当前全党的一项重要任务。

　　实实在在地落实党的路线方针政策，是各级领导干部的职责和本分。这是天经地义的。哪有党的领导干部不落实党的路线方针政策的道理！什么叫落实？就是紧密结合本地区、本部门的实际，不折不扣地认真贯彻党的路线方针政策。一个结合实际，一个不折不扣，这样才能保证党的路线方针政策创造性地加以贯彻，保证全党的思想一致、行动一致。搞"上有政策，下有对策"，甚至阳奉阴违，是完全错误的；照本宣科，照抄照搬，甘当"收发室""传达室"，同样也是不对的。邓小平同志早就说过："至于提这样口号，那样口号，这样方针，那样方针，只有有了基层工作，有了经常工作，才有希望落实。否则只发号召写指示，发下去就会像石头掉在大海里，影子都看不见。"①现在，中央的大政方针已定，关键是要抓好落实。

抓落实，就要端正思想作风。当前，形式主义的东西在现实生活中并不少见。有些地方表面文章做得轰轰烈烈，细致的落实和检查措施少得可怜；"花架子工程"屡见不鲜，名为富民，实为扰民、害民；有些领导干部，空话、大话、套话连篇，切合实际的新话难得一闻。凡此种种，都是形式主义的表现。形式主义害死人。它脱离群众，脱离实际，既妨碍党的路线方针政策的贯彻落实，也损害党的威信、损害党群关系。

抓落实，必须有良好的精神状态。当前，改革、发展、稳定的任务相当繁重，各方面的情况错综复杂，要把中央关于跨世纪发展的每一项部署落实好，需要做大量深入细致的工作。进入 21 世纪后，我们要全面建设小康社会并加快推进现代化进程，任务会更加艰巨。在艰巨的任务面前，是畏首畏尾，裹足不前，还是知难而上，开拓进取？这里就有个精神状态问题。全党同志特别是党的各级领导干部，要用江泽民"三个代表"重要思想时刻鞭策自己，振奋精神，努力工作，大胆开拓，勇于创新。只有这样，才不会辜负党的期望和人民的重托。

抓落实，关键在于各级领导干部。各级领导干部一定要增强抓落实的意识，决不能把抓落实也变为一句空洞的口号。一个地区、一个部门的工作是否落实，要看这里的矛盾是否真正得到了解决，要看这里的面貌是否真正有了变化，要看这里的群众是不是真正满意。各级领导干部一定要把抓落实视为一种严肃的政治责任。

---

① 《邓小平文选》第 1 卷，人民出版社 1994 年版，第 296 页。

　　抓不抓落实，说到底是一个坚持不坚持马克思主义的问题。当年，"铁人"王进喜说过："干，才是马列主义；不干，半点马列主义也没有！"他的话，说出了一个很深刻的哲理。那就是：真抓实干，认真落实，才是唯物主义，才符合马克思主义；否则，就不是唯物主义，不符合马克思主义。道理很简单，如果人们都不干，不去落实党的路线方针政策，那么，再好的路线方针政策又能起到什么作用呢？

　　（原载《光明日报》2000 年 9 月 11 日）

富而思进

世纪之交，中国正稳步迈入小康社会。一些经济发达地区更先行一步，已经达到了小康生活水平。富裕起来的干部应当保持怎样的精神状态？这确实是一个值得认真重视的问题。

江泽民总书记提出要"致富思源、富而思进"，这是实现跨世纪发展战略目标的必然要求。一个十多亿人口的社会步入小康，这确实是一件具有伟大历史意义的事件。广大干部群众苦尽甘来，终于尝到富裕的滋味，为之自豪喜悦也是应当的。但我们又必须看到，实现小康还只是完成了邓小平同志提出的"三步走"战略步骤的第二步，更加伟大、更加艰巨的"第三步"还在后头；全国各地包括经济发达地区所达到的富裕水平同西方发达国家相比，差距还很大，我们的富还只是低水平的富。在这样的情况下，我们没有任何理由骄傲自满，只有戒骄戒躁，始终保持开拓进取的精神状态，才能完成十五大提出的"新三步"的战略部署，实现 21 世纪中叶的既定目标。

要做到"富而思进"，就必须努力克服"小富即安"的思想。中国是一个有着数千年小农经济传统的国家，"小富即安"的思想根深蒂固。所谓"三十亩耕地一头牛，老婆孩子热炕头"，曾经是数代农民的理想。如今，在多数地区，群众的生活比"三十亩耕地一头牛，老婆孩子热炕头"的日子无疑是红火多了，于是，"小富即安"的思想在有些地方又冒出头来。有的地方安于现状守摊子，不思进取图安稳，不主动出击抓机遇，甚至送上门的机遇也拒之门外；有的地方家底稍微殷实了一点就铺张浪费，大兴红白喜事，大修庙堂佛阁，浪费了钱财，污染了精神环境。以上种种同"富而思进"的精神状态是格格不入的，必须坚决予以克服。

富而思进，往哪儿进？往物质文明和精神文明更高水平上进。世纪之交，我们既面临着严峻的挑战，更面临着难得的机遇。中国即将进入世界贸易组织的大门，这将为各地区进一步扩大开放，更好地利用两个市场、两种资源提供极为有利的条件。改革开放二十多年来创造的物质财富又为进一步发展打下了坚实的基础。从精神文明的角度来看，广大群众富而思文，富而思乐，精神文化需求日益提高，这为精神文明建设注入了新的动力。一句话，就是要坚定信念，戒骄戒躁，在已经取得的成绩的基础上继续不懈地奋斗。我们要响应江泽民总书记的号召，通过开展"致富思源、富而思进"的教育活动，把举国上下的智慧与力量最大限度地凝聚起来和充分发挥出来，继续全面推进建设有中国特色社会主义的伟大事业。

（原载《光明日报》2000 年 10 月 21 日）

新世纪　新发展　新思路

我们正站在新世纪的门槛上。新世纪开端，我国经济和社会发展的主题是什么？党的十五届五中全会通过的《关于制定国民经济和社会发展第十个五年计划的建议》（以下简称《建议》）作出了明确的回答：发展是主题。《建议》围绕这个主题，对发展的目标、道路、战略重点等作了详细的阐述。它使全党全国人民看到了新世纪发展的崭新前景。

新发展首先"新"在目标上。根据邓小平同志提出的三步走的战略部署，我们用了二十年时间实现了前两步战略目标，人民生活摆脱贫困实现了温饱并进而在总体上达到小康水平。一个有十多亿人口的国家步入小康，这在人类历史上是了不起的事情。但是它同 21 世纪中叶基本实现现代化，建立高度民主文明的社会主义国家的第三步战略目标相比，毕竟还是小的。从新世纪开始，我国进入全面建设小康社会，加快推进社会主义现代化的新的发展阶段，在这个新的发展阶段中，还可以分出若干个小阶段。"十五"计划作为开始实施第三步战略部署的第一个五年计划，它从经济发展、体制改革、人民生活、精神文明建设和民主法制建设等方面提出了新的明确目标。顺利实现这些目标，将为新世纪第一个十年实现国内生产总值比 2000 年翻一番，使人民的小康生活更加富裕，为形成比较完善的社会主义市场经济体制奠定坚实基础，并为实施第三步战略部署迈出成功的第一步。

新发展还"新"在思路上。改革开放二十多年来，我们的经济发展主要是通过增加投入、扩大生产能力来实现的。之所以这样做，是因为我们面临的任务主要是解决温饱和短缺。随着生产的发展，人民生活总体上达到小康，整个经济运行环境发生了深刻的变化，多年来困扰我们的商品短缺的局面已经结束，一般的工农业产品出现了阶段性、结构性过剩。经济结构不合理已成为我国经济发展中的突出矛盾。新世纪的发展要有新思路，核心就在于它以经济结构调整为主线，坚持在发展中推进经济结构调整，在经济结构调整中保持较快发展。《建议》对经济结构战略性调整的主要任务作了明确的规定：优化产业结构，全面提高农业、工业、服务业的水平和效益；合理调整生产力布局，促进地区经济协调发展；逐步推进城镇化，努力实现城乡经济良性互动；着力改善基础设施和生态环境，实现可持续发展。上述规定为我们铺开了一条新的发展路子，创造了一种新的发展模式。我们一定要坚定不移地沿着新的发展路子往前走，下大力气调整好产业结构、城乡结构、地区结构以及所有制结构，大力推进国民经济和社会信息化，以信息化带动工业化，促使经济增长的质量和效益有显著提高，社会生产力有跨越式的发展，在日益激烈的国际竞争中赢得主动。

新发展还"新"在强调以科技进步为动力上。长时间来，我们一直提发展是主题，改革是动力。《建议》把科技进步与改革开放相并提，一起作为发展的动力，这不能不说是一个具有时代特点的创新。它显示出，在世界新技术革命日新月异的今天，我们党对于"科学技术是第一生产力"的认识更加深刻了，对于科技进步在新世纪经济和社会发展中的作用估计得更充分了。只有通过深化改革，扫除体制性障碍，才能促进经济快速健康地发展，只有通过科技持续创新，实现技术跨越式发展，才能为经济结构战略性调整和现代化建设提供强大的技术支持。改革开放与科技创新，如同车之两轮，鸟之双翼，共同推动着经济发展和社会进步。

新世纪呼唤新发展，新发展需要新思路。让我们沿着党中央指引的方向，开拓进取，大胆创新，努力在新世纪开端创造出无愧于时代的丰功伟业。

（原载《中国青年报》2000 年 11 月 12 日）

科学解读"四个如何认识"

　　江泽民总书记在 2000 年 6 月 28 日召开的中央思想政治工作会议上提出"如何认识社会主义发展的历史进程""如何认识资本主义发展的历史进程""如何认识我国社会主义改革实践过程对人们思想的影响""如何认识当今的国际环境和国际政治斗争带来的影响"等四个重大问题。在这四个问题中，前两个涉及思想政治工作的核心内容，即理想信念，是人们也是青年普遍关心的热点、难点问题；后两个涉及对新形势下影响人们思想的客观环境的认识，是思想政治工作改进与创新必须首先弄清楚的基础性问题。我们只有对"四个如何认识"作出有说服力的科学回答，才能把加强和改进思想政治工作摆在切实有效的基础上；才能解除人们在理想信念问题上的种种思想疑惑。

　　科学的态度就是实事求是的态度。科学解读"四个如何认识"问题，要坚持解放思想，实事求是，树立正确的学风和研究方法。改革开放以来，我们在研究社会主义和资本主义的历史进程，研究国内外环境的变化对人们思想活动的影响方面已经做了大量工作，取得不少成果。但从总体上看，有深度、有分量的成果还不多，真正能够释疑解惑、征服人心的则更少。究其原因，很重要的一条是缺乏正确的学风和研究方法。有的同志固守本本，把马克思主义经典作家在当时历史条件下所作的具体结论当作万古不变的教条。有的同志满足于对现实情况的浮光掠影式的调查，仅凭一知半解加上主观想象便作出论断。由此产生的理论成果，在日新月异的现实生活面前，在人民群众丰富而活跃的思想活动面前，当然是苍白无力的。毛泽东同志在谈到"实事求是"时说："我们要从国内外、省内外、县内外、区内外的实际情况出发，从其中引出其固有的而不是臆造的规律性，即找出周围事变的内部联系，作为我们行动的向导。而要这样做，就须不凭主观想象，不凭一时的热情，不凭死的书本，而凭客观存在的事实，详细地占有材料，在马克思列宁主义一般原理的指导下，从这些材料中引出正确的结论。"① 只有遵循实事求是的科学方法，解放思想，破除迷信，全面而深入地对国际与国内、历史与现实的状况作调查研究，运用辩证唯物主义和历史唯物主义的观点进行分析，才能给加强和改进思想政治工作提供科学依据。

科学地解读"四个如何认识"问题，必须讲新话，也就是要进行理论创新。马克思主义是在实践中产生，并在实践中发展的。一刻也不脱离亿万群众的创造性实践，并随着时代的前进和实践的深化不断更新自己，这是马克思主义能够征服亿万群众的根源之所在。"四个如何认识"问题，涉及当代中国与世界的新变化，涉及历史新时期人们思想活动的新特点，因此我们要特别倡导创新精神，努力以新的理论成果来丰富科学社会主义的理论宝库，以新的语言来赢得广大群众。

青年是社会中最为活跃的群体。成长在改革开放时代的一代青年，从少年时代起就能够睁开眼睛看世界，就生活在相互激荡的各种思潮中

---

① 《毛泽东选集》第3卷，人民出版社1991年版，第801页。

间。"四个如何认识"更是青年们普遍关心的深层次问题。广大青年只有在马克思主义指导下，认真思考"四个如何认识"问题，努力廓清在社会主义和资本主义问题上的种种思想迷雾，才能把对社会主义的信念建立在科学认识的基础上；在努力分辨各种社会思潮良莠的基础上，才能逐步建立起正确的世界观、人生观、价值观，从而更好地肩负起在新世纪把我国建设成为社会主义现代化强国的重任。

（原载《中国青年报》2000 年 12 月 10 日）

树立正确的荣辱观

　　最近，成都市一些不法分子用受到严重污染的废弃棉制品制作棉絮，受到社会的谴责。不法分子的犯罪行径令人愤慨，他们不明是非，不识荣辱的愚昧状态更令人震惊。大家都看到，他们面对摄像机镜头大谈犯罪"事业"的发展前景时，非但没有表现出丝毫的耻辱感，相反却备感荣耀。这种情况让人们吃惊，也使人们痛感：开展正确荣辱观的教育何等必要！它是疗治愚昧的一剂必不可少的药方。

　　荣誉与耻辱，是一对重要的道德范畴。荣誉同义务、品德紧密相联，它既是指社会对个人履行义务的道德行为的褒奖，又是指个人对这种褒奖的主观感受，是品德中的知耻心、自尊心、自爱心所得到的满足。当然，荣誉与耻辱都不是抽象的，它们在不同的时代、不同的阶级那里各有具体的内容。恩格斯说，"每个社会集团都有它自己的荣辱观"①。历史上一切剥削阶级都把个人私利摆在社会利益之上，而不把为社会履行义务当作荣誉的主要内容。个人特权的大小、等级的高低、财富的多寡成为他们衡量荣誉与耻辱的标准。同剥削阶级的荣辱观相反，

―――――――――

① 《马克思恩格斯全集》第 39 卷，人民出版社 1956 年版，第 251 页。

无产阶级衡量荣辱的标准，不是个人的财富、权势和门第的大小或高低，而是对阶级、社会、人类贡献的大小。

我国正处在社会主义初级阶段，社会个体成员道德取向的多样性，是这个阶段的一个重要特征。表现在荣辱观上，既有占主导地位的社会主义观念，又有从国外涌进来的西方资本主义观念和旧社会遗留下来的封建主义观念。它们互相交织，共同影响着社会成员的行为。在实际生活中，我们看到，全心全意为人民服务、无私奉献的行为受到了社会大多数人的公认与褒奖。但另一方面，"官本位"的思想仍有着较大的市场，升官晋级，光宗耀祖，被不少人所认同。崇尚拜金主义，"笑贫不笑娼"，也并不少见。信奉享乐主义，视艰苦奋斗如敝屣，讲排场，摆阔气，奢侈浪费，一掷千金，更是司空见惯。这种荣辱颠倒，把腐朽当神奇，把痈疽当宝贝的行为，都是对社会主义道德风尚的严重损害。我们应当充分发挥社会主义道德的导向作用，通过嘉奖与惩罚，表扬与批评，形成对荣辱观的正确社会评价，唤起人们自我意识中知耻和自尊的良知，使广大群众真正懂得，为人民服务光荣，损害群众利益可耻；勤劳致富光荣，不择手段诈取钱财可耻；艰苦奋斗、勤俭朴素光荣，铺张浪费、奢侈挥霍可耻；勤奋学习、掌握知识、跟上时代光荣，懒惰无知可耻，从而达到匡正社会风气的目的。

解决好各级领导干部的荣辱观问题，在当前具有相当的紧迫性。领导干部是领导现代化事业的中坚力量，同一般群众相比，衡量他们行为的"荣"与"辱"的标准应当更高；领导干部又处在各级权力岗位上，他们所遇到的成败进退、个人荣誉与集体荣誉的关系等问题，比普通群众多得多。领导干部如果放弃社会主义道德建设，在荣辱观问题上迷失了方向，就会摆不正权力和义务的关系，以权谋私，贪污受贿；就会醉心于对权力的追逐，跑官要官，买官卖官，不以为耻，反以为荣。我们一定要在对各级干部进行世界观、人生观、价值观教育时，把树立正确的荣辱观当作一项重要任务提出来。要强调"知耻""慎独""自警""自省"，在任何情况下保持强烈的自尊心、自爱心。要划清真荣与虚名的界限，反对各种浮夸行为。要在荣誉面前始终保持谦虚谨慎，而不能贪天之功为己有，见到问题就躲，见到便宜就占，见到荣誉就上。

（原载《光明日报》2001 年 2 月 6 日）

从市场经济的实践中学习

　　党的十六届三中全会通过的《中共中央关于完善社会主义市场经济体制若干问题的决定》（以下简称《决定》），以完善社会主义市场经济体制为主题，针对已经初步建立起来的市场经济体制尚存在的缺陷，以及新形势下经济和社会发展中出现的突出矛盾和问题，提出一系列重大的理论观点、政策意见和完善措施。《决定》是改革开放以来特别是党的十四大确立社会主义市场经济体制目标以来实践经验的总结，也是全党在邓小平理论和"三个代表"重要思想指导下，从市场经济的实践中学习所取得的最新成果。

　　江泽民同志在党的十四大召开后不久就指出："社会主义市场经济是一所大学校，大家都要自觉进入这所大学校学习。""在民主革命时期，正如毛泽东同志所说的那样，我们是'从战争学习战争'，今天我们则是从改革学习改革，从社会主义市场经济学习社会主义市场经济。迄今为止，市场经济都是在资本主义制度下搞的，在社会主义制度下怎么实行市场经济，是前无古人的事业，没有现成的经验可循。"① 党的

---

① 　江泽民：《论社会主义市场经济》，中央文献出版社 2006 年版，第 122 页。

十四大以来，广大干部群众在十一届三中全会以后改革开放所取得的巨大成果的基础上，继续以开创新事业的巨大勇气和热情，投身到建立社会主义市场经济体制的伟大实践中，在改革中摸索，在学习中前进，不断总结经验，逐步获得在社会主义制度下搞市场经济的规律性认识，特别是找到了公有制主要是国有制与市场经济相结合的基本途径和形式。党的十六届三中全会《决定》在公有制的主要实现形式、建立健全现代产权制度等问题上所取得的重大理论突破，标志着我们党在发展社会主义市场经济规律认识上的进一步深化。

从初步建立社会主义市场经济体制，到完善社会主义市场经济体制，我们实现了一个历史跨越，又开始了一个新的更为艰巨、更为复杂的伟大实践。新的实践向广大干部尤其是领导干部提出了更为紧迫的学习任务。当前，不少同志在学习《决定》，思考经济体制改革所面临的新形势和新任务的过程中，感到新情况、新问题层出不穷：如何把"五统筹"的指导思想同解决本地经济和社会发展中存在的突出问题相结合，形成科学的决策思路，真正把以人为本，全面、协调、可持续的科学发展观落到实处？如何按照大力发展混合所有制经济，使股份制成为公有制主要实现形式的要求，进一步推进国有和集体企业改革，同时又统筹兼顾好职工群众的利益？如何在社会结构转型和体制转型相互交织，社会矛盾增多的情况下，增强攻坚克难的本领，在各种突发事件、棘手问题、利益纠纷面前从容应对，妥善处置？等等。要回答这些问题，他们感觉经验不足，管用的方法也不多，由此产生了一种"本领恐慌"。我们要把"本领恐慌"变为学习的动力，更加深入地学习《决定》，从《决定》精神与本地实际的结合中找思路，找办法；更加自觉地到完善社会主义市场经济体制的新实践中去探索磨炼，在探索和磨炼中长见识，增才干，进一步提高驾驭市场经济的能力，使自己的思想和行动不断适应新的时代的要求，不断适应变化着的社会环境。

从市场经济的实践中学习，要同向书本知识的学习紧密结合起来。广大干部特别是领导干部都要认真学习马克思主义经济理论。还要学习和借鉴西方发达市场经济国家一切有用的知识和经验，特别是要以宽广的世界眼光，关注当今世界市场经济发展的潮流和趋势，从中吸取有益的东西。胡锦涛同志和新一届中央领导集体高度重视学习，善于学习，为全党作出了表率。党的十六届三中全会《决定》提出："全党同志要充分认识肩负的历史责任，不断学习新知识、研究新情况、解决新问题，继续探索社会主义制度和市场经济有机结合的途径和方式。"我们要按《决定》的要求去做。要克服党内相当一部分同志中存在的忽视理论学习的状况。一些同志应该把精力从"政绩工程"的奔忙中摆脱出来，从迎往送来的应酬中摆脱出来，少数人还要从跑关系、走门子、寻求升官捷径的努力中摆脱出来，真正带着高度的历史责任感来学习。古人说："学而不思则罔，思而不学则殆。"把学习新知识同在实践中思考新问题紧密结合起来，紧跟世界发展潮流，贴近当代中国实际，努力探索规律，就一定能找到更多更好的社会主义制度和市场经济有机结合的形式和途径，为全面建设小康社会筑起牢固的体制保障。

（原载《学习时报》2003 年 11 月 10 日）

科学发展观反映了新的历史特点

科学发展观反映了全面建设小康社会的实践要求，具有鲜明的历史特点。

改革开放以来，随着经济和社会发展水平的不断提高，我们的发展观念也在不断进步。以胡锦涛为总书记的新一届中央领导集体提出的科学发展观，揭示了以人为本这一发展的本质，提出了全面、协调、可持续的发展道路和"五个统筹"的发展战略，实现了我们党在发展观认识上的新飞跃，这也是历史的必然。改革开放之初，我们强调坚持以经济建设为中心，集中力量发展生产力，同时注意各个方面的综合平衡，这是最根本的拨乱反正，也是适应当时解决全国广大人民温饱问题的需要。今天，我们已经进入全面建设小康社会的发展阶段，对经济社会的发展提出了更高、更全面的要求，另外，改革开放二十多年来的发展实践尤其是抗击非典斗争的实践为发展提供了新的实践基础。历史走到今天这一步，要求我们在发展观上有所前进，有所突破，实现一个飞跃。

作为反映全面建设小康社会实践要求的科学发展观，既是与时俱进、理论创新的成果，又是同邓小平理论和"三个代表"重要思想中关于发展的理论一脉相承的，同党在社会主义初级阶段的基本路线、基本纲领是完全一致的。我们必须对此有清醒认识。

在全面建设小康社会的阶段，发展仍然是硬道理，仍然要坚持以经济建设为中心。认为适应全面建设小康社会对经济社会发展更高、更全面的要求，就要改变以经济建设为中心的指导思想，这种看法似是而非。以经济建设为中心，是根据物质生产是社会发展的基础这一历史唯物主义原理提出来的，是我国社会主义初级阶段的主要矛盾所决定的，也是党的基本路线的核心内容。二十多年改革开放带来了我国经济实力的增强，但我国生产力落后的总体状况没有变，社会的主要矛盾也没有变，我们必须继续毫不动摇地坚持以经济建设为中心。当然中心总是同非中心相联系的。今天，在坚持以经济建设为中心的同时，要更加强调统筹兼顾，强调全面发展。用唯物辩证法的重点论和两点论相统一的观点来看，坚持以经济建设为中心同经济社会协调发展是一致的。只要我们真正贯彻"五个统筹"的方针，切实改变经济和社会发展一条腿长、一条腿短的状况，就能够实现全面建设小康社会的目标。

共同富裕是我们的发展要达到的目标，一部分地区、一部分人先富起来，是达到共同富裕的现实途径。这已经为二十多年的发展实践所证明。有一种观点认为，改革开放初期提出部分先富论的实践基础，现在已经发生了变化。目前，要转变突出一部分人先富起来的倾向。大家知道，让一部分地区、一部分人先富裕起来，最终达到共同富裕，这是邓小平同志提出的一项大政策。这项政策符合事物发展的规律，对我国经济和社会发展以及人民生活达到总体小康发挥了巨大的作用。在今天，部分先富论并没有过时。在经济落后地区，尤其还要突出地强调让一部分人先富起来，进而达到共同富裕的政策。当然，从社会生活全局来看，确实存在贫富差距扩大甚至持续扩大的现象，我们要高度重视，按照科学发展观的要求，进一步采取有效措施加以调节。离开共同富裕的目标和过程谈部分先富，以致忽视贫富差距扩大带来的矛盾，是不对的，但不能因此否定部分先富是达到共同富裕的现实途径，真正要解决的问题是如何全面、协调地处理二者的关系。树立和落实科学发展观，是在新的历史条件下更好地贯彻执行党的基本路线和基本纲领。坚持党的基本路线不动摇，坚持党在社会主义初级阶段的基本方针政策不动摇，这也是我们在落实科学发展观过程中必须注意的。

（原载《学习时报》2004 年 3 月 1 日，《报刊文摘》2004 年 3 月 10 日转载）

坚持"以人为本"的执政理念

以人为本，一个受到广大人民群众拥护的口号，正在成为我们党的执政理念。

我们党在长期的执政实践中，对于为谁执政、依靠谁执政、如何执政等问题作出回答，形成了一系列的执政理念，它包括立党为公、执政为民的公仆理念，执政兴国的发展理念，依法执政的法治理念，治国必先治党、治党务必从严的廉政理念等。而以人为本的提出，则进一步丰富和升华了党的执政理念。坚持以人为本，就是要把"人的自由而全面的发展"作为崇高的价值理想，并且着眼现实，积极为实现这一理想创造条件；就是要把符合人民的利益当作执政施政的最高准则，当作考虑一切问题的出发点。

贯彻以人为本的理念和要求，必须从眼前的具体事情做起，把它落实到执政施政的各项活动中去，落实到领导经济和社会发展的各项工作中去。

以人为本是同以物为本相对立的。坚持以人为本，就要反对和克服在经济社会发展中出现的见物不见人的倾向。满足人民群众的物质文化需要和实现人的全面发展，需要物质基础。为此必须坚持以经济建设为中心，大力发展生产力，促进物质财富的增长。但归根到底，"物的增长"是为"人的全面发展"服务的，不能颠倒过来，以损害人的生存发展来满足物的增长。在我们的经济社会发展中，那种不惜以牺牲生态环境和资源为代价，片面追求经济增长速度的做法；只重视 GDP、财政收入和招商引资等经济增长指标，忽视就业、社会保障等民生指标的做法；只考虑经济的繁荣，忽视在此掩盖下的贫富差距持续扩大，甚至为了经济繁荣不惜践踏人的权利和尊严的做法，都是本末倒置，同以人为本背道而驰的。改变"见物不见人"的状况，需要转变发展观念，更需要改革党领导经济工作的方式和党管干部的具体体制机制，尤其是改革政绩考核机制。政绩考核是一根指挥棒。只有当经济增长速度不再成为压倒一切的考核指标，"数字出干部，干部出数字"不再成为干部成长的机制时，"见物不见人"的倾向才可能得到纠正。

坚持以人为本，要尊重和保护人权，切实保障公民的政治、经济、文化权利。保护公民权利是人的全面发展的重要内容。人们维护自身权利的意识，是随着社会进步和自身物质文化生活水平的提高而增强的。新一次修宪时，我国把"保护人权""公民的合法的私有财产不受侵犯"等内容写进宪法，更提高了人们对维护自身权利的自觉性。可是从各地实际情况来看，当前在城镇房屋拆迁等工作中，一些地方党委和政府侵害公民权利的行为仍频频发生，这就说明，坚持以人为本，尊重和保护人权，任重道远。

我国是一个有着数千年封建社会历史的国家，新中国成立以来，又长期处在高度集权的计划经济体制下，缺乏保障公民权利的法治传统，在伦理道德观念上，又轻视个人利益。传统观念深深积淀在社会的群体意识中，要彻底改变这种状况，绝非易事。在那些发生侵权行为的地方，党委和政府的负责人几乎有一个共同点：以社会整体利益的代表者自居，漠视公民的个人权益。按照马克思主义的观点，人的存在是"有生命的个人的存在"同"社会存在物"的统一。人的利益也是个体的利益同社会整体利益的统一。个体的利益同社会整体的利益是并重的。当二者发生矛盾时，我们要强调个体利益服从社会整体利益，又要强调对个体利益的损失给予补偿。对于一些地方党委和政府的错误做法，必须坚持以人为本的精神，依据法律法规予以纠正。

坚持以人为本，要创造人们平等发展，充分发挥聪明才智的社会环境。人要全面发展，首先是发展机会要平等。要打破体制的障碍，为城乡居民、不同身份职工提供平等参与竞争的机会。要尊重人的个性和创造性，倡导学术民主和自由，努力为知识分子营造宽松和谐的环境。要破除种种陈腐落后的人才观念，不拘一格，为各类人才搭建施展才华和抱负的平台，真正把以人为本落到实处。

（原载《学习时报》2004 年 6 月 7 日）

立足当前，推进和谐社会建设

当我们健步迈入 2005 年，展望新一年工作的时候，构建社会主义和谐社会继续成为全党关注的热点。胡锦涛同志在新年贺词和在全国政协新年茶话会的讲话中，都把它当作 2005 年一项重要任务提出来。构建和谐社会问题如此引起全党重视，不仅因为它事关全面建设小康社会的全局，而且因为它具有强烈的现实针对性。当前我国社会中存在的种种不和谐的问题，使大家感到这一问题的研究极为紧迫。

社会主义和谐社会，是全体人民各尽其能、各得其所而又和谐相处的社会。构建和谐社会，关键在社会保持活力的同时又能妥善处理各阶层、各群体间的利益矛盾。为此，需要形成健全的利益激励机制、利益表达机制和利益调节机制。在现代社会，利益激励机制是通过市场机制的作用确立的。利益表达机制则通过民主而实现。而利益调节机制则要依靠法律、行政、社会等多方面的力量，通过各种手段来完成。社会形成健全的机制，全体成员就能在平等的竞争中发挥自己的才能和潜力，并按照贡献大小参与社会财富的分配。人民的利益诉求能够有畅通的表达渠道。各种利益要求得到有效的整合，初次分配中出现的过大差距得以调节，社会各阶层共享社会发展成果，彼此和谐相处。改革开放二十多年来，我国社会的利益激励机制已经建立起来（当然还需要进一步完善），但利益表达机制和利益调节机制的建设明显滞后，在当前社会阶层和利益要求的分化加剧的情况下，由于利益失衡所引发的社会矛盾呈现出尖锐化的态势。再加上利益调节机制长期滞后所积累的历史问题纠缠在一起，使得情况更为复杂化。建立、完善利益表达机制和利益调节机制，促进和谐社会的构建，是一项长期的任务，需要全党全社会进行艰苦不懈的努力，同时，又要立足当前，从最紧迫的事情做起。

坚持以人为本，千方百计解决广大群众迫切要求解决的问题。就业是民生之本，是广大群众各尽所能、各得其所的基本条件。要大力改善创业环境和增加就业岗位，落实再就业的各项政策。要逐步完善社会保障体系，扩大社会保障的覆盖面，关心困难群体的生活，多做得人心、暖人心的事情。

进一步疏通各阶层利益表达的渠道。目前，我国社会各阶层相互之间以及社会各阶层同政府之间就利益问题的对话、协商，存在着渠道不畅通的问题。有的地方政府部门修建公共设施不事先公示，在群众不知情、不理解的情况下，办好事反而引发群体性冲突，就是典型的例子。为改变这种状况，应当健全公共决策的听证会制度，按照国务院刚通过的《信访条例（修订草案）》的要求，改进信访工作，充分发挥媒体的作用，使社会各阶层的诉求都能得到反映，公民对于公共决策能广泛参与。

整顿和规范收入分配秩序，调整国民收入分配格局。在收入分配领域，少数垄断行业、少数人群的过高收入缺乏合理调节，少数官员利用职权谋取非法收入屡禁不止。政府要强化收入调节职能，发挥税收杠杆作用，更有力度地调节不同社会阶层间的贫富差距，利用法律手段取缔非法收入。加大国民收入分配中用于发展社会事业的比例，更好地造福全体人民。

更新社会管理思路，重视社会组织的作用。过去，在社会管理方面，我们重视发挥党和政府的作用，忽视社会组织的作用。中国有自己的国情，中国共产党的组织覆盖到社会的各个基层，通过发挥党的基层组织的作用来加强社会管理，是我们的特点和优势。党的好干部牛玉儒在处理城市拆迁过程中所说的"首先做党员的工作，党员的工作做好了，群众的工作也就好做了"，实为经验之谈。但同时我们也要看到，社会组织在社会管理方面的重要作用不可忽略。在市场经济发达国家，许多复杂的利益冲突譬如劳资冲突，都是通过社会组织之间的谈判、协商、妥协来解决的，社会组织成为政府和民众之间的缓冲器。而在中国，由于缺乏这个缓冲器，不同社会阶层和群体的矛盾，往往很快转变成党和政府同民众之间的矛盾。我们要改变对社会组织重监管、轻建设的思路，帮助它们健康发展，使它们在反映各阶层利益诉求，规范各阶层行为方式，解决各阶层间利益冲突方面起到重要作用。

现代和谐社会以法治为基础。宪法中关于公民权利和义务的规定，是调动社会各阶层积极性和整合平衡各阶层利益的根本依据。要加强法治建设，增强法律意识，充分发挥法律作为社会关系调整器的作用。

（原载《学习时报》2005 年 1 月 10 日）

从实现总目标的全局中把握和谐社会建设

　　胡锦涛同志在谈到贯彻党的十六大精神时指出："回顾我们党的奋斗历程，在革命、建设、改革的历史时期，我们党都根据人民的意愿和事业发展的需要，提出了具有感召力的目标，并团结和带领广大人民为之奋斗。这是我们党的一个十分重要的政治领导艺术。"①那么，在21世纪头二十年，什么是对于全国人民"具有感召力的目标"呢？就是全面建设小康社会。其他的各个目标，都是服从服务于这个总的奋斗目标的，包括构建社会主义和谐社会在内。

　　党的十六大在阐述全面建设小康社会的目标时，强调了要使经济更加发展、民主更加健全、科教更加进步、文化更加繁荣、社会更加和谐、人民生活更加殷实，提出了社会和谐问题。党的十六届四中全会明确提出构建社会主义和谐社会的任务，是对"社会更加和谐"目标的进一步展开、深化和具体化。我们要从全面建设小康社会的总体布局中来把握和谐社会建设，明确二者之间的关系；又要注意"社会更加和谐"同其他五个"更加"之间的紧密联系，在全面建设小康社会的过程中，

---

① 《十六大报告辅导读本》，人民出版社 2002 年版，第 59 页。

实现社会建设同经济建设、政治建设、文化建设之间的良性互动，全面推进。

当然，构建社会主义和谐社会，既是全面建设小康社会的一项重要内容，又是建设中国特色社会主义长远战略规划的一个重要方面。作为后者，和谐社会建设比全面建设小康社会任务更长远。但在当前，还是要紧扣总目标，突出总目标，从实现总目标的要求出发，认真研究当前我国经济社会发展出现的新趋势新特点新动向，社会关系中出现的突出矛盾和问题，从经济发展、民主建设、依法治国、思想道德建设、维护公平正义、增强社会活力、加强社会管理等各个方面切实采取措施，加强和谐社会建设，只有这样，才是真正脚踏实地地干社会主义。

有两种情况值得注意。一种是将小康社会和和谐社会看作并驾齐驱的两个东西，把二者之间的主从关系改变为并列关系。另一种是以和谐社会建设为总题目，把经济社会发展和党的建设各方面的内容统统归到和谐社会建设的名下，也不管是否牵强附会。这些做法的意图，自然都是为了进一步突出和谐社会建设的地位。但是，如不注意却可能会淡化对于全面建设小康社会这个总目标的关注。

从全面建设小康社会的总体布局中把握和谐社会建设，还必须从我国正处于社会主义初级阶段的基本国情、从全面建设小康社会的历史特点出发来考虑问题。这样说，包含两方面的意思，一是要坚持靠改革和发展来解决社会矛盾，警惕和防止倒退的思想苗头。当前，我国社会建设领域面临的矛盾和问题，是改革开放和现代化建设进入新阶段后必然产生的。解决这些矛盾，关键还是要靠发展。要发展，就必须激发社会活力。这就要全面贯彻尊重劳动、尊重知识、尊重人才、尊重创造的方针；继续鼓励一部分地区、一部分人通过诚实劳动和合法经营先富起来，并推动先富带未富、先富帮未富；通过改革，进一步确立竞争激励机制，等等。新阶段的新问题不可能用老办法来解决。我们不能对计划经济时代以平均主义为特点的"社会和谐"抱有缕缕思恋，不能把改革开放以来在体制机制改革方面所采取的一些正确说法和做法说成是不和谐，不符合"以人为本"的精神，这样无益于和谐社会的建设。二是要从现阶段的实际出发来提要求，不搞超越阶段的急于求成。实现公平和正义，是构建社会主义和谐社会的重要环节。当前，在权利公平、机会公平、规则公平、分配公平等方面，确实都存在着大量的问题，人们议论最多的，如社会成员收入差距扩大、农村儿童辍学率上升、进城农民工身份歧视，等等。解决这些问题，需要从加强法治、创新政策、改革体制、转变观念、加大投入等方方面面来努力。但也必须看到，社会公平和正义的实现程度是受到生产力发展水平制约的。在当前，我们应当按照中央领导同志所指出的那样，从社会主义初级阶段生产力不发达这个实际出发，既尽力而为，又量力而行；既充分重视，严肃对待，又不超越阶段、吊高胃口；既要重视访贫问苦，也不忽视访贤问能。只有这样，才能扎扎实实把和谐社会的建设推向前进。

（原载《学习时报》2005 年 6 月 6 日，《报刊文摘》2005 年 6 月 10 日转载，《学习参考》2005 年第 8 期转载）

比较"十五"看"十一五"

"十五"时期已接近尾声,"十一五"时期正在向我们走来。

"十五"时期是 21 世纪我国第一个五年计划时期。新世纪、新阶段、新开局,我们乘大好时机,破浪前进,全面落实"十五"计划的各项要求,经济总量、综合国力和人民生活水平都上了一个新台阶。

"十一五"时期同"十五"时期先后承接,是 21 世纪第一个十年的重要历史时期,担负着分三个阶段实施现代化建设第三步战略部署中第一阶段的战略任务。"十五"和"十一五"的历史定位、奋斗目标、指导思想都是一致的。

全面推进经济社会发展,为 21 世纪头二十年实现全面建设小康社会的目标打好基础,是"十五"和"十一五"共同的战略任务。"十五"是在总体小康的基础上起步的。当我们把关注点开始转向由低水平的、不全面的、发展很不平衡的总体小康向全面小康提升时,就必须着手解决经济社会发展中存在的不全面、不协调、不平衡的问题。"十五"计划的指导思想是:把发展作为主题,把结构调整作为主线,把改革开放和科技进步作为动力,把提高人民生活水平作为根本出发点。其中,最引人注目的是把结构调整作为主线。"十五"计划强调,这种调整不是局部的调整，而是包括产业结构、地区结构和城乡结构在内的，以提高经济的整体素质和竞争能力、实现可持续发展为目标的全面调整。这显然是对全面建设小康社会的新的时代要求的反映。在"十一五"时期，我们强调要以科学发展观统领经济社会发展全局。坚持以人为本，全面、协调、可持续发展，实现"五个统筹"，这就更鲜明地体现了全面建设小康社会的时代特点。从"十五"的把发展作为主题，把结构调整作为主线，到"十一五"的以科学发展观统领发展全局，反映出在发展指导思想上的与时俱进。

胡锦涛同志最近指出，"十一五"时期我们面临的仍将是一个机遇和挑战并存、机遇大于挑战的环境，一个总体上有利于我们促进经济社会发展、但不利因素可能增多的环境。这就清晰地说明了"十一五"时期和"十五"时期所面临的环境的"同"和"异"。"不利因素可能增多"的判断，应当引起高度警觉。从国际上看，随着中国经济总量的扩大和参与经济全球化程度的加深，各种摩擦增多，"中国威胁论"呈抬头之势，从国内看，由资源能源紧缺所形成的对经济社会发展的瓶颈制约日益突出，这些都属于"不利因素可能增多"的表现。

在"十一五"面临的国际国内环境下，我们要更加自觉地坚持以科学发展观为指导，努力使经济社会发展转入科学发展的轨道。这方面所涉及的问题很多，这里着重强调三点。

正确处理经济发展的"快"与"稳"的关系。坚持以经济建设为中心，保持经济发展的较快速度，这是实现现代化建设宏伟目标的要求，也是解决就业等各种社会问题的要求。"十五"计划强调，必须保持较快的发展速度，抓住机遇，加快发展。总结"十五"时期经济发展的经验，胡锦涛同志提出，"十一五"时期要努力保持经济平稳较快发展。

这是关于"十一五"经济发展的一个重要的指导思想。我们要辩证地认识"快"与"稳"之间相辅相成的关系。只有快，保持一定的速度，才能平稳运行；只有稳，不搞大起大落，快速运行才能持续。我们要统筹考虑经济社会发展的要求和资源环境承载能力等各方面因素，合理确定经济增长速度，努力在长时期内实现经济平稳较快发展。

通过体制创新破解难题。经济结构和经济增长方式的转变、自主创新能力的增强、资源节约型社会和环境友好型社会的创建、收入差距的调节、对外贸易摩擦的应对，等等，所有这些经济社会发展中的重大问题，都和体制机制有关。其中有些问题例如经济增长方式转变，长期呼吁，又长期难以发生根本性变化，就更同体制相关。"十一五"时期，必须加大改革的力度特别是政府管理体制改革的力度，通过体制创新来为科学发展观的落实扫除体制机制障碍。

强化忧患意识。"居安思危"，"思则有备，有备无患"。我们要以对利害得失有深思熟虑的远见去面对未来，以充分的精神准备去应对挑战；未雨绸缪，防微杜渐，克服困难，科学发展，这样就一定能够在"十一五"时期创造出更加美好的未来。

（原载《学习时报》2005 年 9 月 19 日，《党的生活》（青海）2005 年第 11 期转载，《今日海南》2005 年第 12 期转载）

始终不忘基本国情

　　党的十六届五中全会通过的《中共中央关于制定国民经济和社会发展第十一个五年规划的建议》（以下简称《建议》）指出，"十一五"规划应当提出符合我国国情、顺应时代要求、凝聚人民意志的发展目标、指导方针和总体部署。《建议》对"十一五"期间重大方针政策所作出的阐述，也是以我国正处在社会主义初级阶段的基本国情和未来五年作为全面建设小康社会关键时期的特点为依据的。始终不忘基本国情，结合新的实践，深入认识基本国情，是学习贯彻十六届五中全会精神的重要方面。

　　基本国情包含多方面的内容，我国正处在并将长期处在社会主义初级阶段，是其中最为重要的内容。对于社会主义初级阶段生产力不发达的特征，对于社会主义初级阶段的主要矛盾及主要任务，我们须臾不可忘却，不能有半点动摇。随着生产力的不断发展和人民群众生活水平的提高，主要矛盾的两个方面都在发生变化。从人民群众的需要方面看，总体小康基本实现以后，文化需要的增长率超过物质需要，公共需要的增长率超过私人需要。从社会生产的方面看，我国的工业化和生产的社会化、市场化、现代化有了很大的发展。但从总体上说，社会生产落后的状况没有根本变化，主要矛盾也没有发生改变。在"十一五"期间，我们要继续紧紧扭住经济建设这个中心不放松，努力实现 2010 年人均国内生产总值比 2000 年翻一番的目标，同时要适应人民群众需要方面的变化，更加注重统筹经济发展和社会发展之间的关系，努力为群众提供更多的公共物品和公共服务。

对基本国情的认识需要在实践中不断深化。从强调中国地大物博，到认识到人口多、耕地少是一个突出矛盾，再到进一步看到不仅是人多耕地少，而且是人多淡水少、人多石油少等等，我们对于人均资源相对紧缺这一基本国情的认识越来越全面，越来越深入。十六届五中全会《建议》第一次把节约资源确定为基本国策，这是一个具有战略远见的重大决策，也反映了全党认识所达到的新高度。我们必须从中国经济走什么样发展道路、经济社会如何实现可持续发展的高度来认识节约资源问题，不能把它当作一时的权宜之计。

对国情的认识，说到底，是个思想路线问题。重新提出认识国情问题，是同十一届三中全会恢复实事求是的思想路线紧密相联的。十六届五中全会《建议》提出科学发展的宏图大略，例如在区域发展方面，强调各地要根据资源环境承载能力和发展潜力，按照优先开发、重点开发、限制开发和禁止开发的不同要求，来明确不同地区的功能定位，这种新的发展思路，充分体现了坚持实事求是，从中国地域辽阔、各地自然禀赋和发展水平很不平衡的基本国情出发的远见卓识。各级领导干部应当贯彻《建议》精神，立足省情、地情、市情、县情，实事求是地谋发展。现在，脱离实际，盲目攀比，相互赶超的情况很盛行。全国600多个大中小城市中，竟有100多个提出要建国际化大都市或国际化城市，至于市政建设中的超宽马路、超大广场，经济建设中盲目的粗放扩张，到处可见。脱离实际、求成过急就要摔跤，历史的教训我们千万不能忘却。实事求是永远是一个常谈常新的话题。

（原载《学习时报》2005 年 11 月 7 日）

科学发展需要体制保障

党中央提出科学发展观的战略思想以来，经过全党上下的认真学习、广泛宣传，科学发展的理念已经日益深入人心。但我们必须看到，要使科学发展观在实践中真正贯彻落实绝非易事。据媒体报道，不少地区制定的"十一"规划依然没有跳出过去的窠臼，基本上还是增长的规划，而不是发展的规划。片面地追求经济发展速度，同兄弟省、市、县比排序、打擂台，是共同点。在经济增长方式上，仍然是铺摊子、上项目。上述情况说明，要把科学发展观从一种正确的理念转变为具体实践，光靠学习宣传是不够的，更重要的，是要提供相应的体制机制的保障，当这种保障尚未到位的时候，科学发展观的贯彻就会打折扣甚至落空。

那么，目前影响着科学发展和经济增长方式转变的体制性障碍主要又有哪些呢？

首先，是政府职能转变不到位。在市场经济条件下，企业是经济活动的主角，政府的职能是为经济发展创造良好的环境和条件。同时，政府还要把大量的精力用到社会管理和公共服务上去，努力为广大群众提供更多更好的公共产品。但目前的现实情况是，政府把以经济建设为中心和充当经济活动的主角混为一谈，直接招商引资，干预微观经济活动。围绕经济发展速度和招商引资规模，地区行政间的竞争此起彼伏。在这样的体制环境下，政府要在短短几年任期内突出政绩，独占鳌头，铺摊子、上项目、粗放式扩张显然是最佳的途径选择。而当政府把主要精力放在微观经济活动上时，必然疏于社会管理和公共服务。

其次，政绩考核体系的不科学。政绩考核是一根指挥棒。市场经济条件下的政府以经济调节、市场监管、社会管理、公共服务为基本职能，对官员的考核也应围绕政府职能履行状况进行。现在实际进行的以经济增长速度、招商引资规模等经济指标为主要内容的政绩考核，更加剧了政府角色的错位。

最后，财税体制和价格体制的缺陷。税收是政府的命根子。在现行以分权为特点和以增值税为主要税种的财税体制下，多上项目就多开辟地方的税源。而在工业特别是重化工业能比高新技术产业和服务业带来更多税收情况下，大上工业项目又成了必然选择。由于政府利用行政权力低价征用农地，为了招商引资又以低价甚至零地价出让土地；政府管制着资源产品价格，使之长期偏低。这种背离资源稀缺程度和市场供求状况的人为价格扭曲，必然导致资源的滥用和浪费。

在上述体制性障碍特别是政府行政管理体制的弊端未曾革除的情况下制定发展规划，科学发展观就会只是口号而不能真正成为指导思想，发展的规划就会变成增长的规划，增长的方式也注定是粗放的。所以，要改变贯彻科学发展观过程中"知行不一"的现象，最要紧的，还是要抓好以政府行政管理体制改革为中心环节的改革攻坚，真正形成一套适应社会主义市场经济要求，有利于转变经济增长方式和全面、协调、可持续发展的体制机制，从而为科学发展观落实提供基础。

　　科学发展观的精神实质是实事求是，反映我国经济社会发展的客观规律。社会主义市场经济体制也是符合中国现代化建设规律的制度设计。在适合中国国情和社会发展规律上，二者是一致的。正因为如此，社会主义市场经济体制就成为同科学发展观的落实相适应、相匹配的体制保障。市场化趋向的改革越深入，社会主义市场经济体制越完善，保障就越有力，现代化建设的成就也就越大。我们要以咬定青山不放松的精神，坚定不移地推进改革。

　　（原载《学习时报》2006 年 1 月 9 日，《新华网》2006 年 1 月 13 日转载，《新华文摘》2006 年第 5 期转载）

提高改革决策的科学性

胡锦涛同志在关于改革问题的讲话中，强调要毫不动摇地坚持改革方向，同时又提出注重提高改革决策的科学性，增强改革措施的协调性，使改革真正得到人民群众的拥护和支持。深入领会胡锦涛同志的讲话精神，特别是加强对提高改革决策科学性的认识，具有重要的指导意义。

在当前的情况下，为什么要强调注重提高改革决策的科学性？第一，这是改革攻坚进入纵深阶段的客观要求。改革攻坚就是要攻克各个领域同市场机制相抵触的深层次的体制性障碍。随着攻坚的不断推进，涉及的面越来越宽，不少问题既涉及经济体制改革，也涉及政治体制和文化体制改革，有的甚至涉及国际经济关系；牵扯到的利益矛盾越来越复杂，群众要求分享改革成果的期望越来越强烈，对各项改革措施协调配套的要求也越来越高。这就要求改革的决策者具有战略眼光，善于系统分析，作出符合实际的决策。第二，改革在某些领域的失误，导致群众意见，从而引发了对于改革的反思，这也提醒我们，要认真总结经验，使未来的改革决策更具科学性。

科学决策的实质是实事求是，符合事物的客观规律。我们的改革目标是建立完善的社会主义市场经济体制。充分发挥市场在资源配置中的基础性作用，同时加强和改善政府的宏观调控，这是市场经济的基本要求。为此，应处理好政府与企业、市场的关系。企业是经济活动的主角，政府只是为企业的活动提供环境和条件；行政性资源配置应尽量减少，市场在资源配置中的基础性作用应进一步巩固和扩大，政府要把职能真正转到经济调节、市场监管、社会管理和公共服务上来。我们的各项改革决策，无论是涉及国企改革，还是市场体系建设，以及行政管理体制改革，都须臾不可离开市场化的改革方向，否则，就会背离市场经济的基本逻辑。

提高改革决策的科学性，应当坚持为广大人民群众谋利益的价值取向。邓小平提出的"三个有利于"，科学发展观中的"以人为本"，其精神一以贯之，都是把更好地实现人民群众的利益作为衡量改革发展成败优劣的价值标准。通过改革解放和发展生产力，提高人民的生活水平，给广大人民群众带来福祉，这应当是任何改革决策的出发点。当然，改革是利益调整，不可能所有人同步受益，甚至有的人还可能暂时利益受损；改革有阵痛，会引起人们的心理波动，所以改革决策应当着眼于多数人，也就是要遵循总体受益原则和总体承受能力原则。

改革决策的科学性和改革措施的协调性是紧密相连的，可以说，协调性就是科学性的组成部分，因为市场经济是一个复杂的系统，其中各个方面的相互协调是保证市场经济健康运行的基础。因此，在改革攻坚中，我们应以政府行政管理体制改革为中心环节，进行统筹谋划，在作出一个领域的改革决策时，必须同时考虑到其他领域改革措施的协调配套，在解决一个突出矛盾和问题时，必须同时考虑到其他深层次矛盾和问题，如果顾此失彼，或者对各项改革措施的方向、力度、出台时间的协调配合考虑不周，就可能造成决策失误。提高改革决策科学性和配套性，需要建立科学化和民主化的决策机制。决策部门在决策前要深入调查研究；对重大问题组织进行专家咨询和论证；初步方案拟出后，举行公示和听证，了解各方反映和关切；加强总体指导，搞好参与决策各部门间的统筹协调，避免部门利益掺杂其间；加强对决策过程的舆论监督；明确决策责任，实行责任追究，并建立纠错机制。更为重要的，还要加强对哲学社会科学的研究，使提高改革决策的科学性得到强有力的理论支撑。

（原载《学习时报》2006 年 3 月 27 日）

改革要坚持以人为本

中国的改革已经走过了二十八个年头。在二十八年中，改革之所以能在持续稳定的社会环境中有序进行，并使中国的经济社会发展产生历史性的变化，其根本原因，在于改革符合广大人民群众的根本利益，人民群众拥护和支持改革。

当前，我国经济社会发展进入新的阶段，党中央提出以科学发展观统领经济社会发展全局。科学发展观是发展的指导思想，也是改革的指导思想，以科学发展观指导改革，最重要的，是要坚持以人为本。

改革坚持以人为本，就要把最大多数人的利益当作改革决策的出发点和落脚点。改革是利益调整的过程，在改革攻坚阶段，利益调整的面更宽。改革要兼顾各个方面的利益，但是最重要的是把最大多数人的利益当作决策的出发点。最大多数人的利益首先体现在促进社会生产力的发展上。为此，必须坚持市场化的改革方向不动摇，以政府行政管理体制改革为中心环节，攻坚克难，坚决地破除旧体制核心架构上同市场机制相抵触的弊端，为生产力的进一步发展开辟道路。除了生产力的发展以外，合理分配改革发展的成果也是涉及最大多数人利益的一个重要方面。分配首先影响效率，同时又影响公平。应当通过收入分配制度改革，着力提高低收入者收入水平，逐步扩大中等收入者比重，使收入分配差距控制在既能形成有效社会激励又不至于损害社会和谐与稳定的合理范围内，努力使每个人都能各得其所。

为了更好地实现最大多数人的利益，必须努力提高改革的科学性。我们的改革是在"干中学"，相当长的时间内，还是"摸着石头过河"，失误在所难免。一段时间内广大群众意见较大的某些领域的问题，就同一些政府部门混淆市场机制和政府职能的不同功能和作用范围，从而导致政府职能的"错位"相关。在大量的应当由市场机制发挥作用的私人产品生产领域，行政垄断或不合理的行政干预大行其道；而在理应由政府承担责任的义务教育等纯公共产品生产领域，政府反而退避三舍。这样做的结果，前者是垄断冲击竞争，破坏了正常的市场秩序，导致行业间收入悬殊，后者是人民群众的基本的公共产品和服务的需求得不到满足，这些都对群众利益造成了损害。我们应当不断总结经验，科学认识市场经济系统内部的各个要素及功能，科学认识市场经济作为有机整体的运行规律，使未来的改革决策更具科学性。

改革要坚持以人为本，就必须充分发挥人民群众在改革中的主体作用。改革是亿万群众自己的事业。邓小平说过，农村搞家庭联产承包，这个发明权是农民的。改革开放中的许多东西，都是由群众在实践中提出来，我们把它拿来加工提高作为全国的指导。同改革初期相比，今天的改革具有不少新的特点，问题复杂性强，牵扯的面宽，利益矛盾的层次深，对专业知识的要求高，等等；同时，自下而上的自发性改革在减少，自上而下有部署的改革在增加，这些情况都要求政府发挥更大的作用。但这绝不意味着可以把人民群众的主体作用淡忘了。各级领导都不能把自己当成"主角"，把群众当成"看客"，而应当通过各种方式，把群众广泛吸引到改革这个历史大舞台上来。在重大改革决策的制定过程中，应吸纳民众参与讨论，并注意把专家的见解和群众的创造结合起来，使改革方案具有更广泛的民意基础。在改革的实施过程中，应保持高度的透明，随时接受群众监督。

改革要依靠群众，同时又要宣传群众和教育群众。在改革决策的制定和实施过程中，群众刚开始总会习惯从自身的利益出发来考虑问题，这是很自然的，但是改革决策的基点必须是多数人的利益。因此，要引导群众全面而理性地分析改革发展形势，正确认识个人利益和整体利益、当前利益和长远利益的关系，正确认识实现自身利益的途径，自觉地为改革发展稳定贡献力量。

（原载《学习时报》2006 年 6 月 19 日，《人民网》2006 年 6 月 20 日转载）

抓住主题　紧扣主题

　　《江泽民文选》收录了体现"三个代表"重要思想的代表性著作，全部著作围绕建设中国特色社会主义这个主题而展开，学习《江泽民文选》，一定要抓住主题，紧扣主题。

　　抓住主题，就应当把对《江泽民文选》的学习和对以江泽民同志为核心的第三代中央领导集体开创建设中国特色社会主义事业新局面的历史过程的回顾结合起来。《江泽民文选》是一部理论著作，但其中的理论分析又都是结合历史过程中发生的重大现实问题而展开的，所以它同时又是十三届四中全会以来在邓小平理论指导下建设中国特色社会主义事业继续前进的历史记录。这份历史记录离当代中国人的生活很近，正如胡锦涛同志《在学习〈江泽民文选〉报告会上的讲话》中所指出的："《江泽民文选》论述分析的实践过程和历史事实大都是我们亲自经历或者在我们身边发生的，谈到的许多事情都是我们前些年做过并且当前和今后要继续做的，讲的道理离我们最近，读起来十分亲切，可以从中得到深刻的启迪和教育。"在阅读《江泽民文选》的过程中，我们要结合个人的经历和体会，咀嚼回味历史，明晓事理，看到建设中国特色社会主义事业的光明前景，增强决心和信心。

抓住主题，需要在进一步认识什么是社会主义，怎样建设社会主义这个根本问题上下功夫。什么是社会主义，怎样建设社会主义，这是邓小平理论所回答的首要的基本的理论问题。"三个代表"重要思想结合新的历史实际，进一步回答了什么是社会主义、怎样建设社会主义的问题，创造性地回答了在长期执政的条件下建设什么样的党，怎样建设党的问题，深化了对建设中国特色社会主义和党的建设的客观规律的认识。学习《江泽民文选》，应当着重关注"三个代表"重要思想在回答两个问题时所提出的一系列具有创造性的观点，胡锦涛同志《在学习〈江泽民文选〉报告会上的讲话》中对此作出了精辟的概括，我们要深入学习领会，并运用于实践，使它们真正成为指导行动的价值观念和思想方法，从而更好地把建设中国特色社会主义事业推向前进。

抓住主题，必须着眼当前，更好地贯彻落实以胡锦涛同志为总书记的党中央提出的一系列重大战略思想。建设中国特色社会主义需要很长的历史过程，过去、现在、未来，我们从事的都是这一伟大事业。党的十六大以来，以胡锦涛同志为总书记的党中央在邓小平理论和"三个代表"重要思想指引下，总结新的实践经验，提出了科学发展观和构建社会主义和谐社会等一系列重大战略思想。学习《江泽民文选》，有助于我们更加深入地了解"三个代表"重要思想和科学发展观等重大战略思想间继承和发展的关系。例如，"三个代表"重要思想阐述了关于促进人的全面发展的思想，提出了以人民群众为本的观点，这同科学发展观中以人为本的思想是完全一致的；"三个代表"重要思想提出了推进经济结构战略性调整和经济增长方式转变，促进区域协调发展，经济发展与人口、资源、环境统筹考虑，实施可持续发展战略等重要思想，这些在科学发展观中都得到体现，但全面、协调、可持续发展以及五个统筹的概括，表现得更为完整和全面。再如，"三个代表"重要思想提出了社会主义经济、政治、文化建设"三位一体"的思想，构建社会主义和谐社会的战略思想把"三位一体"发展为经济、政治、文化、社会建设"四位一体"，表明我们对建设中国特色社会主义总体布局的构想有了新的拓展。以上说明，科学发展观和构建和谐社会等战略思想，是建设中国特色社会主义理论发展的新的重大成果，充分认识科学发展观和构建和谐社会等战略思想的历史地位，将进一步提高干部群众贯彻落实的自觉性。

抓住主题，要联系实际，回答当前改革开放中的重大现实问题。坚定不移地坚持社会主义市场经济的改革方向，是当前全社会所关注的一个重大问题。《江泽民文选》的重要内容之一，就是提出我国经济体制改革的目标是建立社会主义市场经济体制，在此前后，围绕经济体制改革中的各种问题，有许多重要论述。例如，强调衡量社会公平的标准必须看是否有利于社会生产力发展和社会进步；平均主义是分配不公的一种表现，收入悬殊是分配不公的另一种表现；在促进效率提高的前提下体现社会公平；等等。《江泽民文选》中的这些论述，对于澄清目前在改革问题上的一些思想迷误，排除干扰，更好地坚持社会主义市场经济的改革方向，具有极为重要的意义。我们应当真正学懂用好，一以贯之地予以坚持。

（原载《学习时报》2006 年 8 月 28 日）

从中国特色社会主义事业总体布局中把握和谐社会建设

　　党的十六届六中全会通过的《中共中央关于构建社会主义和谐社会若干重大问题的决定》强调，要从中国特色社会主义事业总体布局和全面建设小康社会全局出发，推动社会建设与经济建设、政治建设、文化建设协调发展。对此，我们应当深刻领会。

　　历史唯物主义认为，人类社会是一个包含经济、政治、文化等多方面内容的庞大系统，是一个具有自我组织、自我调节、自我更新功能的有机体。在实践的推动下，社会必然呈现由低层次向高层次、由单方面发展向全面发展的历史趋势。

　　社会主义社会是全面发展、全面进步的社会。党的十一届三中全会以后，我们党对中国特色社会主义事业总体布局作出的多次阐述，充分体现了这个特征。这些阐述的基本内容，就是以经济建设为中心，经济、政治、文化全面发展，努力把我国建设成为富强民主文明的社会主义现代化国家。十六大以来，以胡锦涛同志为总书记的党中央根据新世纪新阶段的时代要求，根据空前的社会变革给我国社会带米巨大活力，也带来不少矛盾和问题的现实状况，为了把中国特色社会主义和全面建设小康社会的事业推向前进，对总体布局作了补充和完善，把社会建设纳入总体布局之中，并把它摆到与经济、政治、文化建设相并列的地位上，强调几个方面建设密切结合，共同服务于建设富强民主文明和谐的现代化国家的目标。这是对中国特色社会主义事业总体布局的新拓展，是对党的基本理论和基本路线的丰富和完善，也是对人类社会发展内涵认识的进一步深化。

中国特色社会主义事业总体布局是一个有机整体，对其中每个部分的考察必须上升到对整体的研究。我们应当从整体出发去理解和把握和谐社会建设的战略地位和作用。

中国特色社会主义事业总体布局，是以经济建设为中心，其他三方面建设密切配合的现代化建设总规划。经济建设这个中心必须坚持，否则，政治建设、文化建设、社会建设都将丧失物质基础。政治、文化、社会建设同经济建设相互联系，发挥各自功能：政治建设为社会发展提供政治保障；文化建设为社会发展提供精神动力和智力支持；社会建设则注重发展社会事业，健全社会保障，增强社会活力，理顺社会关系，加强社会管理，为经济建设、政治建设、文化建设的发展提供有利的社会环境和条件。随着改革发展的深入，人们对于公共产品和服务的需求越来越迫切，统筹各方面利益关系的工作越来越复杂，由此而来，社会建设对于现代化建设全局的作用也越来越突出。我们必须从中国特色社会主义事业全局的高度，来认识构建社会主义和谐社会的战略地位。既要始终牢牢抓住经济建设这个中心不动摇，同时又注意防止单打一，克服经济建设和社会建设"一条腿长、一条腿短"的现象，只有四个方面建设协调发展，中国特色社会主义事业才能全面进步。

中国特色社会主义事业总体布局，既包含建设的规划，也包含改革的规划。坚持社会主义市场经济的改革方向，不断推进经济体制、政治体制、文化体制和社会体制的改革创新，是构建社会主义和谐社会必须遵循的重要原则，也是推进中国特色社会主义事业的重要保证。当前，改革的中心环节是政府行政管理体制改革。政府职能错位的情况目前相当普遍。当政府直接插手企业经营活动而不是着力为企业创造良好的外部环境，热衷于私人产品的项目投资而不是着力于公共产品和服务的提供时，科学发展与和谐社会建设都可能仅仅成为口号。把计划经济条件下的全能政府真正转变为适应市场经济要求的服务型政府，是构建社会主义和谐社会必不可少的条件。

（原载《学习时报》2006 年 10 月 30 日）

腐败是社会和谐的大敌

　　中央党校社会主义和谐社会研究课题组在对近 300 位地厅以上中央党校学员进行问卷调查后披露，在对于什么是构建社会主义和谐社会要重点解决的社会问题的回答中，"腐败问题"列"社会保障问题"之后，居第二位。从此结果中可以引发出这样一种思考，构建和谐社会，应当在坚持以经济建设为中心的前提下，重点抓好两个方面紧迫工作，一是民生问题的解决，一是反腐败。

　　腐败是社会和谐的大敌，为什么这样说呢?

　　腐败是发展的绊脚石。社会要和谐，首先要发展。腐败却从各个方面破坏发展。腐败的实质是滥用公共权力以谋取私利。公共权力本来是为经济社会发展服务的，公共权力的滥用却导致相反的结果：公共财政资源被挥霍，地下矿产资源被滥采，优秀人才资源被闲置浪费，社会保障基金被任意挪用，社会安全网遭到威胁；市场经济秩序混乱，公平竞争和资源优化配置无以实现，企业成本增加，国家税收收入减少；投资环境恶化，影响外资进入；降低政府威信，影响政府对于经济的调控能力；等等。总之，正如一位国外经济学家所言，腐败癌症将摧毁发展的一切努力。

　　腐败是恶化实现社会公平正义环境的污染源。社会公平正义是社会和谐的基本条件。社会公平正义，首先表现为公民个人法律地位的平等，表现为每一位公民都平等地享有宪法规定的权利和义务。如果缺乏上述平等，就没有起点意义上的公平，也谈不上正义。一些官员把公共权力变成为个人或小集团谋取私利的工具，从而获得法律规定之外的种种特权，大大破坏了公民权利的平等；滥用公共权力侵害公民个人依法享有的权利，造成权力和权利之间法律地位的不平等，这些都污染了社会环境，严重破坏了社会公平正义的实现，成为引发社会矛盾和冲突，造成社会不和谐的根源。

　　腐败是消解和谐文化的病毒。和谐文化是以和谐作为价值取向的文化，它既表现在理论化了的社会意识形态之中，也表现在以感性为主的社会心理之中。随着腐败的蔓延，滋生了一种价值趋向颠倒了的病态心理，例如缺乏耻辱感，甚至"笑贫不笑腐"等，它像病毒一样传染和毒害着人们，消解着社会主义荣辱观的积极影响。腐败的蔓延，还放大了群众对干部、对政府不满和不信任的情绪，导致社会矛盾事件中"无直接利益冲突"现象发生，当群体性事件苗头出现时，大量没有直接利益关系的人不是以和谐思维的方式协助解决矛盾，而是在不满情绪的驱使下卷入群体性事件，影响社会和谐稳定。

　　腐败是破坏干群关系、党群关系的蠹虫。在我国社会内部各个群体之间的关系中，干群关系是最重要的一对关系，它直接影响着执政党和广大群众的关系，影响社会主义和谐社会构建。腐败像蠹虫一样蛀蚀着干群团结，使干群矛盾突出，干群关系紧张，造成上访频繁，甚至酿成群体性事件。党的十六届六中全会《决定》中说，党风正则干群和，干群和则社会稳。清除腐败蠹虫，端正党风政风，是建立和谐干群、党群关系的基本条件。

腐败对社会和谐的危害还可以举出许多方面，真可谓与和谐社会建设处处为敌，实属十恶不赦，罄竹难书，如果任其蔓延，构建和谐社会的目标将成为泡影，我们必须与之作殊死的斗争。

以胡锦涛同志为总书记的党中央高度重视反腐倡廉工作，提出了教育、制度、监督并重的惩治和预防腐败体系；对陈良宇严重违纪问题的查处，更充分显示了反腐倡廉的坚强决心。但腐败问题存在的严重性，不可低估。扼制腐败蔓延的势头，将腐败控制在最低限度，任务艰巨。提高反腐败的有效性，从根本上说，要靠改革、靠制度。政府要进一步转变职能，压缩公共权力，把应当由市场掌握的权力交给市场，减少官员利用公权谋私利的条件。加强民主法制建设，让权力在阳光下运行，使之每一个部位、每一个环节都处于有效的监督之下。十六届六中全会提出，反腐倡廉是维护社会公平正义和促进社会和谐的紧迫任务。"紧迫"二字，催人猛进，我们全党同志，特别是党的各级领导干部，都要有反腐败的紧迫感啊！

（原载《学习时报》2006 年 12 月 4 日）

进一步提高对外开放水平

进入历史新时期以来，随着对外开放的不断深入，我国经济和世界经济的联系越来越密切，外资和外贸在国民经济发展中的地位越来越重要。当前，我国正处于加入世界贸易组织过渡期结束后的新的阶段，实现国民经济又好又快发展，必须高度重视新形势下的对外经济工作，进一步提高对外开放水平。

进一步提高对外开放水平，需要加快调整和完善对外经济发展模式。加入世界贸易组织五年来，我们充分运用国际规则，利用经贸条件改善的有利时机，在国际市场上演出了一场有声有色的活剧，对外贸易额和外汇储备迅猛增长。但同时我们也要看到外贸增长方式粗放的缺陷：出口产品结构不合理，包含大量资源性初级产品和高能耗产品，这些产品付出了资源和环境的昂贵代价。转变外贸增长方式，同转变整个经济增长方式一样，从根本上要依靠科技进步和市场化改革来实现。同时，也应当综合运用税收和产业政策等宏观调节手段，引导调整进出口产品结构，减少资源性初级产品和高能耗产品的出口，增加高技术含量、高附加值产品的生产和出口，同时鼓励高技术产品和能源资源的进口，逐步改变贸易顺差过大的状况。

　　进一步提高对外开放水平，需要更加大胆积极地引进外资，提高外资利用质量。"遵守规则、开放市场"是入世规则，随着我国对外开放程度越来越高，外资进入的领域和地域会越来越大。这样做，会不会影响国家经济安全，这是很多人关心的问题。国家经济安全靠什么来保证？靠经济竞争力，只有竞争力强大，才能有效防范和化解国际风险。国家经济竞争力的基础在企业。一个实力强大的国家背后，总有一个强大的企业群。在 21 世纪国际竞争日趋激烈的情况下，企业必须通过与国际强手间的合作竞争，才能有效提升自己的竞争力。我国加入世界贸易组织五年来，在向外资企业学习和同外资企业市场竞争中，内资企业的整体竞争力大大提升，一批优秀企业进入国际先进行列。就连当年人们普遍担忧的汽车行业，都在竞争中高速发展，涌现出具有自主品牌的优秀内资企业，产品进入了国际市场。我国企业整体竞争力提升强化了国家的经济安全度，而且生动地说明，越是开放才越安全。我们不能因为一些内资企业被并购或一些品牌在竞争中销声匿迹，就据此断言国家的经济安全出了问题，进而不敢扩大外资进入。当然，这样说，绝不意味着放任自流，放弃引进外资的主动权，放弃政府对外资的管理和引导，也不是说国家不要对一些关系国家安全和国民经济命脉的行业予以控制。

　　适应国民经济又好又快发展的要求，引进外资的质量应进一步提升。在新形势下，有必要适度调整外资政策，在继续积极引进外资的同时，引导外资为经济增长方式转变服务，为建设资源节约型、环境友好型社会服务。利用外资质量和水平的提高，同市场化改革和政府职能转变密不可分。媒体披露的一些引进外资质量不高的案例，往往都和政府出于"政绩"的目的，盲目追求招商引资的高指标，因而越俎代庖，代替企业决策有关。政府应当从微观经济活动中摆脱出来，着力为外资引进创造良好的环境和条件，同时依法加强管理和引导。

　　进一步提高对外开放水平，应当强化世界眼光和世界市场意识。在加入世贸组织五年后，中国经济和世界经济、中国市场和世界市场的联系呈现出从未有过的紧密。这就要求我们在分析国内经济问题时不能脱离国际经济形势的变化和国际因素的影响，在观察国内改革开放中出现的新情况新问题时具有世界市场的意识和眼光。例如，我们在分析外资并购问题时，就应看到，在全球化条件下，在世界市场中，不仅商品和服务的流动可以打破国与国之间的界限，资本和股权的流动也可以打破国与国之间的界限，外资"引进来"并购中国企业和中国企业"走出去"并购外国企业都是正常的，用不着大惊小怪。我们要放开眼光看世界，以开放的、自信的强者姿态，大胆地吸纳和整合各种外来资源，拿过来为我所用，同时又注重同各国之间互利共赢，为世界经济的发展作出贡献。

　　（原载《学习时报》2007 年 1 月 22 日）

推动社会全面发展

实现国民经济又好又快发展的问题，需要放到中国特色社会主义事业总体布局中来研究，来考察。

以胡锦涛同志为总书记的党中央提出的"四位一体"的中国特色社会主义事业的总体布局，是一个具有内在统一性的有机整体，经济建设处于中心位置，政治建设、文化建设、社会建设与之相互联系、相互促进。提出国民经济又好又快发展的要求，标志着我们党对经济建设客观规律认识的深化，它对于把经济建设进一步纳入科学发展的轨道，从而增强国民经济整体素质和国家经济实力，为政治建设、文化建设、社会建设打下更为牢固的物质基础，具有重要意义。同时，国民经济又好又快发展，又对政治建设、文化建设、社会建设提出新要求，因为，又好又快发展，说的是经济增长方式问题，而经济增长方式，不单是经济问题，同时还是经济建设与政治、文化、社会建设相协调的问题。我们应当从总体布局出发，按照又好又快发展的要求更好地坚持经济建设这个中心，同时注重经济社会协调发展，推动社会全面进步。

推动社会全面发展和进步，要坚持以人为本，促进社会和谐。国民经济又好又快发展的目的，是更好地满足广大群众日益增长的物质文化需求，让经济发展的成果惠及全体人民。随着我国进入全面建设小康社会的新的历史阶段，人民群众的需求结构发生很大变化，对公共产品和服务的需求迅速增长。而公共产品及服务短缺和供给能力不足，与之形成尖锐矛盾。党中央提出科学发展观以来特别是党的十六届六中全会以后，各级政府以发展社会事业和解决民生问题为重点，在就业、收入分配、社会保障、教育、医疗卫生等一系列关系群众切身利益的公共服务问题上采取新举措，受到群众欢迎。但民生方面存在的矛盾和问题很多，需要随着国民经济又好又快发展进程，随着物质基础的不断雄厚，逐步加以解决。同时，政府行政管理体制改革也是个关键，只有切实转变政府职能，变全能政府为服务型政府；完善公共财政体制，增强各级政府提供公共服务的能力；把政府主导和引入市场机制结合起来，建立起完整的公共服务体系，才能从根本上改变公共产品和服务供给短缺的状况。

实现社会全面发展和进步，应当大力加强社会主义民主政治建设。政治建设必须适应经济社会发展的客观要求。随着社会主义市场经济不断发展，随着构建社会主义和谐社会进程的推进，对人民群众民主权利的尊重更加受到全社会重视。2006年以来，在地方各级党委换届选举过程中，围绕党代表选举、党代会召开、干部选拔任用等方面，不少地方发扬党内民主，并把党内民主同人民民主相结合，创造了不少好的做法。例如湖南省委在省党代会前夕开展为期三个月的全民献计献策活动，并把活动的成果体现于党代会中，部分良策形成党代会提案，等等。这些对于党内民主和人民民主的开展，具有重要示范和推动作用。我们要按照党的十六大提出的"党内民主是党的生命"的要求，以改革的精神，积极推进党内民主建设。坚持党的领导、人民当家作主和依法治国有机统一的原则，积极稳妥地进行政治体制改革，大力推进人民民主进程。

实现社会全面发展和进步，需要进一步搞好社会主义文化建设。社会主义文化建设在当前面临着两方面的重要任务：一方面，在社会大变革、利益关系大调整和人们的价值观念日益多样化的形势下，构筑能够凝聚亿万群众人心的精神支柱；另一方面，在人民群众的物质文化需求结构变化，精神文化需求越来越旺盛的情况下，发展文化生产力，以满足人民群众的需求。回应第一个方面的挑战，主要是建立以马克思主义为指导的，既立足中国国情，又吸取人类文明成果，把先进性要求和广泛性要求结合起来的社会主义核心价值体系。回应第二个方面的挑战，就要大力发展文化事业和文化产业。通过加大政府公共投入，发展公益性文化事业，让广大群众都能享受到基本的公共文化服务。同时，发挥市场机制的作用，推动文化产业蓬勃发展，为群众提供多方面、多层次的文化产品和服务，使大家在文化消费中获得愉悦和幸福。

（原载《学习时报》2007 年 2 月 5 日）

努力建设服务型政府

　　保障民生、改善民生是人民政府的基本职责。为了更好地履行职责，就必须努力建设服务型政府。正如 2007 年"两会"代表在讨论中所指出的，人民群众反映强烈的社会热点和难点问题的背后，是民众的社会和谐诉求对服务型政府的呼唤。

　　建设服务型政府，要继续下大力气转变政府职能。转变政府职能，是建立社会主义市场经济体制的一项重要内容。十六大以后，党中央明确提出要将以转变政府职能为核心的行政管理体制改革当作改革的中心环节。十六届六中全会又强调"建设服务型政府，强化社会管理和公共服务职能"。在党中央的要求和推动下，政府职能转变有新的进展。但从改革发展和构建和谐社会的总体要求上看，政府职能转变滞后，依然是当前存在的一个突出问题。政府职能转变滞后，有着多方面的原因。生产要素市场化程度低，导致政府充当要素资源配置的主角；不完善的干部考核体系和财税体制，激励政府充当地方经济活动主角，并采取粗放扩张的方式追求经济快速增长；出于利益的考虑，一些政府部门对不必要的审批权难以割舍，政府审批仍然过多。政府职能的"错位"，影响了市场在资源配置中基础性作用的发挥，使经济增长方式转变举步维艰，同时又使政府难以投入足够的精力和财力去履行社会管理和公共服务职能，影响民生改善。我们需要抓住问题的症结，锐意改革，使政府尽快从"投资政府""经济管制政府"转变为服务型政府：为市场活动的主体企业服务，着力创造良好的环境和条件；为广大人民群众服务，着力建设惠及全民的基本公共服务体系。

公共财政是提供公共产品和服务，改善民生的物质基础，也是服务型政府建设的重要内容。当前，社会普遍关注如何优化财政支出结构和布局，特别是降低过快增长的行政公务开支，从而彰显公共财政的"公共性"特征的问题。我们需要采取切实措施，把财政支出中用于行政公务以及经济建设方面的过高开支压下来，让更多的资金投入到社会管理和公共服务领域；在资金投入上向农村、基层和欠发达地区倾斜；按照事权和财力相统一的原则，来明确各级政府在承担公共服务方面的责任，使县乡两级公共服务的提供落到实处，只有这样，才能在全国范围内逐步实现基本公共服务均等化的目标。

解决民生问题，需要加大财政投入，但也不能由财政大包大揽。应当根据私人产品、公共产品、准公共产品的区分，确定不同的提供主体。即使是由政府提供的公共产品，也就是基本公共服务的各项内容，如义务教育、公共卫生和基本医疗、就业服务、基本社会保障等，它们的提供标准也应当依据国情和财政承受能力合理确定。政府是公共产品的提供者，但不是唯一的生产者，把适合于市场和社会生产的公共产品，以适当的方式交给企业和社会组织承担，有利于引入竞争机制，降低成本，提高效率。

服务型政府是能够进行有效监督的"阳光政府"，进一步建立健全监督，是加快建设服务型政府的题中应有之义。为了保障民生、改善民生，我们需要不断增强政府提供公共服务的能力，这同时也就意味着各级政府将掌控更多的公共资源和财力，各种项目的转移支付也将增多。在这种情况下，如果各个环节上监督不力，违法乱纪和以权谋私就可能滋长。因此，公共财政的透明、公开，便于监督，显得尤其重要。应当进一步改进人民代表大会对政府财政预算的审查，使预算报告能让代表们看得懂，有充足的时间研究，能提出实质性意见；健全对社会保障基金等重大资金的管理监督制度；规范官员职务消费标准，增加官员职务消费情况的透明度，接受群众和舆论的监督。

加快服务型政府建设，要求进一步提高领导干部和政府工作人员的素质，切实转变作风。胡锦涛同志在 2007 年"两会"期间的讲话中提出，各级干部特别是领导干部要进一步增强忧患意识、公仆意识和节俭意识。铿锵之言，发人深省。政府的各级干部都应把执政为民的宗旨真正铭记在心，居安思危，戒奢以俭，狠刹大建楼堂馆所、沉湎于公款高消费等奢靡风气，以真诚之心和清廉之风，以更多的精力和财力，去解决人民群众最关心、最直接、最现实的利益问题，通过改善民生的实际举动体现服务型政府的本色。

（原载《学习时报》2007 年 3 月 19 日）

从现代文明的高度看节俭

　　节俭是中华民族的传统美德，历代志士仁人关于为政者戒奢以俭的名言不胜枚举，不少至今依然耳熟能详。古代宝贵的思想资源固然要继承，但我们更要从现代文明的高度看节俭，充分认识节俭的时代价值。只有这样，才能深刻理解胡锦涛同志最近提出的进一步增强节俭意识，始终发扬艰苦奋斗精神的重要指示的意义。

　　节俭意识是现代市场经济条件下政府及其工作人员应有的基本价值观念。在现代市场经济条件下，政府是服务型政府，政府的基本职能是为民众提供经济、政治、文化、社会方面的公共服务，政府提供公共服务及维持自身运转的资金主要来源于税收。政府支出实际上是纳税人共同承担的社会成本。正因为如此，政府在动用财力时，必须考虑它的支出规模同纳税人的承受能力是否相适应，不能无节制地扩大；必须优化支出结构，把主要财力投向公共产品和公共服务，尽量减少其他方面的开支特别是政府行政管理费用的开支；必须努力提高政府支出的效率，以最小的成本获取最大的效益，不能不计成本，铺张浪费。节俭是政府的职责。一个以人为本、对社会负责的政府，必须是具有节俭意识的政府。

增强节俭意识是建设节约型社会的必然要求。当今世界，随着经济发展和人口增加，资源和能源不足的问题日益突出，环境压力日益加大，发展循环经济，建设节约型社会，成为人类的共同要求。由中国的国情所决定，建设节约型社会的任务更为迫切。我们今天提倡节俭意识，是建立在对人类生存环境忧思之上的，它较之传统的节俭意识要深刻得多。在节俭意识指导下推行的节俭行为，是符合时代要求的现代文明的表现。但一些政府官员价值观颠倒，认为勤俭节约是过去的陈旧观念，是"寒酸"，而追求高标准、上档次、超前，才是现代作风。在这样的思想指导下，种种令人瞠目结舌的现象都发生了：一些贫困地区官员挪用扶贫款、救灾款修建现代化办公楼，个别官员拿公款"斗富"，殊不知"金樽清酒斗十千，玉盘珍馐值万钱"，那是封建旧时代官场奢华的写照。这些错把腐朽当神奇的做法，同现代文明格格不入。

增强节俭意识才能在新的历史条件下保持艰苦奋斗政治本色。艰苦奋斗是一种攻坚克难、不断进取的精神境界，一种克勤克俭、不求奢华的道德风范。艰苦奋斗的政治本色是我们党的瑰宝，对于广大群众具有巨大的吸引力。在全面建设小康社会的新的历史条件下，保持艰苦奋斗传统，需要从各个方面努力，增强节俭意识是其中的重要方面。有的同志对艰苦奋斗作这样的解读：过去，在物质匮乏的情况下，讲艰苦奋斗主要是强调"艰苦"，今天，在物质生活改善的条件下，讲艰苦奋斗主要是强调"奋斗"。这种把艰苦奋斗分割开来理解是不妥当的。丢开"艰苦"二字，其实质是认为节俭已经过时。讲节俭并不是不要提高物质生活待遇，要大家都去当"苦行僧"，而是提倡一种办事讲成本，不事铺张浪费的风尚，这种风尚无论在什么时代都是不可缺少的。尤其在今天，虽然经济发展了，但人口多、底子薄的国情并没有发生根本改变，城市农村都有许多困难群众，上学难、看病难、住房难更是困扰着亿万群众，我们有什么理由可以轻视节俭，淡忘艰苦奋斗？

增强节俭意识要靠党的历史经验、中华民族优秀传统以及现代文明的教育，也要靠扎实推进市场化改革和民主法治建设。存在决定意识。只有当服务型政府和完善的公共财政体系真正建立起来，只有当政府的所有开支都进入预算，预算都经过各级人大认真负责的而不是形式主义的审议，只有当普通纳税者都实际地具有对政府开支的知情权和监督权时，政府官员才会真正意识到自己不是一个地区的当家人而是人民公仆，处在纳税人"无处不在"的监督之下，浪费一分钱都会受到社会的批评和指责，于是，节俭意识也才能在政府官员头脑中根深蒂固地确立起来。

（原载《学习时报》2007 年 4 月 23 日，《精神文明导刊》2007 年第 11 期转载）

领导干部要着力提高修养

　　推进领导干部的作风建设，既要重视他律，强化制度的规范和各方面的监督，也要重视自律，改造主观世界，领导干部要提高自身修养。

　　领导干部的修养是指他们在政治、道德、科学文化等方面经过长期的学习和自我磨炼所形成的品质和能力，它包括思想理论修养、道德修养、科学修养、文学艺术修养等各个方面。修养是作风的内在根基，作风是修养的外在表现。干部在领导工作、日常生活中形成的一贯的行为方式和处事方式，乃至举手投足、一言一行之间，莫不显露出修养的优劣与高低。一个修养良好的领导干部，具有正确的世界观、人生观、价值观，信念坚定，境界高远，自觉地以实事求是的科学精神从事工作，践行全心全意为人民服务的宗旨，开拓进取，勇于创新，民主正派，廉洁奉公，志趣高尚。而那些缺乏修养和历练的领导干部，则难免在作风上出现种种毛病。

　　当前干部作风建设中存在的突出问题，凸显出干部修养的重要性和紧迫性。为什么一些干部习惯做官当老爷，遇到发生群众利益矛盾时怕见群众，与不同阶层、不同群体的群众打交道时又感到难以对话？原因是他们没有真正领悟历史唯物主义的基本原理，也缺乏新形势下做好群众工作的本领。为什么一些干部独断专行或者软弱涣散？这说明他们缺乏严格的党内政治生活锻炼，不能真正坚持民主集中制原则。为什么不少政府官员讲排场、比阔气，铺张浪费、大手大脚？这说明他们淡忘了我们党艰苦奋斗的传统，也缺乏现代节俭意识。为什么一些干部的生活作风问题突出，沉湎于声色犬马、灯红酒绿，个别的甚至骄奢淫逸、腐化堕落，身带"匪气"？是因为他们人生观扭曲，耻辱感丧失，生活情趣低下。凡此种种，都在提醒我们，领导干部必须下大力气提高修养。

讲修养，是中华民族优秀传统文化中的一个重要内容。孔子提出"修己以敬""修己以安人""修己以安百姓"，强调"德之不修，学之不讲，闻义不能徙，不善不能改，是吾忧也"。我们党的领导人继承了"修养"的有益思想，并赋予其新的含义。刘少奇同志的《论共产党员的修养》曾成为全党的必读课本。进入历史新时期以来，邓小平、江泽民、胡锦涛同志在论述党的建设和文化建设时都强调要讲修养、讲道德、讲荣辱。

领导干部提高修养，勤奋学习是必由之路。古人说："非学无以广才，非学无以明识，非学无以立德。"这就足见学习对于修养的重要性。在历史新时期，领导干部应确立勤奋学习、终身学习的观念，要以学明志，通过对马克思主义中国化理论成果的学习，确立建设有中国特色社会主义的坚定信念；以学立德，树立公仆意识和社会主义荣辱观；以学增才，把学习的成果转化为领导工作的本领。实现这种转化，领导学会拿笔杆是重要途径。邓小平同志说过，"拿笔杆是实行领导的主要方法"，"经过写，思想就提炼了，比较周密"。各级领导都应当按照小平同志说的去做，把掌握好写文章的基本功当作提高自身能力的重要要求。

修养是一个自我锻炼和改造的过程。中国古代的思想家非常重视"内省"，《论语》中把"吾日三省吾身"当作反省和克服各种不正确思想的办法。孟子强调用"内求"的方式培养"至大至刚"、塞于天地之间的"浩然正气"。古代的思想家以"内省"的方式求得思想品质的完善的方法值得借鉴。领导干部应当严于解剖自己，勇于自我批评，同一切腐朽思想的侵蚀作坚决的斗争。提倡"慎独"，在无人监督的情况下，也能做到自重、自省、自警、自励。

强调"内省"，并非同古人一样"闭门思过"。我们强调在改造客观世界的实践中改造主观世界，在荣与辱、廉与贪、美与丑、公与私的考验中，经过多次的检讨、反省，修正道德行为，陶冶道德情操，提升道德境界，做一个高尚的人，一个纯粹的人，一个脱离了低级趣味的人，一个有益于人民的人。

当前，又一轮干部新老交替正在进行。一大批年轻干部走上领导岗位，带来蓬勃朝气。但不少同志缺乏对马克思主义理论的系统学习和对党的历史传统及经验的系统了解，缺乏长期的严格的党内生活锻炼。因此，领导干部切实提高自身思想理论素养和党性修养，对于搞好作风建设，更显得刻不容缓。

（原载《学习时报》2007 年 5 月 28 日）

"一国两制"具有强大生命力

——庆祝香港回归祖国十周年

还记得，1997 年 7 月 1 日零时在中英两国政府香港政权交接仪式上，五星红旗和特别行政区区旗徐徐升起那激动人心的时刻；

还记得，举国上下为一洗百年耻辱而欢腾雀跃的情景。

弹指间，十年过去了。十年间，香港经受了亚洲金融危机冲击、非典和禽流感肆虐等种种考验；十年间，全国人大常委会三次解释基本法，化解香港危机。几番风雨几度春秋，在历经磨炼后，香港迎来了历史上最好的发展时期。如今，自由港和国际大都会的气派更加磅礴，国际金融、贸易和航运中心的地位更加稳固。香港的人气从来没有像今天这样高，活力从来没有像今天这样强，东方之珠继续以其耀眼的光辉吸引着全世界。

香港回归后的繁荣稳定，应当归功于"一国两制"的伟大战略构想，归功于中国特色社会主义。

实事求是是中国特色社会主义理论的精髓。"一国两制"构想是体现实事求是精神的典范。邓小平同志说，"一国两制"是"我们根据中国自己的情况提出来的"。"我们的社会主义制度是有中国特色的社会主义制度，这个特色，很重要的一个内容就是对香港、澳门、台湾问题的处理，就是'一国两制'。"这个"中国特色"的创造，为实现香港政权顺利交接以及交接后成功管理香港开辟了一条切实可行的道路。

香港回归十年来，党中央按照邓小平设计的战略构想，认真贯彻"一国两制"、港人治港、高度自治的方针，同时发挥内地因素的积极作用，采取了内地与香港建立更紧密经贸关系安排等多项措施，推动香港经济复苏、社会稳定、民生改善，同时也促进中国特色社会主义事业全面发展。

"一国两制"的伟大实践才进行十年，作为中国特色社会主义历史进程中的新事物，它很年轻，但已经显示出强大生命力。

"一国两制"的生命力体现在对香港长期繁荣稳定的保障上。"一国两制"提倡和谐，兼顾各方利益。这同过去我们长时期内曾经拥有过的不是你吃掉我、就是我吃掉你的思维方式完全不同。新的利益机制调动各方致力于建设一个繁荣稳定的香港。正如胡锦涛同志所总结的，"一国两制"符合国家的根本利益，符合香港的根本利益，也符合各国投资者的利益，是香港长期繁荣稳定的根本保障，具有无比强大的生命力。

"一国两制"的生命力体现在广大民众的拥护上。一项制度能否长期坚持，从根本上说，取决于人民群众是否拥护。香港回归祖国后，内地同香港的联系大大加强，内地群众衷心拥护。"一国两制"在香港的成功实践，赢得了香港民心。调查表明，大部分香港民众同意"一国两制"是对香港有利的安排，满意基本法和"一国两制"在香港的实行情况。回归前夕在移民潮中离港的移民，如今大部分都回到了香港。从人心离散到人心回归，显示出港人对"一国两制"的看法的转变，显示出他们对于未来的信心。

　　"一国两制"的生命力体现在对解决台湾问题的示范效应上。邓小平关于"一国两制"的构想，最先是从如何解决台湾问题而提出来的。"一国两制"在香港的成功实践，为解决台湾问题作出了一个榜样，让广大台湾同胞看到实现海峡两岸统一的光明前景。

　　"一国两制"、和平统一的伟大实践刚刚开始，未来的路还很长，任务很艰巨。邓小平说过："实现国家统一是民族的愿望，一百年不统一，一千年也要统一的。"世纪伟人的话表达了一个久经磨难而又生生不已，屡遭分裂而又终归统一的伟大民族的心声。让邓小平的警世之言时刻在我们耳畔回响。在以胡锦涛同志为总书记的党中央领导下，把"一国两制"、和平统一的伟大实践不断推向前进。

　　（原载《学习时报》2007 年 6 月 25 日）

四个坚定不移：开创中国特色社会主义新局面的重要保证

2007 年 6 月 25 日，胡锦涛总书记在中央党校省部级干部进修班的重要讲话中，提出坚定不移地坚持解放思想，坚定不移地推进改革开放，坚定不移地落实科学发展、社会和谐，坚定不移地为全面建设小康社会奋斗的重要论断。四个坚定不移关系党和国家事业发展大局，我们要认真学习，深刻领会。

四个坚定不移是在总结全面建设小康社会历史进程的基础上提出来的。党的十六大以来，以胡锦涛为总书记的党中央带领全党从新的历史起点上扬帆起航，取得全面建设小康社会的良好开局。但同时也面临着新世纪新阶段经济社会发展所呈现的一系列重要阶段性特征，机遇前所未有，挑战也前所未有。党中央深刻把握机遇和挑战，为保持中国特色社会主义事业顺利发展的全局，向全党提出四个坚定不移的重大要求。

四个坚定不移是继续全面建设小康社会，开创中国特色社会主义新局面的重要保证。解放思想、实事求是是中国特色社会主义理论的精髓。解放思想是破解各种难题，不断开拓事业新局面的法宝。在继续全面建设小康社会的征程上，我们应对全面参与经济全球化带来的新的机遇和挑战，工业化、城镇化、市场化、国际化深入发展带来的新课题新矛盾，依然要依靠这个法宝。改革开放是中国特色社会主义的基本属性。坚定不移地推进改革开放，开创中国特色社会主义新局面才有强大动力。科学发展、社会和谐反映了发展中国特色社会主义的基本要求。在新世纪新阶段，要解决经济社会发展所面临的突出矛盾和问题，实现又好又快发展，改善民生，解决关系群众切身利益的一系列问题，实行科学发展、促进社会和谐是必由之路。全面建设小康社会是 21 世纪头二十年党和国家的奋斗目标，它凝聚着全国各族人民的共同心愿，具有巨大的感召力。牢牢把握奋斗目标，有计划、有步骤地向前扎实推进，应当是全党同志时刻不能忘记的大事。四个坚定不移从思想保障、发展动力、发展途径和奋斗目标方面，为开创中国特色社会主义事业新局面提供了根本保证。

四个坚定不移突出强调了坚持和发展中国特色社会主义的四个重要方面，具有很强的现实针对性。强调坚定不移地推进改革开放，对于统一思想，澄清迷误，具有重大意义。今天，中国的改革正处于攻坚阶段，面临的都是深层次的矛盾，是难啃的"硬骨头"，需要勇气和韧性；另外，少数人否定改革、质疑开放，影响干部群众改革攻坚的信心。因此，旗帜鲜明地提出改革开放要坚定不移，事关改革前途，极为重要。

强调坚定不移，就是说在认识上要斩钉截铁，不能含糊，不能动摇。这就必须确立从大局上观察问题的思想方法。邓小平在讲到他的著作时说，这里所讲的东西，不论是对现在还是对未来，都不是从小的角度讲的，而是从大局来讲的。邓小平理论是这样，"三个代表"重要思想是这样，以胡锦涛为总书记的党中央提出的一系列重大战略思想也是这样。我们应当学会从党和国家命运的高度来观察和思考问题，着眼大局，避免只见树木不见森林的片面的思维方法。以局部出现的问题为由，动摇市场化改革的方向，就是思想方法片面的典型表现。从大局出发思考问题，才能真正做到在思想上行动上坚定不移。

四个坚定不移是相互联系的，需要全面地把握和贯彻。例如，解放思想是前提，只有解放思想一以贯之，贯彻其他三个坚定不移才有基础。再例如，科学发展、社会和谐需要体制保障，只有通过深化改革排除体制机制障碍，科学发展、社会和谐才不至于成为单纯的口号。总之，四个坚定不移之间都存在紧密联系，需要全面把握，整体推进，在继续全面建设小康社会，加快推进社会主义现代化的进程中不断创造新业绩。

（原载《学习时报》2007 年 7 月 16 日，2007 年 7 月 30 日《报刊文摘》转载）

科学发展需要进一步解放思想

科学发展观是以胡锦涛同志为总书记的党中央在继承和发展党的三代中央领导集体关于发展的思想，解决和回答新世纪新阶段出现的新情况新问题的基础上提出来的重大战略思想，是解放思想的成果。把科学发展观落到实处，必须破除阻碍科学发展的不合时宜的观念，进一步解放思想。

破除"唯GDP"的观念，确立以人为本的思想。科学发展观的核心是以人为本。以人为本，就要坚持发展依靠人民，发展为了人民。而"唯GDP论"是同以人为本相对立的。GDP是经济发展的一项重要指标。坚持以经济建设为中心，就不能不重视GDP的增长。但GDP的增长归根到底是服务于人民群众生活水平和生活质量提高的。如果离开这个根本的出发点和落脚点，把GDP的增长当作唯一目标，忽视民生，对生态环境的破坏、人民健康受到的不良影响淡然置之，对非法用工等损害人民群众基本权利的行为麻木不仁，那就是本末倒置，以物为本，见物不见人。贯彻科学发展观，坚持以人为本，全面协调可持续发展，必须排除"唯GDP论"的影响。

"唯GDP"的观念在一部分领导干部中有相当的市场。据新华社报道，国家环保总局最近对 11 个省区 126 个工业园区的检查中，发现近九成存在环境违法问题。一些地方领导要求当地环保局长："经济发展要上，环保要适当让一让。""唯 GDP"的观念之所以有市场，同我们的体制尤其是干部政绩考核体系有关，也同政府所面临的经济发展速度和经济增长质量之间的两难选择有关。但同时要看到，"唯 GDP"的观念常常是同"政绩工程""面子工程"联系在一起的，这些工程产生的驱动力，是"官本位"的思想。以人为本，群众利益至上，还是以官为本，升迁至上，形成了又一个尖锐对立。所以，坚持以人为本，还必须从"官本位"的封建主义残余思想中解放出来。

改变"政府主导经济"的观念，依靠市场的力量推动经济增长方式转变。落实科学发展观，迫切要求转变经济增长方式。而经济增长方式转变问题，从实质上说，是深化市场化取向改革的问题。因为，当前经济增长中的高消耗、重污染、低效率问题，其根子还在政府主导型经济。在市场经济条件下，企业是经济活动的主角。经济增长方式，从微观上看，就表现为一个个企业的发展方式。而企业发展方式的选择，是受到外部环境和条件制约的。在政府主导型经济的条件下，政府掌控着相当大的生产要素和资源性产品的配置权，政府可以利用行政权力低价征用或变相低价征用农地，为了招商引资又以低价甚至零地价出让土地；政府管制着资源产品价格，形成背离资源稀缺程度和市场供求状况的人为扭曲；一些地方政府对企业污染采取容忍乃至保护的态度，以致出现"治污企业垮台，不治污企业发财"的逆调节现象。在企业可以通过获得廉价的生产要素、消耗廉价的能源资源、通过环境成本的外部化来获取利润的情况下，它们又何必下成本、冒风险进行技术创新，去转变原有的发展方式呢？因此，转变经济增长方式的釜底抽薪之举在深化市场化取向的改革。只有政府改变主导经济的旧观念，把配置资源的权力尽可能地交给市场，逐步放开对生产要素和资源性产品的价格管制，形成反映供求关系的价格形成机制，并实行严格的环境执法，使环境成本内部化，严峻的资源环境压力才会传递到企业，逼迫企业改变发展方式，并最终实现整个经济增长方式的转变。这方面的改革必须抓紧进行，不能因为涉及利益关系复杂，而迟疑不决。

破除地方本位思想，树立全局观念。科学发展观的根本方法是统筹兼顾。做好五个方面的统筹，关键在中央。因为五个统筹所涉及的，大量的是宏观方面的问题，必须由中央采取财政、税收、金融乃至行政等各方面措施来解决。但作为地方，确实有一个从全局出发，认真贯彻中央宏观调控措施的问题。例如，为了实现可持续发展，中央下达了节能减排硬指标，如果地方政府从本地利益出发，采取"软执行"，节能减排就会大打折扣，甚至成为纸上谈兵。一个污染企业，会给本地带来财政收入，创造数百个甚至数千个就业岗位，从地方利益来说，也许有一定的合理性。但从全局看，它会造成周围数十万人乃至更大范围的人群的健康受损害，它就是完全不合理的。落实科学发展观，必须统筹兼顾各方面的利益，又必须强调局部服从全局，小道理服从大道理。

（原载《学习时报》2007 年 8 月 20 日）

紧紧抓住中国特色社会主义这个主题

　　历史新时期以来党领导人民谱写了改革开放和现代化建设的鸿篇巨制，这个鸿篇巨制的主题就是中国特色社会主义。2007年6月，胡锦涛总书记在中央党校发表重要讲话，强调，要坚定不移走中国特色社会主义伟大道路，为夺取全面建设小康社会新胜利而奋斗。这就要求我们继续抓住主题，紧扣主题，在研究和探索中谱写出鸿篇巨制的新篇章。

　　紧扣主题，必须对历史新时期以来马克思主义中国化成果作整体把握。建设有中国特色社会主义这个命题，是由邓小平同志提出来的。邓小平创立了中国特色社会主义理论。"三个代表"重要思想和科学发展观是在坚持和继承邓小平理论的基础上，继续围绕中国特色社会主义这个主题而展开的。邓小平理论、"三个代表"重要思想以及科学发展观，都是中国特色社会主义理论鸿篇巨制中的组成部分。我们需要对邓小平理论、"三个代表"重要思想以及科学发展观作分别的研究，但更要注重前后贯通，作整体性的把握，在中国特色社会主义理论的总体框架中来说明十六大以来党中央提出的一系列重大战略思想的创新性，既看到与时俱进，又看到一脉相承。一段时间以来，有的同志离开中国特色社会主义理论的总体框架，孤立地、片面地看待科学发展观和和谐社会理论。胡锦涛总书记的讲话，很好地解决了上述问题。

紧扣主题，必须在什么是社会主义的问题上继续解放思想。邓小平同志说："不解放思想不行，甚至于包括什么叫社会主义这个问题也要解放思想。"改革开放以来中国特色社会主义事业不断推进的过程，就是在什么是社会主义的问题上不断解放思想的过程。从贫穷不是社会主义，到社会主义的本质是解放生产力，发展生产力，消灭剥削，消除两极分化，最终实现共同富裕，再到科学发展、社会和谐是中国特色社会主义的本质属性，伴随着对什么是社会主义的认识的不断深化，我们逐步摆脱了苏联模式的束缚和影响，市场经济、民主政治、文化建设和社会建设都取得举世瞩目的巨大进展。在新形势下，要使中国特色社会主义道路越走越宽广，必须坚持解放思想。

在什么是社会主义的问题上，有这样一种观点，认为现在什么是社会主义已经完全搞清楚了，今后的问题只是细节的完善，不会有大的发展。这种观点在思想方法上是不正确的。列宁曾针对科学社会主义在俄国由理想变为现实的情况提出，对俄国来说，根据书本争论社会主义纲领的时代已经一去不复返了，"今天只能根据经验来谈论社会主义"。列宁的话对于中国共产党人认识什么是社会主义具有重要的方法论启示。在中国这样一个经济文化十分落后的国家建设社会主义的过程中，人们对于社会主义基本价值的认识，对于实现这个基本价值的经济、政治、文化制度以及体制、政策的认识，需要在实践中不断探索、创新和发展。中国特色社会主义是一个很长的历史过程，如果现在故步自封，停止大胆探索，中国特色社会主义道路如何能越走越宽广？

紧扣主题，要求我们注重对社会主义建设历史经验的总结。总结经验，上升到理论，用以指导实践，这是我们党的优良传统。党的十一届三中全会以后，每一次党的全国代表大会都在总结经验的基础上，以新的思想和观点丰富中国特色社会主义理论。党的十七大召开在即，这是又一次总结经验，推进中国特色社会主义理论发展的大会。明年是改革开放三十周年，总结三十年辉煌成就和经验教训，是我们面临的重要课题。后年是新中国成立六十周年，回顾六十年来社会主义改造和建设的历史，总结探索中国特色社会主义道路的艰难历程，对于进一步回答"什么是社会主义，怎样建设社会主义"这个首要的基本的理论问题，丰富和发展中国特色社会主义理论体系，具有极为重要的意义。我们正处在又一个总结历史经验的重要时期。我们应当抓住时机，开展认真的研究工作，扎实推进理论创新。

（原载《学习时报》2007 年 10 月 1 日）

从灾难中学到的东西比平时多得多

　　大地回春，一场席卷了大半个中国的持续的雨雪冰冻灾害已经结束。党和政府在组织灾后重建的同时，正通过新闻媒体大力宣传抗冰救灾中的英雄事迹，弘扬抗灾精神，一些总结经验教训的报道和文章也不时见诸报端。我们的党是学习型政党，我们的社会正在努力建设学习型社会，从灾难中学习，是一种特殊的但又极具价值的学习途径。正如恩格斯所说，一个聪明的民族，在灾难和错误中学到的东西会比平时多得多。

　　从雨雪冰冻灾难中学习，内容涉及多个方面，从党政领导干部的角度来看，以下三点是要重点关注的。

　　第一，总结成功抗击雨雪冰冻灾难的经验，进一步强化"以人为本"的执政理念和提高应对突发事件及复杂局面的能力。在一个多月的抗灾历程中，从党中央提出保交通、保供电、保民生的工作方针，到胡锦涛总书记提出的当务之急是把群众的生活安排好的重要指示；从中央领导同志和各级党政军负责同志不畏艰难，深入第一线靠前指挥，到安排受灾群众吃、穿、住、行乃至看"春晚"等每一项民生措施的落实，再到为灾后重建提供及时的财政支持，莫不在对"以人为本"的执政理念作生动诠释。而电力抢修、京珠分流、铁路疏散等三大战役的成功实施，又充分显示出党和政府指挥若定，运筹帷幄，破解重大难题、驾驭复杂局面的能力。抗击雨雪冰冻灾难的经验是贯彻科学发展观和提高党的执政能力的生动教材。

第二，从雨雪冰冻灾难中暴露出来的问题中认真思考，找出改革和发展中的薄弱环节。从有关中央媒体发表的文章看，暴露出来的问题大致有以下几个方面：首先是基础设施在抗击灾害方面的脆弱性。有同志提出电网不坚强的根源在于长期以来存在的重电源轻电网的发展思路，虽然这些年来专家学者没有少谈美国西部大停电和俄罗斯大停电的案例，但电力系统没有真正引以为训。其次是体制方面的矛盾。有专家分析了电煤供应紧张的非气候因素，认为电厂电煤库存过低，是计划的电和市场的煤的矛盾的结果，雪灾只是这场矛盾暴发的导火索。最后是灾害保险体系的缺陷。由于保险制度不完善，缺乏巨灾保险体系，导致赔付金额占损失总额比例过低，等等。上述问题的分析都是初步的，但已涉及行业发展战略、市场体制、救灾机制等重要方面。领导者需要认真听取和分析各方意见，找准问题之所在，吃一堑，长一智，使我们付出沉重代价甚至是血的代价所换来的教训转化为促进科学发展、完善市场体制、健全应急机制的实际措施。

第三，通过对极端气候变化造成的灾难性后果的总结，进一步提高环境保护意识，增强人与自然和谐相处的自觉性，推动社会全面进步。

灾难延续的时间是短暂的，但人们在短暂时间里的学习收获却会比日常岁月里更大更多。因为灾难具有突发性，它使人们措手不及，任何瑕疵和薄弱环节都在灾难的考试面前暴露无遗。灾难具有巨大的危害性，它对人的生命财产和物质财富造成巨大损失，血的教训让人刻骨铭心。灾难具有全局性，它殃及的幅员辽阔，广大民众都会感受到受灾的切肤之痛，都会对灾难面前暴露出的个人和社会的弱点抱有共同的反省。所以灾难是一所大学校。我们只要回顾起 2003 年抗击非典灾难的历程，就会对此有高度的认同。正是非典的肆虐，使我们强烈意识到经济社会发展中存在着"经济建设一条腿长、社会建设一条腿短"的问题，意识到突发事件应急机制的不健全，意识到一些领导干部思想观念的僵滞，而对非典事件的反思和总结，带来了全社会对社会建设的空前重视，并对党中央提出科学发展观和构建和谐社会理论起到了直接的推动作用。社会由此大大向前迈进了一步，人也由此变得更聪明。从这次抗击雨雪冰冻灾难的过程来看，无论是应急机制的快速启动，还是抗灾信息的及时发布，都能让人感觉到吸取非典事件教训后所产生的成果。同非典事件相比，2008 年开年的这场大灾在灾害性质、抗灾过程和灾害损失等方面都有很大不同。但一个学习型政党是永不满足现状，始终正视自己的弱点，不断提高完善自己，追求卓越的党，从灾难中学习是党成熟的表现，也是民族成熟的表现。

灾难是一本无字大书，在灾难中学到的东西会比平时多得多，通过学习所取得的社会进步也会比灾难造成的损失大得多。

（原载《理论视野》2008 年第 2 期，《思想政治课教学》2008 年第 4 期转载）

奥运让中国更加开放

　　北京奥运会是西方文化和中华文化的一次伟大聚合，它掀开了中国融入世界，与世界和睦相处、和谐发展的新的历史篇章。国际奥委会主席罗格先生说："奥运会将给中国带来前所未有的开放。"的确，北京奥运会让世界更多地了解中国，中国人在举办奥运会过程中积累了经验，在精神文化方面发生了变化，这些都将长远发生影响，推动中国对外开放出现新局面。

　　北京奥运会锤炼了中国人健全的开放心态。体育无国界。奥林匹克运动具有巨大的开放性和世界性。筹办奥运七年来，中国人对于奥林匹克运动的认识有了巨大进步。从简单认为参加奥运会就是"夺金牌""为国争光"，到理解奥林匹克精神的内容是互相了解、团结、友谊和公平竞争，从称"海外兵团"到改称"海外使团"，甚至在郎平执教的美国队小组赛中战胜中国队的情况下，民调有近半数观众对郎平表示理解，这反映中国人越来越具有开放的理念和气度。它对于中国在经济等领域实行"引进来"和"走出去"相结合的开放，极有意义。

　　北京奥运会进一步拓展了中国人的世界眼光。现代奥运会融入经济、科技、外交、安全、文化等多方面因素，全面体现了人类文明发展的水平。中国在筹办过程中，博采众长，努力创造世界先进水平。北京奥运会作为奥运史上最大规模盛会，参加的国家和地区及运动员人数、出席开闭幕式的各国政要数量，均创历史纪录。奥林匹克运动与"奥林匹克"外交相互交织，构成中国对外交往史上从未有过的盛景。这正如一篇文章中所形象比喻的，"对中国人来说是一次扩胸运动，一次视力拉伸的契机"。这个契机进一步拓宽了中国人的视野，增强了全方位对外开放的能力。

北京奥运会大大增强了中国人吸取人类优秀文明成果的自觉性。人文精神是人对自身存在价值关切的自觉意识。作为西方文明源头的古希腊文明的代表作，古代奥运会突出体现了人文精神。现代奥林匹克运动继承古奥运会的人文传统，把为人的和谐发展服务，促进建立一个维护人的尊严的、和平的社会作为宗旨。进入21世纪后，又把实施可持续发展列为自己的责任。奥林匹克运动与时代发展同进步，不断丰富和发展着人文精神的内涵，其意义完全超出了体育，影响到人类生活的各领域。北京奥运会筹办过程中，奥林匹克教育以前所未有的广度和深度在中国大地展开，"绿色奥运、科技奥运、人文奥运"的理念深入人心。奥运人文精神同"以人为本"的科学发展观的一致性，"更高、更快、更强"口号的普适性，反映了人类追求自身完善和发展的共同愿望，也提示我们应当以更大的魄力来实行"拿来主义"。

北京奥运会更加坚定了中国提出"和谐世界"的理念。奥运会是展示和传达"和谐世界"理念的最佳舞台。这不仅是因为奥运外交舞台广阔，更在于奥林匹克精神同"和谐世界"的理念的高度一致性。现代奥林匹克运动承袭古代奥运会"神圣休战"的传统，致力于世界和平。奥林匹克运动反对各种歧视，尊重不同文化和文明的差异，具有巨大的包容性，体现出"和而不同"的特点。正因为如此，北京奥运会上中国传统文化中"和谐观"的艺术展现，能够和奥运氛围有机融合在一起，世界各国人民从观看奥运中进一步了解中国提出"和谐世界"理念的文化根源，看到东西方文明和谐相处的生动表现，感受到中国人民促进建立持久和平、共同繁荣的和谐世界的真诚愿望，普遍给予好评。这也使中国人民更有信心去携手各国，共创和谐世界。

北京奥运会进一步增强了中国人尊重国际规则和国际惯例的意识。奥运会的世界性，使它确立了一套通行的国际规则。中国在申办和主办奥运会的过程中，无论是硬件建设还是软件建设，都遵循国际规则，在此前提下努力体现我们的特色。与经济、政治、文化各领域相比，体育固然有它的特殊性。但在经济全球化迅猛发展的今天，在我国已经成为世贸组织这个经济奥林匹克大家庭成员的情况下，增强国际规则意识，充分利用规则来从全球化中获取更多的益处，规避可能的风险，也是一件极为重要的事情。北京奥运会为我们提供了有益的启示。

改革开放之初，邓小平就谆谆告诫我们，"现在的世界是开放的世界"。经过三十年努力，中国向世界敞开大门，越来越深入地融入全球化。北京奥运会的成功举办，必将成为中国对外开放的新起点。中国将更多地走向经济、政治、文化的奥林匹克。

（原载《理论视野》2008 年第 8 期）

从历史的角度看学习型政党建设

党的十七届四中全会提出把建设马克思主义学习型政党作为重大而紧迫的战略任务抓紧抓好，这反映了我们党主动应对新形势的要求，始终走在时代前列引领中国发展进步的昂扬姿态，体现了党对建设学习型社会、学习型组织时代潮流的自觉呼应，同时，也是对我们党重视学习、善于学习优良传统的继承和发扬。

一般来说，马克思主义政党都应当是重视理论学习和建设的政党。因为，同世界上不少没有明确的长远目标，而且中短期目标又可以随时变化的带有实用主义色彩的政党不同，马克思主义政党依据自己对社会发展规律的认识，确定了自己的明确的意识形态目标，政党以及它们所执政的国家的运作，都以这一目标为指向来进行。[①] 马克思主义政党要在本国实现自己的目标，就必须使马克思主义在本国具体化，这就决定它高度重视马克思主义理论的学习和研究。中国共产党是在一个落后的东方大国领导革命和建设，在一个农民成分占多数的国家建设工人阶级政党的，在特殊的国情、党情条件下，要建设好一个大党，实现党在各个历史阶段的目

---

① 以上参考了王长江《现代政党执政规律研究》（上海人民出版社 2002 年版）一书中的观点。

标，并逐步向最终目标迈进，更需要加强理论学习，重视"思想建党"。

从中国共产党的历史看，可以说，党是靠学习起家的。党成立前，党的创始人李大钊、陈独秀、毛泽东等人组织了马克思学说研究会、新民学会等学习社团，为党的诞生作了思想准备。党成立以后，它的成长壮大过程，就是学习、研究马克思主义，并用以解决中国的实际问题，领导人民不断推进革命、建设、改革的过程。

总结我们党在学习方面的历史经验，笔者认为，有这样几条是值得重视的。

第一，在学习的组织管理方式上，强调"要把党变成一个大学校"，这个大学校不是有学制的有期大学，而是实行在职教育的无期大学。这个学校有特殊的学习制度，实行全员学习、终身学习。中央设立干部教育的专门领导机构，负责领导全党的学习，全国各级党委、机关、部队、学校都是这所大学的分校。

第二，在学习高潮的形成时机上，每当党面临重大历史转折，因而肩负的工作任务发生重大变化时，或者面临全局性的重大问题需要解决时，都要组织大规模的学习运动，这样的学习运动，无论是延安时期的整风学习，还是新中国成立后的重新学习，以及历史新时期的再重新学习，都对于"领导工作、改善工作与建设大党"，对于完成新的历史时期的伟大任务起到重要作用。

第三，在学习内容上，根本的是学习马克思主义，要求党的干部尤其是高级干部认真研读马克思主义的基本著作，提出学哲学极为重要。除了学习马克思主义以外，还根据党在不同历史时期所肩负的任务，要求学习各方面的专业知识，在社会主义现代化建设时期，着重抓紧对经济学、科学技术、管理学的学习。不仅学书本，还要向实践和人民群众学习。要有开放的眼光，勇于学习一切人类文明的有益成果。

第四，在学风建设上，反对本本主义，提倡理论联系实际。毛泽东在延安提出要"改造我们的学习"，"应确立以研究中国革命实际问题为中心，以马克思列宁主义基本原则为指导的方针，废除静止地孤立地研究马克思列宁主义的方法"。在改革开放历史新时期，我们党又提出"一个为中心、三个着眼于"的重要思想。

第五，党的领袖成为学习的导师。他们终生与书为伴，活到老，学到老，他们把读书和深入调查研究结合起来，自己动手写文章，强调用笔领导是领导的主要方法等，都为全党树立了榜样。他们以极大的勤奋和高超的智慧，致力于党的理论建设和理论创新，为创立毛泽东思想和中国特色社会主义理论体系作出决定性的贡献，使全党获得理论指南。

以上概括只是党在学习方面的历史经验的一部分，但已可以看出，从精神实质上看，从建党开始，我们党就在向学习型政党迈进，到毛泽东在延安提出"要把全党变成一个大学校"，形成全员学习、终身学习理念，建立起完备的组织学习制度和领导体制，就标志着我们党已经成为学习型政党。所以，我们今天建设马克思主义学习型政党，不是平地楼台，而是在新的历史条件下对党的传统的发扬和升华。在总结建设学习型政党的经验时，也不能忽视其中的教训。例如，"文化大革命"期间，毛泽东多次提出学习五本马克思主义著作，要求高中级干部弄懂弄通马克思主义，但他本人在理论和实践上恰恰严重违背马克思主义，这说明摆脱教条主义、以科学的态度对待马克思主义的艰巨性和复杂性，等等。这些，也是我们今天在建设学习型政党时需要深思的。

（原载《理论视野》2009 年第 10 期）

让权力"阳光"运行

　　新年以来，从各地关于人代会的新闻报道中，我们读到了不少关于政务公开的好消息。有的就本地"十二五"发展规划向全省群众公开征询意见建议；有的把各界普遍关心的财政资金和公共性资金的运行管理状况，列为政务公开的重点领域，强调包括土地出让金、私车牌照拍卖等公共性资金"收入多少、如何运行、用在哪里，都必须向社会公开"；有的邀请群众代表列席人代会，就政府工作发表意见；等等。

　　我国是社会主义国家，国家权力属于人民。这就决定了在权力的制约方面，除了合理配置权力、实施以权力制约权力外，更重要的是要以民主制约权力。而按照列宁的说法，广泛民主原则的两个必要条件之一就是"完全的公开性"。因此，只有实行政务公开，让权力在阳光下运行，人民群众具有知情权，以民主制约权力才能得以落实。

　　改革开放以来，特别是2008年公布的《中华人民共和国政府信息公开条例》，把信息公开明确为政府的法定义务后，政务公开有了进一步的发展。但同人民群众的愿望和要求相比，政务公开的实施还有很大差距。2010年年终互联网信息中心组织的一次有关中国政府网站绩效评估的用户调查结果显示，78.5%的网民对政府网站"很不满意"。主要意见为"想要的内容没有""网站上的内容不实用""网站内容与政府业务工作结合不够紧密"。政府网站是政府信息公开及与公众互动的重要平台。上述调查结果,从一定程度上反映出群众对于政务公开现状的不满意。

进一步推进政务公开,需要真正破除权力本位观念,确立人民至上、尊重权利的意识。从权力授受的关系上说,政府的权力是人民赋予的,这就决定了人民群众具有对权力运行的知情权、参与权、表达权、监督权。一些政府官员以政府信息唯一主导者身份自居,不按照公开为原则、不公开为例外,凡是不涉及国家秘密、商业秘密和个人隐私的政府信息都要公开的原则办事,而是按照主观意愿有选择地公开政府信息,对群众了解政府信息的要求漫不经心,根本原因是他们头脑中权力本位的思想在作祟,需要大力破除。

进一步推进政务公开,需要突出重点,做好人民群众普遍关心的干部任用、财政资金和公共性资金使用、土地和房屋征收与补偿等事项上的政务公开。在干部任用上,关键是提高候选人提名环节的透明度,变提名方式的"暗箱操作"为"公开运行",扩大群众和人大代表对提名过程的知情权、监督权。在资金使用上,关键是建立高度透明的财政预算,应借鉴国外的成功经验,做到财政预算报告既详尽,又浅显易懂;财政预算既向人代会报告,又向社会公布说明;既向民众公开,又经民众认可。在国有土地上房屋征收及集体土地征收上,应按照国务院最新发布的条例精神办事,完善征收程序,加大公众参与,取消行政强拆。

政府网站是政府信息公开的窗口,加强政府网站建设,改变网民对于政府网站不满意的现状,是推进政务公开的重要内容。政府网站建设之不足,有技术力量上的原因,但最重要的还是认识上的原因。只要真正强化了信息公开是政府法定义务的意识，就不可能出现一些政府网站内容长期不更新，处于"休眠"状态的情况，以及联系电话和地址均为"××"的情况，更不可能出现对于网民的询问置之不理，甚至无端指责的情况。在提高认识的基础上做好政府信息公开的各项基础性工作，就能搭建好政府网站这个政府信息发布的重要平台。

进一步推进政务公开，必须加强媒体监督。媒体既是发布政府信息的窗口，又是监督政府政务公开的利器。我国实行党管媒体制度，党管媒体，就包含着党支持和引导媒体监督。但在这方面目前尚缺乏法规上的保障。在现实生活中，阻碍媒体监督和滥用媒体监督的情况并存。对于滥用媒体监督的情况，中国记协发布了新闻工作者职业道德规范，力图通过行业自律来予以克服。相比较而言，阻碍媒体监督特别是党政官员阻碍媒体监督的情况得不到制度上制约的情况更为突出。"领导怕媒体和记者"的情况在许多地方非常普遍。在有些地方，已经出台了重大党务政务信息公开主动接受新闻舆论监督的地方性法规。但如果政府只是有选择地公开信息，而其所"遗漏"的信息又是民众应当了解并迫切希望了解的，或者由于领导阻挠，导致一些监督报道"胎死腹中"，应该如何办？也就是说光有原则法规，缺乏实施细则，媒体的舆论监督权还是得不到保证。

推进政务公开，让权力"阳光"运行，任重道远。

（原载《理论视野》2011年第2期）

永远的邓小平

——纪念开创改革开放新时代的历史伟人诞辰一百一十周年

  邓小平这个历史伟人的英名，已经永远地镌刻在亿万人民心中。在纪念他诞辰一百一十周年的日子里，人们深深地怀念他，歌颂他为中国人民和中华民族建立的丰功伟绩。改革开放的历史新时代是邓小平开创的。在我们这辈共和国同龄人的记忆中，计划经济时代固然也留下些许令人难忘的美好记忆，但更多更深的印象却是：供应短缺，物质精神产品匮乏，城乡面貌多年依旧；在阶级斗争为纲的年代里，还有政治斗争频繁、血统论盛行等。1975 年的"全面整顿"是改革开放的前奏曲。邓小平致力于恢复生产秩序的大刀阔斧的举措，改变了"文化大革命"造成的乱局，使人们看到了新生活的曙光，广大人民把对未来的期望寄托在邓小平身上。记得在随后不久邓小平再次被打倒的黑暗的日子里，笔者所工作的工厂的党委书记、一位曾经历过革命战争的老同志私下对我们说，邓小平肯定要复出，这一天我可能看不到，但你们年轻人一定能看到。这位基层干部的话代表了广大群众的心声。比人们预料的更快，邓小平第三次复出，带领全党开启了工作重心转移，实行改革开放的新时代，他作为改革开放的总设计师，绘就了全面改革、全方位开放，实施"三步走"战略的宏伟蓝图。三十多年来，党和人民坚定不移地照着这张蓝图干下来，中国的面貌、中国人民和中华民族的面貌发生了天翻地覆的变化。今日的中国，经济总量跃居世界第二，成为举世瞩目的经济大国。人民生活由实现温饱到总体小康，目前正在向全面小康和现代化的目标迈进。一对在深圳打拼三十多年的打工夫妇给邓小平塑像献花时说，没有邓小平，我们就不会有房有车，不会有在深圳的牵手。这段话非常朴实，却极富代表性。亿万群众正是从自身命运变化中感悟到邓小平是人民幸福新生活的创造者。邓小平开创了改革开放新时代，新时代造福全体中国人民。

改革开放新时代的开创是同中国特色社会主义道路的成功开辟和中国特色社会主义理论的创立紧密相联的。在中国这样一个落后的东方大国探寻符合国情的社会主义建设道路，何其艰难曲折！对于毛泽东和邓小平在探寻中的贡献，有理论工作者作这样的概括，毛泽东是"找"，邓小平是"找到了"。此论通俗而精当。邓小平在党的十二大开幕词中把"找到了"的这条道路命名为"建设有中国特色的社会主义"道路。中国特色社会主义道路的成功开辟，使中国迎来了改革开放新时代，有了实现社会主义现代化的光明前景。以江泽民为核心的第三代中央领导集体和以胡锦涛为总书记的党中央，坚持和拓展了这条道路，并使之进一步具体化。社会主义市场经济之路、社会主义民主政治之路、社会主义先进文化之路、社会主义和谐社会之路、社会主义生态文明之路，共同展现了走向"两个一百年"目标的清晰路径。

中国特色社会主义道路的成功开辟离不开邓小平理论的指导。邓小平理论以"什么是社会主义、怎样建设社会主义"为主题，系统回答了在中国建设社会主义的基本问题。在中国特色社会主义理论体系中，邓小平理论具有基础性的地位。"三个代表"重要思想和科学发展观是对邓小平理论的继承和发展。在未来的岁月里，我们要应对各种风险和挑战，使改革开放事业永葆生机，仍然要靠邓小平理论指导。

1997 年邓小平去世时，江泽民在追悼会上讲过这样一段话："邓小平同志这样说过：如果没有毛泽东同志，我们中国人民至少还要在黑暗中摸索更长的时间。我们今天同样应当说，如果没有邓小平同志，中国人民就不可能有今天的新生活，中国就不可能有今天改革开放的新局面和社会主义现代化的光明前景。"2004 年，胡锦涛在邓小平诞辰一百周年纪念大会上引用了这段话。在纪念邓小平诞辰一百一十周年时，重温这段话，依然备感亲切。

今天，历史的接力棒已经传到以习近平同志为核心的党中央手中。习近平同志的系列重要讲话，对坚持和发展中国特色社会主义、全面深化改革作了深刻论述，为中国特色社会主义理论体系增添了新的内容。"完善和发展中国特色社会主义制度、推进国家治理体系和治理能力现代化"的全面深化改革总目标的提出，标志着对改革认识的升华。改革党的纪检体制，推动反腐败斗争和反"四风"取得实效，大大增强了群众对党的信心。人们相信，以习近平同志为核心的党中央一定能把邓小平开创的改革开放伟大事业继续推向前进，中国特色社会主义这篇大文章一定能续写出精彩的新篇章。

（原载《理论视野》2014 年第 8 期）

正风肃纪与纠正惯性思维

中纪委网站近期公布的部分国家机关巡视整改报告中，有的部委提出，落实中央八项规定，整治"四风"，需要全面纠正"惯性思维"和惯有做法，这确实抓到了点子上。惯性思维是人们依据经验和某种规则形成的思维定式，在惯性思维的指导下形成惯有做法，惯性思维和惯有做法具有相当的顽固性，纠正起来相当困难。

"四风"问题上的惯性思维有种种表现，这里列举三种：一为墨守成规。一些干部对于反"四风"的重要性紧迫性在思想上并非没有认识，但遇到具体问题不由自主地依照约定俗成的规则甚至潜规则思考问题。例如，以会议落实会议、以文件落实文件，不结合本地实际、不求实效地贯彻上级精神的思路；先写好调研报告，再下基层找例证的所谓"逆向调研"；凡公出就要求公款"全程买单"，包括与会务无关的参观旅游等。二为经验主义。一些干部凭过去的经验判断形势，认为反"四风"会是一阵风，因而心存侥幸，导致发生在餐桌上、车轮上、会所里的不正之风时有发生。三为人情大于法治。在一些干部的头脑中，缺乏对于可能影响公正执行公务的宴请、馈赠等的警觉，认为人情难却，小意思。至于接受了这份"人情"后会否影响手中权力的行使，是否违反了党的纪律，往往考虑不到。

"四风"问题上的惯性思维，有着深刻的社会、文化根源。中国传统社会是人情社会。"礼尚往来，来而不往非礼也"是千年古训。人情社会有好的一面。但当送人情、欠人情、还人情的行为与公权力的行使搅和到一起，甚至演变为权钱交换时，它就走向了反面。而在实际生活中，对于哪些是正常的人情交往，哪些是可能影响公正执行公务的非正常人情交往，哪些又是披着人情外衣的不当利益交换，有不少人划不清界限。20世纪90年代中期，笔者随内地一个培训班在香港考察时参观了廉政公署，廉署官员同大家座谈时提了一个问题：一个邮差（香港的邮递属政府邮政署管辖，邮差是公务员）过年时收受了被服务者十港元的红包，大家怎么看？听众中多数人认为，从执纪的角度看，邮差属违纪，但从人情的角度看，又情有可原。廉署官员告诉大家处理的结果是：这个邮差因违纪被开除了。这个结果让笔者感到意外，但笔者也深感廉署执法之严厉，体会到人情社会思维与法治社会思维的差异。这件事已经过去二十年了，此期间，中国的法治建设取得巨大进展，人情社会向法治社会转变的步伐在加快，与此相联系，人们的思维方式也发生了转变，但向落后文化挑战毕竟是一件长期而艰难的事。今天，人情与法纪并重甚至高于法纪的惯性思维，依然有着巨大的影响力。

"四风"问题上的惯性思维，同我们一段时期来管党治党不严有关。对于党内不正之风的危害性，领导人的讲话已经把它提到难以再提升的高度，有关作风建设的制度也出台了不少，但"几十个文件管不住一张嘴"，执纪实际中的"宽松软"，使我们摆脱不了"克服—反弹—再克服—再反弹"的怪圈，这就为"四风"问题上的惯性思维和侥幸心理提供了滋生的条件。

"四风"问题上的惯性思维，还同我们的体制相关。形式主义的东西，往往是为了应付检查而做给上面看的，群众对此深恶痛绝，但如果群众对官员的政绩考核及选拔任用没有发言权，官员只需对上负责而不需对下负责，形式主义之风就难以绝迹。纠正"四风"问题上的惯性思维，需要解放思想，实现思维方式的与时俱进。各级领导干部应当按照习近平同志所说的，努力把马克思主义哲学作为自己的看家本领，学会按唯物辩证法办事，用变化的、发展的眼光看问题，努力从不合时宜的思维方式中解放出来，摆脱见怪不怪、司空见惯的迟钝，培养见微知著、防微杜渐的敏感，使自己的思想跟上十八大以来党中央关于廉政作风建设的节拍。同时要营造有利于思想解放的氛围，鼓励创新，鼓励直言。

领导干部革新思维方式，最重要的是要学会法治思维。习近平同志强调，要以法治思维和法治方法抓作风建设，实现作风建设制度化、规范化、常态化。法治思维包含多个方面，其中首要的便是合法性思维即制度思维。摈弃人治思维、人情思维的旧习惯，坚持以制度思维考虑和处理一切问题，这是关键所在。

纠正"四风"问题上的惯性思维，是一场现代文化同落后文化以及人性弱点的战斗，不可能一蹴而就，需要做长期的思想准备。我们既要有壮士断腕的决心，又要有驰而不息、久久为功的韧性，还要有准确执纪的细心和耐心，过犹不及，只有精准把握法纪准绳，严格区分错与非错、严重错与轻微错的界限，才能有效地警示教育广大党员，使大家自觉摈弃惯性思维。

（原载《理论视野》2017年第1期，《报刊文摘》2017年3月8日转载）

第四部分

调研报告

"中国特色"与"地方特点"紧密结合

——山东省淄博市社会经济发展调查及启示

党的十一届三中全会以来,尤其是"七五"以来,山东省淄博市的社会主义经济、政治、文化建设卓有成效,引起了国内外的注意。他们的经验在于,把社会主义的"中国特色"与"地方特点"紧密结合,努力探索一条切合本地实际的社会主义现代化建设道路。

一、"中国特色"与"地方特点"相结合的主要做法

(一)从城市的结构特点和生产力布局出发,提出符合本地实际的经济发展战略

1985 年,淄博市委确定了一个对今后发展至关重要的战略思想,即"总揽城乡经济全局,充分发挥优势,城市支持农村,农村服务城市,实现城乡经济一体化,贸工农全面发展"。确立这一战略思想的依据有三:其一,冲破城乡分割和工农分离是商品经济发展的内在要求。其二,组群式城市城乡交错、工农结合的独特风格,具有以城带乡,以

乡促城，城乡互补，共同发展的优势条件。其三，全市国有大中型骨干企业多，辐射能力强，可以广泛带动一大批中小型企业，特别是乡镇企业的发展，从而改变旧的经济格局。"七五"期间，他们坚定不移地沿着这个总体战略往前走，即使班子换人也不换思路，终于蹚出一条成功之路。一是实现了城乡基础设施建设一体化。达到乡乡镇镇通公路，公路密度达全省之首；在全国第一个实现长话、市话、农话"三网合一"，组成遍布城乡的程控电话通信网络。二是城乡工业一体化。主要是通过城乡"挂网联"活动，使城市大工业与农村挂钩，扶持乡村企业发展，在挂钩的基础上，逐步建立起城乡协作"网"，城乡"联"合经营。"七五"期间有85%的乡村企业与城市企业实行了挂靠联合，实现挂网联项目1559项，增加产值、利税占全市新增产值、利税的1/3，初步形成了乡村企业与城市大工业结合紧密，在生产、经营和市场等方面都融为一体的健康发展势头。三是城乡流通一体化。建设发展了54处大中型专业批发市场，促进工业品下乡和农副产品进城，促进城市商业与农村商业的横向联系。四是城乡文化一体化。利用城市的直接辐射，提高农村的文化活动水平，促进城乡精神文明建设共同发展。

（二）根据本地区资源条件的变化，狠抓结构转换，建立具有地方特点的产业结构和经济结构

淄博是山东省最早的煤炭基地，历史上形成了以煤炭、冶金、建材、陶瓷为主体的产业结构。近年来随着资源条件的变化，一些老企业失去优势，有的甚至难以为继，淄博市面临着老资源性城市共同的危机。为挑战危机，他们大胆调整产业结构，抓住了邻近地区胜利油田开发、30万吨乙烯工程在本市兴建的机遇，围绕为重点工程的配套建设，

狠抓地区经济结构的转换，形成了以石油化工为主，传统工业为辅的新型产业结构，经济发展呈现勃勃生机。齐鲁石化公司所在的临淄区由一个纯农业区发展成为一个现代化的石油化工城。淄博市大胆抓产业结构转换，为全国老资源性城市的经济发展探出了新路。

（三）抓住制约城市经济发展的关键因素，实施科教兴市决策

淄博市委、市政府敏锐地看到，文化教育事业的落后，严重影响本地经济发展的后劲。他们于 1987 年 9 月在全国率先提出科教兴市战略，并从组织领导、政策措施、资金投入等方面保证战略实施。市委、市政府先后下达了十多个政策性文件和四十多个配套实施细则，为科技、教育的发展鸣锣开道；加大对科技、教育的资金投入，1988 年以来，市财政投入科技、教育方面的经费递增幅度均高于同期财政收入的增长幅度，还另外建立了科技开发、企业技术开发等专项基金。在市委、市政府的大力扶持下，全市教育事业迅速发展，有数十个乡镇实现了普及九年制义务教育，做到了"在农村最漂亮的房子是校舍，最优美的环境是校园"；职工技术学校星罗棋布；企业职员培训率达58%。

（四）根据社会基础条件，确定改革的速度、广度和深度

淄博市在贯彻中央关于深化改革的方针过程中，注意从本地的生产力状况和群众的心理承受能力出发，确定实施步骤的快慢、深度广度的大小。

在深化农村改革上"小步快跑"。淄博市从城郊型农业多的实际出发，连续迈出了几步。第一步改革是 1985 年围绕大力发展农村商品经济，调整产业结构，发展乡镇企业。第二步改革起始于 1987 年，根据实行家庭联产承包责任制后出现的新情况和农民的新要求，针对部分农

村集体经济实力比较强和农民的要求，试行了不同形式的规模经营，如联片种植、集体农场、绿色车间等。第三步改革是近几年来在全市范围内建立健全统分结合的双层经营机制，发展社会化服务体系。随着改革的深化，涌现出一批农业经营模式和农村工作典型，如桓台县区域化种植、规范化管理、社会化服务的经验；临淄区西单村以牧养农、农牧结合、综合经营、良性循环的经验；高青县常家村种养加一条龙的经验；张店区田家村以工补农、强化管理、注重积累的经验；博山区岜山村高起点、高素质发展村办企业的经验；淄川区峨庄乡、沂源沟泉乡艰苦奋斗、治山治水、以林为主、全面发展的经验和淄川区西河镇发展旱作农业的经验等。特别是桓台县和临淄区西单村的经验，得到了李鹏总理和各级领导同志的高度重视和充分肯定。

在企业改革上求广度深度。淄博市委、市政府总结第一轮承包的经验，努力完善创新，实行企业自主选择，分级分档承包的办法，把承包指标划分为五个档次级别，企业任意选择，这就大大调动了企业承包的主动性、积极性，增强了企业升级意识，提高了管理水平。此经验在《人民日报》头版头条刊登。淄博市还大胆进行股份制试验，自1988年下半年组建山东农药工业股份有限公司和泰山磨具股份有限公司以来，实行股份制的企业的范围不断扩大。国有大中型企业中，有国家、企业、法人、个人共同持股和企业内部职工持股两种；乡镇企业中，有"农户联股合营型""企业内部职工入股型""横向参股联营型""集体财产折股经营型""多元联合群众共有型""技术参股型"六种，周村区被国务院列为全国乡镇企业股份合作试验区。股份制和承包制的发展，出现了两者对接和融合的可能与必要。市委、市政府因势利导，进行新的试验。张店陶瓷厂在承包与吸收职工入股的基础上，实行"利润递增承包股份制"，把股金息红比例与利润超额增幅比例有机地结合起来，探索出一条以较大增长比例保效益，以较小增长比例保分配的企业发展新路子，实现了生产、效益同步增长。

（五）从本地实际出发，协调发展多种经济成分，建立合理的所有制结构

市委、市政府因地制宜，始终把搞好国有大中型企业当作大事来抓，更好地发挥其主体作用与骨干作用。同时，积极发展集体经济，大力发展乡镇企业，目前乡镇企业的产值已占全市工业总产值的1/3，成为国有企业有力的同盟军。市里还结合第三产业的发展，积极扶植个体工商户，制定了个体经济、私营企业发展的实施办法，实行个体工商户的劳动保险制度，鼓励他们开展农副产品、鲜活商品、工业小商品以及饮食、服务、修理等方面的经营活动，直接为大中型企业和城市居民服务。这样，就形成了较为合理的所有制结构。

（六）发挥地方优势，努力培育和发展市场

利用传统的商埠、集市发展市场。周村区是丝绸之乡，又是历史上著名的旱码头，市、区在这里建起了纺织大世界。淄川区的北关大集名闻遐迩，区里在此建起服装城，年营业额达数亿元。

利用特色产品建立专业市场。张（店）—博（山）公路沿线建设了陶瓷百里一条街，博山区建设了机电一条街，建筑之乡桓台建立起木材市场，目前全市专业性的批发市场已达数十处。

利用地理优势，建设鲁中地区的生产资料贸易中心。市政府专门颁发命令，在市中心建起了生产资料贸易中心大楼，利用淄博市作为全省工业生产基地以及在鲁中地区的特殊位置，吸引企业设点经营，市场吸引力和辐射力日益增强。

（七）把现代意识和传统美德融为一体，形成具有地方特点的城市精神

淄博市委、市政府把城市精神建设当作社会主义精神文明建设的重要方面来抓。他们认为，一个国家、一个民族要有精神支柱，一个城市同样也要有自己的城市精神。1987年，经过近一年时间全市上下的大讨论，市委全委会以决议的形式确定"团结实干、争创一流"为淄博精神。这一精神既继承了老区人民勤劳实干、和睦团结的传统美德，又体现了现代竞争意识。淄博精神确定后，市里开动各种舆论工具，广泛宣传，形成强大的舆论氛围，并采取一系列配套措施，把淄博精神落实到基层、个人。淄博精神唤起人们的群体竞争意识，形成了团结奋斗，苦干实干，奋勇拼搏，力争上游的社会氛围。

（八）吸取地方特有的民情民俗和历史文化传统，建设社会主义新文化

发扬"齐文化"和"蒲学"的优势，进行综合性的文化开发。市委、市政府努力开掘本地的文化"富矿"，办好齐都博物馆、殉马坑、蒲松龄故居和书馆，编辑出版《齐文化丛书》，召开国际、国内"蒲学"学术讨论会，创作"齐国戏"和"聊斋戏"；未来还拟建综合型文化旅游娱乐设施"聊斋大世界"，以此弘扬民族优秀文化传统，也推进了旅游事业的发展，为"齐文化"和"蒲学"走向世界打下基础。

继承民情民俗，开展健康的群众文化活动。淄博的元宵灯会有悠久的历史传统，各区、县都有自己的独到之处，市里因势利导，组织群众办灯会，每年元宵节，都有几万盏各具特色的花灯出现于千家万户门前。

陶瓷琉璃引路，文化活动搭台，多种经贸唱戏。利用陶瓷琉璃在

国内外的盛誉，1990、1991、1992 年连续举行了三届陶瓷琉璃艺术节，艺术节期间文化活动丰富多彩，经济效益非常显著。

二、淄博经验给我们的启示

（一）"中国特色"与"地方特点"的结合，是建设有中国特色的社会主义的理论和实践中的重要课题

科学社会主义与中国特色社会主义，是共性与个性的关系；中国特色与地方特点，也是共性与个性的关系。从普遍性、一般性的角度看，各城市、各地区的中国特色社会主义建设具有共同特征，但从特殊性、个性的角度看，它们又各具特色。被人们称道的"苏南模式""深圳模式"等多种样板的出现，正表现出中国特色社会主义绚丽色彩，具有无限丰富性。而这些模式在发展中所提供的新鲜经验，又将进一步丰富和深化有中国特色的社会主义理论。所以，我们应当重视淄博经验，把"中国特色"与"地方特点"的关系，当作有中国特色的社会主义理论研究中的一个重要课题。

（二）实行"中国特色"与"地方特点"的结合，各级党委要作深入的调查研究

要根据"中国特色"的一般理论和要求去研究地方情况，找到理论和实际的结合点，并从与其他地方的比较中发现自己的优势和劣势，这就是淄博同志所说的"吃透上情、摸熟市情、了解外情"。所谓吃透上情，就是要认真学习中央提出的建设有中国特色的社会主义理论和方针政策以及省里有关指示，领会其精神实质。所谓摸熟市情，就

是要在充分发挥调研部门作用的同时，领导保证有 1/3 以上的时间深入基层调查研究。所谓了解外情，就是注意及时掌握外地的情况和动态。淄博市委常委每年都分头到外地取经，博采众家之长，不断推出本市改革发展的新举措、新做法。他们的经验对各地具有普遍的启示意义。

（三）实行"中国特色"与"地方特点"的结合，必须有坚强的、充满活动的党的领导作保证

一个地区、一个城市能否把"中国特色"与"地方特点"相结合，成功地进行现代化建设，关键在于有没有一个坚强的、充满活力的党委领导班子。所谓坚强的，就是要像淄博市委那样，坚定不移地贯彻执行党的基本路线，坚持以经济建设为中心，团结实干，廉洁奉公，从容自如地应对现代化建设的各种复杂局面，真正成为领导建设有中国特色社会主义的坚强核心。所谓充满活力，就是能够开动机器，解放思想，发扬民主，勇于负责，敢于和善于把中央的路线、方针、政策同本地的实际情况相结合，把中央文件的精神同干部群众的思想实际相结合，创造性地工作，不断开拓新局面。

（原载《淄博论坛》1993 年第 1 期）

从实际出发，办有特色的一流基金会

——中国马克思主义研究基金会调查报告

如果把改革开放后全国各地迅速成长起来的基金会比作一个欣欣向荣的百花园的话，中国马克思主义研究基金会是其中一株生机勃勃的茉莉，它虽然不像牡丹那样花朵硕大，雍容华贵，但却小巧秀丽，芬芳扑鼻，独具魅力。

中国马克思主义研究基金会是 20 世纪 90 年代初在苏联、东欧巨变、社会主义遭到严重挫折的形势下，中央党校一些老同志出于坚持和发展马克思主义的目的而发起组织，并于 1992 年登记注册成立的。二十多年来，基金会坚持从实际出发，探索符合自身特点的发展之路，成为一家基金规模虽然不大，但却有特殊社会影响力的优秀基金会。2010 年，民政部授予基金会 3A 级社会组织荣誉称号，2016 年又晋升为 4A 级。

中国马克思主义研究基金会在发展过程中，得到习近平同志的关心和支持。2009 年，在基金会主办的首届"中国马克思主义论坛"开幕之际，时任中央党校校长的习近平发来贺信，向基金会的同志表示祝贺，并对基金会的宗旨、功能、工作重点等提出明确的希望和要求。基金会的同志认真贯彻习近平同志的贺信精神，努力开拓进取，在推进马克思主义理论建设和马克思主义研究人才培养方面不断取得新进展。

一、充分认识自身的特殊性

基金会是利用捐赠资产开展公益活动的社会组织，它具有民间性、公益性、非营利性等特征，按照所从事的公益活动的分类，基金会可划分为扶贫、济困类，扶老、救孤、恤病、助残类，促进教育、科学、文化、卫生、体育等事业的发展类，保护和改善生态环境类等类型。中国马克思主义研究基金会作为基金会大家庭中的一个成员，必须深刻认识、准确把握自身的特点，只有这样，才能把基金会发展的一般规律和自身实际结合起来，闯出具有自身特色的发展道路。

中国马克思主义研究基金会成立以来，经过四届理事会和秘书处的探索，对本会的特殊性和个性逐步有了较清晰的认识。中国马克思主义研究基金会以推进马克思主义研究为宗旨，马克思主义是我们党和国家指导思想的理论基础，必须坚持马克思主义是"四项基本原则"中的一条，因此，中国马克思主义研究基金会是一个具有鲜明意识形态性质的基金会，在全国独此一家。该会性质决定，基金会的共性特征，在该会活动中以富有个性的方式予以体现。

在民间性方面。由于马克思主义是我们党和国家的指导思想，党和政府非常重视马克思主义理论研究，中央组织实施了马克思主义理论研究工程；教育部决定在《授予博士、硕士学位和培养研究生的学科、专业目录》中增设马克思主义理论一级学科及所属二级学科，全国各综合性高等院校纷纷成立了马克思主义学院；从中央到地方，已经形成了党委政府的专业研究部门、社会科学院、党校、高校、军队院校等五个系统的马克思主义研究专业队伍，他们都得到了政府的有力支持。中国马克思主义研究基金会的功能是动员民间资源来推动马克思主义研究，对政府支持起一种辅助作用。但对于企业和社会公众来说，他们向以促进理论研究为宗旨的基金会捐赠的意愿，比向扶贫济困类基金会捐赠的意愿要弱得多；而外企由于意识形态障碍，缺乏向该会捐赠的意愿，因此，相比较而言，该会能够动员的民间力量的对象范围较窄。

在公益性方面。中国马克思主义研究基金会属于促进教科文卫体事业发展类基金会，但又有特殊性，该会的公益性体现在为推进马克思主义理论武装和理论创新增添动力上，体现在为完善马克思主义的学科体系、学术体系、话语体系建功立业上，体现在为壮大马克思主义理论研究队伍提供资助扶持上，归根到底体现在为巩固马克思主义的指导地位服务上。因此，该会的公益性是同党性结合在一起的。

上述特殊性决定，中国马克思主义研究基金会在募捐和公益资助方面都表现出自己的特点。

在募捐对象和募捐方式方面。中国马克思主义研究基金会把募捐对象主要定位在地方政府和国内企业尤其是民营企业上，外企不列入募捐的视野。在募捐方式上，他们主要采取在热心于马克思主义研究事业的企业和个人中进行劝募的定向募捐，特殊情况下，也通过报刊、互联网等媒体发布募捐信息进行公开募捐。

在资助奖励对象上。该会资助奖励的是一个特殊群体，即从事马克思主义和中国特色社会主义理论研究的专业理论工作者、党政干部和青年学生，从总体上说，这个群体不是社会弱势群体，所以，同扶贫济困类的基金会不一样，该会资助奖励的目的不是改善资助奖励对象的物质生活状态，而是对他们的优秀成果给予精神激励，为他们的精神生产提供更好条件，鼓励他们为坚持和发展马克思主义多作贡献。

对本会的特殊性的认识，使得基金会的同志能够从实际出发，探索自己的发展之路。

二、把"依托党校，面向全国，服务于马克思主义研究事业" 当作工作方针

基金会是社会组织，具有民间性，但这并不意味着基金会同执政党和政府之间"老死不相往来"，通过购买服务，提供财政资助等方式扶持基金会发展，是各国政府的通行做法；在基金会建立党组织，开展党的活动，是我国国务院制定的《基金会管理条例》明确规定的。

中央党校是中国马克思主义研究基金会的主管单位。中央党校既是培养党的高中级干部的学校，又是马克思主义理论研究的重要阵地，中央党校的性质与中国马克思主义研究基金会的宗旨是完全一致的。正是依托于中央党校，中国马克思主义研究基金会才得以诞生，基金会要求得发展，也必须立足党校、依托党校、服务党校。只有这样，才能确立起发展的根基。

依托党校的组织支持和财力支持。中央党校校委对该会高度重视。三届理事会的理事长都由中央党校副校长兼任。校委多次会议研究了涉及基金会的事项，还将关系全校工作大局的基金会活动列入校委年度工作要点。该会注册资金是由中央党校函授学院提供的，中央党校各直属

单位是该会重要捐赠单位。

努力服务党校。基金会成立以来，就把中央党校的研究项目的资助作为重点，先后资助了"马克思主义基础理论教育""当前党政干部关注的若干重大思想理论问题""共产党先进性研究""社会主义通史"等数十项有关马克思主义基础理论和社会主义现代化建设中重大实际问题的研究课题。2003 年底，在中央党校校委的支持下，基金会设立了中央党校"教学科研专项基金""人才强校专项基金""学科建设专项基金"（简称中央党校"三项基金"），对教学、科研、学科建设、人才扶持等进行全方位的资助奖励。截至 2016 年，共资助奖励教学科研项目856 项，学科建设项目 122 项，人才强校项目 112 项，受到资助奖励的教学科研人员和管理人员达数千人次，累计资助奖励金额 2500 多万元。中央党校工作人员特别是教研人员普遍反映，从 2003 年到 21 世纪 10年代中期的十多年时间内，在财政资金难以满足党校建设所需资金需求的情况下，中央党校"三项基金"的资助奖励，对党校教学科研、学科建设、人才培养起到了"雪中送炭"的作用。

把立足党校与面向全国有机结合起来，充分发挥该会作为带"中国"字号的全国性基金会的功能。基金会在发展过程中，不断拓展服务全国的功能。在全国五个系统的马克思主义研究专业队伍中，就人数而言，党校系统教师和研究工作者居首位，该会把对全国党校系统教师和研究工作者的资助奖励摆在重要位置，2001 年在全国党校系统开展了"纪念中国共产党成立八十周年有奖征文活动"，共收到征文 1000多篇，在全国党校系统和理论界产生较大影响。此后，基金会又将资助奖励范围向全国理论界拓展。在 2008 年马克思诞辰一百九十周年、《共产党宣言》发表一百六十周年之际，基金会成功举办面向全国的"《共产党宣言》与中国特色社会主义"有奖征文活动，获奖论文作者遍及全国多个省份和各个系统。2009 年，基金会创办每年一届的"中国马克思主义论坛"，以马克思主义中国化为总主题，一年一个分主题。习近平同志为首届论坛发来贺信，殷切希望"把中国马克思主义论坛办成发表马克思主义研究新成果，推动马克思主义中国化、时代化、大众化的有影响力的平台"，按照习近平同志的要求，基金会的同志奋发进取，连续 12 年精心组织论坛，出席论坛的理论工作者和党政干部达 7000 多人次，遍布全国各省，很多来自基层，"中国马克思主义论坛"已成为引导力强、影响范围广、可持续的大型理论交流平台。在创建"中国马克思主义论坛"的同时，基金会还创办了两年一届的"全国马克思主义研究优秀成果奖"评选，2009 年底，经全国清理规范评比达标表彰工作联席会议办公室审核，上了中央机关评比达标表彰保留项目目录。到 2020 年止，已举办 6 届评选，共奖励优秀著作奖获奖作品 38 件，优秀论文奖获奖作品 82 件，优秀组织奖获奖单位 22 家。2018 年，为使该奖项更多惠及青年后备人才，基金会又在奖项中增设"全国马克思主义理论学科研究生优秀论文奖"子项，当年在全国党校、高校、社科院系统马克思主义学院（研究院）中开展评选，评出获奖作品 170 件，优秀组织奖获奖单位 20 家。经过多年打造，该奖项已成为全国马克思主义研究领域唯一的同时面向教学人员、研究人员、青年学生等各个群体的奖项。

充分发挥基金会会刊面向全国的辐射作用。该会会刊《理论视野》是面向国内外公开发行的综合性思想理论刊物。《理论视野》以发表马克思主义和中国特色社会主义最新研究成果为宗旨，以"思想解放、理论前瞻、视野开阔、文风活泼"为办刊风格，通过多年努力，在社会上产生较大影响，先后进入中文社会科学引文索引来源期刊、中文核心期刊、中国人文社会科学核心期刊行列。在《新华文摘》《中国人民大学复印报刊资料》《报刊文摘》《文摘报》等重要转载类报刊具有较高的转载率，《理论视野》与基金会组织的重大活动相得益彰，扩大了基金会在全国的影响。

三、不求做大，把做优当作努力方向

基金会是"过路财神"，募捐能力和资助能力，是衡量基金会发展水平的重要指标，"大进大出"则是被人们用来形容优秀基金会的一个常用词语。中国马克思主义研究基金会在发展过程中，也曾提出过"做大做强"的口号，但实践证明，无论他们多努力，基金总量总是在5000多万元这个水平上，比起那些每年捐赠收入和资助金额都过亿，基金总量达十多亿甚至几十亿元的基金会，差距甚大。该会的同志认识到，作为一个以推动理论研究为宗旨同时具有很强意识形态性质的基金会，难以求做大，而应以做优作为努力方向，通过优秀的项目、优质的服务、优良的管理和独树一帜的贡献，在公益慈善领域赢得声誉。

打造品牌，通过优秀的项目扩大社会影响。2009年，基金会创办了中国马克思主义论坛，习近平同志向论坛发来贺信，基金会的同志按照习近平贺信要求，奋发进取，开拓创新，不断提高论坛的水平和影响力。在论坛主题选择上，他们注意紧扣马克思主义中国化进程中的重大理论和实际问题，发表演讲的都是国内顶尖专家，这就引起与会者的浓烈兴趣和社会的广泛关注。在论坛的举办方式上，他们注意不断改进，2012年起，与中央党校培训部合作举办，依托中央党校学员和教师资源优势，整合教与学两种资源，让从事理论研究的专家学者和来自实践第一线的干部学员同台演讲，让社科界高端智力资源与党政干部学员实践经验相互碰撞，深化了对问题的研究。2019 年，他们又将论坛和高端智库结合起来，发布对中国马克思主义研究的现状、走向的总结展望和咨询建议。2020 年，他们同德国艾伯特基金会和英国马克思恩格斯人文交流学会合作，举办以纪念恩格斯 200 周年诞辰为主题的论坛，使论坛朝着国际化的方向迈进。中国马克思主义论坛的发展，引起社会的广泛关注。《人民日报》《光明日报》《经济日报》《学习时报》等中央报刊多次在要闻版面发表有关论坛的报道，中央电视台新闻联播等重要新闻节目多次播发论坛消息；国家开发银行、宝钢集团、中国出版集团等企业都向论坛作了捐赠；论坛在理论界的影响力不断增强，出席论坛人员的范围越来越广。中国马克思主义论坛已成为中国马克思主义研究基金会一个耀眼的品牌。

中国马克思主义研究基金会的资助奖励对象是从事马克思主义教学研究的理论工作者，基金会努力为他们提供优质的服务。首先，在项目设置上坚持需求导向。中央党校"三项基金"资助奖励项目，就是根据中央党校教学科研人员的需求而设立的。在项目执行过程中，他们又不断关注形势的变化和需求的变化，与时俱进，改进和完善项目。2011 年、2017 年两次组织对各教研部门的调查，听取一线教研人员的意见，在中央党校有关部门的支持下，两次出台项目方案修订版。其次，在受助人选择上坚持公开、公平、竞争、择优的原则。中央党校"三项基金"资助的教学科研项目及主持人，都是通过公开招投标、专家评审、全校范围内公示产生的；教学项目的结项，以学员打分为依据，科研项目的结项，由专家评审决定。全国马克思主义研究优秀成果奖评选，坚持三轮专家匿名评审，最后由终评专家组投票表决产生获奖者。为搞好全国马克思主义理论学科研究生优秀论文评选，基金会与南京大学社会科学评价中心合作，设立了专业网络评选平台。最后，资助资金使用上力求手续简便。为帮助受助人把更多的精力投入到教学研究中，基金会在遵守国家有关财务规定的前提下，尽量简化在财务报销方面的手续，让大家少跑路、少填表。优质的服务，使基金会获得受助人好评。

除向受助人提供优质服务外，基金会还发挥智力优势，同作为捐赠方的地方政府合作调研，总结和推广经验。20 世纪 90 年代，基金会曾组织专家学者调查总结珠海市和山西省的经验，出版了相关著作。21 世纪以来，该会又先后组织开展了浙江省落实科学发展观的实践与经验、成都市城乡一体化建设、郑州市和谐社会建设、湖南省实施"一化三基"战略、西藏自治区创新社会治理体系、美丽乡村建设等项调研，调研成果得到当地领导同志的赞扬，时任湖南省委书记张春贤曾在湖南省的调研报告上批示："高水平的调查报告，高水平的建议。"各项调研成果都在《学习时报》等媒体或内参发表，有的还作为案例，进入了中央党校课堂，这对于介绍和推广地方的成功经验起到了良好作用；地方政府在与基金会合作中增进了对该会事业的了解，大多向该会作了捐赠；参与调研的理论工作者通过接触实际，了解和总结改革开放和现代化建设的新鲜经验，提升了他们理论联系实际、分析和解决问题的能力，地方调研产生了多方面的效果。

四、加强基金会的文化建设，把正确的价值观当作建设小而优基金会的思想保障

基金会的事业是慈善事业，募的是善款，做的是善事。基金会的事

业又是阳光事业，要求信息公开，运作透明。中国马克思主义研究基金会的意识形态性质，又使它比一般的基金会具特殊的要求。这些都使得中国马克思研究基金会的价值观建设显得格外重要。

中国马克思主义研究基金会对此有清醒的认识，2008年，他们提出"忠诚热诚，贡献奉献，敬业专业，自律他律"的基金会文化。"忠诚热诚"指的是对本会宗旨，即马克思主义研究公益事业的态度；"贡献奉献"指的是基金会作为慈善组织的普遍性要求；"敬业专业"指的是职业操守；"自律他律"指的是反腐倡廉方面的要求。他们将基金会文化的十六字内容贯彻于各项制度中，落实于行动中，使其真正成为行为规范。

把基金会文化当作制度建设的灵魂。基金会成立以来，高度重视制度建设，坚持以制度管人、管事、管权，仅中央党校"三项基金"资助奖励项目的制度就有10多项，覆盖募捐与监督、项目管理、财务管理、绩效评估、运作机构等各方面。2008年以后，办事机构以国家的法律法规为准绳，按照基金会文化的十六字要求，系统整理与修订基金会的规章制度，并于2013年初印制《规章制度汇编》，发给工作人员每人一册；2020年，又对其进行了重新修订。《规章制度汇编》包括总则、基金管理制度、项目管理制度、人事工资管理制度、行政管理制度、财务管理制度、《理论视野》杂志社编辑管理制度七个部分，条文的字里行间都体现出坚守宗旨的执着与热忱、从事公益活动的专业与规范、廉洁自律方面的严格与透明。

把基金会文化渗透到日常行动中。基金会在内部反复学习和宣传十六字文化，让基金会价值观深入人心。同志们秉持"贡献奉献"的精神，寻求实现基金保值增值的有效途径，先后在财政部支持下购买国债、同国有金融机构进行理财产品合作，共获得增值收入 2000 多万元，具体联系的同志分文未取。2020 年春季，在支援武汉抗击新冠肺炎疫情募捐活动中，"贡献奉献"的精神进一步发扬。基金会成立党员突击队，开启公募平台，24 小时值守，短时期内募得捐款 52 万元，募得捐赠物资法兰绒毛毯 500 条、凝胶免洗消毒洗手液 1680 瓶、管道疏通粉 13200 瓶、湾坡鸭 199 箱，基金会将捐赠款物以最快速度送达武汉抗疫前线。基金会还通过一家国内企业，联系德国一家中资企业捐赠 5 万件防护服给武汉 5 家医院，联系两批由英国华人企业捐赠的杀毒净化设备运达武汉抗疫第一线，联系广州白云山光华制药公司向伊朗捐赠价值 11 万多元的抗疫药品。此外，还为中央党校对口扶贫县募得 300 套防护服和 300 只护目镜。基金会的抗疫募捐不仅成效显著，而且做得专业规范，透明公开，许多捐赠单位和受助单位发来感谢信或表扬信，对基金会的善举表示高度称赞。

（原载《学习时报》2021 年 6 月 18 日，收入文集时有修改）

奥林匹亚访古

　　有人这样说，人类历史长河中，除了宗教这一古老社会文化现象外，奥林匹克运动可称得上是一个历史最为悠久的社会文化现象。2004 年 10 月下旬，笔者随中国记协组织的中国新闻代表团访问希腊期间，在希腊政府新闻总秘书处的安排下，有幸踏上奥林匹克运动的发祥地奥林匹亚。

　　奥林匹亚是伯罗奔尼撒半岛西部丘陵地带的一座小镇。"山不在高，有仙则名。"小镇因为奥林匹亚遗址公园而闻名遐迩。从西北入口处进入遗址公园，展现在我们面前的便是一幅圣地景象：北倚科罗努斯山，南向阿尔菲奥斯河，古木参天，绿草茵茵，按中国人的说法，这里绝对是一块"风水宝地"。位于"风水宝地"中心位置的是阿尔蒂亚斯神域。神域内有宙斯神殿和宙斯之妻赫拉神殿的遗址。建于 2000 多年前的神殿历经战争和地震灾害早已成为废墟，但宽大的地基和巍峨耸立的石柱告诉人们当年的辉煌。始于公元前 8 世纪的奥林匹克竞技会就是为祭奠神灵而举办的。赫拉神殿前的祭坛，是古代奥运会和现代奥运会采撷圣火的地方。祭坛旁的说明牌上，镶嵌着现代奥运会在这里采撷圣火的照片。阅读着说明牌上的文字，端详着照片上两位白衣少女采撷圣火时的虔诚姿态，笔者的思绪飞到了 2000 多年前。相传古代奥运会召开前，有几名运动员从这里采撷圣火，然后手持火炬跑遍希腊全国，向人们传递"神圣休战"的神谕。圣火的光芒唤醒人们沉湎于战争的心灵，圣火所到之处，城邦间的征战便告休止。成千上万的古希腊人从四面八方赶到奥林匹亚，举行一场友谊和平的竞技盛会。和平、休战，是古代奥运会所体现的重要价值理念。

神域的东北角，是圆拱形的运动场入口通道。穿过通道，古代奥运会运动场便豁然呈现在人们眼前。200 多米长、30 多米宽的马蹄形比赛场静静地躺在中央，石灰石的起跑线清晰可见。四周则是巨大的坡形看台。代表团的朋友们情不自禁地来到起跑线前做起跑动作。此情此景，使笔者联想起 2004 年奥运会在这里举行铅球比赛时，一位著名美国运动员的话："当太阳照耀在我的头上时，我突然感觉到了一种历史的召唤。"是啊，此时，历史不同样在向我们发出呼唤吗？在这块诞生于 2000 多年前、曾经举行过 200 多次古奥运会的赛场上，曾经有多少选手同场竞技，又演出过多少威武雄壮的活剧？他们无论贵族，还是平民，都民主平等地参与；选手们赤身裸体地进行角逐，他们把对完美健康人体的崇尚，对生命力的张扬，当作对神的最好的祭奠。马克思在谈到古希腊艺术和史诗时说，它们至今"仍然能够给我们以艺术享受，而且就某方面说还是一种规范和高不可及的范本"。其原因呢？原因就在于，在历史上的人类童年时代，有许多古代民族是"粗野的儿童和早熟的儿童"，而"希腊人是正常的儿童"。古希腊人表现出的人类童年时代"发展得最完美的地方"，"作为永不复返的阶段而显示出永久的魅力"①。马克思对古希腊艺术和史

---

① 《马克思恩格斯选集》第 2 卷，人民出版社 1995 年版，第 29 页。

诗的论述同样适用于奥林匹克运动，古代奥运会留下的人类健康童年纯真无邪、天真嬉戏的历史印迹，值得人类永远回味。在古代奥运会运动场西侧，神域的周围，分布着运动员宿舍、练习场、浴室等设施。在2000多年前的古希腊，人类居然就创造出如此宏大而完备的运动会设施，确实令人震撼。

遗址公园的北侧，建有考古博物馆。为举办2004年雅典奥运会而整修一新的博物馆，是今年4月才重新开放的。博物馆里展示了从奥林匹亚遗址出土的文物。其中最吸引人的，自然是精美的雕塑。这些雕塑人物，无论是奥运会的获胜运动员，还是神话英雄，无不以匀称的身材、发达的肌肉，展示出人体美的魅力。是奥林匹克启发了雕塑家的灵感，还是雕塑推动了奥林匹克，人们不得而知。但从雕塑人物奔放的姿态、健美隆起的肌肉中，人们能真切感受到对人自身的赞颂。古希腊人认为，"完美的、充分发展的人体是最具神圣意义的"，这不是古希腊人文精神的最好注解吗？

走出考古博物馆，笔者漫步在遗址公园的石柱之间，迎着西下的夕阳，更感到一种历史的苍凉。笔者突然觉得，自己找到了曾经思索过的问题的答案：奥林匹克运动为什么能够传承几千年，而且在世界上的影响越来越大？不就是因为它体现了一种人类永恒的价值吗？这种永恒的价值，正如希腊政府新闻总秘书处秘书长里瓦达斯先生所概括的，就是和平、休战和人文主义精神。这些精神，为充斥着战争纷争和人类间不平等的现实世界所需要，也为未来世界所需要。

19世纪，当埋藏在地下千余年的奥林匹亚遗址经过挖掘而重现天日的时候，有位西方学者说了这样一句话：埋藏在黑暗深处的东西，是来自我们生活的富有生命力的东西。的确，奥林匹亚以其强大的生命力和永恒的价值，成为永久的圣地。

〔原载《光明日报》2004 年 12 月 17 日，收入《就恋那一星星绿（求是园散文选集）》，中国人民大学出版社 2007 年版〕

珍爱环境　珍爱生命

——奥地利环境保护调查手记

　　奥地利的水晶项链举世闻名。奥地利人以制造首饰般的精细，保护他们的雪域高原，使之如同水晶项链一样，晶莹剔透，美不胜收。

　　奥地利是欧洲著名山国，山地和高原占国土面积 80% 以上。东阿尔卑斯山由西向东，横贯全境。山区中央地带，耸立着许多 3000 米以上的高峰，高峰山顶终年白雪皑皑；冬季多雪，滑雪成为奥地利最吸引人的旅游项目。冬季假如不下雪，对于奥地利旅游业和国民收入都将会是灾难性的。

　　2008 年冬天对于奥地利人来说是幸运的。初冬时节，一场大雪如期而至。雪霁之后，笔者随中国新闻代表团来到奥地利考察环境保护。在奥地利联邦总理府新闻局的安排下，我们从维也纳出发驱车西行，前往萨尔茨堡州参观考察。随着从平原进入丘陵，再进入山区，地势越来越高，积雪越来越厚，到后来，映入眼帘的完全是一幅雪域高原的情景：阿尔卑斯山脉连绵不绝，山麓覆盖白雪，一块块如同相接无缝的白地毯，山腰绿树葱茏，如同一望无际的绿色腰带，山顶白雪皑皑，像数不尽的一顶顶闪亮皇冠。这美丽的雪景随着山势连绵起伏，像是一首抑扬顿挫的伟大乐曲。在这个"音乐之国",大自然也具有音乐的灵性。

第一站是萨尔茨堡市,这座以莫扎特的故乡和电影《音乐之声》的故事发生地和拍摄地闻名的城市,又被称作"白金之城"。因为"萨尔茨"一词在德语中是"盐"的意思,古代萨尔茨堡人把当地盛产的盐矿称作白金,"白金之城"因此得名。登上古老的萨尔茨堡城堡,向四周远眺,环抱的雪山在阳光下闪闪发光;俯瞰下方,覆盖着积雪的各色古建筑鳞次栉比,萨尔茨堡大教堂青铜色的圆顶、修女山修道院红色的尖塔,在白雪的映照下分外醒目。清澈的萨尔茨堡河蜿蜒曲折地从城市中间流过,把古城和新城各分一侧。"白金之城"与皑皑白雪交相辉映,绘就一幅令人陶醉的美景。

雪域的更精彩之处还在阿尔卑斯山深处。在萨尔茨堡市住宿一夜后,第二日我们沿着蜿蜒的山谷公路,来到萨尔茨堡市西南百公里外的米特西尔镇。米特西尔位于东阿尔卑斯山中央地带的高特劳恩国家公园内。国家公园面积 1800 平方公里,横跨萨尔茨堡、蒂罗尔、克恩滕三个州。公园内雪山高耸,海拔 3797 米的全国最高峰大格洛克纳山就在其内。我们的落脚地米特西尔镇是国家公园萨尔茨堡州境内的管理处所在地。管理处是由欧盟、奥地利联邦、萨尔茨堡州三方投资 1100 万欧元兴建的,它除了负有管理职能外,还办有"国家公园世界"展览馆。在热情的管理处长沃尔罗的陪同下,我们踏过厚厚的积雪,走进展览大厅。整个展览分为地形地貌、地质、动物、森林、水资源、冰川六个馆。现代化的声光电和实物展览,向观众生动展示了公园的全貌和滑雪等旅游活动地,同时又宣传了国家公园建设所秉持的价值理念。大厅入口处,电视屏幕上伫立着一只矫健的雄鹰,随着雄鹰展翅翱翔,我们的视线也从电视片上俯瞰国家公园的所有风光带。电视屏幕一侧,是巨大的地形地貌沙盘。"国家公园"的峰峦叠嶂、深沟险壑、森林植被、冰川湖泊、大道小路、一览无余。解说人向我们介绍，为了使纷至沓来的游人不致破坏环境，整个园区分为三大区域：允许人居住的外围区、不允许人居住的核心区以及不允许人进入的特别保护区。三个区域的划分体现了国家公园建设的核心理念：保护与利用相结合。这种理念在展览中处处体现。展览的各个馆中，都展示着大自然的壮美和登山、滑雪等各类旅游胜地的妙趣，同时，又表达着对气温变暖、生态恶化的忧虑，以及人们为保护自己的家园而作出的种种努力。在地质馆，我们了解到，此地出产绿宝石，相传当年英国女皇皇冠上的绿宝石就来自此地，而且被认为是唯一正宗的。现如今，为了保护地貌和矿藏资源，政府规定除科研活动外，不允许开采宝石，而且科研活动所获取的宝石，首先要由当地博物馆收购，个人收藏要履行极为严格的审批手续。展览的设计者非常重视向青少年进行保护环境的教育。动物馆内孩子可以藏身其中的洞穴，模拟攀岩上充满童趣的抓手脚蹬，供观众控制的景观开关低高度安置，等等，无不体现出设计者的用心良苦。保护环境事关千秋万代，让孩子们从小就懂得珍爱自己的家园，这确实是一件大事。终馆前的最后一件展品是冰川变化的演示。一个类似驾驶盘的装置带动壁挂的液晶显示屏，观众转动驾驶盘，阿尔卑斯山地区最大冰川从两千年前到 2007 年之间的变化状况在显示屏上一目了然。充分发育的冰川是奥地利雪域高原的一大特色，展览设计者把随着年代演变气温逐渐变暖、冰川逐渐缩小的演示作为终场节目献给观众，其目的显然是在提示每一个参观者，尤其是奥地利人在走出展馆时不要忘记环境保护。

奥地利的冬天白日很短，下午 4 点多钟天就开始黑了。暮色苍茫中，我们走出展览馆，踏上主人为我们安排的马车。小镇处在山谷地带，两侧都是峻峭的山峰。马车缓慢行驶在山麓的小路上，白雪映衬下，车灯摇曳，马蹄踏在雪地上，发出发闷的嘚嘚声。车轮碾过雪地，沙沙作响。唯有马车夫的吆喝声在空旷的山谷里显得格外脆亮。突然，几个孩童在雪地嬉戏的身影进入眼帘，远处，米特西尔镇圣诞市场上儿童合唱团的歌声随风飘传过来。人、自然、神灵如此和谐地融为一体，我们有恍若在天国的感觉。

米特西尔之夜，我们住在克里默尔瀑布附近一座建在半山腰的家庭旅馆里。旅馆是典型的阿尔卑斯山区建筑，坡顶、大阳台、通体用木头建成，室内家具也是木本色。热情的旅馆主人称我们是他接待的第一批中国客人。清晨，推开木门，站在阳台上向外观看，一个银装素裹的美丽世界呈现在眼前。黎明的灰蓝天色和连绵雪山顶衔接在一起，晨曦透过云层，投射在雪山上，映衬出高山的雄健。山腰以下，挺拔的杉木林连成一片，为雪山系上一条望不到尽头的深绿色腰带。山谷里莽莽雪原之中，散落着一幢幢原木结构和大坡顶的村舍，恬静安详。白雪、绿树、黄木房，如此和谐地组合在一起，呈现出一种原生态的美。笔者想起中国作家冯骥才的《乐神的摇篮——萨尔茨堡手记》中的一段话："这片天国般的风光实际上承受着极大的压力。冬天时大雪蒙山，这压力来自滑雪爱好者；夏天里冰雪融化，带来压力的是游客。每年冬天，单是来到滑雪胜地萨尔巴河新格兰特镇的滑雪爱好者就有 120 万人；到了夏天，只是弗歇尔湖的游客就在 50 万以上。可见，旅游收入已经关系到这些地方的经济命脉。至少 60% 的经济收入直接来自旅游与滑雪。""但他们决不会毁掉自己的家园，换成现金。比如那种方便游客却破坏景观的缆车，自 1922 年以来就没有再建新的缆车线路。另一方面他们的目标也很明确，就是不再吸引更多的游人到这里来，也就是始终要把游客的数量限定在可以良性运行的范围内。"这段话生动而具体地表现了奥地利人在商业利益和保护环境发生矛盾时所采取的态度。今天，尽管旅游已成为奥地利的重要产业，2006 年占到 GDP 的 8.7%，但奥地利人还是使挣钱让位于保护家园。眼前的原生态美正是奥地利人不惜牺牲眼前利益，精心呵护雪域高原而得来的。

克里默尔瀑布是参观国家公园的最后一站。冬日的瀑布虽然没有夏日那般喧哗，但飞流直下的动感和雪原的静谧相反相成，倒也成就另外一番风味。这个据称为欧洲地区落差最大的瀑布，曾有过水电开发的动议，但因为老百姓反对，所以作为自然景观保护起来。据奥地利有关官员介绍，经过全民公决，在奥地利，不仅核电，连水电也都在禁止之列。

返回维也纳的路上，随着东阿尔卑斯山腹地渐行渐远，雪域美景逐步离我们远去，但两日来的参观印象却镌刻在我们的脑海里。神奇而美妙的雪域高原是上帝慷慨地赐给奥地利人的，也是奥地利人百般呵护才得以完美保存的。其实，强烈的环境保护意识又何止体现于呵护雪域高原呢？笔者想起到奥地利的第一天，维也纳市议员、环境委员会主席瓦朗丁先生向我们系统介绍地处平原的维也纳市在大气保护、水资源利用和污水处理等方面的情况。为了减少汽车尾气排放，他们采取了城市道路多功能化、鼓励自行车和步行，大力发展公交，限制市中心区停车时间等多种措施，见到明显效果。原定的从 1999 年起 10 年减排 200 万吨二氧化碳的指标，到 2006 年就提前完成了。垃圾处理的制度和技术更是堪称一流。维也纳市实行垃圾分类投放和收缴垃圾费制度。街头和居民院内，塑料、生物垃圾、纺织品、废纸和玻璃等分类垃圾桶整齐摆放。随着经济发展和人口增多，虽然垃圾和废旧材料总量上不断增长，但是送到垃圾处理厂的东西却越来越少，其原因就在于通过分类可利用的垃圾量日益增长。分类后不可利用的垃圾由 70 辆市政垃圾车运送到垃圾处理厂，通过焚烧给居民供暖。普发费努垃圾处理厂就是三大处理厂之一。这座现代化的垃圾处理厂每天能处理 700 多吨垃圾，为 4 万户居民供暖。当我们来到位于维也纳第 11 区的这座工厂时，难以置信它竟会是垃圾处理厂。美观洁净的厂房，散落着积雪的绿茵茵的厂区草坪，没有灰尘，没有异味。原来，这里所有垃圾都是在密封中处理的，垃圾处理过程中产生的有害气体的 90% 都进行了无害化处理。登上厂内电脑控制的操作台，透过玻璃窗，能看到巨大的抓斗搬动垃圾投向 1000 多摄氏度高温的焚烧炉。焚烧后产生的废渣经吸收金属后，大部分可用作建材，实在无法利用的才进行填埋。世上没有废物，只有有用物品摆错了地方，循环经济的一句名言，在这里得到验证。正因为奥地利人高度重视环境保护，像珍爱洁白的雪域一样珍爱城市，才使得这座音乐名城空气清新，成为欧洲人均二氧化碳年排放量最低的城市。

思绪像流水一样汩汩流动，不觉间，车轮已驶进维也纳市区。多瑙河静静流淌，穿城而过。奥地利人说，他们也不明白，为什么在施特劳斯笔下，多瑙河会成为蓝色的。的确，阳光下的多瑙河不是蓝色的，但却是洁净透明的。奥地利人凭着自觉的环保意识和先进的环保技术，创造了像水晶一样晶莹剔透的雪域、天空和水流。

（原载《光明日报》2009 年 2 月 12 日，收入时有修改）

韩国印象记

1993 年 2 月，笔者随山东省淄博市一个代表团到韩国大田市考察，由于时间较短，所到之处，只是走马观花，感触较深处，记于笔端，称之为"印象"。

一、卫生与礼貌：国民素质的表现

韩国人讲卫生的习惯，在我们踏上韩国领土后就鲜明地感受到了。飞机抵达汉城金蒲国际机场时已是暮色苍茫，大田市中部产业株式会社的姜先生冒雨从百公里外赶来迎接我们。汽车驶上汉城至大田的高速公路后不久，便在一处停车场停留下来。姜先生安排我们在一家快餐店就餐，快餐店不大，却相当整洁：地面光亮照人，玻璃柜一尘不染，餐桌整洁如新。吃完热汤面和米饭团后，我们转身准备奔向停车场。姜先生和司机却留下来，把桌上的食品盒、塑料纸、筷子等一一扔进垃圾桶，并用手纸把汤迹擦拭干净，就如同在家里饭后收拾餐桌一样认真。这一切，都是在没有任何人监督和指点的情况下发生的。

到达大田市后，进入紧张的项目考察工作。无论是在企业考察，还是漫步街头、出入宾馆饭店，随时随地都可以感受到韩国人的爱卫生。大田作为韩国直辖市之一，建筑并不宏伟，街道却非常整洁。清晨，家家户户把垃圾袋整齐地码放在门口，等待环保人员收取。街上见不到随地吐痰、乱扔纸屑果皮的，路边偶见的瓦砾堆都用铁丝网围了起来。进快餐店，照例是顾客自己送洗餐具，打扫餐桌。

韩国有"礼仪之国"的美称，彬彬有礼，是国民的一个特征，有几个镜头印入笔者的脑海，使笔者难以忘怀：在中部产业株式会社，姜先生向我们介绍一位常去中国的职员，这位年轻人离开办公桌，向我们深深鞠一躬，做自我介绍；在韩国新药参观完毕，我们驱车离开厂大门，门房的值勤人员恭敬地鞠躬致意；在一家企业食堂临时用餐时，厂长和员工先站立鼓掌欢迎，再坐定动筷弄勺，看得出来，这一切都不是有意准备的，而是自然的习惯。

也许有人会说，韩国人爱卫生，是由于朝鲜民族有良好的传统；重礼仪，则是儒家汉文化影响的结果。这些见解都不无道理，但是更深刻的原因，还在于他们重视教育。以 1984 年人口计算，韩国平均每 40 人中就有 1 名在校的大学生或研究生，全国实行初中义务教育，积极发展技术教育和职业教育，建立和实行终身教育制度，发达的教育培养出良好的国民素质，讲卫生和懂礼貌不过是国民素质的一种表现而已。

二、韩国人的"国货意识"

漫步韩国街头，我们议论的一个热门话题是：这里几乎见不到外国汽车。街面上浩浩荡荡的汽车流，无一例外地挂着"大宇""现代"等韩国公司的商标，"奔驰""丰田""尼桑"等世界著名商标，几无踪影。记得在国内常见到一句广告词：车到山前必有路，有路必有丰田车。可在韩国，"丰田神话"也成了泡影。

　　风靡世界的日本车何以打不进邻近的韩国？我们从接待方中部产业株式会社社长尹先生那里寻找答案。这位出生在中国的韩国企业家，对中国人民怀有友好的感情。近些年来，为了发展中韩间的经济合作，他在大陆与半岛之间飞来飞去，岁月的沧桑给他的两鬓染上了缕缕银丝。我们这次访韩，就是去洽谈成立合资企业的。抵韩后，尹先生驾着他那辆白色的现代牌小轿车，载着我们往来穿梭于各家企业之间，紧张地考察、洽谈、签约，旅行途中，他手握方向盘，时常情不自禁地夸耀自己这匹勤快的"坐骑"。他说，这辆车买了三年，从来没有出过大的故障。谈吐之间，自豪之情溢于言表。当我们问起日本车何以打不进韩国市场时，他答道，韩国人爱用国货，以使用国产车为荣。他举例说，他的一位朋友 H 先生有一台美国车，朋友们常以此拿他寻开心，弄得他平时不大好意思把车开出来。尹先生平静地讲起这则小故事，但在我们心头却引起了惊讶。

　　说也真巧，两天后，我们居然乘坐了这台美国车，也有机会实地体会一次外国车在韩国所受到的"特殊待遇"。那天，H 先生用他那台美国车接我们去参观他的企业，尹先生驾着"现代"与我们同行。返程路上，尹先生引导我们驶上一段蜿蜒的山间公路，正当我们为两旁苍翠欲滴的树木和充满异国风采的亭阁所陶醉时，前方出现了一座交通岗亭。尹先生的车顺利通过，我们的车却被礼貌地拦下了。交通警察一一检查完我们的护照，才示意准予放行。汽车重新发动后，司机发出嘟嘟囔囔的埋怨,虽然语言不通,但我们大致能猜到,他是在怪这台车太引人注目。

一番亲身经历,使我们明白尹先生所讲的故事并非荒诞之言。使用国产车,已成为韩国民众的共同习惯,而外国车则"物以稀为贵",会引起人们的新奇和注目。韩国人的"国货意识"从何而来?我们刨根问底,同老年人谈,也同青年人谈。不同的人从不同的角度谈出自己的看法。年轻人强调买国货实惠,他们说,进口车征收关税后,市场价格较高,而国产车价格低,1 万美元就能买辆中档车,质量也不错。年龄大的人同尹先生的看法大体一致,即把使用国货同爱国联系在一起,强调民族自豪感。他们还如数家珍地谈起韩国汽车工业后来居上的奇迹。20世纪 60 年代,他们还只是敲敲打打地维修改装美国车。20 世纪 70 年代全国汽车产量才 12 万辆,20 世纪 80 年代以来短短的十多年中,在政府的宏观调控下,按照市场法则进行合理化重组,崛起了几家大型汽车集团,1993 年全国汽车产量达到 200 万辆,50% 以上为出口。话说到这里,自然又同年轻人的看法有了共同处:在国际市场日益开放的情况下,"国货意识"要以民族工业的振兴、本国产品的质优价廉为基础。这样说,并不是排斥爱国精神对大众消费心理的影响,在大田,随时可以感受到弘扬民族精神的浓烈氛围:企业家办公室里、职工会议厅内都插着或挂着韩国国旗;闹市街头的大型广告栏、高楼顶端的彩色霓虹灯,宣传的都是本国企业和产品;为迎接 1993 年世界博览会在本地举行,一座气势恢宏的博览会城已经拔地而起,会标、吉祥物的图案街头到处可见,这一切,都会使国民耳濡目染,受到教育。但是,对于消费者来说,选择国货还是舶来品的标准,最重要的毕竟还是质量与价格。

三、"吃剩了罚款"

尹先生出生在中国，对中国人民怀有友好的感情。近年来，为了发展中韩两国间的经济合作，经常飞来中国。在淄博宴请他的席间，大家几次谈起中韩两国宴请客人的不同习惯。中国人素以热情好客著称于世。饭菜的丰盛是好客的标志，吃剩有余方才显出主人的热情，反之，则被认为小气。韩国人则相反，在他们观念中，吃剩了意味着饭菜不可口、不好吃。尹先生还介绍说，在韩国餐馆，顾客吃剩了是要罚款的。当时听了此话，我们将信将疑，到了韩国，才知道确实是这样。

韩国的自助餐餐馆很普遍，有的供应炒菜，有的是烧烤馆，无论何种类型，迈入餐馆，迎面而来的都是一张醒目的标语，吃剩了罚款××××元。若干次出入餐馆过程中，并未见到真被罚了款的，但顾客用餐后基本没有吃剩的，倒是事实，这就足见标语的作用力了。揣摩起来，餐馆老板之所以拿出这一招，有他们生意上的打算。自助餐按顾客人头收费，各人吃多吃少交的钱都一样多，吃剩了浪费的是老板的钱财，以罚款来制止吃剩的行为，是老板精于算计的表现。但从另一个角度看，吃剩了罚款这条规矩能为社会认可，确也同人们的观念有关：餐桌上的浪费不是荣耀，而是应当惩罚的行为。

事实上，不仅是自助餐，星级饭店的宴会，也采取"不吃剩"的做法。应大田市两位大企业家邀请，我们出席了两次高档宴会。服务小姐用分餐的办法把菜肴送到客人面前，环境的优雅，菜肴的精美，服务的周到，均属上乘，但上菜的数量却也是适可而止，以不吃剩为原则。见微知著，从韩国人在餐桌上的做法，可以看出他们杜绝浪费、节约资源的良好习惯。

　　韩国是个资源较为短缺的国家，尤其是矿藏资源贫乏，石油依赖进口。这样的条件逼迫韩国人在节约资源上做文章。以木材为例，全国年产量只有百万立方米，国内对木材的大量需求主要依赖进口。于是，节约木材便表现于国民生活的细枝末节之中。韩国人同中国人一样，吃饭也用筷子，餐馆使用的筷子，几乎都是洁净的不锈钢筷，极难见到一次性木筷。同木材相联系的是纸张，韩国人注意节约每一页纸，公文笺两面书写，旧挂历纸反过来用作商品包装，都是司空见惯的现象。他们还注意废纸的再生加工。一些报社记者递来的名片，角上印有"再生纸"三个字，这表明名片纸是由旧报纸回收加工生产的；餐桌上洁白的餐巾纸，也是经过严格的清污消毒措施后，由废纸回收再生的。据一位造纸企业家向我们介绍，由于采取了比较先进的技术，他们对废纸的再生利用要重复若干次，这就大大提高了资源的利用率。除木材外，韩国人对资源的节约表现在各个方面，千方百计节省资源、提高资源的利用率，是这个资源短缺的国家经济起飞的秘诀之一。

四、富人与穷人，天壤之别

　　离韩返国前，我们同主人交谈访韩印象，几位中国同志都谈道：这里的贫富差别太大。

　　先说阔人的富裕。工作之余，我们曾应邀到一位企业家家中访问。那是一个阴雨绵绵的夜晚，室外能见度较差，当我们踏进主人住的三层小楼时，顿时满目生辉。楼房的精致美观，室内的富丽堂皇，令人叹为观止。且不说楼木地板和名贵地毯，高档家具和最新式的家电，单就说卧房内一排艺术屏风，玲珑剔透，精致奇巧，就足以抵万金了。楼房内还设有锅炉房、汽车房，为汽车司机备有休息室。楼房后面是一座花园，由于是雨夜，景物模糊不清，但从朦胧中看到的亭台和树木推测，这个院子的面积不小。向主人道别时，有位同志私下询问住宅的造价，主人的答复是380万美元，真是令闻者为之咋舌！这位企业家在大田市算不上富豪，同掌握着韩国经济命脉的几十家大财阀相比，更是微不足道，真难以想象，那些大亨会富到何等程度！

普通职员同老板的差别巨大。我们应邀到一位旅韩华侨家中作客，这位华侨是一家公司职员，在公寓楼内有一套70—80平方米的住房，屋内陈设一般，其水平与我国大城市中上水平的住户大致相当。同前面所说的豪华住宅相比，自然是天壤之别了！

真正的穷人是在农村。由于考察的企业有几家在郊区，使我们有机会接触到乡间村舍。我们所见到的几处村庄，农舍普遍陈旧。院落内一座朝鲜族传统的砖木结构平房，几件旧式家具，从中很难闻到现代化的气息。有的农舍到了破旧的程度，厕所很原始，墙上却挂着一卷雪白的卫生纸，显得很不协调。看着眼前的农舍，联想起老板家的豪华住宅，你能鲜明地感到：他们是生活在两个不同的世界里！

比农户更穷的，是无家可归的乞丐。在汉城市中心，我们见到一位沿街行乞的老太太。她手牵一辆四轮小车，在人行道上蹒跚而行，车内装有一台收音机，不断地播放着音乐，以机器代替人工乞讨，这也算是一种现代化吧！在公共汽车上，我们遇到一位年轻的行乞者，他撩开头发，露出伤痕，向乘客说明乞讨的原因，然后向乘客手里塞过劣质圆珠笔，收取钱财。我们无法了解韩国的乞丐队伍有多大，但从这社会阴影中能看到巨大的贫富差距。韩国作为一个"新型工业化国家"，它的经济起飞是同几十家大财阀的急剧膨胀相伴随的，如今它的经济命脉基本上掌握在几十家大财阀手中。社会财富的大部分为少数人占有，必然造成严重的两极分化，而政府又没有采取有力的调节手段来缩小贫富间的沟壑，其结果就是贫者愈贫，富者愈富，对于一个实行资本主义制度的国家来说，这也是一颗不能不吞食的苦果。

（原载《中央党校通讯》1993 年 5 月 22 日、6 月 12 日、6 月 19 日）